經義考新校

五

卷九五～卷一二八

書 詩 周禮

[清]朱彝尊 撰

林慶彰 蔣秋華 楊晉龍 馮曉庭 主編

上海古籍出版社

經義考卷九十五

書二十四

楊氏簡書五誥解

一册。

未見。

〔四庫總目〕

此書世久失傳，文淵閣書目作一册，焦竑經籍志作一卷，朱彝尊經義考以爲未見。今從永樂大典各韻中，按條薈萃，惟闕梓材一篇，餘皆章句完善，謹依經文前後，釐爲四卷，而五誥之名，則仍而不改，以存其舊焉。（卷十一，頁十七，五誥解提要）

〔校記〕

四庫輯大典本五卷。（書，頁二七）

按：文淵閣書目有之，不載慈湖之名。

范氏浚**湯誓仲虺之誥論**

一篇。

存。

伊訓論

一篇。

存。

太甲三篇論

一篇。

存。

咸有一德論

一篇。

存。

張氏九成咸有一德論

一篇。

未見。

按：横浦之論，當是爲秦相建一德格天閣有激而作。

顔氏復、范氏祖禹說命講義

三卷。

佚。

祖禹同崇政殿説書顔復進劄子曰：「臣等近進講尚書説命，竊以爲君治天下國家，欽天稽古，修身務學，任賢立政，至德要道，備在此書，誠能法之，可爲堯、舜。昔太宗皇帝嘗曰：『尚書王言，治世之道，説命最備。』特詔孫奭講此三篇，望陛下詳覽深思，必有啓迪聖學之益。臣等雖罄竭謏聞，講解於前，謹輒記録所言，繕寫成册，以備尋繹，或賜顧問，庶幾少助聰明之萬一，其説命講義三册，謹具上進。」

范氏浚説命三篇論

一篇。

存。

金氏履祥西伯戡黎辨

一篇。

存。

歐陽氏修泰誓論

二篇。

存。

王氏十朋泰誓論

一篇。

存。

程子頤改正武成

一卷。

存。

胡氏洵直**考正武成**

一卷。

存。

洵直自序曰：「按：武成之書，自伏生口傳失其次序，王氏新義嘗加考正，説書者愈疑。且以式者在車所行之禮也，式商容閭豈當在歸至於豐之後？洵直以樂記考之，孔子告賓牟賈以大武遲久之意，首言久立于綴，以待諸侯之至，則庶邦冢君受伐商之命於周，乃其時也。故其克商也，有未及下車而爲之者，有下車而爲之者，有濟河而西，然後爲之者。至其終也，左射貍首，右射騶虞，而貫革之射息也。裨冕搢笏，而虎賁之士説劍也。祀乎明堂而民知孝，朝覲然後諸侯知所以臣，耕籍然後諸侯知所以敬。以此五者爲天下之教，其先後有倫如此，則武成之次序可概見矣。是以驗之以孔子之言而次第之，庶有所本云。」

劉昌詩曰：「洵直，字次魚，清江前輩，登科，仕至別乘。」

江西通志曰：「胡洵直，字次魚，新喻人。紹興己丑進士，累官湖南提刑司幹官。」

朱子熹**考正武成次序月日譜**

一卷。

存。

牟氏楷**定武成錯簡**

一卷。

佚。

台州府志：「牟楷，字仲裴，黄巖人。刻意誠正之學，以侍母疾，不仕，教授生徒，學者稱之曰静正先生。」

張氏曰炳**武成考**

一卷。

未見。

歸氏有光**考定武成**

一卷。

存。

有光自述曰：「余所考定，只移『厥四月』以下一段，文勢既順，亦無闕文矣。汪玉卿嘗疑甲子失序，蓋先儒以漢志推此年置閏在二月，故四月有丁未、庚戌，本無可疑也。」

許氏商五行傳記

漢志：「一篇。」

佚。

漢書：「長安許商長伯善爲算，著五行論歷，四至九卿，號其門人沛唐林子高爲德行，平陵吳章偉君爲言語，重泉王吉少音爲政事，齊炔欽幼卿爲文學。王莽時，林、吉爲九卿，自表上師冢，大夫博士郎吏爲許氏學者，各從門人，會車數百兩，儒者榮之。」

晉書：「孝武時，夏侯始昌通五經，善推五行傳，以傳族子夏侯勝，下及許商，皆以教所賢弟子，其傳與劉向同。」

劉氏向洪範五行傳記

漢志：「十一卷。」隋、唐志有。

闕。

〔校記〕

王謨輯三卷。（書，頁二七）

漢書：「向字子政，本名更生，爲散騎宗正給事中。成帝即位，以故九卿召拜中郎，使領護三輔都水，遷光禄大夫。上方精於詩、書，觀古文，詔向領校中五經祕書。向見尚書洪範，箕子爲武王陳五行陰陽休咎之應。乃集合上古以來歷春秋、六國至秦、漢符瑞災異之記，推迹行事，連傳禍福，著其占驗，比類相從，各有條目，凡十一篇，號曰洪範五行傳論，奏之。」又曰：「景、武之世，董仲舒治公羊春秋，始推陰陽爲儒者宗。宣、元之後，劉向治穀梁春秋，數其禍福，傳以洪範，與仲舒錯。」又曰：「劉向洪範論發明大傳，著天人之應。」

王嘉曰：「向校書天禄閣，專精覃思，夜有老人著黄衣，植青藜杖，扣閣而進，見向闇中獨坐誦書，老父乃吹杖端煙然，因以見向，説開闢以前，向因受五行、洪範之文，恐辭説繁廣忘之，乃裂裳及紳以記其言。」

沈約曰：「伏生創紀大傳，五行之體始詳劉向，廣演洪範休咎之文益備。」

高允曰：「漢光禄大夫劉向見漢祚將危，權歸外戚，屢陳妖眚而不見納。遂因洪範、春秋災異報應者而爲其傳。」

歐陽修曰：「箕子陳洪範，條其事爲九類，别其説爲九章，考其説不相附屬。向爲五行傳，乃取五事皇極庶徵附於五行，以爲八事皆屬五行與則。至於八政五紀三德稽疑福極之類，又不能附。至俾洪範之書，失其倫理，所謂旁引曲取而遷就其説也，然自漢以來，未有非之者。」

吕祖謙曰：「劉向災異五行學，博而未純，其原出於伏生大傳。」

葉適曰：「劉向爲王氏考災異，著五行傳，歸於切劘當世，而漢儒之言陰陽者，其學亦各有所主，然洪範之説，由此驟裂，使經世之成法，降爲災異陰陽之書矣。」又曰：「洪範初不爲災異而作，庶徵所指，明有效驗，而學者乃以五行五事聯附爲一。春秋以來，凡有變兆，離析剥解，門類而户分之，以是爲格王正事，則委巷小夫巫瞽之事，夫豈不然，而謂篤學好古自名如仲舒、向、歆者，亦當爾與。」

趙樞生曰：「自大、小夏侯明五行之後，劉向遂著爲洪範五行傳論，其書不可見，而見於班固漢書五行志者，皆其遺法也。」

朱朝瑛曰：「劉向父子五行傳，附會穿鑿，固不足信。雨暘燠寒風之分，應於貌言視聽思，洪範則有明文，豈可概置不講而謂一切事應俱屬謬妄哉？若以雨合於貌，暘合於言，燠寒風合於視聽思，雖復起朱子而質之，將亦有所不能區别也，箕子之言不若是之固也。」

按：許商、劉向皆有五行傳記，後漢郎顗傳引洪範記辭曰：「月行中道，移節應期，德厚受福，重華留之①。」當屬劉氏書也。

王氏名未詳**洪範讜義**一作皇極讜義，今從中説問易篇。

九篇。

佚。

孫通曰：「安康獻公之述曰：『皇極讜義九篇，其言三才之去就深矣。』」

---

① 「重華留之」四字，文津閣四庫本脱漏。

亡名氏洪範占

隋志：「二卷。」

佚。

洪範日月變

隋志：「一卷。」

佚。

洪範五行星曆

七録：「四卷。」

佚。

穆氏元休**洪範外傳**

新唐志：「十卷。」

佚。

封演曰：「開元中，有唐頻上啓典一百三十卷，穆元休上洪範外傳十卷。」

王應麟曰：「元休，穆寧之父，撰洪範外傳十篇，開元中獻之，賜帛授偃師丞。」

崔氏良佐尚書演範

新唐志：「卷亡。」

佚。

權德輿曰：「博陵崔君元翰考某，以明經歷衛州汲縣尉、虢州湖城縣主簿，親没，遂不復仕。探古先微言，著尚書演範、周易忘象及三國春秋，門人易其名曰貞文孝父。」

按：權文公爲元翰文集序，不書其父諱。考新唐書宰相世系博陵崔氏第三房祁陽令抗，子濟州刺史潛，潛子鳳閣舍人承搆，承搆①子湖城簿良佐，良佐子比部郎中元翰。

宋仁宗皇帝洪範政鑒

十二卷。

佚。

王應麟曰：「康定元年十一月，御撰洪範政鑒十二卷。一云：「二十四卷。」政鑒書以皇極爲本，上與王洙論五行五事之證，采五行六沴及前代庶應成此書，上自爲序。」

① 「承搆」三字，文津閣四庫本脱漏。

洛書五事圖①

一卷。

佚。

范祖禹曰："仁宗最深洪範之學，每有變異，恐懼修省，必求其端。"

胡氏瑗**洪範口義**通考作洪範解。

宋志："一卷。"

未見。

〔校記〕

四庫輯大典本二卷。(書，頁二七)

晁公武曰："胡翼之洪範解，皆其門人所録，無銓次首尾。"

〔四庫總目〕

是書文獻通考作洪範解。朱彝尊經義考註云"未見"。今其文散見永樂大典中，尚可排纂成書。周易口義出倪天隱之手，舊有明文。晁公武讀書志謂此書亦瑗門人編録，故無詮次首尾，蓋二書同名

① "洛書五事圖"，備要本誤作"洛陽五事圖"。

口義，故以例推其爲瑗所自著與否，固無顯證。至其説之存於經文各句下者，皆先後貫徹，條理整齊，非雜記語録之比，與公武所説不符，豈原書本無次第，修永樂大典者爲散附經文之下，轉排比順序歟？抑或公武所見又別一本也。（卷十一，頁四，洪範口義提要）

徐氏復**洪範論**

一卷。

佚。

張氏景**洪範解**

通考：「一卷。」

未見。

晁公武曰：「皇朝張景晦之編①。景當景祐三年爲房州參軍，著論七篇。」

〔補正〕

晁公武條内「張景晦之編」，「編」當作「撰」。（卷三，頁十九）

① 「編」，依補正、四庫薈要本應作「撰」。

劉氏義叟**洪範災異論**

佚。

長編：「慶曆五年六月，以澤州進士劉羲叟爲試大理評事①，羲叟精算術，兼通大衍諸曆，嘗注司馬遷天官書及著洪範災異論，歐陽修薦之，召試學士院而有是命。」

蘇氏洵**洪範圖論**

宋志：「一卷。」

未見。

洵自序曰：「洪範其不可行歟，何説者之多，而行者之寡也？曰諸儒使然也。譬諸律令，其始作者，非不欲人難犯而易避矣，及吏胥舞之，則千機百穽。吁！可畏也。夫洪範亦猶是耳！吾病其然，因作三論，大抵斥末而歸本，褒經而擊傳，剗磨瑕垢以見聖祕。復列二圖，一以指其謬，一以形吾意。噫！人吾知乎？不吾知，其謂吾求異夫先儒，而以爲新奇也。」

又後序曰：「吾論洪範，以五福六極系皇極之建與不建，而且不與二劉之增眊與陰，或者猶以劉向、夏侯勝之説爲惑。劉向之言：『皇極之建，總爲五福；皇極之不建，不能主五事，下與五事齒而均

---

① 「事」，四庫薈要本誤作「士」。

獲一極，猶平王之詩降而爲國風。』夏侯勝之言曰：『天久陰不雨，臣下將有謀上者。』已而果然。以劉向之説，則皇極之不建，不可系以六極；以夏侯勝之説，眊與陰不可廢。是皆不然。夫福極之於五事，非若庶驗也。陰陽而推之，律曆而求之，人事而揆之。庶驗之通於五事，可指而言也，且聖人之作可知也。今指人而謂之曰：爾爲某事，明日必有某福；爾爲某事，明日必有某極。是巫覡卜相之事也，而聖人何由知之？故吾以爲皇極之建，五事皆得，而五福皆應；不曰應某事者，必某福也。皇極不建，五事皆失，而六極皆應；不曰應某事者，必某極也。五事之間得與失參焉，則亦不曰必某福、必某極應也，亦曰福與極參焉耳。今劉以爲皇極建而爲五事主，故加之五福。及其不建也，不加之以六極，而以平王之詩爲説，其意以爲不建則不能爲五事主，故不加之六極以爲貶也。今有人有九命之爵，及有罪而日削其爵，使至一命以貶之，曰貶可也，此猶平王之詩降而爲國風，曰降可也。若夫有罪人當具五刑，而曰是人也，罪大不當加之以五刑，姑以墨辟論，以重其責。是得爲重其責乎？今欲重①不建之罪，不曰六極皆應，而曰獨弱之極應，乃引平王之詩以爲説。平王之詩固不然也。且彼聖人者，豈以天下之福與極止於五與六而已哉？蓋亦舉其大概耳。夫天地之間，非人力所爲而可以爲驗者多矣，聖人取其尤大而可以有所兼者五，而使其餘者可以遂見焉。今也，力分其一端以爲二，而必曰陰爲陰，雨爲雨。且經之庶驗有曰暘矣，而豈獨遺陰哉？蓋陰之極盛於雨，而聖人舉其極者言也。吾觀二劉之傳『金不從革』，與傳『常雨』也，乃言雷電雨雪皆在，而獨於此別雨與陰，何也？然則夏侯勝之言何以必

①「重」，文津閣四庫本作「從」。

應？曰事固有幸而中者。公孫臣以漢爲土德而黄龍當見，黄龍則見矣，而漢乃火德也。可以一黄龍而必謂漢爲土德耶？必不可也。其所謂眊者蒙矣，胡復多言哉！」

晁公武曰：「是書三論皆援經以擊傳，斥末以歸本。二圖，一以指歆、向之謬，一以形其意。或云非洵作。」

劉氏彝**洪範解**

宋志：「六卷。」

佚。

蔣垣曰：「劉彝，字執中，福州懷安人。從胡瑗學。著洪範解、周禮中義、七經中義、古禮經傳續通解。」

廖氏偁**洪範論**

一篇。

存。

湖廣總志：「廖偁，衡山人。天禧中，舉進士，著洪範論。」

朱子曰：「廖氏論洪範，大段闢河圖、洛書，以此見知於歐陽公。蓋歐公有無祥瑞之論。歐公只見五代有僞作祥瑞，故併與古而不信，如河圖、洛書之事，論語自有此説，而歐公不信祥瑞，併不信此，而云繫辭亦不足信，且如今世間有石頭上出日月者，人取爲石屏。又有一等石上分明有如枯樹者，亦不足怪也。河圖、洛書亦何足怪。」

孫氏諤**洪範會傳**

通考：「一卷。」

未見。

晁公武曰：「諤，元祐中博士，其説多本漢儒①，頗攻王氏之失。」

曾氏鞏**洪範論**

一卷。

存。

朱子曰：「洪範，曾子固説得勝如他人。」

①「漢儒」，四庫薈要本作「先儒」。

經義考卷九十六

書二十五

王氏安石**洪範傳**

宋志：「一卷。」

存。

安石進洪範表曰：「臣聞天下之物，大小有彝，後先有倫序者，天之道，敘之者，人之道。天命聖人以叙之，而聖人必考古成己，然後以所嘗學措之事業，爲天下利。苟非其時，道不虚行。陛下德義之高，術智之明，足以黜天下之嵬瑣，而興其豪傑，以圖堯、禹太平之治，而朝廷未化，海内未服，綱紀憲令，尚或紛如，意者殆當考箕子之所述，以深發獨智，趨時應物故也。臣嘗以蕪廢腐餘之學，得備論思勸講之官，擢與大政，又彌寒暑，勳績不效，俛仰甚慚！謹取舊所著洪範傳，删潤繕寫，輒以草芥之微，求裕天地。」又跋曰：「古之學者，雖問以口而其傳以心，雖聽以耳而其受以意，故爲師者不煩，而學者有得也。孔子曰：『不憤不啓，不悱不發，舉一隅不以三隅反，則不復也。』夫孔子豈敢愛其道，驁天下之學者，而不使其蚤有知乎？以謂其問之不切，則其聽之不專；其思之不深，則其取之不固。不專不固，而可以入者，口耳而已矣。吾所以教者，非將善其口耳也。孔子没，道日以衰熄，浸淫至於漢，而傳注之家作。爲師則有講而無應，爲弟子則有讀而無問；非不欲問也，以經之意爲盡於此矣，吾可無問而得也。豈特無問，又將無思；非不欲思也，以經之意爲盡於此矣，吾可以無思而得也。夫如此，使其傳注者皆已善矣，固足以善學者之口耳，不足善其心；况其有不善乎？宜其歷年以千數，而聖人之經卒於不明，而學者莫能資其言以施於世也。予悲夫洪範者，武王之所以虚心而問，與箕子之所以悉意而言，爲傳注者汨之，以至於今冥冥也。於是爲作傳，以通其意。嗚呼！學者不知古之所以教，而蔽於傳注之學也久矣。當其時，欲其思之深，問之切，而後復焉，則吾將孰待而言耶？孔子曰：『予欲無言。』然未嘗無言也；其言也，蓋有不得已焉。孟子則天下固以爲好辨，蓋邪説暴行作，而孔子之道幾於熄焉；孟子者不如是，不足與有明也。故孟子曰：『予豈好辯哉？予不得已也！』夫予豈樂反古之所以教，而重爲此曉曉哉？其亦不得已焉者也。」

晁公武曰：「王介甫撰。以劉向、董仲舒、伏生明災異爲蔽，而别著此傳，以庶徵所謂『若』者，不當訓『順』，當訓『如』；人君之五事，如天之雨、暘、燠、寒、風而已。大意言天人不相干，雖有變異，不足畏也。」

陳善曰：「洪範『金曰從革』，新義云『能從能革』，而荆公洪範傳又云：『金性能從，惟革者之所化。』二義不同。」

黄震曰：「荆公洪範傳，其字義多足取者。」

余氏燾**改正洪範**

一卷。

存。

龔明之曰：「余燾，字元輔，方舍法欲行，上書引成周事力贊之，因命以官，累遷至正郎。後復上書改洪範篇，自『王省惟歲』至『月之從星，則以風雨』乃屬之『四、五紀：一曰歲，二曰月，三曰日，四曰星辰，五曰曆數』之下，謂凡九疇皆有衍文，惟『四五紀』無之。至於『八庶徵』之後，既言『肅時雨若』，止『蒙恆風若』，意已斷矣，而又加『王省惟歲』已下之文，則近於贅。或者是其説，然爲臺諫所彈，不果施行。」

孔氏武仲**洪範五福論**

一篇。

存

蘇氏轍**洪範五事説**

一篇。

存

晁氏補之洪範五行説

一篇。

存。

晁氏説之洪範小傳

一篇。

存。

説之跋曰：「説之二十年前爲洪範之學，本諸伏生、劉向、一行①，而古今之説不敢遺也，爲傳數千言。靖康丙午冬，遇金兵於睢陽，五世圖書，悉已灰燼，寧論洪範之傳。今年戊申冬，漂流金陵，遇東里好學後生標記予傳之五行於本書，予見之欣然如覯再生之物也。方抱病，於冬至前一日作此小傳，其次序則本泰山姜至之論，五行則張廷評景發之云。」

① 「一行」，備要本誤作「所行」。

曾氏致**洪範傳**

通志：「一卷。」

佚。

盧氏碩**洪範圖章**

一篇。

存。

碩自序曰：「予以尚書洪範篇書於縑素，施於屋壁，有客覩之而言曰：『此其所謂君人之大法，武王所以繼三爲明，蓋能盡心於是也。苟將諸吾君列乎鳳扆之右，足以興三代之理。』予乃條其事，爲章以奏之。」

四先生洪範解要

六卷。

佚。

按：四先生者：劉氏彝、曾氏鞏、蘇氏轍、吕氏吉甫也。

范氏浚**洪範論**

一篇①。

存。

陳氏伯達**翼範**

宋志：「一卷。」

未見。

王圻曰：「伯達，紹興中進上。」

高層雲②曰：「伯達翼範有九圖九説。」

孟氏先③**尚書洪範五行記**

宋志：「一卷。」

---

① 「一篇」，文津閣四庫本作「一卷」。

② 「高層雲」，四庫薈要本作「闕層雲」。

③ 「先」，備要本誤作「生」。

佚。

吴氏仁傑**尚書洪範辨圖**

宋志：「一卷。」

未見。

王應麟曰：「仁傑撰洪範辨一卷，增立新圖，辨歐陽修、蘇洵、轍所論。」

鄭氏耕老**洪範訓釋**

佚。

蔡氏元定**洪範解**

一卷。

未見。

鄭氏思孟**洪範解義**

佚。

閩書：「思孟，字齊卿，寧德人。受業朱文公之門。著洪範解義，以發明文公皇極辨之蘊。」

陳氏埴**洪範解**

一卷。

未見。

林氏維屏**洪範論**

一卷。

未見。

趙氏善湘**洪範統紀**宋史列傳作「統論」。

〔四庫總目〕

書成於開禧時，宋史謂之洪範統論，文淵閣書目又作統紀，今據善湘謂漢儒解傳祇以五事庶徵爲五行之驗，而五行八政謂疇，散而不知所統，徵引事應語多傅會。因采歐陽修唐志、蘇洵洪範圖論遺意，定皇極爲九疇之統，每疇之中，如五行則水火木金皆統於土，五事則貌言視聽皆統於思，得其統而九疇可一以貫之矣云云，則永樂大典題曰洪範統一爲名實相應矣。（卷十一，頁二十五—二十六，洪範統一提要）

一卷。

未見。

〔四庫總目〕

所著書五種皆不傳，此書藏弆之家亦罕著録。故朱彝尊經義考註曰「未見」，今從永樂大典繕録，復爲完編。（卷十一，頁二十五，洪範統一提要）

〔校記〕

四庫輯大典本一卷，作洪範統一，有經苑刊本。（書，頁二七）

張萱曰：「宋開禧間，宗室濮園善湘著。」

按：葉氏菉竹堂目有之。

蔡氏元鼎**洪範會元**

佚。

閩書：「元鼎，漳浦人。不登宦籍，以文自豪。所著有中庸大學解、論語孟子講義、洪範會元。」

馮氏去非**洪範補傳**

一卷。

未見。

姓譜：「去非，都昌人。椅之子，淳祐初進士。」

按：葉氏菉竹堂目有之。

鄒氏元佐**洪範福極奥旨**

五卷。

佚。

陳氏剛**洪範手抄**

一卷。

佚。

劉氏漢傳**洪範奥旨**

佚。

兩浙名賢録：「劉漢傳，字習甫，上虞人。寶祐四年進士，累遷兩浙轉運使，進司農卿。臨終書『生爲宋民，死爲宋鬼』之句。」

胡氏希是**洪範考訂**

佚。

江西通志：「胡希是，字則翁，高安人。通諸經。元革命後，家居著述，方嚴有守，一介不苟取予。」

趙氏孟頫**洪範圖**

一卷。

未見。

文徵明曰：「趙文敏公書洪範篇，并畫箕子、武王授受之意。公以宋之公族，仕於維新之朝，議者每以爲恨。然武王伐紂，箕子爲至親，既受其封，而復授之以道，千載之下，不以爲非，然則公獨不得引以自蓋乎！公素精尚書，嘗爲之集注，今獨書此篇，不可謂無意也。」

胡氏一中**定正洪範集説**

一卷。

〔校記〕

四庫存目作定正洪範二卷。（書，頁二七）

存。

貢師泰序曰：「伏羲觀馬圖而畫卦，神禹因龜書而叙疇。至我夫子繫易，乃謂『河出圖，洛出書，聖人則之。』則圖書似皆爲畫卦出，而叙疇若無與焉。此千歲之下，辨議紛紜，雖更周、邵、程、朱諸大儒之論，猶莫知所適從也。況九疇之傳，錯出乎五皇極之下？蔡氏著書，竟莫之正，是學者不能無惑焉。會稽胡君一中深有得王、文、吴三先生之説，摭其所長而訂正之，分經别傳，以傳附經，自成一書，名之曰定正洪範。然後義理明白，脈絡貫通，而神禹叙疇之義，粲然如指諸掌。夫龜書馬圖，自周、程、朱子固未嘗易置其名，今胡君直以圓九爲圖，方十爲書，而畫卦者兼取之，以分先後天，其卓然有見者哉。雖然，神聖有作，動與天合，使龜龍不出於河、洛，則卦固畫，疇固叙也。感麟而作春秋，觀兔而知易象，變通交互，理無不在，非深於道者，其孰能與於斯。」

一中自序曰：「洪範一篇，魯齋王先生、本心文先生、草廬吴先生皆有考定本，所見不同，互有得失。竊因括蒼鮑氏有定正武成之論，以竹簡每行十三字而定其差，推之於範，則史氏之叙五行初一以下爲疇之經，大禹本文也。以河圖九數爲綱，以洛書十數爲目，一五行以下，亦禹所授之章。水曰潤下以下，則箕子所釋之傳也。二五事至福極皆然。九章皆當析大禹之經、箕子之傳，支分節解，脈絡貫通，而八政五紀同傳，五福六極亦然。其文則因三先生所定，各摭所長以正之，初非自敢出於臆見，以取繆妄僭踰之罪也。意者竹簡每行十三字，今詳其字數甚嚴，不空一字，其脱簡偶因文義斷處而差入，今疏於每節之上。於是作圖以明五行之配，集註以著九章之旨，然亦不敢自是，藏之家塾，時出而質之同志云①。」

又曰：「延平芹西徐氏道泰著河洛本始，集先儒之説，定九數爲河圖，十數爲洛書，以正啓蒙之誤。其言曰河圖、洛書皆出於上世，伏羲則之以造易，因河圖對待之位而畫先天八卦，因洛書流行之位而畫

① 「云」字下，依補正應補「云至正甲午春」六字。

後王八卦。大禹復則之以作範，以河圖九數爲體，叙九疇之綱；以洛書十數爲用，叙九疇之目。其叙九功，則以河圖五行水火金木土逆尅之序爲六府；其治水別州，則以洛書水木火土金順生之序畫九州。其説具載本始之書，一中嘗爲之校正，而啓蒙之疑積有年，一旦焕①然冰釋，且與甬東王太古氏所著易説問答之書若合符契，蓋以天下之理無不同，所以合也。嘗謂圖書之疑，因漢儒洛書止以作範一言之誤，而啓千載之惑。越上韓明善先生性深以此言爲然。今因洪範定正之文，取芹西之説而爲之釋，壹皆萃先儒之論，以摭其所長，而合禹經箕傳之旨，俾可行於天下，所謂爲天地立心，爲生民立極，爲去聖繼絶學，爲萬世開太平，初非區區之臆説也。」

〔補正〕

自序末當補「云至正甲午春」。又曰「一旦焕然冰釋」，「焕」當作「涣」。（卷三，頁十九）

陳顯曾跋曰：「書經秦火而後出於孔氏之壁藏，與伏生之所口授，故或舛訛②相承，由漢以來，未有更定之者。會稽胡公允文獨因王、文、吴三先生所訂之旨，更復詳考，爲定正洪範一編，其用心可謂詳且密矣。竊嘗論之，九數之列，天之所錫也，至理寓焉。九疇之目，禹之所叙也，辭以發其理焉。繹而廣之，箕子之所推也，致詳以究其義焉。序而辭者經也，繹以詳之者傳也，史臣列之，始必不紊，而編簡錯亂，不能無舛，允文定而正之，非獨使學者易於觀覽，而於聖賢之旨，無復遺憾，允文蓋有功於洪範者

① 「焕」，依補正應作「涣」。
② 「訛」，四庫薈要本作「誤」。

矣。公之令子温字尊道，襲藏惟久，不敢失墜，今刻之三山郡庠，是亦善繼人之志，爲可嘉也。請僕識其後，謹書以歸之。若夫以九爲圖，以十爲書，則劉牧氏之説，允文宗之，其必有所見矣。他日請從尊道示其要領，庶相與懋明之。」

黄虞稷曰：「一中，字允大，諸暨人。元紹興路録事。」

謝氏章洪範衍義

佚。

吴師道後序曰：「洪範一書，有大禹之言，有箕子之言，自爲紀傳，其文甚明，而傳注者昧焉。孔氏以『初一曰五行』止『威用六極』爲禹所第叙，而不及其餘。中又頗有錯簡，先儒或是正一二而未究，故讀書者不能無疑。謝氏章作衍義，考圖數之錯綜，而推極其變，萃經説之精要而發明其遺，可謂用志於此矣。但其開端之説，引禹謨九功即爲九疇，謂範爲箕子所自陳，因九功而演者。其言曰六府繼以三事，五行繼以五事，九功繼以戒休董威，九疇終以『嚮用五福，威用六極』。禹列穀於金木水火土之次；箕子則專言五行，而以稼穡歸之土之甘。三事衍爲五事，正德衍爲三德五事八政，無非利用厚生之本，五紀庶徵莫非五行之順逆。至其次序，或有差互，則若易先後天之不同，其言灼有明證，若合符契。夫以二篇相望於簡册之間，數千百年習而不察，謝氏獨能舉以爲説，亦異矣。竊有疑焉，神龜負文，禹則之而叙以爲疇，若五行五事，蓋已①次第而定，每疇之下又條陳其目，若一曰水二曰火之類，皆禹本文。自『水曰潤下』而降，乃箕子釋經而爲傳，餘疇皆然，惟八政一疇獨缺爾。且禹謨曰功，洪範曰疇，二字未嘗互見，謨陳德政教養之事，範著天道人爲之藴。範之體段固大於謨，彼所云功者，指其成績而言。曰可言順而不可言逆，可言吉而不可言凶，若六極者亦可以言功乎？戒休董威，義主勸督九功之事。曰休曰威，雖與作福作威者類，此指君之所得爲而福極，蓋有君所不得爲而多係於天者矣。使謝氏而曰禹因九數，故功亦以九名，而事亦出於範，互相發則可，直以爲洪範有數無詞，大經大法皆出於謨，是則不深考禹經箕傳之過也。昔南豐曾氏亦嘗謂謨言六府，則範言五行，六府次以三事，則五行次以五事；九功言戒休董威，則九疇言庶徵福極。帝王治天下，其道未嘗不同。嗚呼！爲是説者非謝氏之比矣。謝氏其勦以爲己説，而故異之者與？故凡讀書者必先畫句段，正文字，辨述作，而後義理可尋。不然，則雖善其説而考證疏，考證疏則乖剌牴牾而不合，不合則又何足以爲善邪？吾鄉仁山金氏嘗深究洪範之説，而定著經傳，見於書表注，今亦頗行於時，愚不復述，特辨其大旨，又使學者知表注之爲有功云。」

陳氏樵洪範傳

一卷。

---

① 「已」，依四庫薈要本應作「以」。

未見。

田氏澤**洪範洛書辨**

一卷。

未見。

黄虞稷曰：「澤，居延人。延祐中，常德路總管府推官。」

按：葉氏菉竹堂目有之。

陳氏希聖**洪範述**

未見。

經義考卷九十七

書二十六

明太祖皇帝御注洪範

一卷。

未見。

實録：「洪武二十年二月甲辰，御注書洪範成。上嘗命儒臣書洪範，揭於御座之右，朝夕觀覽，因自爲注，至是成，召贊善劉三吾曰：『朕觀洪範一篇，帝王爲治之道也。所以叙彝倫，正皇極，保萬民，叙四時，成百穀，原於天道，而驗於人事。箕子爲武王猶自謙曰：「五帝之道，我未能焉。」朕每爲惕然，遂疏其旨，爲朝夕省觀。』三吾對曰：『陛下留心是書，上明聖道，下福生民，爲萬世開太平者也。』」

劉三吾後序曰：「皇上宵旰圖治，留心經學，以爲六經莫古於書，帝王政事亦莫備於書。讀書弗本其行事，而徒求之於文字，非善學者也。既廑睿思，發其奥義，爲書若干篇矣。載惟洪範大法本諸天道，體之人君，驗之民生，未易推測，則即鑾輿，日所戾止，敕寫是編，揭之座右，朝夕顧諟，一旦心領神會有得焉，乃撥機冗爲之注釋，於是九疇大範，燦然復明，大哉聖訓，於世詎小補哉？臣如孫嘗習是書，叨忝近侍，日獲與聞，敢僭序其後。」

黄虞稷曰：「帝嘗命儒臣書洪範揭於御座之右，因自爲注。洪武二十年二月成書。」

宣宗皇帝①序洪範

一篇。

存。

世宗皇帝②洪範序略

一篇。

存。

按：文淵閣書目御注洪範二册，當合景、永二陵序爲一編也。

①「宣宗皇帝」，文津閣四庫本作「明宣宗皇帝」。
②「世宗皇帝」，文津閣四庫本作「明世宗皇帝」。

王氏褘**洛書非洪範辨**

一篇。

存。

葉氏世奇**範通**

二卷。

未見。

傅氏淳**洪範敷言**

未見。

黄虞稷曰：「淳字伯厚，慈谿人。洪武中徵士，鄉人稱退密先生。」

俞氏深**範疇解**

佚。

嚴州府志：「俞深，字景淵，桐廬人。洪武中，以鄉貢入太學，歷建寧府儒學教授。」

徐氏驥**洪範解訂正**

一卷。

未見。

黄虞稷曰：「驥字尚德，浦城人。永樂中，國子生，仕府經歷。」

盧氏璣**洪範集解**

未見。

括蒼彙紀：「盧璣，字舜用，松陽人。天順甲申進士。」

熊氏宗立**洪範九疇數解**

八卷。

未見。

黄虞稷曰：「建陽人。」

按：范氏天一閣、西亭萬卷堂均載是書。

丁氏璣**洪範正誤**

一卷。

未見。

陸元輔曰：「丁璣，字玉夫，丹徒人。成化戊戌進士，除中書舍人。以星變言事，謫普安州判官，轉廣西通判，起禮部儀制司郎中，出爲廣東提學副使，溺死。」

楊氏廉**洪範纂要**

一卷。

存。

廉自序曰：「尚書洪範所陳，篤恭而天下平，聖神功化之極，盡在是矣。劉氏父子五行傳於五者增而爲六。夏侯勝久陰謀上之，言偶爾而中，人愈神之，而世遂有兩洪範六五行，宋蘇明允指其謬，當矣。然向、歆以前已有尚書大傳，大略如向、歆之説，而蘇氏曾無言及，豈亦未之見邪？噫！易出於羲、文、周、孔，其後乃有京房、郭璞之學；範出於大禹、箕子，其後乃有劉向、劉歆之學。而淫巫瞽史，往往幸其一言之中，從而張之，使其爲説，遂與聖人之經抗衡於世，豈不可憾哉？學者誠取洪範本篇沉潛玩味，則五行五事休咎福極之應，昭然可見，又何必牽合補綴，以曲爲之説哉。」

黄虞稷曰：「專闢劉向五行傳增而爲六之説。」

吴氏世忠**洪範考疑**

〔校記〕

四庫存目作：「書傳洪範考疑。」（書，頁二七）

一卷。

存。

江西通志：「吴世忠，字懋貞，金谿人。弘治庚戌進士，歷官延綏巡撫、僉都御史。」

鄭氏善夫**洪範論**

一卷。

存。

顧氏鼎臣**洪範講章**

一卷。

存。

鍾淵映曰：「公字九和，崑山人。弘治乙丑賜進士第一，累官少保兼太子太傅、武英殿大學士，卒謚文康。洪範講章一卷，嘉靖七年四月奉上諭草進。」

劉氏天民**洪範辨疑**

一卷。

未見。

錢謙益曰①：「天民，字希尹，濟南人。正德甲戌進士，除户部主事，諫南巡，廷笞三十，改吏部。泣諫大禮，又笞三十，歷文選郎中，調壽州知州，累遷至河南副使，改四川，以貪罷。」

潘氏葵**洪範本傳**

未見。

盧氏鴻**君道洪範**

八卷。

未見。

贛州府志：「盧鴻，寧都人。湖廣、臨武訓導。著君道洪範八卷。」

①「錢謙益曰」，四庫薈要本作「錢陸燦曰」，文淵閣四庫本作「山東通志」，文津閣四庫本作「黄景昉曰」。

呂氏賢**洪範解**

一卷。

未見。

張雲章曰：「呂賢，字宗器，永豐諸生，隱居鵝峯。有洪範解。」

曾氏俊**洪範圖輯**

未見。

黃虞稷曰：「南海人，正德中官知縣。」

葉氏良珮**洪範圖解**

一卷。

未見。

徐氏獻忠**洪範或問**

一卷。

未見。

獻忠自序曰：「聖人列天地自然之利可以養民者曰五行，後世譎其義，謂造化群有而生吉凶，此五物者司之，甚矣其過論也。劉向五行傳始窮其義，以通變化。蔡子傳其學，著洪範皇極内篇，以儒者之道緣之。厥後作書集傳，遂旨趣五行，綜其餘論，不自知其陷於緯説之家矣。夫天地之道，有象有數，有體有用，故孔子謂易有君子之道四焉。至於洛書者，其精行鬼神，其變參卦圖，其數窮物理，通治軌，闔闢推移，猶夫易之爲道，廣大悉備者也。箕子陳範之本意，純乎理而不窮其變，則其象而不衍其數，後世儒者没①於劉向之過論，既昧地十之數不可通於洛書之九，又不知五行一疇不可通於八疇之義，徒泥異端之説，使聖人之教不白於天下，是固可惜也。顧傳注之行已久，後生末學不敢以一得之見，遽綴其間，聊即問難語名之，以俟悟學之士云。」

游氏日章**洪範釋義**

未見。

黄虞稷曰：「日章，字學侗，莆田人。嘉靖己未進士，歷官廉州府知府。」

歸氏有光**洪範傳**

一卷。

① 「没」，文津閣四庫本作「溺」。

存。

有光自述曰：「昔王荊公、曾文定公皆有洪範傳，其論精美，遠出二劉二①孔之上。然予以爲先儒之説亦時有不可廢者，因折衷之，復爲此傳。若皇極言予攸好德即五福之攸好德，而所謂錫福者，錫此而已。箕子丁寧反覆之意，最爲深切，古今注家未之及也。不敢自謂有得箕子之心於千載之下，然世之君子，因文求義，必於予言有取焉矣。」

瞿氏九思**洪範衍義**

五卷。

存。

張雲章曰：「九思，萬曆間江、漢人。自言夢至一璇宫，如萬頃碧琉璃，見一巨人告之曰：『此爲安邑。』覺而大有所悟，遂衍範，數月而成。予視其書，真囈語也。其説以洪範非衍於箕子而作于神禹，禹都安邑，故托之夢見爲辭。而謂禹謨以水火金木土爲序，範以水火木金土爲序。金先於木，是以金爲重，故金能生水，此伯鯀所以罔功。木先於金，是以木爲重，木能生火，火自能克水，此神禹所以底績。夫範之言五行，乃天地生物自然之序，禹之成功，豈在以木爲重於金而能克火故耶？其説謬戾可笑。」

① 「二」，備要本誤作「一」。

鍾氏化民**數言大旨**

一卷。

未見。

錢氏一本**範衍**

十卷。

存。

一本自序曰：「揚子雲太玄根據洛書，非苟作者。朱子謂其零星補湊。蔡西山氏則以揚氏太玄、關氏洞極、司馬氏潛虛，皆以不知而作目之。愚不揆量，竊謂龜惟求洛之舊契，原數以爲兆，綜九章以考占，以一見占五行，以二見占五事，以三見占八政，以四見占五紀，以五見占皇極，以六見占三德，以七見占稽疑，以八見占庶徵，以九見與隱占福極。蓋龜從洛出，能知天道。其自一至九四十五畫見於龜背，皆神明自然之拆文，一一皆有吉凶可貞問。禹疇九章即爲龜卜全書之實據，求洛書之舊，稽禹疇之卜，因數成變，因變考占，因占設教，因事示戒。蓋卦以兩畫成於八，疇以兩畫成於九，卦之六十四以八乘之爲五百一十二，疇數既符卦數，蓍卦一揲盡於六十四，龜疇一灼盡於八，其六十四卜法即同揲法。且一六兆雨，二七兆霽，三八兆蒙，四九兆驛，五兆克，又一一確實，略無影響疑似，使人難曉，庶幾蓍龜並存，而爲吉凶與民同患之一助云。」

徐氏常吉**洪範則洛書辨**

一卷。

未見。

羅氏喻義**洪範直解**

一卷。

存。

喻義自序曰：「凡書一讀一解，或曰讀書不求甚解，讀範恐不然，有字者商之範，無字者雒之書，顧書則失範，顧範則失書。顧書失範，範流爲數；顧範失書，今之注疏是也。書、範相著，依而無失，如子顧母，是謂得之。惟講筵進講，既習其讀，又通其解，名曰直解。今用其體，每奏一篇，如在上前，義取無隱，亦以治天下大經大法，是金華殿中語也。崇禎辛巳。」

讀範内篇

一卷。

存。

喻義自序曰：「範圖一卷，舊圖四，新圖七，凡十有一，首繫辭焉備矣。河圖、洛書，舊圖也。初一次九，從此翻出，古云疇其爵邑，謂通前後爵邑疇之，故書散而圖整也。陽三陰四，舊圖也，奇偶進反，從此翻出。奇偶者，天地也；進反者，禮樂也。天地設位，禮樂行乎其中矣。錯綜其數，參伍以變，分五以上以歸五行，六以下以歸四克，文不在兹乎。或稱縱五横一，晦翁所謂打馬子相似者，範之圖也。曰姑舍是。」

張雲章曰：「喻義之言曰：『講筵進講，既習其讀，又通其解，名曰直解。』又謂昔人以老準易，不如以範準易，故又作讀範内篇。」

羅氏輔**洪範彙義**

未見。

鄒氏元佐**洪範福極奥旨**

五卷。

未見。

〔校記〕

複見前卷。（書，頁二八）

建昌府志：「洪範福極奧旨五卷，鄒元佐撰①。」

包氏萬有**範數贊詞**

四卷。

未見。

黄氏道周**洪範明義**

四卷。

存。

道周進上序曰：「臣觀五帝三王之道，備在易象，自易象而外，惟有洪範一書爲堯、舜所授於禹、湯，周公所得於箕子者。易於明夷之卦，推崇箕子，明羲、文之道在箕子，非他作者之所敢望也。漢興，伏②、晁口授不真，厥後諸儒皆因伏、晁以證古簡，是以譌舛相沿，失其倫脊，五十九篇之中，時有依託，先後間出，然皆史家記述之言，雖顛末稍殊，無傷大義，如武成、雒誥先儒之所正定，後人不以爲非。獨洪範一書，以理義古奧，條貫錯綜，沿二千年未之有改，使禹、箕之結撰與史記同觀，神聖之微言，爲耄

---

① 「撰」，備要本誤作「譔」。

② 「伏」，文津閣四庫本誤作「復」。

口所亂，良可惜也。臣考篇中有錯簡者三，訛字者三。錯簡如五紀三德敷言錯而在後，威福建極敷言錯而在前。訛字如晨爲農、忒爲忒、殛爲極之類，皆伏、晁之所不稽，鄭、孔所未説，宋、元諸儒，稍發其端。明興，諸賢未竟厥緒，臣下愚迂昧，繹思此義近二十年，幸逢聖主留神經籍，奉旨纂輯。乃復不揣，爲明義四卷，其上卷皆言天人感召，性命相符，及好德用人之方。下卷皆言陰騭相協，彝倫條貫，旁及陰陽曆數之務。初終兩卷，乃正定篇章，分别倫序，以及聖神授受之統，凡八萬七千六百餘言。臣下愚迂昧，私意以爲古今典籍，自易象、春秋而外，所可敦崇紬繹，未有過於斯書者也。」

黄虞稷曰：「崇禎十年，道周爲經筵日講官、左春坊左諭德，掌司經局事時，編纂進呈。」

鄒氏期禎**洪範經世要語**

未見。

孫氏承澤**洪範經傳集義**

一卷。

存。

按：退谷先生洪範集義分禹疇、箕傳，以一①五行以下爲禹疇，以水曰潤下以下爲箕傳。如五紀、皇

① 「一」，備要本作「上」。

極、五福、六極等傳，大約多依宋、元諸儒。惟三八政向無傳，取朝鮮本實之。余嘗叩先生曾親見朝鮮本否？曰：「未也，仁山金氏言之。」後得仁山注，初無此文，然先生豈欺我者？或其所藏本與余所見有不同爾？

夏氏唐老**九疇圖**

佚。

朱子曰：「三衢夏唐老作九疇圖。」

亡名氏福極對義圖

二卷。

未見。

洪範集說

一册。

未見。

圖書作範宗旨

一册。

未見。

按：是書載范氏天一閣目，未詳姓氏。

貢氏師泰題旅獒圖

一篇。

存。

李氏郡旅獒圖

一卷。

未見。

王世貞曰：「郡，字士牧。」

樓氏鑰金縢圖說

一篇。

存。

鑰自述曰：「金縢之説不明久矣。盧甥祖臯申之攜圖見示，雖出臨摹，而古意具在，遂爲之説。」

顔氏直之**金縢圖**

一卷。

佚。

按：金華黄文獻公溍有跋。

王氏廉**金縢辨**

一篇。

存。

王禕曰：「縉雲王熙陽氏早歲從永嘉王天趣先生游，聞見之際，所得者多。復即群經諸史百家之書，而大肆其力，推其所得，著而爲書，有書海通辨、三體纂要、左氏鈎玄，總若干卷。」

張氏孚敬**金縢辨疑**

一卷。

未見。

汪氏叡**周公居東二年辨**

一篇。

存。

范氏浚**大誥康誥酒誥梓材召誥洛誥多士多方論**

一篇。

存。

宋氏璟**無逸圖**

一卷。

佚。

崔植曰：「開元初，宋璟爲相，手寫無逸一篇爲圖以獻，玄宗置之内殿，出入觀省。」

唐國史：「紫宸殿設無逸圖。」

按：唐之紫宸、宋之邇英所設無逸圖，當日進獻皆有表奏，故存之。

王氏洙、蔡氏襄無逸圖

佚。

文彦博曰：「邇英北壁有仁宗朝講官王洙所寫無逸圖。」

范祖禹劄子曰：「臣竊以無逸者，周公之至戒，昔仁宗皇帝初建邇英閣，即書無逸於屏間。其後歲久而弊，又命知制誥蔡襄書之，仁宗尊崇經訓如此，陛下宜以爲法。」

吴氏安詩等無逸講義

〔補正〕

通考作：「顔、吴、范、司馬無逸、説命解。」「安詩」，通考作「安時」。（卷三，頁二十）

一卷。宋志：「二卷。」通考：「三卷。」俱合説命講義言之。

佚。

晁公武曰：「皇朝吴安詩、范祖禹、司馬康。元祐中，侍講筵顔復説書崇政殿，日所進講説也。」

中興書目：「元祐五年二月，講無逸終篇，侍講司馬康、吴安詩、范祖禹等録進講義一卷。」

祖禹進劄子曰：「臣今年七月準入内，供奉官李偁傳聖旨，今日邇英閣講過無逸義，令詳備録進，臣今寫録進呈。」

司馬氏光**等無逸講義**

宋志：「一卷。」

未見。

胡氏寅**無逸傳**

一卷。

未見。

寅進表曰：「臣頃任記注，立侍經筵。竊觀陛下親御翰墨，書周公無逸一篇，置之座隅，聖心憂勤圖治，濡毫灑牘，不忘警戒。臣退而取無逸篇誦讀研究，至再至三，雖聖言宏深，未易窺測，譬如涉海或得涯涘，不俟揆度，輒以淺陋之學，分章訓釋，古今相去已數千年，至於人心未嘗有異。臣所以本原古訓，貫以時事，談經尚論而無益於今，則腐儒而已。恭惟陛下聖學緝熙，高出一世，如臣等輩何能仰望清光，草芥賤微，求裕覆載，螢爝之照，呈輝大明，僭易伏誅，誠無所逭，一言有補，臣不虛生，臣無任納忠隕越之至。」

張氏栻**無逸解**

一卷。

未見。

程氏鳴鳳**無逸説**

佚。

徽州府志：「鳴鳳，字朝陽，祁門人。寶祐癸丑射策第一，知德慶府，後知南雄州，進無逸説。」

趙氏秉文**無逸直解**

一卷。

佚。

秉文自序曰：「伏觀自古忠之大者，未有若周公者也。以成王年幼，恐其荒怠，作無逸一篇以伸勸戒。舉殷三賢王及周文王皆以憂勤得壽考之福，其意欲使祚胤長遠，又欲其君憂勤無逸，頤愛精神，壽考無窮。以至成王享國長久，刑措四十年而不用，至今稱爲賢王之首，此皆周公篤實愛君之力也。其後唐明皇時，宋相獻無逸圖，帝列爲屏風，置之左右。穆帝時，崔植又請以無逸爲元龜。然則無逸一篇，乃萬世之龜鏡也。蒙國厚恩，無以圖報，謹依注疏撰無逸直解因以獻，仰視無疆。」

程氏大昌**三宅三俊説**

一篇。

存。

滕氏仲禮**周官呂刑講義**

二卷。

佚。

王惲曰：「至元十六年十二月，中山府教官滕仲禮會府尹史子華等講周官、呂刑篇於明新堂。」

胡氏銓**君陳辨**

一篇。

存。

方氏回**顧命朝會考**

一篇。

存。

汪氏琬**顧命説**

一篇。

存。

王氏炎康王之誥論

一篇。

存。

方氏孝孺畢命論

一篇。

存。

范氏浚君牙冏命呂刑論

一篇。

存。

王氏應麟周書王會解

一卷。

存。

董氏斯張**周書克殷度邑解**

二卷。

存。

斯張序曰：「世儒謂周書出汲冢，乃克殷、度邑二解載史記，確爲逸書，非後儒竄入者。太史公去伏生不遠，其辭亦近之。余意以史載湯誥及二解補伏生今文書，而以古文别爲一録。熙甫、弱侯而在，必有賞余言者。賈生書云紂已死玉門之上，武王使人帷而守之，大白小白，千古厚誣。升庵集及金罍子已有辨。余録克殷解依史記，自武王既入始。度邑解依汲冢書，有一二未安者，酌二書參用之，以文字異同者疏其下。孔晁注周書殊草草，索隱、正義亦多秕僻，間綴以鄙見，所以便觀者也。或曰：齊宣王曰：臣弑其君何居？應之曰：發伐辛焚非弑乎？疇手刃之謂哉！」

陶氏弘景**注尚書序**

一卷。

佚。

按：貞白注詩書序，見元道士劉大彬茅山志。

經義考卷九十八

詩一

古詩

今存三百五篇。

周禮太師：「教六詩，曰風、曰賦、曰比、曰興、曰雅、曰頌。」

卜子曰：「詩者，志之所之也。在心爲志，發言爲詩。情動於中而形於言，言之不足，故嗟嘆之；嗟嘆之不足，故永歌之；永歌之不足，不知手之舞之，足之蹈之也。先王以是經夫婦、成孝敬、厚人倫、美教化、移風俗。故詩有六義焉：一曰風，二曰賦，三曰比，四曰興，五曰雅，六曰頌。以一國之事繫一人之本謂之風，言天下之事形四方之風謂之雅。雅者，正也，言王政之所由廢興也。政有小大，故有小雅焉，有大雅焉。頌者，美盛德之形容，以其成功告於神明者也。是謂四始，詩之至也。」

墨翟曰：「誦詩三百，歌詩三百，舞詩三百。」

荀卿曰：「詩者，中聲之所止也。」

司馬遷曰：「古者詩三千餘篇，及至孔子去其重，取可施於禮義，上采契、后稷，中述殷、周之盛，至幽、厲之缺，始於衽席，故曰：關雎之亂，以爲風始，鹿鳴爲小雅始，文王爲大雅始，清廟爲頌始。三百五篇，孔子皆絃歌之，以求合韶、武、雅、頌之音，禮樂自此可得而述，以備王道、成六藝。」又曰：「詩三百篇，大抵賢聖發憤之所爲作也。」

劉歆曰：「詩以言情，情者，性之符也。」

詩含神霧曰：「詩者，天地之心，君德之祖，百福之宗，萬物之户也。刻之玉版，藏之金府，集微揆著，上統元皇，下序四始，羅列五際。」又曰：「詩者，持也。在於敦厚之教，自持其心，諷刺之道，可以扶持邦家者也。」

詩推度災曰：「建四始五際而八節通，卯酉之際爲革政，午亥之際爲革命。」

詩汜歷樞曰：「卯，天保也；酉，祈父也；午，采芑也；亥，大明也。然則亥爲革命，一際也；亥又爲天門出入候聽，二際也；卯爲陰陽交際，三際也；午爲陽謝陰興，四際也；酉爲陰盛陽微，五際也。」又曰：「大明在亥，水始也；四牡在寅，木始也；嘉魚在巳，火始也；鴻雁在申，金始也。」

春秋演孔圖曰：「詩含五際六情。」即六義也。

春秋説題辭曰：「詩者，天文之精，星辰之度，人心之操也。在事爲詩，未發爲謀，恬憺爲心，思慮爲志，故詩之爲言志也。」

班固曰：「古有采詩之官，王者所以觀風俗、知得失、自考正也。孔子純取周詩，上采殷，下取魯，凡三百五篇。遭秦而全者，以其諷誦，不獨在竹帛故也。」

翼奉曰：「詩有五際，君臣、父子、兄弟、夫婦、朋友。」

孟康曰：「五際：卯、酉、午、戌、亥也。陰陽終始際會之歲，於此則有變改之政。」

鄭康成曰：「詩者，承也。政善則下民承而讚咏之，政惡則諷刺之。」

劉熙曰：「詩，之也，志之所之也。興物而作謂之興，敷布其義謂之賦，事類相似謂之比，言王政事謂之雅，稱頌成功謂之頌，隨作者之志而别名之者也。」

張揖曰：「詩小雅之材七十四人，大雅之材三十一人。」

按：揖之言以一篇爲一人。

〔補正〕

張揖條下按語後應補録困學紀聞一條：「大戴禮投壺云：『凡雅二十六篇，其八篇可歌，歌鹿鳴、貍首、鵲巢、采蘩、采蘋、伐檀、白駒、騶虞；八篇廢，不可歌；七篇商、齊可歌也；三篇閒歌。』上林賦『揜群雅』，張揖注云：『詩小雅之材七十四人，大雅之材三十一人。』愚謂八篇可歌者，唯鹿鳴、白駒在小雅，貍首今亡，鄭氏以爲射義所引，曾孫侯氏之詩。餘皆風也，而亦謂之雅，豈風亦有雅歟？劉氏小傳或曰：『貍首，鵲巢也，篆文似之。』此有貍首又有鵲巢，則或説非矣。張揖言二雅之材，未知所出。」閻若璩曰：「按：小雅除笙詩，自鹿鳴至何草不黄，凡七十四篇；大雅自文王至召旻，凡三十一篇。故曰：『小雅之材七十四人，大雅之材三十一人。』以篇數言也，未知是否。」（卷四，頁一）

周續之曰：「風雅體同，而由我化物則謂之風，物由我正則謂之雅。考之禮教，其歸不殊也。」

梁簡文帝曰：「詩者，思也，辭也。發慮在心謂之思，言見其懷抱者也。在辭爲詩，在樂爲歌，其本一也。」

隋書經籍志曰：「夏、殷以上詩多不存，周氏始自后稷，而公劉克篤前烈，太王肇基王迹，文王光昭前緒，武王克平殷亂，成王、周公化致太平，誦美盛德，踵武相繼。幽、厲板蕩，怨刺並興，其後王澤竭而詩亡，魯太師摯次而録之。孔子删詩，上采商下取魯，凡三百篇。」

按：如隋志所云，則二南之始關雎，雅始鹿鳴、文王，頌始清廟，皆魯太師次而録之者，故論語曰：「師摯之始，關雎之亂。」是也。

〔補正〕

隋書經籍志條下，竹垞按語以論語「師摯之始，關雎之亂」作四始義解，此説非也。何解、邢疏固謬矣，而方綱昔按試江西，發此義以課諸生，有新城魯生嗣光援據樂記：「再始以著往，復亂以飭歸。始奏以文，復亂以武。」辨證極博，此以樂闋之義爲訓，勝竹垞此説多矣。然今仍以朱子集注之説爲正，更勿多滋異義耳。且所謂「關雎之亂」者，亦非指關雎一篇也。按：儀禮飲酒禮工歌鹿鳴、四牡、皇皇者華，笙入堂下，磬南北面立，樂南陔、白華、華黍，乃閒歌魚麗，笙由庚；歌南有嘉魚，笙崇邱；歌南山有臺，笙由儀。乃合樂周南關雎、葛覃、卷耳，召南鵲巢、采蘩、采蘋。詳此樂節，「關雎之亂」，謂燕合鄉樂之卒章，則卷耳爲卒章也，猶之采蘋是召南鵲巢合樂之卒章也，豈得以四始之始訓之哉。

（卷四，頁一一—一二）

孔穎達曰：「經傳所引諸詩見存者多，亡失者少，不容孔子十去其九①。」

〔補正〕

孔穎達條下應補云：「又曰：『仲尼以前篇目先具，其所删削，蓋亦無多，記傳引詩亡逸甚少，知本先不多也。史記孔子世家云：古者詩三千餘篇，孔子去其重，取三百五篇。蓋馬遷之謬耳。』」（卷四，頁二）

李行修曰：「夫詩者，其辭主文譎諫而不訐，其教温柔敦厚而不愚，仲尼采之合三百五篇，善者全而用，不善者全而去。」

成伯璵曰：「詩者，四國所陳，臣下所獻，出自百家，辭生鄙俚，豈能盡善？若不刊正，無裨國風。文遭暴秦，並爲煨燼，而詩全樂章，布於人口，三百之外，惟亡六篇，比諸典籍未爲殘滅。」又曰：「詩有四始，始者，正詩也，謂之正始。周、召二南，國風之正始；鹿鳴至菁菁者莪，爲小雅之正始；文王受命至卷阿，爲大雅之正始；清廟至般，爲頌之正始。」

李清臣曰：「國風、雅、頌美刺之義不甚相絶，而分别若此，或曰太師分之，或曰孔子分之，是皆未爲知詩。夫詩者，古人樂曲，故可以歌，可以被於金石鐘鼓之節。其聲之曲折，其氣之高下，詩人作之之始，固已爲風、爲小雅、爲大雅、爲頌。風之聲不可以入雅，雅之聲不可以入頌，不待太師與孔子而後

---

① 「九」字下，依補正應補「仲尼以前篇目先具，其所删削，蓋亦無多，記傳引詩亡逸甚少，知本先不多也。史記孔子世家云：古者詩三千餘篇，孔子去其重，取三百五篇，蓋馬遷之謬耳。」字。

分也。太師知其聲，孔子知其義爾。亦猶今之樂曲，有小有大聲之不同，而辭之不相入，亦作者爲之，後來者所不能易也。」

歐陽修曰：「删詩云者，非止全篇删去也。或篇删其章，或章删其句，或句删其字，如『唐棣之華，偏其反而；豈不爾思，室是遠而』，此小雅唐棣之詩也，夫子謂其以室爲遠，害於兄弟之義，故篇删其章也。『衣錦尚絅，文之著也』，鄘風君子偕老之詩也，君子謂其盡飾之過，恐其流而不返，故章删其句也。『誰能秉國成，不自爲政，卒勞百姓』，此小雅節南山之詩也，夫子以『能』之一字爲意之害，故句删其字也。」

周子醇曰：「孔子删詩有全篇删者，驪駒是也；有删兩句者，『月離于畢，俾滂沱矣；月離于箕，風揚沙矣』是也；有删一句者，『素以爲絢兮』是也。」

劉安世曰：「孔子時詩，今不可得而見之，且以論語考之，今碩人之詩，無『素以爲絢兮』一句，則知孔子時詩亡矣。」

鄭樵曰：「上下千餘年，詩纔三百五篇，有更十君而取一篇者，皆商、周人所作，夫子併得之於魯太師，編而録之，非有意於删也。删詩之説，漢儒倡之。」

陳鵬飛曰：「春秋之亡以禮廢，秦之亡以詩廢。」

唐仲友曰：「周之興也，由召南而周南，由周南而雅，由雅而頌。其衰也，頌息於南征之後，雅變於監謗之際，風降於東遷之餘，道之汙隆可具見矣。群叔之流言，風猶將變，而況於雅乎？洛邑之遷，頌未可遽復，故風猶可正而進於雅也。雅在則春秋可以無作，奈何變而遂至於亡也。」又曰：「『其風肆好』、『穆如清風』，大雅亦有風；『雖則如燬，父母孔邇』，周南已有雅；『有匪君子，終不可諼兮』，變風猶有頌。采蘩，賦之屬也；螽斯，比之屬也；關雎，興之屬也。有賦比興以爲風，亦有以爲雅頌，一篇而一義者有之，鶴鳴專於興也，其意達於風矣；有一句而一意①者，『王室如燬』，比而雅也。」

朱子曰：「人言夫子删詩，看來只是采得許多詩，夫子不曾删去，只是刊定而已。」又曰：「當時史官收詩時，已各有編次，但經孔子時已經散失，故孔子重新整理一番，未見得删與不删。」

戴埴曰：「詩篇名之例不一，關雎、葛覃之類，取其首章；權輿、騶虞之類，取其末章；召旻、韓奕之類，取一章之義合而成文；氓、丰、蕩、緜之類，取章中一事；維天之命、昊天有成命，則取章中一句；惟雨無正、酌、賚②於詩亦無取。亦有例同而名異者，『緜緜瓜瓞』與『緜緜葛藟』同，一取『緜緜』之義，一以『葛藟』爲名；『緜蠻黄鳥』與『交交黄鳥』同，一取『緜蠻』之義，一以『黄鳥』爲名。」又曰：「風雅之正變以治言，自邶至曹，治固多變，太王治豳，風化所基，亦何言變風？節南山至魚藻，治固變矣，六月、車攻、斯干諸詩，何以言變小雅？民勞至桑柔，治固變矣，崧高、韓奕、烝民、江漢諸詩何以言變大雅？周禮籥章歌豳詩、豳雅、豳頌，謂言天下之事，形四方之風，則豳何以有雅？謂美盛德告成功，則豳何以有頌？然則求詩於詩，不若求詩於樂。夫子自衛反魯，然後樂正，雅、頌各得其所；及言關雎之亂，洋洋盈耳。以樂正詩，則風、雅與頌以聲而别，樂有正聲，必有變聲，故國風十五國之歌，歌之正爲

---

① 「意」，文淵閣四庫本作「義」。

② 「賚」，依補正、四庫薈要本、文淵閣四庫本應作「賚」。

正風，歌之變爲變風。采風者以聲別之，其於雅亦然。瞽誦工歌既別，其聲之正變復析爲小雅、大雅，以雅音之大者，爲大樂章，大燕享用之；雅音之小者，爲小樂章，小燕享用之。以言乎頌，周之頌簡，商、魯之頌繁；周頌敬懼而謙恭，商、魯頌侈麗而夸大，然其音苟合，何往非頌。人不以詩求詩而以樂求詩，始知風、雅之正變、小大，與三頌之殊塗而同歸矣。今之樂章至不足道，猶有正調、轉調、大曲、小曲之異，風、雅、頌既被之絃歌，播之金石，安得不別其聲之小大、正變哉。」

〔補正〕

戴埴條内「惟雨無正、酌、賚」，「賚」當作「賚」。（卷四，頁二）

葉適曰：「史記：古詩三千餘篇，孔子取三百五篇。孔安國亦言删詩爲三①百篇。按：周詩及諸侯用爲樂章，今載於左氏傳者，皆史官先所采定，就有逸詩殊少矣，疑不待孔子而後删十取一也。又論語稱詩三百，本謂古人已具之詩，不應指其自删者言之。然則詩不因孔氏而後删矣。」又曰：「周以詩爲教，置學立師。諸侯之風，陳於太師，其所去取，皆當時朝廷之意。故匪風之思周道，下泉之思治，簡兮之思西方美人，皆自周言之也。孔子生數百年後，無位於王朝，而以一代所教之詩，删落高下，十不存一，爲皆出其手，豈非學者之隨聲承誤，失於考訂而然乎。」又曰：「季孫行父請命於周，而史克作頌，則是以天子之命列於頌也，非孔子之所能裁定也。」又曰：「詩三百篇，孔子舉其在者也。後人謂孔子自删爲三百篇，大妄也。」又曰：「言詩者，自邶、鄘而下，皆目爲變風，其正者二南而已。然季

① 「三」，文津閣四庫本誤作「二」。

札觀樂論詩，未嘗及變；孔子教小子以可興、可觀、可群、可怨，亦未嘗及變。夫言者之旨，其發也，殊要以歸於正爾。美而非諂，刺而非訐，怨而非憤，哀樂而非私，何不正之有？後之學詩者，不極其志之所至，而以正變強分之，則有蔽而無獲矣。」

章如愚曰：「王之風非貶王也，體本風也；魯之頌非褒魯也，體本頌也。詩體有風、雅、頌之殊，非雅重於風，頌高於雅也。」

羅璧曰：「詩名之說，或謂國史，或謂子夏、毛萇。而書金縢云：『公乃爲詩以遺王，名之曰鴟鴞。』則詩名乃作者自定。至分爲風、雅、頌，說者謂始於孔子自衛反魯，樂正，雅頌各得其所。然吴季札聘魯，魯太師已爲札歌風、歌雅、歌頌矣。魯頌駉，詩序曰：『季孫行父請命於周，而史克作是頌。』史記：『微子過殷墟而作雅。』觀此，則雅、頌亦作者自別也。」

王應麟曰：「逸詩篇名若貍首、驪駒、祈招、轡之柔矣，皆有其辭，惟采薺、河水、新宫、茅鴟、鳩飛無辭。或謂河水，沔水也；新宫，斯干也；鳩飛，小宛也。韓詩外傳引逸詩尤多，其孔筆所删與？」

劉汲曰：「三百篇，什無定章，章無定句，句無定字，字無定音，大小、長短、險易、輕重，惟意所適。雖役夫室妾悲憤感激之語，與聖賢相雜而無媿，亦各言其志也已矣。」

蘇天爵曰：「太史公云：古詩三千餘篇，孔子删之，存者三百一十一篇。是則秦火之餘，詩亦爲完書矣。而凡經傳所引逸詩，是皆孔子所删二千七百餘篇之文乎？今考之孔子之言曰：『吾自衛反魯，然後樂正，雅、頌各得其所。』又曰：『詩三百，一言以蔽之，曰：思無邪。』未嘗言删詩也。至趙氏孟子題辭始有删詩之說，而晉世所傳孔氏書序亦言删詩爲三百篇，皆出太史公之後。夫以周之列國，若滕、薛、許、蔡、邾、莒，其與陳、魏、曹、檜地醜德齊，而獨無一詩之存，何也？將有其詩而夫子删之與？當季札之聘魯，請觀周樂，於時夫子未删詩也，自雅、頌之外，其十五國風盡歌之，今三百篇及魯人所存，無加損也，其謂夫子删詩，其可信乎？」

朱右曰：「古詩三百篇，以風雅頌爲三經，賦比興爲三緯。」

盧格曰：「史記：古詩三千餘篇，孔子取三百五篇。孔穎達以爲未可信。按：王制：『天子五年一巡狩，命太師陳詩以觀民風。』西周盛時，環海内而封者千八百國，使各陳一詩，亦千八百篇矣。今載於經者，惟邶、鄘、衛、鄭、齊、魏、唐、秦、陳、檜、曹十一國，皆春秋時詩，其他亦無所録。孟子詩亡之論，其有慨於此乎？」

黄淳耀曰：「孔子有正樂之功，而無删詩之事，蓋删詩者，漢儒之説也。」

汪琬曰：「删詩之説，昉於史遷，其言不可據依。」

按：孔子删詩之説，倡自司馬子長，歷代儒生，莫敢異議。惟朱子謂經孔子重新整理，未見得删與不删。又謂孔子不曾删去，只是刊定而已。水心葉氏亦謂詩不因孔子而删，誠千古卓見也。鄭漁仲、蘇伯修亦嘗疑之，近時嘉定陶菴黄氏亦謂孔子有正樂之功，而無删詩之事。愚心韙之，竊以詩者，掌之王朝，班之侯服，小學大學之所諷誦，冬夏之所教，莫之有異。故盟會、聘問、燕享，列國之大夫賦詩見志，不盡操其土風。使孔子以一人之見取而删之，王朝、列國之臣其孰信而從之者？且如行以肆夏，趨以采齊，樂師所教之樂儀也，何不可施於禮義，而孔子必删之，俾堂上有儀而門外無儀，何也？凡射，王以騶虞爲節，諸侯以貍首爲節，大夫①以采蘩②爲節，士以采蘋③爲節，今大、小戴記載有貍首之辭，未嘗與禮義悖，而孔子於騶虞、采蘩、采蘋則存之，於貍首獨去之，俾王與大夫、士有節，而諸侯無節，又何也？燕禮升歌鹿鳴，下管新宮；大射儀乃歌鹿鳴三終，乃管新宮三終；而孔子於鹿鳴則存之，於新宮則去之，俾歌有詩而管無詩，又何也？肆夏、繁遏渠天子所以享元侯者，故九夏掌於鐘師。而大司樂王出入奏王夏，尸出入奏肆夏，牲出入奏昭夏；鄉飲酒之禮，賓出奏陔，鄉射之禮，賓興奏陔；大射之儀，公升即席奏陔④，賓醉奏陔，公入驁，此又何不可施於禮義，而孔子必刪之，俾禮廢而樂缺，又何也？正考父校商之名頌十二篇於周太師，歸以祀其先王，孔子殷人，乃反以先世之所校歸祀其祖者，刪其七篇，而止存其五，又何也？穆王欲肆其心，周行天下，祭公謀父作祈招之詩以止王心，詩之合乎禮義者莫此若矣，孔子既善其義，而又刪之，又何也？且詩至於三千篇，則輶軒之所采，定不止於十三國矣。而季札觀樂於魯，所歌風詩，無出十三國之外者；又子所雅言，一則曰「詩三百」，再則曰「誦詩三百」，未必定屬刪後之言，況多至三千，樂師、矇叟安能遍爲諷誦？竊疑當日掌之王朝，班之侯服者，亦止於三百餘篇而已。至歐陽子謂刪詩云者，非止全篇刪去，或篇刪其章，或章刪其句，或句刪其字，此又不然。詩云「唐棣之華，偏其反而；豈不爾思，室是遠而」，惟其詩

① 「大夫」，依補正應作「卿大夫」。
② 「采蘩」，依補正應作「采蘋」。
③ 「采蘋」，依補正應作「采蘩」。
④ 「陔」，依補正、四庫薈要本、文淵閣四庫本應作「肆」。

孔子未嘗删，故爲弟子雅言之也。詩曰「衣錦尚絅，文之著也」，惟其詩孔子亦未嘗删，故子思子舉而述之也。詩云「誰能秉國成」，今本無「能」字，猶夫「殷鑒不遠，在于夏后之世」，今本無「于」字，非孔子去之也，流傳既久，偶脱去爾。昔者子夏親受詩於孔子矣，其稱詩曰：「巧笑倩兮，美目盼兮，素以爲絢兮。」惟其句，孔子亦未嘗删，故子夏所受之詩，存其辭以相質，而孔子亟許其可與言詩，初未以素絢之語，有害於義而斥之也。由是觀之，詩之逸也，非孔子删之可信已。然則詩何以逸也？曰：一則秦火之後，竹帛無存，而日①誦者偶遺忘也；一則作者章句長短不齊，而後之爲章句之學者，必比而齊之，於句之從出者去之故也；一則樂師、矇叟止記其音節，而亡其辭。竇公之於樂，惟記周官大司樂一篇，而其餘不知，制氏則僅記其鏗鏘鼓舞而不能言其義，此樂章之所缺獨多也。噫！衰周之際，禮不期於壞而壞，樂不期於崩而崩，孔子方憂其放失而考求之不暇，又豈忍删去之乎？且夫采齊、新宫、貍首、繁遏渠、九夏暨笙詩六篇、商頌七篇，皆先王著於禮而被於樂者，信如子長之言，則删自孔子，禮壞樂崩是誰之過與？愚有以斷其必不然矣。

〔補正〕

竹垞案内「大夫以采蘩爲節，士以采蘋爲節」，「大夫」上脱「卿」字，「蘩」當作「蘋」，「蘋」當作「蘩」。又「大射之儀，公升即席奏陔」，「陔」字據儀禮大射禮當作「肆」。「竹帛無存，而日誦者偶遺忘也」，「日」當作「口」。（卷四，頁二）

①「日」，依補正、四庫薈要本、文淵閣四庫本、文津閣四庫本應作「口」。

案：竹垞辨孔子無删詩之事，而謂詩之逸也，一則秦火之後，竹帛無存，而口誦者偶以遺忘；一則作者章句長短不齊，而後之爲章句之學者，必比而齊之，于句之從出者去之故也；一則樂師、矇叟止記其音節，而亡其辭。凡此諸說，皆謂詩之逸在孔子之後矣，然逸詩篇名，見于諸書，如貍首、驪駒、祈招、采薺、河水、新宫、茅鴟、鳩飛之類甚多，皆不在孔子所訂三百篇之中，而孔子當日自言「誦詩三百」；又云「詩三百，一言以蔽之」，今所傳詩實三百一十一篇，正合于夫子之所云。則知自孔子既定之後，竝無一篇之逸也。竊謂今之有其名而無其詩者，皆逸于孔子之前，若其章句偶有不同，漢師異讀耳。故班史言：「凡三百五篇，遭秦而全者，以其諷誦，不獨在竹帛故也。」（卷四，頁三）

經義考卷九十九

詩二

卜子商**詩序**

唐志：「二卷。」

〔補正〕唐志：「二卷。」按：唐志作：「集序二卷。」（卷四，頁三）

存。

後漢書：「衛宏，字敬仲，東海人。初九江謝曼卿①善毛詩，迺爲其訓。宏從曼卿受學，因作毛詩序，善得風雅之旨，於今傳於世。」

---

①「謝曼卿」，文津閣四庫本誤作「夏曼卿」。

沈重曰：「按鄭詩譜，大序，子夏作；小序，子夏、毛公合作。」

隋志：「先儒相承謂毛詩序子夏所創，毛公及衛敬仲又加潤益。」

陸德明曰：「孔子最先删詩以授於子夏，子夏遂作序焉。口以相傳，未有章句。」又曰：「『關雎，后妃之德也』至『用之邦國焉』，名關雎序，謂之大序，此以下則小序也。大序是子夏作，小序是子夏、毛公合作，卜商意有未盡，毛更足成之。」

孔穎達曰：「詩三百一十一篇，子夏作序。」

韓愈曰：「子夏不序詩。」

成伯瑜曰：「學者以詩大、小序皆子夏所作，未能無惑。如關雎之序，首尾相結，冠束二南，故昭明太子亦云大序是子夏全制，編入文什，其餘衆篇之小序，子夏惟裁初句耳，至『也』字而止。『葛覃，后妃之本也』；『鴻雁，美宣王也』，如此之類是也。其下皆是大毛公自以詩中之意而繫其辭也。後人見序下有注，又曰東海衛宏所作，事雖兩存，未爲允當，當是鄭玄於毛公傳下即得稱箋於毛公序末，略而爲注耳。毛公作傳之日①，漢興，已亡其六篇，但據亡篇之小序惟有一句，毛既不見詩體，無由得措其辭也。又高子是戰國時人，在子夏之後，當子夏之世，祭皆有尸，『靈星之尸』，子夏無爲取引。一句之下，多是毛公，非子夏明矣。」

〔補正〕

① 「日」，依補正、四庫薈要本、文淵閣四庫本應作「目」。

成伯瑜條內「毛公作傳之日」，「日」當作「目」。（卷四，頁三）

丘光庭曰：「先儒言詩序并小序子夏所作，或曰毛萇所作，明曰：非毛萇所作也。何以知之？按鄭風出其東門序云『民人思保其室家』，經曰『縞衣綦巾，聊樂我員』，毛傳曰『願其室家得相樂也』，據此傳意與序不同，自是又一取義也。何者以『有女如雲』者，皆男女相棄，不能保其室家，即『縞衣綦巾』是作詩者之妻也，既不能保其妻，乃思念之，言願更得聊且與我爲樂也，如此則與序合。今毛以『縞衣綦巾』爲他人之女，願爲室家，得與相樂，此與序意相違，故知序非毛作也。此類實繁，不可具舉。或曰既非毛作，毛爲傳之時，何不解其序也？答曰：以序文明白，無煩解也。」

歐陽修曰：「孟子去詩世近，最善言詩，推其所説詩義與序文意多同，故後時異説爲詩害者，嘗賴序文以爲證。」又曰：「或問詩之序卜商作乎？衛宏作乎？非二人之作，則作者其誰乎？應之曰：書、春秋皆有序而著其名氏，故可知其作者，詩之序不著其姓氏，安得而知之乎？雖然，非子夏之作，則可以知也。曰：何以知之？應之曰：子夏親受學於孔子，宜其得詩之大旨，其言風雅有變正，而論關雎、鵲巢繫之周公、召公，使子夏而序詩，不爲此言也。自聖人没，六經多失其傳，一家之學分爲數家，不勝其異説也，當漢之初，詩之説分爲齊、魯、韓三家，晚而毛氏之詩始出，久之，三家之學皆廢，而毛詩獨行以至於今不絕。今齊、魯之學没不復見，而韓詩遺説往往見於他書，至其經文亦不同，如『逶迤』、『郁夷』之類是也，然不見其終始，亦莫知其是非。自漢以來學者多矣，其卒舍三家而從毛公者，蓋以其源流所自，得聖人之旨多歟？今考毛詩諸序與孟子説詩多合，故吾於詩常以序爲證也。至其時有小失，隨而正之，惟周南、召南失者類多，吾固已論之矣，學者可以察焉。」

王安石曰：「詩序，詩人所自製。」

蘇轍曰：「孔子之序書也，舉其所爲作書之故；其贊易也，發其可以推易之端，未嘗詳言之也。非不能詳，以爲詳之則隘，是以常舉其略以待學者自推之，故其言曰：『仁者見之謂之仁，知者見之謂之知。』夫惟不詳，故學者有以推而自得之。今毛詩之序何其詳之甚也，世傳以爲出於子夏，予竊疑之。子夏嘗言詩於仲尼，仲尼稱之，故後世之爲詩者附之，要之豈必子夏爲之，其亦出於孔子或弟子之知詩者與？然使誠出於孔氏也，則不若是詳矣。孔子刪詩而取三百十一篇，今其亡者六焉，詩之序未嘗詳也。詩之亡者，經師不得見矣，雖欲詳之而無由。其存者將以解之，故從而附益之，以自信其說，是以其言時有反覆煩重，類非一人之辭者，凡此皆毛氏之學而衛宏之所集録也。東漢儒林傳曰：『衛宏從謝曼卿受學，作毛詩序，善得風、雅之旨，至今傳於世。』隋經籍志曰：『先儒相承謂毛詩序子夏所創，毛公及衛敬仲又加潤益。』古說本如此，故予存其一言而已。曰是詩言是事也，而盡去其餘，獨采其可者見於今傳；其尤不可者，皆明著其失，以爲此孔氏之舊也。」

程子曰：「詩大序其文似繫辭，其義非子夏所能言也，分明是聖人作此以教學者，蓋夫子慮後世之不知詩也，故序關雎以示之。學詩而不求序，猶欲入室而不由户也。」安節問：「小序何人所作？」曰：「但看大序即可見矣。序中分明言國史明乎得失之迹，如非國史則何以知其所美、所刺之人，使當時無小序，雖聖人亦辨不得。」

王得臣曰：「詩序非出於子夏，聖人刪次風、雅、頌，其曰美、曰刺、曰惡、曰規、曰誨、曰誘、曰懼之類，蓋出於孔子①，非門弟子所能與也。若『關雎，后妃之德也』；『葛覃，后妃之本也』，此一句孔子所題，其下乃毛公發明之。」

晁説之曰：「説毛詩者，謂其序子夏所作。」

蔡卞曰：「作序者不知自於何人，然非深通於法言莫之能爲也。或以爲子夏、衛宏之所爲，則疑其不能爲也。」

葉夢得曰：「世人疑詩序非衛宏所爲，此殊不然。使宏鑿空爲之乎，雖孔子亦不能；使宏誦師説爲之，則雖宏有餘矣。且宏詩序有專取諸書之文而爲之者，有雜取諸書所説而重複互見者，有委曲宛轉附經而成其書者，不可不論也。『詩有六義：一曰風，二曰賦，三曰比，四曰興，五曰雅，六曰頌』，其文全出於周官；『情動於中而形於言，言之不足故嗟嘆之』，其文全出於禮記；『成王未知周公之志，公乃爲詩以遺王』，其文全出於金縢；『高克好利而不顧其君，文公惡而欲遠之不能，使高克將兵而禦狄於境，陳其師旅，翱翔於上，久而不召，衆散而歸，高克奔陳』，其文全出於左傳；『微子至於戴公，其間禮樂廢壞』，其文全出於國語；『古者長民，衣服不貳，從容有常，以齊其民』，其文全出於公孫尼子，則詩序之作，實在數書既傳之後明矣。此吾所謂專取諸書所言也。載馳之詩，許穆夫人作也，閔其宗國顛覆矣，又曰『衛懿公爲狄人所滅』；緜衣之詩既曰『繹賓尸矣』，又曰『靈星之尸』，此蓋衆説並傳，衛氏得善辭美意併録而不忍棄之，此吾所謂雜取諸書之説而重複互見也。騶虞之詩先言人倫既正，朝廷既

①「孔子」，四庫薈要本作「孔氏」。

治，天下純被文王之化，而復繼之以蒐田以時，仁如騶虞，則王道成；行葦之詩先言周家忠厚，仁及艸木，然後繼之以内睦九族，外尊事黄耇，養老乞言，此又吾所謂委曲婉轉附經而成其義也。即三者而觀之，序果非宏之所作乎？漢世文章未有引詩序者，惟黄初四年有共公遠君子近小人之説，蓋魏後於漢，宏之詩序至此始行也。」

曹粹中曰：「『羔羊之皮，素絲五紽』，毛傳謂：『古者素絲以英裘，不失其制，大夫羔裘以居。』其説如此而已，而序云：『在位皆節儉正直，德如羔羊。』且以『退食』爲節儉，其説①於康成，毛無此意也。『維鵲有巢，維鳩居之』，毛傳謂：『鳩不自爲巢，居鵲之成巢。』其説如此而已，而序云：『德如鳲鳩，乃可以配焉。』『君子偕老，副笄六珈』，毛傳云：『能與君子偕老，乃宜居尊位，服盛服。』而序云：『故陳人君之德，服飾之盛，宜與君子偕老。』則與傳意先後顛倒矣。序若出於毛，亦安得自相違戾如此？要知毛傳初行之時，猶未有序也，意毛公既託之子夏，其後門人互相傳授，各記其師説，至宏而遂著之。後人又復增加，殆非成於一人之手，則或以爲子夏，或以爲毛公，或以爲衛宏，其勢然也。」

〔補正〕

曹粹中條内「其説於康成」，「説」下脱「起」字。（卷四，頁三）

晁公武曰：「詩序，蕭統以爲卜子夏所作，韓愈以三事疑其非，至王介甫獨謂詩人所自製。按：韓詩序芣苢曰：『傷夫也。』漢廣曰：『悦人也。』序若詩人所自製，毛詩猶韓詩，不應不同若是。況文意繁

① 「説」字下，依補正、四庫薈要本、文淵閣四庫本應補「起」字。

雜，其不出一人之手甚明，不知介甫何以言之，殆臆論也。」

朱翼曰：「蘇子由解詩不用詩序，今用其說，尚解不行，乃去而不用，以自己意解之。且如七月陳王業也，故其詩陳農桑之事，一與序合，若不用序，不知一篇爲何而作。此猶易曉者，其他詩未易曉者，若不用序，則更茫然矣。」

鄭樵曰：「衛宏之序有專取諸書之文至數句者，有雜取諸家之說，而辭不堅決者，有委曲婉轉附經，以成其義者。『情動於中而形於言，言之不足故嗟嘆之』，其文全出於樂記；『成王未知周公之志，公乃爲書以貽①王』，其文全出於金縢；『自微子至於戴公，其間禮樂廢壞』，其文全出於國語；『古者長民，衣服不貳，從容有常，以齊其民』，其文全出於公孫尼子；則詩序之作，實在於數書既傳之後明矣，所謂取諸書之文有至數句者，此也。關雎之序既曰：『風之始也，所以風天下而正夫婦也。』意亦足矣；又曰：『風，風也，風以動之，上以風化下，下以風刺上。』又曰：『一國之事，繫一人之本，謂之風。』載馳之詩既曰：『許穆公夫人閔其宗國顛覆而作。』又曰：『衛懿公爲狄所滅。』綠衣②之詩既曰『繹賓尸矣』，又曰『靈星之尸』，此蓋衆說並傳，衛氏得其美辭美意併録而不忍棄之，所謂雜取諸家之說，而辭不堅決者也。騶虞之詩，先言『人倫既正，朝廷至治，天下純被文王之化』，而後繼之『蒐田以時，仁如騶虞，則王道成』；行葦之詩先言『國家忠厚，仁及艸木』，然後以『內睦九族，外尊黄耇，養老乞言』；所

① 「貽」，備要本作「遺」。
② 「綠衣」，依補正、四庫薈要本、文淵閣四庫本、文津閣四庫本、備要本應作「絲衣」。

謂委曲婉轉附經，以成其義者也。」

〔補正〕

鄭樵條内「緑衣之詩既曰『繹賓尸矣』」，「緑」當作「絲」。（卷四，頁四）

李樗曰：「詩皆有序，獨關雎爲最詳，先儒以謂關雎爲大序，葛覃以下爲小序。而作序之人，説者不同。家語云：『子夏習於詩而通於義。』王肅注云：『子夏所序詩，今之毛詩是也。』沈重云：『按鄭詩譜意，大序是子夏作，小序是子夏、毛公合作，卜商意未盡，毛公更足成之。』韓退之作詩之序議則謂：『詩之序明作之所以，云其辭不諱君上，顯暴醜亂之迹、帷箔之私，不是六經之志，若人云哉，察夫詩序，其漢之學者欲自顯立其傳，因藉之子夏，故其序大國詳、小國略，斯可見矣。』王氏則以爲世傳以爲言其義者子夏也，觀其文辭，自秦、漢以來，諸儒蓋莫能與於此。然傳以爲子夏，臣竊疑之。詩上及於文王、高宗、成湯，如江有汜之爲美媵，那之爲祀成湯，殷武之爲祀高宗，方其作時，無義以示後世，則雖孔子亦不可得而知，况於子夏乎？程説亦如王氏，詩序必是當時人所傳，國史明乎得失之迹是也，不得此，則每篇指趨何自而知焉？大序則是仲尼所作，其餘則未必然。凡此諸家紛紜不一，惟蘇黄門之説曰：『其文時有反覆煩重，類非一人之辭者，凡此皆毛氏之學，而衛宏之所集録也。』東漢儒林傳曰：『衛宏從謝曼卿受學，作毛詩序，善得風雅之旨，至今傳於世。』隋經籍志曰：『先儒相承謂毛詩序子夏所創，毛公及衛敬仲又加潤益，大抵古説本如此。』此説深得之，蓋自漢以來爲詩解者有四家，齊、魯、毛、韓皆以傳授不同，故其説不一也。」

黄穮①曰：「書、易、春秋皆有序，學者不疑，而詩之大序，學者疑之。蓋凡有序者，必著其姓氏，而詩也，有其序而不著其人，或雜出於百家傳記，而傅會之，説終莫之統一，是其所以滋後世之疑也。家語云：『子夏習於詩而通其義。』王氏注云：『子夏所序詩，今之毛詩是也。』沈重云：『按鄭氏詩譜意，大序是子夏所作。』是説也，韓文公辨之詳矣。韓以爲漢之學者欲自顯立其傳，因藉之子夏。而東漢儒林傳亦云：『衛宏從謝曼卿受學，作毛詩序，至今傳於世。』近世如蘇潁濱亦本是説，以爲其文反覆煩重，類非一人之辭。李迂仲以蘇之説爲當。且程、王盡近世大儒也，而又以爲非漢儒之所能爲，竊以爲大序之文，温厚純粹，有係辭②氣象，彼漢儒者疇，能及此哉？」

〔補正〕

「黄穮曰」，「穮」改「穮」（卷四，頁四）

程大昌曰：「謂詩序爲子夏者，毛公、鄭玄、蕭統輩也。謂子夏有不序詩之道三，疑其爲漢儒附託者，韓愈是也。范蔚宗之傳衛宏曰：『九江謝曼卿善毛詩，宏從受學，作毛詩序，善得風雅之旨，於今傳於世。』而鄭玄作毛詩箋也，其叙著傳授明審如此，則今傳之序爲宏所作何疑哉？然詩之古序非宏也。古序之與宏序今混，并無别，然有可考者。凡詩發序兩語，如『關雎，后妃之德也』，世人之謂小序者，古序也；兩語以外續而申之，世謂大序者，宏語也。鄭玄之釋南陔曰：『子夏序詩篇義合編，遭戰國至

① 「黄穮」，依補正、四庫薈要本應作「黄穮」。
② 「係辭」，依文淵閣四庫本、備要本應作「繫辭」。

秦，而南陔六詩亡。毛公作傳各引其序冠之篇首，故詩雖亡，而義猶在也。』玄謂序出子夏失其傳矣。至謂六詩發序兩語古嘗合編，至毛公分冠者，玄之在漢，蓋親見也。今六序兩語之下，明言有義亡辭，知其爲秦火之後，見序而不見詩者所爲也。毛公於詩第爲之傳，不爲之序，則其申釋先序時義，非宏孰爲之也？以鄭玄親見而證先秦故有之序，以六序綴語而例三百五篇序語，則古序、宏序昭昭然白黑分矣。」

朱子曰：「詩序之作，説者不同，或以爲孔子，或以爲子夏，或以爲國史，皆無明文可考。惟後漢儒林傳以爲衛宏作毛詩序，今傳於世，則序乃宏作明矣。然鄭氏又以爲諸序本自合爲一編，毛公始分以寘諸篇之首。則是毛公之前，其傳已久，宏特增廣而潤色之耳。故近世諸儒多以序之首句爲毛公所分，而其下推説云云者，爲後人所益。理或有之，但今考其首句，則已有不得詩人之本意，而肆爲妄説者矣，況沿襲云云之誤哉。然計其初，猶必自謂出於臆度之私，非經本文，故且自爲一編，别附經後。又以尚有齊、魯、韓氏之説並傳於世，故讀者亦有以知其出於後人之手，不盡信也。及至毛公引以入經，乃不綴篇後，而超冠篇端，不爲注而直作經字，不爲疑辭而遂爲決辭。其後三家之傳又絶，而毛説孤行，則其牴牾之迹無復可見，故此序者，遂爲詩人先所命題，而詩文反爲因序以作，於是讀者轉相尊信，無敢擬議。至於有所不通，則必爲之委曲遷就，穿鑿而附合之，寧使經之本文繚戾破碎不成文理，而終不忍明以小序爲出於漢儒也。愚之病此久矣，然猶以其所從來也遠，其間容或真有傳授證驗而不可廢者，故既頗采以附傳中，而復併爲一編，以還其舊，因以論其得失云。」又曰：「詩序自是兩三人作，今但信詩不必信序。」又曰：「詩序實不足信，向見鄭漁仲有詩辨妄，力詆詩序，以爲皆是村野妄人所作。始者亦疑之，因質之史記、國語，然後知詩序之果不足信。」

范處義曰：「詩有小序有大序，小序一言國史記作詩者之本義也。小序之下皆大序也，亦國史之所述，間有聖人之遺言可考而知。惟關雎爲一經之首，併論三百篇之大旨，猶易乾、坤之文言，故特詳焉。世固以文言爲聖人之贊易，而於詩序乃惑於傳記而疑之。先儒有知其説者，謂繫辭爲易大傳，詩序爲詩大傳。又謂學詩而不求序，猶欲入室而不由户也。異哉！唐人之議詩序也，曰：『子夏不序詩有三焉：知不及，一也；暴揚①中冓之私，春秋所不道，二也；諸侯猶世，不敢以云，三也。』又曰：『漢之學者欲顯其傳，因藉之子夏。』且子夏猶知不及，漢去詩益遠，何自而知之？謂春秋所不道，是不知聖人授經於丘明，經所不欲言，傳則明著其迹。至謂諸侯猶世，不敢以云，此正爲史官懼天禍人刑者之見也，至子夏猶云不敢，則古之國史其賢矣乎？昔者齊太史書崔氏之大惡，兄弟幾盡，而南史氏猶執簡以往，是豈計死生禍福而廢棄其官守哉。序雖不作於子夏，議則疏矣。文中子曰：『聖人述史有三焉：述書，帝王之制備；述詩，興衰之由顯；述春秋，邪正之迹明。』信如其説，聖人於春秋則修之，既因魯史之舊而明其邪正之迹。於書則定之，又各冠序於篇首，而備帝王之制。於詩則删之，苟不據序之所存，亦何自而見其興衰之由，而知其美刺之當否哉。今觀春秋之褒貶，與詩序相應者蓋多有之，如陳陀、如衛州吁、如鄭忽皆已爲君，春秋書曰『蔡人殺陳陀』，曰『衛人殺州吁』，曰『鄭忽出奔』，此書名之例，而詩序亦曰『陳陀不義』，曰『衛州吁暴亂』，曰『鄭人刺忽』。春秋或書爵，詩序亦曰凡伯，曰芮伯。

① 「揚」，備要本誤作「楊」。

春秋或書字，詩序亦曰仍叔，曰行父。春秋或書人，詩序亦曰周人，曰國人。春秋或書其君，詩序亦曰刺其君。春秋或書夫人，詩序亦曰刺衛夫人。春秋或書大夫，詩序亦曰刺周大夫。此其大略也。至如詩序書請命於周，豈非春秋尊王命之意歟！書天子之使，豈非春秋重王人之意歟！書王道、書有德、書以禮、書守義、書美、書嘉、書言、書陳、書喜、書樂、書予、書褒賞，豈非春秋與善之意歟！書失道、書無德、書不義、書無禮、書刺、書怨、書惡、書疾、書傷、書憂、書懼、書去之，豈非春秋貶惡之意歟！書思、書閔、書止、書悔、書絶、書責、書誓、書救亂，此春秋反正之意也。書風、書勸、書戒、書勉、書誘、書箴、書規、書誨、書自警，此春秋責備之意也。如書周①之君臣，惟文、武、周公加以『聖』之一字，餘皆不與焉。如書賢者、書君子、書忠臣、書孝子、書仁人、書善人、書小人、書讒賊、書播惡、書荒淫、書大亂、書大壞之類，皆無曲筆，宜爲聖人之所取也。大抵春秋雖嚴，而其辭深而婉；詩序雖通，而其辭直以著，如春秋止書狄入衛，不言滅也；詩序則曰：『衛爲狄所滅。』春秋止書城楚丘，不言封也；詩序則曰：『齊桓公救而封之。』春秋不書曲沃伯爲晉侯，詩序則曰：『美武公始并晉國。』春秋不書魯僖公修泮宫，詩序則曰：『頌僖公能修泮宫。』蓋春秋不與夷②狄之滅國，不許諸侯之專封，以武公納寶賂而兼宗國，雖請王命，實以非義而要君；以僖公因其舊而修學校，雖爲美事，亦爲國者所當然，是以不書於經。詩序則並記其實，聖人以春秋之嚴而立一王之法，以詩之通而不忘人之善道，並行而不相悖，其斯

① 「書周」，文津閣四庫本誤作「周書」。
② 「夷」，文津閣四庫本作「荆」。

之謂歟！沈重謂鄭氏譜詩之意以大序爲子夏作，以小序爲卜商，意有未盡毛公足成之。蓋其説以關雎一序爲大序，餘皆爲小序，既已考之不審矣，梁昭明遂信之，取關雎一序編之文選，題以卜子夏，後漢書乃曰：『衛宏從謝曼卿學，因作毛詩序，善得風雅之旨。』隋經籍志亦曰：『先儒相承，謂毛詩序子夏所創，毛公及衛敬仲更加潤色①。』所謂相承，即鄭氏譜詩之意耳，他非有根據，今博考經籍，惟孔子家語言子夏習於詩，能通其義，未嘗言作序也；王肅注家語乃以爲今之詩序，則所謂子夏者，未可信矣。子夏尚未必爲詩序，則謂毛、衛潤色者，何足信也。孰若求諸夫子之言以爲信，論語曰：『周有大賚，善人是富。』此夫子記周家之政也，而與賚之序同。緇衣曰：『長民者，衣服不貳，從容有常，以齊其民，則民德歸壹。』記禮者稱『子曰』以實之，蓋以爲夫子之言也，而與都人士之序同。孔叢子記夫子之讀詩曰：『於周南、召南見周道所以盛也；於柏舟見匹夫執志之不可易也；於淇澳見學之可爲君子也；於考槃見遁世之士而不悶也；於木瓜見苞苴之禮行也；於緇衣見好賢之心至也；於鷄鳴見君子之不忘其敬也；於伐檀見賢者先事後食也；於蟋蟀見陶唐儉德之大也；於下泉見亂世之思明②君也；於七月見豳公所以造周也；於東山見周公先公而後私也；於狼跋見周公之遠志所以爲聖也；於鹿鳴見君臣之有禮也；於彤弓見有功之必報也；於羔羊見善政之有應也；於節南山見忠臣之憂世也；於蓼莪見孝子之思養也；於楚茨見孝子之思祭也；於裳裳者華見賢者世保其禄也；於采菽見明王所以敬諸侯

①「色」，四庫薈要本作「益」。
②「明」，文津閣四庫本作「賢」。

也。』其言皆與今序同其義。又左氏傳載高克帥師，與清人之序同；國語載正考甫得商頌，與那之序同；至如大序言情動於中，與治世亂世亡國之音，同於樂記；曰風、曰賦、曰比、曰興、曰雅、曰頌，同於周官；公乃爲詩以遺王，名之曰鴟鴞，同於金縢。由是言之，使詩序作於夫子之前，則是爲夫子之所録；作於夫子之後，則是取諸夫子之遺言也，庸可廢耶！復有二説，可明詩序其來也遠，假樂之序曰：『嘉成王也。』經文初無『嘉』之一字，而子思中庸、左氏傳皆以『假樂』爲『嘉樂』，豈嘗見今之詩序耶！六月之序，由庚之後，繼以南有嘉魚；崇丘之後，繼以南山有臺；皆古詩之次第也。今亡詩之篇次，乃合由庚、崇丘、由儀爲一，此秦火之後，經生爲之也。使六月之序果作於毛、衛之徒，則二人者，皆生於秦火之後，當如亡詩之次第矣。且其詩既亡，其次既亂，毛、衛之徒何由知古詩之次第爲六月之序哉！學者捨經籍明據而不知信，乃欲以無根相承之説爲六經之疵，亦惑矣。」

葉適曰：「詩序隨文發明，或紀本事，或釋詩意，皆在秦、漢之前，雖淺深不能盡當，讀詩者以時考之，以義斷之，惟是之從可也。若盡去本序，自爲之説，失詩意愈遠矣。」

章如愚曰：「詩序之壞詩，無異三傳之壞春秋，然三傳之壞春秋而春秋存，詩序之壞詩而詩亡。三傳好爲巧説以壞春秋，非不酷也，然其三家之學，自相彈射，後儒又有啖、趙之徒能以辨其非，故世人頗知三傳之非春秋也，是以春秋猶存。乃若詩序之作，既無學三家者以攻之，又無先儒以言之，俗學相傳，以爲出於子夏，妄者又直以爲聖人。知求其義，又只就序中求之，學者自兒童時讀詩，即先讀序，已入肌骨矣。嗚呼！詩安得不亡乎！春秋之教，或不待聖人復生可以行於後，詩人之旨，雖吾夫子復出，不可與世人辨也。然則詩序之爲害，比之三傳，其酷不愈甚乎！且如二南之詩，謂之周南、召南，此蓋古人採詩於周之南，得之則爲周南；採詩於召之南，得之則爲召南，周、召皆周地也，地志扶風雍縣東北有周城，東南有召城，古以周、召二公分土而治，主東西方諸侯，於地得其詩故以爲名，二南之義蓋出於此。彼序詩者乃以關雎、麟趾之化，王者之風，繫之周公；鵲巢、騶虞之德，諸侯之風，故繫之召公，謬妄之甚也。即以二南繫之二公，則遂以其詩皆爲文王之詩；見關雎、葛覃婦人之詩，則遂以他詩亦皆出之婦人。文王一人，在周南則以爲王者，在召南則以爲諸侯；太姒一人，在周南則以爲后妃，在召南則以爲夫人，豈夫子正名之意乎？以二南之詩所言后妃夫人多無義理，其間大可怪者如小星之詩，云：『夙夜在公，肅肅宵征，抱衾與禂。』夫肅肅宵征者，遠行不息也；夙夜在公者，勤王之事也，詩之此語多矣。抱衾禂而夜行者，皆不憚勞役之意，豈非命之不均乎，故曰『實命不猶』，此無疑其爲使臣勤勞之詩也。今其序乃曰：『夫人無妬忌之行，惠其賤妾，進御於君，知其命有貴賤，能盡其心矣。』不知進御於君，何用『肅肅宵征，夙夜在公』爲哉？又何用『抱衾與禂』而往乎？注云：『諸妾夜行，抱被與牀帳，進御之次序。』疏云：『雖君所有禂，亦當抱衾禂而往。』學經不知理，乃至於此，豈不貽有言①者之笑？汝墳曰：『既見君子，不我遐棄。』殷其雷曰：『振振君子，歸哉，歸哉。』皆其室家思見君子之辭，而勉之以正，勸之以義，吾未見其可也。既曰：召南之國，被文王之化，兔罝之武夫皆好德，又安得強暴之男侵陵正女，而致行露之訟？又安得有女懷春，而吉士誘之？如野有死麕之辭，謂文王、太姒之化，只及婦人，不及男子已非也，況婦人果皆正潔，則亦如漢上之女不可犯，安有『無感我帨，無使尨吠』之

①「言」，四庫薈要本、文淵閣四庫本作「識」。

語？序於此爲説不行，乃云被文王之化，雖當亂世猶惡無禮。委曲諱護，亦以勞矣。予謂不然，二南之詩，雖大概美詩，而亦有刺詩，不惟西周之詩，而漢廣之遊女不可求，國風無以異也，何以辨之？據何彼襛矣一詩可知矣，其曰『平王之孫，齊侯之子』，考春秋莊公元年書曰：『王姬歸於齊。』此乃桓王女平王孫，下嫁於齊襄公，非平王孫齊侯子而何？説者必欲以爲西周之詩，於時未有平王、齊侯，乃以『平王』爲平正之王，『齊侯』爲齊一之侯，與書『寧王』同義，此妄也。據詩人明指其人之子孫則必直言之，如稱衛莊姜云：『東宫之妹，邢侯之姨。』頌魯僖公云：『周公之孫，莊公之子。』又何疑乎？且其詩刺詩也，以王姬徒以容色之盛，而無肅雍之德，何以使人化之，故曰：『何彼襛矣，棠棣之華，曷不肅雍，王姬之車。』詩人若曰：『言其容色固如棠棣矣，然汝王姬之車，何不肅雍乎？』是譏之也。今其序反曰：『猶執婦道以成肅雍之德。』變白爲黑，於理安乎？觀此一篇之義，則二南之詩與夫三百五篇壞於詩序，暗昧磨滅，禮義殆盡矣。夫子曰：『人而不爲周南、召南，其猶正墻面而立也與！』今人爲二南，而反面墻，可不哀哉。或曰：何彼襛矣之詩若是東周之詩，何不列之於王黍離，而列之於此乎？曰：爲詩之時，則東周也，採詩之地，則召南也。於召南所得之詩而列於東周，此不可也。或又曰：子辨詩序之非是矣，借無詩序，後世知詩爲何義？且其序行之數百年，彼豈無據而云？曰：聖人删詩不爲之序，非不能爲之也，正使學者深維其義，而後可以自得。詩人之義，不若易、春秋之微妙，學者能深思之，不待序而自明，亦如春秋不待傳亦自得也。不幸漢儒之陋，一冠之以序，詩始無傳焉，且彼又烏有據哉？不過多據左氏之説爾。左氏亦自誣妄，不足信，以妄傳妄，反可信乎？其他無可據者，又只於詩中求之，如見小星之『實命不同』，則曰：『知其命有貴賤。』見何彼襛矣云『曷不肅雍』，則云：『以成肅雍之德。』淺陋之見止如此，他何所見乎？嗚呼！齊女文姜嫁于魯，鳥獸之行終以弑夫滅國，春秋屢書爲戒萬世，彼則刺鄭忽云：『齊女賢而不娶。』齊桓公之霸，正譏其無救衛之功，惟書『城楚丘』以譏之，彼則云：『齊桓公攘夷狄而封之，國人思厚報之。』若此之類，背理亂教爲甚，世人乃酷信之，詩嗚得而不亡乎？然此無他，學者不深於春秋，故詩義無自而見，詩序無由知謬也。」

黄震曰：「雪山王質、夾際①鄭樵始皆去序言詩，與諸家之説不同，晦庵先生因鄭公之説，盡去美刺，探求古始，其説頗驚俗，雖東萊不能無疑焉。夫詩非序莫知其所自作，去之千載之下，欲一旦盡去自昔相傳之説，别求其説於茫冥之中，誠難事矣。」

〔補正〕

黄震條内「夾際」，「際」當作「漈」。（卷四，頁四）

馬端臨曰：「詩、書之序，自史傳不能明其爲何人所作，而先儒多疑之，至朱文公之解經，則依古今文析而二之，而備論其得失，而於詩國風諸篇之序詆斥尤多，以愚觀之，書序可廢而詩序不可廢。就詩而論之，雅、頌之序可廢，而十五國風之序不可廢。何也？書直陳其事而已，序者，後人之作，藉令其深得經意，亦不過能發明其所已言之事而已，不作可也。詩則異於書矣，然雅、頌之作其辭易知，其意易明，故讀文王者，深味『文王在上』以下之七章，則『文王受命作周』之語贅矣。讀清廟者，深味『於穆清廟』之一章，則『祀文王』之語贅矣。蓋作者之意已明，則序者之辭可略，而敷衍附會之間一語稍煩，則

① 「夾際」，依補正、四庫薈要本、文淵閣四庫本、文津閣四庫本、備要本應作「夾漈」。

祇見其贅疣而已。至於讀國風諸篇，而後知詩之不可無序，而序之有功於詩也。蓋風之爲體，比興之辭多於叙述，風諭之意浮於指斥，蓋有反覆詠歎，聯章累句，而無一言叙作之之意者，而叙者乃一言以蔽之，曰爲某事也，苟非其傳授之有源，探索之無舛，則孰能臆料當時指意之所歸，以示千載乎？而文公深詆之，且於桑中、溱洧諸篇辨析尤至，以爲安有刺人之惡而自爲彼人之辭，以陷於所刺之地，而不自知者哉。其意蓋謂詩之辭如彼，而序之説如此，則以詩求詩可也，烏有捨明白可見之詩辭，而必欲曲從臆度難信之序説乎？其説固善矣，然愚以爲必若此則詩之難讀者多矣，豈直鄭、衛諸篇哉。夫芣苢之序以婦人樂有子爲后妃之美也，而其詩語不過形容采掇芣苢之情狀而已；黍離之序以爲閔周室宫廟之顛覆也，而其詩語不過慨嘆禾黍之苗穗而已，此詩之不言所作之意，而賴序以明者也。若捨序以求之，則其所以采掇者爲何事，而慨嘆者爲何説乎。叔于田之二詩，序以爲刺鄭莊公也，而其詩語則鄭人愛叔段之辭耳；揚之水、椒聊二詩，序以爲刺晉昭公也，而其詩語則晉人愛桓叔之辭耳；此詩之序其事以諷，初不言刺之之意，而賴序以明者也。若捨序以求之，則知四詩也，非子雲美新之賦則袁宏九錫之文耳，是豈可以訓而夫子不删之乎？鴇羽、陟岵之詩見於變風，序以爲征役者不堪命而作也；四牡、采薇之詩見於正雅，序以爲勞使臣、遣戍役而作也；而深味四詩之旨，則嘆行役之勞苦，叙饑渴之情狀，憂孝養之不遂，悼歸休之無期，其辭語一耳。此詩之辭同意異，而賴序以明者也。若捨序以求之，則文王之臣民亦怨其上，而四牡、采薇不得爲正雅矣。即是數端而觀之，則知序之不可廢，序不可廢，則桑中、溱洧何嫌其爲刺奔乎？蓋嘗論之，均一勞苦之詞也，出於叙情閔勞者之口則爲正雅，而出於困役傷財者之口則爲變風也。均一淫泆之詞也，出於奔者之口，則可删；而出於刺奔者之口，則可録也。均一愛戴之辭也，出於愛叔段、桓叔者之口則可删；而出於刺鄭莊、晉昭者之口，則可録也。夫芣苢、黍離之不言，所謂叔于田、揚之水之反辭以諷，四牡①、采薇之辭同變風，文公胡不翫索詩辭別自爲説，而卒如序者之舊説，求作詩之意於詩辭之外矣，何獨於鄭、衛諸篇而必以爲奔者所自作，而使聖經爲録淫辭之具乎。且夫子嘗删詩矣，其所取於關雎者謂其『樂而不淫』耳，則夫詩之可删，孰有大於淫者。今以文公詩傳考之，則指以爲男女淫泆奔誘而自作詩以叙其事者，凡二十有四，如桑中、東門之墠、溱洧、東方之日、東門之池、東門之楊、月出，則序以爲刺淫，而文公以爲淫者所自作也。如静女、木瓜、采葛、丘中有麻、將仲子、遵大路、有女同車、山有扶蘇、蘀兮、狡童、褰裳、丰、風雨、子衿、揚之水、出其東門、野有蔓草，則序本別指他事，而文公亦以爲淫者所自作也。夫以淫昏不檢之人，發而爲放蕩無耻之辭，而其詩篇之煩多如此，夫子猶存之，則不知所删何等一篇也。或曰：文公之説，謂春秋所記無非亂臣賊子之事，蓋不如是無以見當時事變之實而垂鑒於後世，故不得已而存之，所謂並行而不相悖也。愚以爲未然，夫春秋，史也；詩，文詞也。史所以紀事，世之有治不能無亂，則固不容存禹、湯而廢桀、紂，録文、武而棄幽、厲也。至於文辭，則其淫哇不經者直爲削之而已，而夫子猶存之，則必其意不出於此而序者之説是也。或又曰：文公又嘗云：此等之人安於爲惡，其於此等之詩，計其平日固已自其口出而無慙矣，又何待吾之鋪陳而後始知其如此，亦復畏吾之閔惜而遂幡然遽有懲創之心耶！愚又以爲不然。夫羞惡之心，人皆有之，而況淫泆之行所謂不可對人言者。市井小人至不才也，今有與

①「四牡」，備要本誤作「四壯」。

之語者，能道其宣淫之狀，指其行淫之地，則未有不面頸發赤且慙且諱者，未聞其揚言於人曰我能奸，我善淫也。且夫人之爲惡也，禁之使不得爲，不若愧之而使之自知其不可爲，此鋪張揄揚之中，所以爲閔惜懲創之至也。或曰：序者之序詩與文公之釋詩，俱非得於作詩之人親傳面命也，序求詩意於辭之外，文公求詩意於辭之中，而子何以定其是非乎？曰：愚非敢苟同序説而妄擬①先儒也，蓋嘗以孔子、孟子之所以説詩者讀詩，而後知序説之不謬，而文公之説多可疑也。孔子之説曰：『誦詩三百，一言以蔽之，曰思無邪。』孟子之説曰：『説詩者，不以文害辭，不以辭害意，以意逆志，是爲得之。』夫經非所以誨邪也，而戒其無邪；辭所以達意也，而戒其害意，何也？詩發乎情者也，而情之所發，其辭不能無過，故其於男女夫婦之間，多憂思感傷之意，而君臣上下之間不能無怨懟激發之辭。十五國風爲詩百五十有七篇，而其爲婦人而作者，男女相悦之辭幾及其半，雖以二南之詩，如關雎、桃夭諸篇爲正風之首，然其所反復咏歎者，不過情慾燕私之事耳。漢儒嘗以關雎爲刺詩矣，此皆昧於無邪之訓，而以辭害意之過也，而況邶、鄘之末流乎？故其怨曠之悲、遇合之喜，雖有人心者所不能免；而其志切、其辭哀，習其讀②而不知其旨，易以動盪人之邪情泆志，而況以鋪張揄揚之辭而序淫泆流蕩之行乎？然詩人之意，則非以爲是而勸之也。蓋知詩人之意者，莫如孔、孟；慮學者讀詩而不得其意者，亦莫如孔、孟，是以有無邪之訓焉，則以其辭之不能不鄰乎邪也，使篇篇如文王、大明，則奚邪之可言乎？是以有害意之

①「擬」，依補正應作「議」。

②「讀」，文淵閣四庫本作「詩」。

戒焉，則以其辭之不能不戾其意也，使章章如清廟、臣工，則奚意之難明乎？以是觀之，則知刺奔果出於作詩者之本意，而夫子所不删者，其詩決非淫泆之人所自賦也。或又曰：文公嘗言雅者，二雅是也；鄭者，緇衣以下二十一篇是也；衛者，邶、鄘、衛三十九篇是也；桑間，衛之一篇，桑中是也；二南、雅、頌，祭祀、朝聘之所用也；鄭、衛桑濮里巷俠①邪之所作也，夫子於鄭、衛，蓋深絶其聲於樂以爲法，而嚴立其詞於詩以爲戒。今乃欲爲之諱其鄭、衛桑濮之實，而文以雅樂之名，又欲從而奏之宗廟之中、朝廷之上，則未知其將以薦之於何等之鬼神，用之於何等之賓客乎？愚又以爲未然。夫左傳言季札來聘，請觀周樂，而所歌者邶、鄘、衛、鄭皆在焉，則諸詩固雅樂矣。使其爲里巷狹②邪所用，則周樂安得有之，而魯之樂工亦安能歌異國淫邪之詩乎？然愚之所論，不過求其文意之指歸，而知其得於性情之正耳。至於被之絃歌、合之音樂，則儀禮、左傳所載古人歌詩合樂之意，蓋有不可曉者，夫關雎、鵲巢閨門之事，后妃、夫人之詩也，而鄉飲酒燕禮歌之；采蘋、采蘩，夫人、大夫妻能主祭之詩也，而射禮歌之；肆夏、繁遏渠，宗廟配天之詩也，而天子享元侯歌之；文王、大明、綿，文王興周之詩也，而兩君相見歌之；以是觀之，其歌詩之用與詩人作詩之本意蓋有判然不相合者，不可強通也，則烏知鄭、衛諸詩不可用之於燕享之際乎？左傳載列國聘享賦詩固多斷章取義，然其太不倫者，亦以來譏誚，如鄭伯有賦鶉之奔奔，楚令尹子圍賦大明，及穆叔不拜肆夏，甯武子不拜彤弓之類是也。然鄭伯如晉，子展賦將

① 「俠」，依補正、四庫薈要本、文淵閣四庫本、備要本應作「狹」。
② 「狹」，文津閣四庫本誤作「俠」。

仲子；鄭伯享趙孟子，太叔賦野有蔓草；鄭六卿餞韓宣子，子齹賦野有蔓草、子太叔賦褰裳、子游賦風雨、子旗賦有女同車、子柳賦籜兮，此六詩皆文公所斥以爲淫奔之人所作也，然所賦皆見善於叔向、趙武、韓起，不聞被譏，乃知鄭、衛之詩未嘗不施之於燕享，而此六詩之旨意訓詁當如序者之說，不當如文公之説也。或曰：序者之辭固有鄙淺附會居然可見者，先儒疵議之非一人矣，而子信之何邪？曰：愚之所謂不可廢者，謂詩之所不言，而賴序以明者耳。至詩之所已言，則序語雖工，不讀可也，況其鄙淺附會者乎。蓋作序之人或以爲孔子，或以爲子夏，或以爲國史，皆無明文可考，然鄭氏謂毛公始以置諸詩之首，則自漢以前經師傳授，其去作詩之時，蓋未甚遠也。千載而下，學者所當遵守體認，以求詩人之意，而得其庶幾，固不宜因其一語之贅疣，片辭之淺陋，而欲一切廢之，鑿空探索而爲之訓釋也。夫關雎，韓詩以爲衰周之刺詩；賓之初筵，韓詩以爲衛武公飲酒悔過之詩，皆與毛序反者也。而韓詩説關雎則違夫子不淫不傷之訓，是決不可從者也。初筵之詩，夫子未有論説也，則詆毛而從韓。夫一韓詩也，初筵之序可信，而關雎之序獨不可信乎？邶柏舟，毛序以爲仁人不遇而作。文公以爲婦人之作，而引列女傳爲證，非臆説矣。然列女傳出於劉向，向上封事論恭顯傾陷正人，引是詩『憂心悄悄，愠于群小』之語，而繼之曰：『小人成群，亦足愠也。』則正毛序之意矣。夫一劉向也，列女傳之説可信，而封事之説獨不可信乎？此愚所以疑文公惡序之意太過，而引援指摘似爲未當，此類是也。夫本之以孔、孟説詩之旨，參之以詩中諸序之例，而後究極夫古今詩人所以諷咏之意，則詩序之不可廢也審矣，愚豈好爲異論哉。」又曰：「昔夫子之言曰：『述而不作。』又曰：『蓋有不知而作之者，我無是也。』又曰：『多聞闕疑。』異時嘗舉史闕文之語，而歎世道之不古，存夏五、郭公之書，而不欲遽正前史之缺誤，然則聖人之意，蓋可見矣。蓋詩之見録者，必其序説之明白而旨意之可考者也；其軼而不傳者，必其序説之無傳，旨意之難考，而不欲臆説者也。或曰：今三百五篇之序，世以爲衛宏、毛公所作耳，如子所言，則已出於夫子之前乎？曰：其説雖自毛、衛諸公而傳，其意旨則自有此詩而已有之矣。鴟鴞之序見於尚書，碩人、載馳、清人之序見於左傳，所紀皆與作詩者同時，非後人之臆①説也。若序説之意不出於當時作詩者之口，則鴟鴞諸章初不言成王疑周公之意，清人終章②亦不見鄭伯惡高克之迹，後人讀之當不能曉其爲何語矣。蓋嘗妄爲之説曰：作詩之人可考，其意可尋，則夫子録之，殆述而不作之意也；其人不可考，其意不可尋，則夫子删之，殆多聞闕疑之意也。是以於其可知者，雖比興深遠，詞旨迂晦者，亦所不廢，如芣苢、鶴鳴、蒹葭之類是也。於其所不可知者，雖直陳其事，文義明白者，亦不果録，如『翹翹車乘，招我以弓，豈不欲往，畏我友朋』之類是也。於其可知者，雖詞意流泆，不能不類於狹邪者，亦所不删，如桑中、溱洧、野有蔓草、出其東門之類是也。於其所不可知者，雖詞意莊重，一出於義理者，亦不果録，如『周道挺挺，我心扃扃，禮義不愆，何恤于人言』之類是也。然則其所可知者何？則三百五篇之序意是也；其所不可知者何？則諸逸詩之不以序行於世者是也。歐陽公詩譜補亡後序曰：『後之學者，因迹前世之所傳，而較其得失或有之矣。若使徒抱焚餘殘脱之經，倀倀然於去聖千百年之後，不見先儒中間之説，而欲特立一家之論，果有能哉。』此説得之。」

① 「臆」，文津閣四庫本作「異」。
② 「章」，依補正應作「篇」。

〔補正〕

馬端臨條内「愚非敢苟同序説而妄擬先儒也」，「擬」當作「議」；「清人終章」，「章」當作「篇」。（卷四，頁四）

吴澂曰：「由漢以來説三百篇之義者，一本詩序，詩序不知始於何人，後儒從而增益之，鄭氏謂序自爲一編，毛公分以置諸篇之首。夫其初之自爲一編①也，詩自詩，序自序，序之非經本旨者，學者猶可考見，及其分以置諸篇之首也，則未讀經文先讀詩序，序乃有似詩人所命之題，而詩文反若因序而作，於是讀者必索詩於序之中，而誰復敢索詩於序之外者哉。宋儒頗有覺其非者，而莫能去也。至朱子始深斥其失而去之，然後足以一洗千載之謬。澂嘗因是舍序而讀詩，則雖不煩訓詁，而意自明；又嘗爲之强詩以合序，則雖曲生巧説，而義愈晦，是則序之有害於詩爲多，而朱子之有功於詩爲甚大也。」

蔣悌生曰：「書小序與詩小序雖皆昔人序作者之意，然二序關於後學功效大不侔。書序可無，詩序不可無，難一概論也。蓋書者，當時紀載之書，其本文史臣已序作者之意，如五子之歌、太甲、説命等篇，史臣既序其作者之由，篇中更端處史氏又以語貫之，已極詳明，雖小序不作，後世讀者依文求義，自能通之，無所賴於小序之複出也。若詩之作，或歌咏性情，或鋪陳政事，或稱頌功德，又多比興之辭，故其所作之由，與其所指之實，多不具於詩文之中，而皆含於言詩之外。苟無小序以識其所由，則後之讀者貿貿然，又孰知其爲何等之言，而述何人何時之何事哉！然則詩序之有功於後學，固不可與書序並

① 「編」，備要本作「篇」。

論也。先儒謂詩序孔子所作，又以爲子夏所作，雖不可盡信，然夫子删詩既定，子夏以文學名，平日師弟子問辨之頃，豈無一言及此以詔後世？但戰國之末，遭秦焚坑，漢初鹵莽百餘年間，正經尚錯亂磨滅不得其全，况序文乎。意者孔子、子夏亦必有作，但失其傳，及漢興文教之後，多出於漢儒附會補緝耳。然排惟其或有出於漢儒之手，及朱子作詩集傳見其穿鑿紕謬，恐其有誤後學，故力排之，以爲不足信。然排之恐有太過，使其中有可存録者，亦爲謬陋者所累，而類入於排斥之例，則其間或有聖賢之言，而受漢儒之誣，誠爲未妥。愚自幼讀書、詩，頗有惑於此，今細推之，誠有若可疑者，非曰敢僭議朱①傳之得失，恐後學遂輕小序而忽易之，亦非所宜，故不得不詳辨於左，以俟後之君子正焉。」又曰：「論者謂詩大序非聖人不能作，今細玩之，議論推原各有斟酌，無可議者，惟『國史』二字尚在擬議，其餘全篇絶似聖人之言。又案古者史掌書，矇誦詩，朱傳據此以明『國史』二字之失，固爲允當。然細推之，史掌文書，則凡文書皆當屬史氏所掌，意者采詩之時，皆總諸國史，條其篇類，明其義理，然後轉授瞽矇，使誦於王之左右，不然則矇乃無目之人，若非他人相而詔之，又何從知其條類義理而誦之邪？」

崔銑曰：「去序而言詩，背左氏而言春秋，必荒謬矣。蓋道可以智窮，事必以實著，況千載之下乎。大序淵粹，非卜子夏不能作，不②可詆之爲誣也。」

方鵬曰：「詩大序皆格言也，非聖人之徒不能作也。小序時或有誤，然去古未遠，得詩人肯綮者實

---

① 「朱」，文津閣四庫本誤作「諸」。

② 「不」，文津閣四庫本作「未」。

多，固不可以盡廢之也。」

孫宜曰：「詩者，孔子授之，子夏序之，述作詩之由，咸歸之其人，是不可廢者也。」

盧格曰：「程子謂詩大序是仲尼作。今讀其文，包含該貫，涵泳從容，興觀群怨兼而有之，實三百篇之綱領，蓋非孔子不能作也。朱子只因國史一句，遂斷其非，然詩掌之國史，播之學官，未必非也。學者因之廢而不讀，何哉。」

楊慎曰：「去序言詩，自朱文公始，文公因呂成公太尊小序，遂盡變其說，蓋矯枉過正，非平心折衷之論也。」

李舜臣曰：「詩序其始一言而已，餘蓋後人所述，不應作者自爲釋也。」

薛應旂曰：「季子觀周樂，爲之歌衛、鄭，皆曰：『美哉！』且謂康叔、武公之德如是。鄭雖譏其細，亦不及於淫也。及春秋列國大夫會盟，多賦鄭、衛詩以見志，使皆淫辭，豈肯引以自況？夫子雖謂鄭聲淫，亦未必淫奔之淫，説者據此，遂以風雨、鷄鳴、丘中有麻、木瓜、采葛、扶蘇、子衿之類，悉改序説，恐非夫子删述本旨。序説固未必盡是，然漢時去春秋尚近，經師傳授猶有影響，至宋則愈遠矣，此皆未敢盡信者也。」

許孚遠曰：「詩三百，而約之以一言曰『思無邪』，必此三百篇皆本於無邪之思，皆出於性情之正，故可興、可觀、可群、可怨，邇之事父，遠之事君，有益於人倫，有裨於風化，不可不學也。史記蓋曰：『古者詩三千餘篇，孔子去其重，取其①施於禮義，上采契、后稷，中述殷、周之盛，至幽、厲之缺，始於衽

① 「其」字應作「可」。

席，故曰：關雎之亂，以爲風始；鹿鳴爲小雅始；文王爲大雅始；清廟爲頌始。三百五篇，孔子皆絃歌之，以求合韶、武、雅、頌之音，禮樂自此可得而述。』由是觀之，孔子删定詩篇，皆可施於禮樂，合於韶、武、雅、頌之音，其必無邪思可知也。若朱註善者可以感發人之善心，惡者可以懲創人之逸志，彼惡者既思邪矣，讀詩者即有意於懲創，安得遽謂之無邪思耶？且以『思無邪』一言而屬望讀詩之人，又安可謂此足蔽三百篇義也。孔子告顔淵爲邦，曰：『放鄭聲，鄭聲淫。』又曰：『惡鄭聲之亂雅樂也。』樂記之言曰：『鄭、衛之音，亂世之音也，比於慢矣。桑間、濮上之音，亡國之音也，其政散，其民流，誣上行私而不可止也。』鄭、衛之音，孔子固惡之，然而其國君臣之間，代有仁賢，詩之發乎情，而止乎禮義自在，孔子删其邪僻，録其醇雅，列於國風，所謂淫與慢者不存矣。朱子主淫慢之説，於二國風中，但辭有不純者，即釋爲淫奔、爲男女私相贈答。及考毛詩小序不然，小序傳自漢初，中間雖有附會增益，未盡無據也。如鄭風之將仲子，小序以爲刺莊公也，不勝其母以害其弟，弟叔失道而公弗制，祭仲諫而公弗聽，小不忍以致亂大謀焉。有女同車，小序謂鄭公子忽辭昏於齊，祭仲諫之而作。褰裳，小序以爲狂童恣行，國人思大國之正己也。風雨，小序以爲亂世思君子不改其度焉。青衿，小序以爲刺學校之廢弛。今以詩義求之，似皆可信，而朱注概目爲淫慢何與？又考左傳、春秋諸賢，每賦詩相贈答，韓宣子嘗賦木瓜答北宫文子矣，子展賦將仲子諷晉侯矣，子𪆟賦野有蔓草，子太叔賦褰裳，子游賦風雨，子旗賦有女同車，子柳賦籜兮餞韓宣子矣，當時諸卿各賦詩見志，義有取爾也，肯取於淫慢之辭耶？」

沈鯉曰：「古人之書有出於千百載之上，而泯無可據之迹者，欲從而訂其是非、明其疑信，則安所取衷哉？曰：信之以理而已矣。前乎此者，有賢者之所見與之同焉，則其説可信也。後乎此者，有賢者之所述與之同焉，則其説可信也。君子之聽訟於人也，非家至而人覿之也，而以吾心之見，懸斷於茫昧不可知之鄉，卒之而爲直爲曲，且判然如蒼素之在目矣。彼載籍之無據，孰與夫人心之難測乎，故曰信於理而已矣。秦、漢而後，六經雜出於煨燼之餘，其錯亂逸失、啓人之疑而不能決者，何啻毛詩也耶！然書之渾厚，易之精微，春秋之屬辭比事，非聖人不能作，雖無據曷疑。而二戴之禮，辭多繁複，或足以漢儒之附會，雖有據，吾不能無疑也。執此義以折是非，雖群籍可知也，獨一毛詩哉！蓋詩之有序，如今之辭賦先以名篇而後有其作，未有其作傳而其序不與之俱傳者，然則毛詩之序當亦並傳無疑。而或云子夏，或云衛宏之作者，皆非也。方詩之未出也，在左氏説春秋往往引詩，如柏舟、清人等篇，雅與序合，則前乎此者，信之以左氏可也。其後有齊、魯、毛、韓四家詩，又其後三家廢而毛詩獨存，當其時，碩儒名彦其①博古通今之識者，豈其乏人，而未聞有訾且議之者，謂非人心之公是乎？則後乎此者，信之以當世之傳誦可也，而奚其疑哉。」

〔補正〕

沈鯉條内「其博古通今之識者」，「其」當作「具」。（卷四，頁四）

郝敬曰：「詩序相傳子夏與毛公合作，今按各序首一句爲各詩根柢，下文皆申命②首句之意，故先儒謂首序作自子夏，餘皆毛公增補。今觀首序簡當精約，蓋古人有詩即有題，或國史標注，或掌故記

① 「其」，依補正、四庫薈要本、文淵閣四庫本、備要本應作「具」。
② 「命」，依補正、四庫薈要本、文淵閣四庫本、文津閣四庫本應作「明」。

識，曾經聖人删正，決非苟作。而毛公發明微顯，詳略曲盡，爲千餘年詩家領袖。至宋儒師心薄古，一概詆爲妄作，秪據詩中文字斷以己意，創爲新説，今因之，予未敢信其爲然也。」

〔補正〕

郝敬條内「下文皆申命首句之意」，「命」當作「明」。（卷四，頁四）

沈堯中曰：「詩序每篇首句，當采詩時蓋已有之，豈惟後之不能，即孔子亦安能臆而序之。其下演文，乃出後世講師之口，或得或失，不可盡信。又如六亡詩止有首句，則以後儒不見詩辭，故不能演。朱子乃以演文之故，而并斥首句，不已甚乎。且詩有四家，而毛獨傳，以其有此序也，蘇子由僅存首句，乃爲得之。若總序一篇，相傳出於子夏，玩其辭意，自『志之所至』至『莫近乎詩』，非大賢不能道。六義以下，似亦演文，況所謂變風、變雅，尤無所指。又以小雅、大雅謂之政有大小，先儒皆不以爲然，愚謂此皆漢儒之言，而非子夏之言也。」

胡紹曾曰：「詩序之作，終難的指，而傳據之久則不可誣。況魯詩亡於晉，齊詩亡於魏，韓詩亡於五季，僅存者外傳耳，故世獨稱毛詩。説詩而廢小序，此亦越裳歸周，卻周公之車者矣。」

顧炎武曰：「詩之世次不可信，今詩亦未必皆孔子所正，且如褒姒滅之，幽王之詩也，而次於前；召伯營之，宣王之詩也，而次於後。序者不得其説，遂并楚茨、信南山、甫田、大田、瞻彼洛矣、裳裳者華、桑扈、鴛鴦、魚藻、采菽十詩，皆爲刺幽王之作，恐不然也。又如碩人，莊姜初歸事也，而次於後。緑衣、日月、終風，莊姜失位而作；燕燕，送歸妾作；擊鼓，國人怨州吁而作也，而次於前。渭陽，秦康公爲太子時作也，而次於後。黄鳥，穆公薨後事也，而次於前。此皆經有明文可據。故鄭氏謂十月之交、雨無正、小旻、小宛皆刺厲王之詩，漢興之初，經師移其第耳。而左氏傳楚莊王之言曰：「武王作武，其卒章曰『耆定爾功』，其三曰『敷時繹思，我徂維求定』，其六曰『綏萬邦，屢豐年』，今詩但以『耆定爾功』一章爲武，而其三爲賚，其次爲桓，章次復相隔越。儀禮歌召南三篇，越草蟲而取采蘋，正義以爲采蘋舊在草蟲之前，知今日之詩已失古人之次矣。」

按：詩之有序，不特毛傳爲然，説韓詩、魯詩者，亦莫不有序。如：關雎，刺時也；芣苢，傷夫有惡疾也；漢廣，悦人也；汝墳，辭家也；蝃蝀，刺奔女也；黍離，伯封作也；鷄鳴，讒一作「悦」人也；雨無極，正大夫刺幽王也；賓之初筵，衛武公飲酒悔過也；此韓詩之序也。楚元王受詩於浮丘伯，劉向，元王之孫，實爲魯詩，其所撰新序以二子乘舟爲伋之傅母作，黍離爲壽閔其兄作，列女傳以芣苢爲蔡人妻作，汝墳爲周南大夫妻作，行露爲申人女作，邶柏舟爲衛宣夫人作，燕燕爲定姜送婦作，式微爲黎莊公夫人及其傅母作，大車爲息夫人作，此皆本於魯詩之序也。齊詩雖亡，度當日經師亦必有序，惟毛詩之序本乎子夏，子夏習詩而明其義，又能推原國史，明乎得失之故。試稽之尚書、儀禮、左氏內、外傳、孟子，其説無不合，毛詩出，學者舍齊、魯、韓三家而從之，以其有子夏之序，不同乎三家也。惟其序作於子夏，子夏授詩於高行子，此絲衣序有高子之言。又子夏授曾申①，申授李克，克授孟仲子，此維天之命注有孟仲子之言，皆以補師説之所未及。毛公因而存之不廢，若夫南陔六詩有其義而亡其辭，則出自毛公足成之。所謂有其義者，據子夏之序也，而論者多謂序作於衛宏，夫毛詩雖後

① 「曾申」，備要本誤作「魯申」。

出，亦在漢武時，詩必有序而後可授受，韓、魯皆有序，毛詩豈獨無序，直至東漢之世，俟宏之序以爲序乎？又按：蔡邕書石經悉本魯詩，今獨斷所載周頌三十一章，其序與毛詩雖繁簡微有不同，而其義則一，意者魯詩、毛詩，風之序有别，而頌則同耶？

〔補正〕

案：漢書及釋文序録及徐整、王應麟諸説，齊、魯、韓、毛四家之詩，其原皆出于子夏，子夏習詩而明其義，作爲詩序傳之。其人初無異説，及原遠而流分，子夏之序遂爲諸家雜揉舛亂而不可辨。逮至四家者流，各自溯其淵源之始，又各有其序説，而皆託之子夏，故唐志既有韓詩卜商序、韓嬰注晁説之曰：「説韓詩者，謂其序子夏所作。」；又有卜商撰毛詩集序，此則韓、毛二家各有所傳受之子夏詩序矣。至毛詩之序，後人又以爲毛公、衛宏所潤益，蓋子夏之後，申、轅、韓、毛四人之前，復有相沿承受附益者，不可以悉考爾。（卷四，頁四）

經義考卷一百

詩三

端木子賜詩傳僞本

一卷。

存。

何楷曰："近世有僞爲魯詩而託之子貢傳者，其意覬與毛傳並行，然掇拾淺陋，有識哂焉。"

按：子貢詩傳自漢迄宋，志藝文者不著於録，嘉靖中忽出於鄞人豐道生之家。取子夏所序三百十一篇，悉紊其次，以鶴鳴先鹿鳴，於是四始亂矣。何彼穠矣，南也，而入之風；黄鳥、我行其野、無將大車、采菉①、嶃嶃之石②、苕之華、何草不黄，雅也，而入之風；小弁、抑，大雅也，而入之小雅；定之方

---

① "采菉"，依文津閣四庫本應作"采緑"。

② "嶃嶃之石"，依文淵閣四庫本、文津閣四庫本應作"漸漸之石"。

中，風也，而入之頌；於是六義亂矣。至於列國之風，移易錯雜，雅、頌亦然。又删去笙詩六篇之目，而且更野有死麕①曰野麕②，簡兮曰柬兮，東門之墠曰唐棣，還曰營，盧令令曰盧，遵大路曰大路，大叔于田曰太叔，山有扶蘇曰扶胥，出其東門曰東門，兔爰曰有兔，菁菁者莪曰菁莪，皇皇者華曰煌華，圻父曰圻招，大東曰小東，信南山曰南山，此亦有何關係，曾是子貢之傳，必求異於子夏所序之詩乎？尤可怪者，邶、鄘、衛詩雖分爲三，然延州來季子觀樂曰：『我聞康叔、武公之德如是，是其衛風乎！』則同爲衛詩矣，而乃以邶爲管叔時詩，鄘爲霍叔時詩，又以小雅爲小正，大雅爲大正。中庸，子思所作，而子貢反襲其言，竊『凡爲天下國家有九經，修身則道立』以下十句以説小正；竊大學『心正而身修』四句以傳關雎，陋矣哉。本欲伸己之詖辭邪説，而厚誣先賢，可謂妄人也已矣。無稽之言，君子弗信，乃烏程淩濛初取子貢詩傳與子夏詩序合刻之，目曰：聖門傳詩嫡冢③，真堪失笑。近蕭山毛大可作詩傳詩説駮義，力辨其誣，可謂助我張目者也。

〔補正〕

竹垞案内「聖門傅詩嫡冢」，「傅」當作「傳」。（卷四，頁五）

① 「野有死麐」，依文津閣四庫本應作「野有死麕」。
② 「野麐」，依文津閣四庫本應作「野麕」。
③ 「聖門傅詩嫡冢」，依補正、四庫薈要本、文淵閣四庫本、文津閣四庫本、備要本應作「聖門傳詩嫡冢」。

漢楚王交詩傳

佚。

漢書：「楚元王交，字游，高祖同父少弟也。少時嘗與魯穆生、白生、申公俱受詩於浮邱伯，伯者，孫卿門人也。高后時，浮邱伯在長安，元王遣子郢客，與申公俱卒業。元王好詩，諸子皆讀詩，申公始爲詩傳，號魯詩，元王亦次之詩傳，號曰元王詩，世或有之。」

王應麟曰：「劉向列女傳稱詩芣苢、柏舟、大車之類，與今序詩者之説尤乖異，汝墳謂周南大夫妻作；行露謂申女作；式微一篇謂二人之作；碩人之詩謂莊姜始至，操作衰惰，傅母作之；新序謂衛宣公子伋，方乘舟時，伋傅母恐其死也，閔而作詩，二子乘舟之詩是也；壽閔其兄，兄且見害，作憂思之詩，黍離之詩是也。封事引『飴我釐麰』，説苑引『蔽芾甘棠』，傳曰：『舍於甘棠之下而聽斷焉。』『鳲鳩在桑』，傳曰：『尸鳩①之所以養七子者，一心也；君子之所以理萬物者，一儀也。』向乃元王之孫，所著蓋魯詩也。」

劉城曰：「楚元王，高祖同父兄弟也。秦、漢②急攻戰，燔墳籍，一家之内，仲則力田治生産矣，季則好酒及色，嫚駡儒生矣，交何所見而早毅然學古，獨與穆生、白生、申公輩游，同受詩於浮邱伯，豈非豪

---

① 「尸鳩」，文淵閣四庫本作「鳲鳩」。

② 「秦、漢」，文津閣四庫本、備要本俱作「秦、漢間」。

傑之士無待而興者哉？然則，交固漢儒林之首也。」

詩經①魯、齊、韓三家

漢志：「二十八卷。」②

〔補正〕

按：此條當云：「詩，魯、齊、韓三家」，不當有「經」字也。此下「漢志二十八卷」下，當增注云：「漢志云：『詩經二十八卷，魯、齊、韓三家。』」（卷四，頁五）

佚。

應劭曰：「申公作魯詩，后蒼作齊詩，韓嬰作韓詩。」

隋經籍志：「漢初，魯人申公受詩於浮邱伯，作訓詁③，是爲魯詩；齊人轅固生亦傳詩，是爲齊詩；燕人韓嬰亦傳詩，是爲韓詩。終於後漢，三家並立。齊詩魏代已亡，魯詩亡於西晉，韓詩雖存，無傳之者。」

〔補正〕

---

① 「詩經」，依補正應作「詩」。
② 「卷」字下，依補正應補「詩經二十八卷，魯、齊、韓三家。」十一字。
③ 「訓詁」，依補正、四庫薈要本應作「詁訓」。

說與？」

隋經籍志内作「訓詁」，當作「詁訓」。（卷四，頁五）

王應麟曰：「白虎通諫諍篇：『妻得諫夫者，夫婦榮耻共之。』相鼠，妻諫夫之詩也。其齊、魯、韓之

朱倬曰：「魯詩起於申公而盛於韋賢，齊詩始於轅固而盛於匡衡，韓詩始於韓嬰而盛於王吉。」

彭俊民曰：「申公得詩之約者也，轅固得詩之直者也，以約窮理而以直行己，觀其言以察其所行，信有異於毛公、韓嬰之所聞也。」

陸釴曰：「三家之詩至唐已失其傳，雖有存焉者，譌矣。」

按：魯詩源於浮邱伯，齊詩源於轅固生。然如定之方中注：「仲梁子曰：『初立楚宫也。』」正義：「鄭志張逸問：仲梁子何時人。答曰：『先師魯人，當六國時，在毛公前。』」又維天之命註：「孟仲子曰：『大哉天命之無極，而美周之禮也。』」趙岐云：「孟仲子，孟子之從昆弟，從學於孟子者。」則魯之説詩者不始於浮邱伯也。絲衣序：「高子曰：『靈星之尸也。』」趙岐注孟子以爲齊人，則齊之説詩者不始於轅固生也。

申公培**魯故**

漢志：「二十五卷。」

佚。

〔校記〕

王謨、黄奭、馬國翰均有輯本。（詩，頁二八）

漢書：「漢興，魯申公爲詩訓故，而齊轅固、燕韓生皆爲之傳，或取春秋，采雜説，咸非其本義，與不得已，魯最爲近之。」又曰：「申公，魯人。少從楚元王交俱事齊人浮邱伯受詩。漢興，高祖過魯，申公以弟子從師入見於魯南宫。武帝初使使束帛加璧，安車以蒲裹輪，駕駟迎申公，至時已八十餘，以爲大中大夫。病免歸，數年卒。弟子爲博士十餘人，孔安國、周霸、夏寬、碭魯賜、蘭陵繆生、徐偃、鄒人闕門慶忌，申公卒以詩、春秋授，而瑕邱江公盡能傳之。及魯許生、免中徐公皆守學教授。韋賢治詩，至丞相，子玄成以淮陽中尉論石渠，後亦至丞相，由是魯詩有韋氏學。王式、翁思，事免中徐公及許生，爲昌邑王師。山陽張長安幼君先事式，後東平唐長賓、沛褚少孫亦來事式，皆爲博士，由是魯詩有張、唐、褚氏之學。張生兄子游卿爲諫大夫，其門人琅琊王扶、陳留許晏，由是張家有許氏學。」

陸德明曰：「魯人申公受詩於浮邱伯，以詩經爲訓故以教，無傳，疑者則闕不傳，號曰魯詩，弟子爲博士者十餘人。郎中令王臧，御史大夫趙綰，臨淮太守孔安國，膠西内史周霸，城陽内史夏寬，東海太守魯賜，長沙内史繆生，膠西中尉徐偃，膠東内史闕門慶忌，皆申公弟子也。」

詩説僞本

一卷。

存。

陳弘緒跋曰：「詩説一卷，漢魯人申培著。取豳風鴟鴞諸篇與魯頌綴於周南、召南之後，取曹、檜列於鄭、齊之前，取豳風七月置之小雅，而以秦風殿於十五國。於大、小雅曰大、小正①；於變雅曰小正②續，曰大正③續。有周頌、商頌無魯頌，其説多與韓、毛牴牾。隋經籍志云：『漢初，有魯人申公受詩於浮邱伯，作詁訓④，是爲魯詩。』魯詩亡於西晉，此本不知傳自何人，疑爲後代僞筆。或曰：宋董逌謂班固言魯詩最近，今徒於他書時得之，是則申公之詩雖亡，猶散見雜出於群帙，後人輯録而稍補足之，未可知，是亦一説也。魯之不應有頌，朱子固嘗致疑，近高邑趙公南星曰：『關雎，文王之詩，猶稱風焉，以其未爲天子也，周自東遷後且降而爲風矣，魯安得有頌。』毅然降魯頌於國風，學士大夫聞而共爲駭愕，不知實本申公之説也。然風、雅、頌之體不同，譬知黔晳之不容混，駉與駜置之邶、鄘、衛諸篇尚相彷彿，洋水⑤、閟宫，國風安得有此體耶！是不可以不辨。」

〔補正〕

陳宏緒跋内「於大、小雅曰大、小正；於變雅曰小正續，曰大正續」，「正」皆當作「疋」，「洋水、閟宫」，「洋」當作「泮」。（卷四，頁五）

按：申公魯故至晉已亡，今所存詩説及子貢詩傳皆出於鄞人豐坊僞譔⑥，世遂惑之，争爲鋟版，君子可欺以其方，難罔以非其道也。

---

①②③「正」，依補正、四庫薈要本應作「疋」。

④「詁訓」，文淵閣四庫本誤作「訓詁」。

⑤「洋水」，依補正、四庫薈要本、文淵閣四庫本、文津閣四庫本、備要本應作「泮水」。

⑥「譔」，四庫薈要本作「撰」。

魯說

漢志：「二十八卷。」

佚。

轅氏固**齊詩傳**

佚。

〔校記〕

黃奭有輯本。（詩，頁二八）

漢紀：「齊人轅固生爲景帝博士，作詩外、内傳。」

陸德明曰：「齊人轅固生作詩傳，號齊詩。」

后氏蒼**齊故**

漢志：「二十卷。」

佚。

漢書：「轅固，齊人，以治詩，孝景時爲博士，諸齊以詩顯貴者，皆固之弟子也。夏侯始昌最明，傳后蒼。蒼字近君，東海郯人，通詩、禮，爲博士，至少府，授翼奉、蕭望之、匡衡。衡授琅邪師丹、伏理斿君、潁川滿昌君都，由是齊詩有翼、匡、師、伏之學。」

齊詩傳

漢志：「三十九卷。」

佚。

〔校記〕

馬國翰輯齊詩傳三卷。（詩，頁二八）

孫氏失名**齊故**

漢志：「二十七卷。」

齊詩傳

漢志：「二十八卷。」

佚。

齊雜記

漢志：「十八卷。」

佚。

鄭樵曰：「后孫之傳其亡已久，今存其名，使學者知傳注之門户也。」

韓氏嬰**韓故**

漢志：「三十六卷。」①新唐書志：「韓詩，卜商序，韓嬰注，二十二卷。」

〔補正〕

按：此下當補云：「舊唐書志云：『二十卷。』」（卷四，頁五）

佚。

〔校記〕

馬國翰、沈清瑞輯本各二卷。（詩，頁二八）

詩内傳

漢志：「四卷。」

佚。

---

① 「卷」字下，依補正應補「舊唐書志云：『二十卷。』」八字。

〔校記〕

王謨、馬國翰有輯本。（詩，頁二八）

詩外傳

漢志：「六卷。」隋、唐志：「十卷。」

存。

〔校記〕

今本十卷。（詩，頁二八）

韓詩説

漢志：「四十一卷。」

佚。

〔校記〕

馬國翰有輯本。（詩，頁二八）

漢書：「嬰推詩人之意，而作内、外傳數萬言，其語頗與齊、魯間殊，然歸一也。淮南賁生受之，燕、趙間言詩者由韓生，河内趙子事生，授同郡蔡誼，誼授同郡食子公與王吉，食生授泰山栗豐，栗豐授山陽張就，吉授淄川長孫順，順授東海髮福，由是韓詩有王、食、長孫之學。」

歐陽修曰：「韓嬰之書至唐猶在，今其存者十篇而已。漢志嬰書五十篇，今但存其外傳，非嬰傳詩之詳者，而其遺説時見於他書，與毛之義絶異，而人亦不信。去聖既遠，誦習各殊，至於考風、雅之正變，以知王政之興衰，其善惡美刺不可不察焉。」

劉安世曰：「嘗記少年讀韓詩有雨無極篇，序云：『正大夫刺幽王也。』首云：『雨無其極，傷我稼穡，浩浩昊天，不駿其德。』詩中云『正大夫離居』，豈非序所謂正大夫乎。」

范處義曰：「雨無正，韓氏作『雨無極，正大夫刺幽王也。』篇首多『雨無其極，傷我稼穡』八字，竊謂韓詩世罕有之，未必其真，或後人見詩中有『正大夫離居』之語，故加二句，且牽合以爲正大夫刺幽王，似不可信。」又曰：「史克作頌，見之詩序，韓氏乃曰：『奚斯作魯頌。』而班固西都賦序、王延壽魯靈光殿賦序皆云：『奚斯頌魯。』揚雄法言亦曰：『正考父嘗晞尹吉甫，公子奚斯嘗晞正考父。』意謂尹吉甫頌周，正考父、奚斯效之，殊不考是詩曰：『新廟奕奕，奚斯所作。』是奚斯作新廟，非作魯頌也，韓氏之傳授妄矣。」

晁公武曰：「漢志十篇，内傳四，外傳六。隋止存外傳，析十篇。其及於經蓋寡，而其遺説往往見於他書，如逶迤、郁夷之類，其義與毛詩不同，此稱外傳雖非解經之深者，然文辭清婉，有先秦風。」

洪邁曰：「漢藝文志有韓家詩經、韓故、内傳、外傳、韓説五書，今惟存外傳十卷。慶歷中將作監主簿，李用章序之，命工刊刻於杭。」

陳振孫曰：「外傳多於舊，蓋多雜説，不專解詩，不知果當時本書否也。」

王應麟曰：「韓詩序云：『黍離，伯封作。』陳思王植令禽惡鳥論曰：『昔尹吉甫信後妻之讒，而殺孝子伯奇，其弟伯封求而不得，作黍離之詩。』其韓詩之説與？」又曰：「申、毛之詩皆出荀卿子，而韓詩外傳多引荀書。」又曰：「荀卿非十二子，韓詩外傳引之，止云十子，而無子思、孟子。愚謂荀卿非子思、孟子，蓋其門人如韓非、李斯之流，托其師以毁聖賢，當以韓詩爲正。」

薛應旂曰：「韓嬰外傳雖未盡能以意逆志，而變動不居，猶有古之遺焉。」

王世貞曰：「韓詩外傳雜記夫子之緒言，與諸春秋、戰國之説，大抵引詩以證事，而非引事以明詩，故多浮泛不切、牽合可笑之語，蓋馳騁而説詩之旨微矣。」

董斯張曰：「世所傳韓詩外傳亦非全書，文選李善注引外傳文云：『孔子升泰山，觀易姓而王可得而數者七十餘人，不得而數者萬數也。』又鄭交甫將南適楚，遵彼漢皋臺下，乃遇二女佩兩珠大如荊鷄之卵。』藝文類聚引外傳文云：『凡艸木花多五出，雪花獨六出者，陰極之數。雪花曰霙雪，雲曰同雲。』又曰：『自上而下曰雨雪。』又曰：『溱與洧謂鄭國之俗，三月上巳於兩水之上，招魂續魄，拂不祥也。』太平御覽引外傳文云：『精氣歸於天，肉歸於土，膏歸於露，髮歸於艸。』佛典引外傳文云：『老筐爲萑，老蒲爲葦。』今本皆無之。」

按：韓詩惟外傳僅存，若白虎通所引曰：「太子生，以桑弧①篷矢六，射上下四方。」又曰：「師臣者帝，交友受臣者王，臣臣者霸，魯臣者亡。」又曰：「諸侯世子三年喪畢，上受爵命於天子，乃歸即位。」

---

①「弧」，備要本誤作「孤」。

又曰：「孔子爲魯司寇，先誅少正卯。」風俗通所引「舜漁雷澤」，三禮義宗所引曰：「天子奉玉升柴。」周禮注所引曰：「珮玉上有葱衡，下有雙璜。」大戴禮注所引「鶬鴿胎生，孔子①渡江見而異之。」禮記注所引曰：「鸞在衡，和在軾。」初學記所引曰：「夫飲之禮，不脱屨而即序者謂之禮；跣而上坐者謂之宴；能飲者飲之，不能飲者已，謂之醧；齊顔色、均衆寡謂之沉；閉門不出者謂之湎。故君子可以宴、可以醧，不可以沉、不可以湎。」杜佑通典所引曰：「禘取毁廟之主，皆升合食於太祖②，祫則群廟之主，悉升於太祖廟。」凡此皆内傳之文也。

毛氏亨詩故訓傳

漢志：「三十□③卷」釋文序録：「二十卷。」

〔補正〕

案：「三十」下，刊板誤空一格。（卷四，頁五）

佚。

鄭康成曰：「魯人大毛公爲詁訓傳於其家，河間獻王得而獻之。」

---

① 「孔子」，備要本脱漏作「孔」。
② 「太祖」，文津閣四庫本作「太廟」。
③ 「卷」上空格，文津閣四庫本作「二」，備要本作「三」。

徐整曰：「子夏授詩於高行子，高行子授薛蒼子，薛蒼子授帛妙子，帛妙子授河間大毛公，大毛公爲詩故訓傳於家，以授趙人小毛公。」

陸德明曰：「子夏授曾申，曾申授李克，李克授孟仲子，孟仲子授根牟子，根牟子授孫卿，卿傳毛亨，亨授毛萇。」

孔穎達曰：「漢初爲傳訓者，皆與經别行，故石經書公羊傳並無經文，毛亨爲故訓亦與經别，至馬融注周禮，欲省學者兩讀，故具載本文焉。」

魏了翁曰：「大毛公學於荀卿。」

王應麟曰：「徐整謂子夏授高行子，即詩序及孟子所謂高子也。趙岐云：『高子，齊人。』又曰：『陸璣以曾申爲申公，誤。』

按：大毛公詩故訓傳二十卷，崇文總目載之，則宋初猶存也。

毛氏萇詩傳

漢志：「二十九卷。」唐志：「十卷。」

存。

漢書：「毛公之學自謂子夏所傳，而河間獻王好之。」又曰：「毛公，趙人。治詩，爲河間獻王博士，授同國貫長卿，長卿授解延年，延年授徐敖，言毛詩者本之敖。」

陸德明曰：「敖授九江陳俠，俠傳謝曼卿。」

孔穎達曰：「申公騰芳於鄢、郢，毛氏光價於河間，貫長卿傳之於前，鄭康成箋之於後。」

李清臣曰：「釋詩者莫若毛、鄭，毛之説簡而深，此河間獻王所以高其學也。」

歐陽修曰：「毛公當漢初興，去詩猶近，後二百年而鄭氏出，使其説有可據，而推理爲得，從之可矣。若其説無據，而推理不然，又以似是之疑，爲必然之論，則吾不得不舍鄭而從毛也。」

葉夢得曰：「漢武帝時毛詩始出，自以源流出於子夏，時齊、魯、韓三家皆立於學官，獨毛氏不得立，惟河間獻王好古，博見異書，深知其精。中興後，謝曼卿、衛宏、賈逵、馬融、鄭衆、鄭康成之徒，皆宗毛公，學者翕然稱之。今觀其書，所釋鴟鴞與金滕合，釋北山、烝民與孟子合，釋昊天有成命與國語合，釋碩人、清人、皇矣、黄鳥與左氏合，而序由庚六篇與儀禮合。當毛公時，左氏傳未出，孟子、國語、儀禮未甚行，而毛公之説先與之合，不謂之源流子夏可乎？漢興三家盛行，毛最後出，世人未知毛公之密，其説多從齊、魯、韓，迨至魏、晉有左氏、孟子、國語諸書證之，然後學者舍三家而從毛氏。故齊詩亡於魏，魯詩亡於晉，韓詩雖存無傳之者。從韓氏之説，則二南、商頌皆非治世之音；從毛氏之説，則禮記、左氏無往而不合，此所以毛詩獨存於世也。」

鄭畊老曰：「毛詩，三萬九千二百二十四字。」

李樗曰：「毛詩所傳非成於一人之手，如魚麗之詩曰：『文、武以天保以上治内，采薇以下治外。』既以爲文、武之詩矣。而棠棣①之詩又曰：『宴兄弟也，閔管、蔡之失道，故作棠棣焉。』此又成王之詩

① 「棠棣」，依補正、四庫薈要本、文淵閣四庫本應作「常棣」。

也，非一人所作甚明。」

李樗條內「棠棣」，「棠」字俱當改作「常」。（卷四，頁五）

〔補正〕

范處義曰：「昔河間獻王德修學好古事，惟其實理求其是，獨立詩毛氏，春秋左氏博士，其去取諸家，可謂審矣。漢初傳詩者齊、魯、韓三家，毛最晚出，毛傳既行，三氏俱廢。先儒謂毛氏詩出於子夏，淵源有自，得聖人之宗旨斷可識矣。」

呂祖謙曰：「魯、齊、韓、毛師讀異，義亦不同，以齊、魯、韓之義尚可見者較之，獨毛詩適與經傳合。關雎，正風之首，三家者乃以爲刺，餘可知矣，是則毛詩之義最得其真也。」

王柏曰：「陸璣雖撰毛公相傳之序上接子夏，而與釋文無一人合，其僞可知。」

陸釴曰：「毛傳行而三家廢，君子既已惜之；集傳出而毛氏之學寖微，又奚爲莫之慨也。」

郝敬曰：「子貢、子夏之後，善言詩者莫如孟子，孟子之後，知其解者莫如毛公。」

〔補正〕

案：漢志云：「毛詩二十九卷，毛詩故訓傳三十卷。」所云二十九卷者，漢志未嘗有「傳」字。亨與萇以詩相授受，亨所爲故訓傳，萇又從而增廣潤益之，以行于世。故後人皆以爲萇之所作，惟其淵源出于亨，故詩譜及初學記又以爲毛亨之書。竹垞以漢志所云毛詩故訓傳三十卷者，屬之亨，以所云毛詩二十九卷者，加一「傳」字，屬之萇，又以唐志十卷系於漢志二十九卷之下，似皆武斷，未可爲據。

（卷四，頁五—六）

〔四庫總目〕

案：漢書藝文志：「毛詩二十九卷，毛詩故訓傳三十卷。」然但稱毛公，不著其名。後漢書儒林傳始云：「趙人毛長傳詩，是爲毛詩。」其「長」字不從艸。隋、唐經籍志載：「毛詩二十卷，漢河間太守毛萇傳，鄭氏箋。」於是詩傳始稱毛萇。然鄭玄詩譜曰：「魯人大毛公爲訓詁傳於其家，河間獻王得而獻之，以小毛公爲博士。」陸璣毛詩草木蟲魚疏亦云：「孔子删詩，授卜商，商爲之序，以授魯人曾申，申授魏人李克，克授魯人孟仲子，仲子授根牟子，根牟子授趙人荀卿，荀卿授魯國毛亨，毛亨作訓詁傳以授趙國毛萇，時人謂亨爲大毛公，萇爲小毛公。」據是二書，則作傳者乃毛亨，非毛萇。故孔氏正義亦云：「大毛公爲其傳，由小毛公而題毛也。」隋志所云，殊爲舛誤，而流俗沿襲，莫之能更。朱彝尊經義考乃以毛詩二十九卷題毛亨撰，註曰：「佚。」毛詩訓故傳三十卷題毛萇撰，註曰：「存。」意主調停，尤爲於古無據，今參稽衆説，定作傳者爲毛亨，以鄭氏後漢人，陸氏三國吳人，併傳授毛詩，淵源有自，所言必不誣也。（卷十五，頁四—五，毛詩正義四十卷提要）

呂氏叔玉詩説

佚。

按：呂氏於詩不知主何家之説，杜子春注周官引之，其説曰：「肆夏、繁遏、渠皆周頌也。肆夏，時邁也；繁遏，執競也；渠，思文也。」頗見新義，惜乎其不傳。

伏氏黯**齊詩章句解説**

九篇。

佚。

後漢書：「黯，字稚文，瑯琊東武人，以明齊詩改定章句，作解説九篇，位至光禄勳。」

薛氏漢**韓詩章句**

隋志：「二十二卷。」

佚。

〔校記〕

馬國翰有輯本。（詩，頁二八）

後漢書：「薛漢，字公子，淮陽人，世習韓詩，父子以章句著名。漢少傳父業，尤善説災異讖緯，教授常數百人。建武初，爲博士，受詔校定圖讖，當世言詩者推漢爲長。永平中，爲千乘太守，弟子犍爲杜撫、會稽澹臺敬伯、鉅鹿韓伯高最知名。」

王應麟曰：「薛漢世習韓詩，父子以章句著名，馮衍傳注引薛夫子韓詩章句，即漢也。」

〔補正〕

聘珍案：薛方回，字夫子，廣德曾孫，乃薛漢之父，見唐書宰相世系表。後漢書云：「薛漢，字公子，世習韓詩，父子以章句著名。」據此，則韓詩章句非薛漢一人之書。馮衍傳注言薛夫子，而王厚齋云即漢也，豈章句出其父子遞著，而其子成之歟？然諸書所引，亦曰薛君亦曰薛夫子，竹垞此條即使專據厚齋語系於薛漢，亦當詳其父耳。（卷四，頁六）

韋氏賢**魯詩章句**

佚。

按：魯詩有韋氏學，而章句不載於漢志。考執金吾武榮碑云：「治魯詩經，韋君章句。」則當時韋氏父子亦有章句授弟子矣。

經義考卷一百一

詩四

景氏鸞**齊詩解**

佚。

伏氏恭**齊詩章句**

佚。①

後漢書：「伏恭，字叔齊，建武四年除劇令，遷常山太守。永平四年拜司空。初父黯章句繁多，恭乃省減浮詞，定爲二十萬言。」

---

① 「伏氏恭齊詩章句佚。」八字，文津閣四庫本脱漏。

杜氏撫**詩題約義通**

佚。

後漢書：「杜撫，字叔和，犍爲武陽人。受業於薛漢，定韓詩章句，後歸鄉里教授，弟子千餘人。東平王蒼辟爲大夫，建初中，爲公車令，其所作詩題約義通學者傳之，曰『杜君法』。」

賈氏逵**毛詩雜義難**

七録：「十卷。」

佚。

後漢書：「永平中，帝令逵撰齊、魯、韓詩與毛氏異同。八年迺詔諸儒各選高才生，受左氏、穀梁春秋、古文尚書、毛詩，由是四經遂行於世。」

趙氏曄①**詩細**七録作詩譜。

七録：「二卷。」

佚。

---

①「曄」，文津閣四庫本作「煜」。

歷神泉後漢書作「神淵」。

七録：「一卷。」

佚。

後漢書：「趙曄①，字長君，會稽山陰人。詣杜撫受韓詩，卒業迺歸。州召補從事，不就，舉有道，卒於家。曄②著吴越春秋、詩細、歷神淵，蔡邕至會稽讀詩細而嘆息，以爲長於論衡。邕還京師傳之，學者咸誦習焉。」

虞翻曰：「有道山陰趙曄③，徵士上虞王充，各洪才淵懿，學究道源，著書垂藻，絡繹百篇，釋經傳之宿疑，解當世之盤結；上窮陰陽之奥秘，下據人情之歸極。」

張氏匡**韓詩章句**

佚。

後漢書：「山陽張匡字文通，習韓詩，作章句，後舉有道，博士徵不就，卒於家。」

①②③ 「曄」，文津閣四庫本作「煜」。

馬氏融**毛詩注**

七録：「十卷。」

佚。

〔校記〕

馬國翰有輯本。（詩，頁二八）

陸德明曰：「無下帙。」

鄭氏玄①**毛詩箋**

隋志：「二十卷。」

存。

陸德明曰：「鄭氏作箋，申明毛義以難三家，於是三家遂廢。曰鄭氏箋者，非毛公、馬、鄭、王肅等題，相傳云是雷次宗題，承用既久，未敢爲異。又按：周續之與雷次宗全受慧遠法師詩義而續之，釋題已如此，又恐非雷之題也。」

柳開曰：「鄭氏箋詩務異毛公，徒欲強己一時之名，非能通先師之旨。」

① 「玄」，文淵閣四庫本因避諱作「元」。

歐陽修曰：「鄭氏於詩其失非一，或不取序文致乖詩義，或遠棄詩義專泥序文，或序與詩皆所無者，時時自爲之説。」又曰：「詩三百五篇，皆據序以爲義，惟鴟鴞一篇見於書之金縢，其作詩之本意最可據而易明。乃康成之箋與金縢之書特異，此失其大義也。」

李清臣曰：「鄭氏之學長於禮而深於經制，至於訓詩乃以經制言之。夫詩，性情也；禮制，迹也。彼以禮訓詩，是按迹以求性情也，此其所以繁塞而多失者與？」

蘇轍曰：「詩至於漢儒者之傳，容有不知其世者，然猶欲必知焉。其出於毛氏者，其傳之也；其出於鄭氏者，其意之也。傳之，猶可信也；意之，疎矣。」

朱子曰：「詩自齊、魯、韓之説不得傳，而天下之學者盡宗毛氏。毛氏之學，傳者亦衆，而今皆不存。則推衍其説者，獨鄭氏之箋而已。」

王應麟曰：「鄭康成注禮記，以『于嗟乎騶虞』爲嘆仁人，以燕燕爲定姜之詩，以生甫及申爲仲山甫、申伯，以商爲宋詩，康成從張恭祖受韓詩，注禮之時，未得毛傳，所述皆韓詩也。」

黄震曰：「毛詩注釋簡古，鄭氏雖以禮説詩，於人情或不通，及多改字之弊，然亦有足以裨毛詩之所未及者。」

王柏曰：「漢初，齊、魯、韓三家之詩並列學官，惟毛萇最後出，鄭康成爲之箋，學者篤信康成，毛詩假康成爲重，盛行於世，毛、鄭既孤行，而三家遂絶，不得參伍錯綜，以訂其是非，學者惑於同而忘其異矣。」

按：毛詩經文久而滋誤者，因鄭箋可證其非。若小旻「如彼泉流」，今誤「流泉」，鄭箋云：「如原泉之流。」則「流泉」非矣。旱麓「延于條枚」，「延」今作「施」，鄭箋云：「延蔓于木之枚木而茂盛。」則當作「延」矣。吕覽、韓詩外傳亦作「延」。思齊「厲假不瑕」，「厲」今作「烈」，鄭箋云：「厲、假皆病也。」又「古之人無擇」，「擇」今作「斁」，鄭箋云：「口無擇言，身無擇行，以身化其臣下。」卷阿「嗣先公爾酋矣」，今作「似先公酋矣」，鄭箋云：「嗣先公之功而終成之。」蕩「殷鑒不遠，近在夏后之世」，今本失「近」字，鄭箋云：「近在夏后之世，謂湯誅桀也。」凡此可補王伯厚詩考之闕。

毛詩譜

新唐志：「三卷。」

存。

晁公武曰：「鄭康成撰，歐陽永叔補完之。」

康成自序曰或作宋均：「曰詩之興也，諒不於上皇之世，大庭、軒轅逮於高辛，其時有亡載籍亦蔑云焉。虞書曰：『詩言志，歌永言，聲依永，律和聲。』然則詩之道昉於此乎？有夏承之，篇章泯棄，靡有孑遺；邇及商王，不風不雅，何者？論功頌德，所以將順其美；刺過譏失，所以匡救其惡，各於其黨，則爲法者彰顯，爲戒者著明。周自后稷播種百穀，黎民阻譏①，茲時乃粒，自傳於此名也。陶唐之末，中葉，

①「譏」，依四庫薈要本、文津閣四庫本、備要本應作「饑」，文淵閣四庫本作「飢」。

公劉亦世修其業，以明民共財。至於太王、王季克堪顧夫①，文、武之德，光熙前緒，以集大命於厥身，遂爲天下父母，使民有政有居，其時詩，風有周南、召南，雅有鹿鳴、文王之屬。及成王、周公致太平，制禮作樂，而有頌聲興焉，盛之至也。本之由此風雅而來，故皆録之，謂之詩之正經。後王稍更陵遲，懿王始受譖，亨齊哀公，夷身失禮之後，邶不尊賢，自是而下，厲也、幽也，政教尤衰，周室大壞。十月之交、民勞、板、蕩勃爾俱作，衆國紛然，刺怨相尋，五霸之末，上無天子，下無方伯，善者誰賞，惡者誰罰，紀綱絶矣。故孔子録懿王、夷王時詩，訖於陳靈公淫亂之事，謂之變風、變雅。以爲勤民恤功，昭事上帝，則受頌聲，弘②福如彼；若違而弗用，則被劫殺大禍如此。吉凶之所由，憂娱之萌漸，昭昭在斯，足作後王之鑒，於是止矣。夷、厲已上，歲數不明，太史年表自共和始，歷宣、幽、平王而得春秋次第以立斯譜。欲知源流清濁之所處，則循其上下而省之；欲知風化芳臭氣澤之所及，則傍行而觀之，此詩之大綱也。舉一綱而萬目張，解一卷而衆篇明，於力則鮮，於思則寡，其諸君子亦有樂於是與。」

歐陽修曰：「昔者聖人已没，六經之道幾熄於戰國而焚於秦。自漢以來，收拾亡逸，發明遺義，而正其譌謬，得以麤備傳於今者，豈止一人之力哉。後之學者，因迹前世之所傳，而較其得失，或有之矣。若使徒抱焚餘殘脱之經，倀倀於去聖人千百年後，不見先儒中間之説，而欲特立一家之學者，果有能

① 「夫」，依四庫薈要本、文淵閣四庫本、文津閣四庫本、備要本應作「饑」。
② 「弘」，文淵閣四庫本作「宏」。

哉，吾未之信也。先儒之論，苟非詳其終始而牴牾，質諸聖人而悖禮①，害經之甚，有不得已而後改易者，何以徒爲異論以相訾也。毛、鄭於②詩，其學亦已博矣，予嘗依其箋、傳考之於經，而證以序、譜，惜其不合者頗多。蓋詩述商、周，自生民、玄鳥上陳稷、契，下迄陳靈公千五六百歲之間，旁及列國君臣世次、國地山川、封域圖牒、鳥獸艸木蟲魚之名，與其風俗善惡、方言訓詁、盛衰治亂、美刺之由，無所不載，然則孰能無失於其間哉。予疑毛、鄭之失既多，然不敢輕爲改易者，意其爲説不止於箋、傳而已，恨不得盡見二家之書，未能遍通其旨，夫不盡見其書而欲折其是非，猶不盡人之辨而欲斷其訟之曲直，其能果於自決乎？其能使之自服乎？世言鄭氏詩譜最詳，求之久矣，不可得，雖崇文總目祕書所藏亦無之。慶曆四年，奉使河東，至於絳州偶得焉。其文有注而不見名氏，然首尾殘缺，自周公致太平已上皆亡之，其國譜旁行尤易爲訛舛，悉皆顛倒錯亂，不可復考。凡詩，雅頌兼列商魯，其正變之風十有四國，而其次比莫詳其義。惟封國、變風之先後不可以不知，周、召、王、豳同出於周，邶、鄘并於衛，檜、魏無世家，其可考者陳、齊、衛、晉、曹、鄭、秦，此封國之先後也；豳、齊、衛、檜、陳、唐、秦、鄭、魏、曹，此變風之先後也；周南、召南、邶、鄘、衛、王、鄭、齊、豳、秦、魏、唐、陳、曹，此孔子未删之前周太師樂歌之次第也；周、召、邶、鄘、衛、王、檜、鄭、齊、魏、唐、秦、陳、曹、豳，此鄭氏詩譜次第也；黜檜後陳，此今詩次比

---

① 「禮」，依補正應作「理」。

② 「於」，文津閣四庫本誤作「之」。

也。初予未見鄭譜，嘗略考春秋、史記本紀、世家、年表，而合以毛、鄭之説，爲詩圖十四篇，今因取①以補鄭譜之亡者，足以見二家所説世次先後甚備，因據而求其得失較然矣。而仍存其圖，庶幾一見予於鄭氏之學盡心焉爾。夫盡其説而不通，然後得以論正，予豈好爲異論哉。凡補譜十有五，補其文字二百七②，增損塗乙改正者八百八十三，而鄭氏之譜復完矣。」

〔補正〕

歐陽修條内「質諸聖人而悖禮」，「禮」當作「理」。「補其文字二百七」下，當補原注云：「譜序自周公致太平已上，皆亡其文，予取孔穎達正義所載之文補足，因爲之注；自周公已下，即用舊注云。」凡四十一字。（卷四，頁六—七）

毛詩音

佚。

陸德明曰：「爲詩音者九人，鄭康成、徐邈、蔡氏、孔氏、阮侃、王肅、江惇、干寶③、李軌。」

---

① 「取」，備要本誤作「此」。

② 「七」字下，依補正應補「譜序自周公致太平已上，皆亡其文，予取孔穎達正義所載之文補足，因爲之注，自周公以下，即用舊注云。」四十一字。

③ 「干寶」，文淵閣四庫本誤作「于寶」。

荀氏爽**詩傳**

佚。

荀悦曰：「臣悦叔父故司徒爽，著詩傳，皆附正義，無他説，通人學者多好尚之，然希得立於學官也。」

侯氏包**韓詩翼要**

隋志：「十卷。」

佚。

〔補正〕

案：隋志作侯苞，此從詩正義。（卷四，頁七）

〔校記〕

馬國翰有輯本。（詩，頁二八）

王應麟曰：「董氏舉侯包言衛武公作抑詩，使人日誦於其側，朱子謂不知此出在何處。愚按侯包之説見於詩正義。隋經籍志：『韓詩翼要十卷，侯包撰。』然則包學韓詩者也。」

按：孔氏正義於抑詩引侯包云：「衛武公刺王室，亦以自戒。行年九十有五，猶使臣日誦是詩，而不離於其側。」

杜氏瓊韓詩章句

佚。

蜀志：「瓊，字伯瑜，成都人，仕至大鴻臚太常，少受學於任安，精究其術。譙周問當塗高之讖，答曰：『魏闕名也，當塗而高，聖人取類而言耳。』周未達，瓊又曰：『古者名官職不言曹，自漢以來名官盡言曹，吏言屬曹，卒言侍曹，殆天意也。』著韓詩章句十餘萬言，不教諸子，内學無傳業者。」

王氏肅毛詩注

隋志：「二十卷。」

佚。

〔校記〕

黄奭、馬國翰均有輯本。（詩，頁二九）

毛詩義駁①

隋志：「八卷。」

---

① 「毛詩義駁」，備要本誤作「毛氏義駁」。

佚。

毛詩奏事

隋志：「一卷。」

佚。

毛詩問難

七録：「二卷。」

佚。

〔校記〕

馬國翰有輯本。（詩，頁二九）

毛詩音

佚。

陸德明曰：「魏太常王肅述毛非鄭。」

歐陽修曰：「擊鼓五章，自『爰居』而下三章，王肅以爲衛人從軍者與其室家決別之辭，而鄭氏以爲軍中士伍相約誓之言。夫衛人暫出從軍，其卒伍豈宜相約偕老於軍中，此非人情也，當以王肅之説爲是。」

劉氏楨毛詩義問

隋志：「十卷。」

佚。

〔校記〕

黄奭、馬國翰均有輯本。（詩，頁二九）

王應麟曰：「正義於七月詩引之。」

典略：「劉楨，字公幹，東平寧陽人。」

册府元龜：「劉楨爲太子文學，撰毛詩義問九卷。」

按：歐陽詢藝文類聚引毛詩義問云：「横一木作門，而上無屋，謂之衡門。」徐堅初學記引毛詩義問云：「釧羹有菜鹽豉其中，菜爲其形象可食，因以釧爲名。」又云：「狐之類貉，貒貍也。貉子曰貆，貆形狀與貉類異，世人皆名貆，貉子似貍。」又太平御覽引義問云：「總所以覆矢也，謂箭筒蓋也。」「蟰蛸，長脚蜘蛛也。」

王氏基毛詩駁

隋志：「一卷。」七録：「五卷。」

佚。

隋志：「毛詩駁一卷，魏司空王基撰，殘缺。梁五卷。又有毛詩答問、駁譜，合八卷。」

〔補正〕

聘珍案：新唐志王基毛詩駁五卷條下，有毛詩雜答問五卷，雜義難十卷。舊唐志有王伯輿毛詩駁五卷，而毛詩雜答問五卷，毛詩雜義難十卷，俱未系姓名。案：三國志：「基，字伯輿。」此「伯輿」或「輿」之訛，而新唐志書其名，舊志書其字歟？經義考仍別出王伯輿毛詩駁五卷于一百三卷之二葉，蓋以王基與伯輿爲二人矣。但新、舊唐志名字互見，而書名卷數則同，恐是一人耳。（卷四，頁七）

陸德明曰：「魏荆州刺史王基，字伯輿，東萊人，駮王肅申鄭義。」又曰：「山海經及周書王會皆云芣苡，木也，實似李，食之宜子，出於西戎。衛氏傳及許慎並同，王肅亦同，基已有駮難也。」

王應麟曰：「王肅引周書云芣苡如李，出於西戎。王基駮云：『遠國異物，非周婦人所得采。』」

劉氏璠**毛詩義**

七録：「四卷。」

佚。

毛詩箋傳是非

七録：「二卷。」

佚。

隋志注：「劉璠，魏祕書郎。」

徐氏整毛詩譜

隋志：「三卷。」

佚。

〔校記〕

王謨、馬國翰均有輯本。（詩，頁二九）

隋志：「吳太常卿徐整撰。」

太叔氏裘毛詩譜注

隋志：「二卷。」

佚。

王應麟曰：「國史志詩譜太叔求注，不在秘府，經典釋文叙録所稱徐整暢、太叔裘隱，蓋整既暢演，而裘隱括之。『求』字譌也。」

韋氏昭等毛詩答雜問

七録：「四卷。」

佚。

〔校記〕

王謨、馬國翰均有輯本。（詩，頁二九）

隋志注：「毛詩答雜問，吴侍中韋昭、朱育等所撰。」

按韋氏詩答問曰：「時邁之詩，巡狩告祭柴望也。」初學記引之。又甫田「維莠」今何草？答曰：「今之狗尾也。」又野有蔓草問答曰：「國多供役，男女怨曠，於是女感傷而思男，故出游於洧之外，託采芬香之草而爲淫佚之行。時草始生而云蔓者，女情亟欲以促時也。」又云：「旱鬼眼在頭上。」太平御覽引之。

陸氏璣毛詩草木鳥獸蟲魚疏

〔補正〕

隋志無「鳥獸」二字，此從經典釋文。（卷四，頁七）

隋志：「二卷。」

存。

崇文總目：「吴太子中庶子烏程令陸璣撰，世或以『璣』爲『機』，非也。機本不治詩，今應以『璣』爲正。然書但附詩釋義，窘於采獲，似非通儒所爲者，將後世失傳不得其真與？」

晁公武曰：「璣仕吴至烏程令，或題曰陸機，非也。」

陳振孫曰：「館閣書目稱璣字元恪，吴郡人。據陸氏釋文非晉之士衡，而其書引郭璞注爾雅，則當在郭之後，亦未必吴時人也。孔疏吕記多引之。」

曹學佺曰：「詩之疏也，自陸璣始，而人議其略。」

姚士粦曰：「予篋中有毛詩草木蟲魚疏一卷，題曰：吴太子中庶子烏程令吴郡陸璣元恪撰。凡草之類八十，木之類三十有四，鳥之類二十有三，獸之類九，魚之類①十，蟲之類十有八。按陳氏書録解題謂此書多引郭氏，似非吴人。若予所藏，未嘗一條引及郭氏，且後有魯、齊、韓、毛四詩授受，與漢書儒林傳相爲表裏。」

---

① 四庫本「類」下脱「十，蟲之類」四字。

經義考卷一百二

詩五

孫氏毓毛詩異同評

隋志：「十卷。」

佚。

〔校記〕

王謨、馬國翰均有輯本。（詩，頁二九）

隋志：「孫毓，晉長沙太守。」

陸德明曰：「晉豫州刺史孫毓爲詩評，評毛、鄭、王肅三家同異，朋於王①。」又曰：「『楊之水，不

① 「王」字下，備要本誤衍「柳」字。

流東蒲。』毛云：『草也。』鄭云：『蒲柳也。』孫毓評云：『蒲草之聲，不與「戍許」相協，箋義爲長。』今則二蒲之音，未詳其異。」

王應麟曰：「正義引之。」

按：隋志别集類有晉汝南太守孫毓集六卷。一孫毓也，一以爲長沙守，一以爲汝南守，一以爲豫州刺史，未審孰是。

陳氏統難孫氏毛詩評

隋志：「四卷。」

佚。

〔校記〕

馬國翰有輯本。（詩，頁二九）

毛詩表隱

七録：「二卷。」

佚。

陸德明曰：「晉徐州從事陳統元方難孫申鄭。」

楊氏乂**毛詩辨異**

隋志：「三卷。」

佚。

毛詩異義

隋志：「二卷。」

毛詩雜義

七録：「五卷。」

佚。

隋志：「楊乂，晉給事郎。」

干氏①寶**毛詩音**七録作「音隱」。

〔補正〕

---

① 「干氏」，文淵閣四庫本作「于氏」。

隋志云：「梁有毛詩音隱一卷，于氏撰。」案：「于」或「干」之訛，但云干氏者，亦未可知其必爲干寶也。」（卷四，頁七—八）

七録：「一卷。」

佚。

李氏軌**毛詩音**

佚。

謝氏沈**毛詩釋義**

七録：「十卷。」

佚。

毛詩義疏

七録：「十卷。」

佚。

毛詩注

七録：「二十卷。」

佚。

晉書：「沇，字行思，會稽山陰人，著作郎，著毛詩外傳行於世。」

阮氏侃毛詩音

佚。

陸德明曰：「侃，字德恕，陳留人，河内太守。」

徐氏邈毛詩音

七録：「十六卷，又二卷。」

佚。

〔補正〕

案：隋志云梁有毛詩音十六卷，徐邈等撰；毛詩音二卷，徐邈撰。則所云十六卷者，非邈一人之書也。（卷四，頁八）

〔校記〕

馬國翰有輯本。（詩，頁二九）

鄭樵曰：「徐氏音今雖亡，然陸音所引多本於此。」

顏之推曰：「徐仙民毛詩音反驟爲在遘，左傳音切椽爲徒緣，不可依信。」

袁氏喬**詩注**

佚。

晉書：「喬，字彦叔，初拜著作郎，桓温引爲司馬，領廣陵相，尋督沔中諸戍江夏、隨、義陽三郡事、建武將軍、江夏相。勸温伐蜀，李勢既降，進號龍驤將軍。喬博學有文才，注論語及詩，并諸文筆，皆行於世。」

郭氏璞**毛詩拾遺**

隋志一卷。

佚。

〔校記〕

王謨、馬國翰均有輯本。（詩，頁二九）

按：郭氏毛詩拾遺其釋「高裘晏兮，三英粲兮」，曰：「三英，三德也，英謂古者以素絲英飾裘，即素絲五紽也。」初學記引之。

毛詩略

七録：「四卷。」

佚。

殷氏仲堪**毛詩雜義**

七録：「四卷。」

佚。

蔡氏謨**毛詩疑字**①

佚。

按：蔡謨毛詩疑字議，初學記引之。其辭曰：「佩者，服用之稱；珮者，玉器之名。稱其服用，則字從人；名其器，則字從王。」

① 「字」下脱「議」字。

江氏熙**毛詩注**

七録：「二十卷。」

佚。

陸德明曰：「熙，字太和，濟陽人，東晉兖州別駕。」

江氏惇**毛詩音**

佚。

陸德明曰：「惇，字思俊，河内人，東晉徵士。」

虞氏喜**毛詩略**

佚。

晉書：「虞喜，字仲寧，會稽餘姚人。博學好古，諸葛恢臨郡，屈爲功曹，察孝廉，州舉秀才，司徒辟、公車徵拜博士，皆不就。咸康初，以散騎常侍徵之，又不起。專心經傳，兼覽讖緯，釋毛詩略，注孝經。」

蔡氏失名**毛詩音**

佚。

孔氏失名**毛詩音**

佚。

陸德明曰：「蔡氏、孔氏，不詳何人。」

徐氏廣**毛詩背隱義**

七録：「二卷。」

佚。

隋志：「宋中散大夫徐廣撰。」別集①作「太中大夫」。

〔補正〕

案：「別集」下脱「類」字。（卷四，頁八）

雷氏次宗**毛詩義**

七録：「一卷。」

佚。

---

① 「集」字下，依補正應補「類」字。

隋志：「宋通直郎雷次宗撰。」別集類作「徵士」。

陸德明曰：「次宗，字仲倫，豫章人，宋徵通直郎不起。」

徐氏爰**毛詩音**

佚。

孫氏暢之**毛詩引辨**

七録：「一卷。」

佚。

隋志：「宋奉朝請孫暢之撰。」

何氏偃**毛詩釋**

七録：「一卷。」

佚。

隋志：「宋金紫光禄大夫何偃撰。」別集類作「吏部尚書」。

劉氏孝孫**毛詩正論**

宋志：「十卷。」

佚。

王應麟曰：「劉孝孫爲毛詩正論，演毛之簡，破鄭之怪。」

業氏遵**業詩**

隋志：「二十卷。」

佚。

隋志：「業詩，宋奉朝請業遵所注，立義多異，世所不行。」

梁武帝毛詩大義

隋志：「十一卷。」

佚。

劉氏瓛**毛詩篇次義**

七録：「一卷。」

佚。

何氏胤**毛詩總集**

七録：「六卷。」

佚。

毛詩隱義

七録：「十卷。」

佚。

隋志：「詩總集、隱義，並梁處士何胤撰，亡。」

〔校記〕

馬國翰有輯本。（詩，頁二九）

謝氏曇濟**毛詩檢漏義**

七録：「二卷。」

佚。

隋志：「曇濟，梁給事郎。」

崔氏靈恩**集注毛詩**

隋志：「二十四卷。」本傳：「二十二卷。」

佚。

〔校記〕

馬國翰有輯本。（頁二九）

陸德明曰：「梁桂州刺史清河崔靈恩集衆解爲毛詩集注，採三家之本。」

顧氏越**毛詩義疏**

佚。

舒氏援**毛詩義疏**

隋志：「二十卷。」

佚。

〔校記〕

馬國翰有輯本。（詩，頁二九）

沈氏重毛詩義疏

隋志：「二十八卷。」

佚。

〔校記〕

馬國翰有輯本，沈氏疏並有王謨輯本。（詩，頁二九）

隋志：「沈重，蕭歸散騎常侍。」

陸德明曰：「吴興沈重撰詩音義。」

浙江通志：「沈重，字德厚，武康人，驃騎大將軍開府儀同三司露門博士①。」

按：隋經籍志載毛詩義疏凡七部，其著撰人姓氏者二家，舒援、沈重是也。七録又有張氏，今見於徐氏初學記所引者，其詮栗云：「栗五方皆有，周、秦、吴、揚特饒，惟漁陽、范陽栗甜美長味，他方不及也。倭、韓國土栗大如鷄子，亦短味不美，桂陽有栗叢生大如杼。」其詮梅云：「梅，杏類也，樹及葉皆如杏而黑耳，暴乾爲腊，羹臛齏中，又可含以香口。」其詮椅云：「梓實桐皮曰椅，今人之②梧桐也。有白桐、青桐、赤桐，雲南牂牁人績以爲布。」其詮柳云：「蒲柳之木二種，一種皮正青，一種皮紅正白，

---

① 「露門博士」四字，文津閣四庫本脱漏。

② 「之」，依補正、四庫薈要本、文淵閣四庫本應作「云」。

葉皆長廣。柳可爲箭竿，杞柳生水旁，樹如柳葉𤙖而白，木理微赤，故今人以爲車轂。其淇水旁，魯國泰山汶水邊路，純杞柳也。」其詮麟云：「麟，馬足黄色圓蹄，角端有肉，音中黄鐘，主者至仁則出。」其詮鳳云：「鳳凰名鸑鷟①，非梧桐不棲，非竹實不食。」其詮鶴云：「鶴形大如鵝，長三尺，脚青黑，高三尺餘，赤頰赤目，喙長四寸。多純白，亦有蒼色。蒼色者，今人謂之赤頰，常夜半鳴，其鳴高朗，聞八九里。吴人園中及士大夫家皆養之，鷄鳴時亦鳴。」其詮魚云：「鮪魚出海，三月從河上來。今鞏縣東洛度北崖，上山腹穴，舊有②北穴與江河通，鱣鮪從北穴而來入河。鮪似鱣而色青黑頭③，頭小而尖，如鐵兜鍪，口在頷下，大者七八尺，益州人謂之鮪鱛。大者王鮪，小者叔鮪，一名鮥，肉色白，今東萊遼東人謂之尉魚。或謂之仲明者，樂浪尉溺死海中化爲此魚。鱮，似魴而大頭，魚之不美者，故語曰：『買魚得鱮，不如啗茹。』徐州謂之鰱。鯊，魚吹沙也，似鯽魚狹小，常張口吹沙也，一名重脣蘥鯊。鱨魚一名揚合，黄頰骨正，黄魚之大而有力者，魚貍背上有斑文，腹下純青，今以飾弓鞬步丈④也，海水將潮及天將雨，毛皆起；潮還天晴，毛則伏，常千里外知海潮也。鯉⑤身似龍鋭頭，口在頷下，背上腹下有甲，大者千餘斤。」考貞觀中作正義，又陸氏釋文，每采沈氏之説，疑徐氏所引亦沈氏

① 「鷟」，依補正、四庫薈要本、文淵閣四庫本應作「鷟」。
② 「有」，依補正、四庫薈要本、文淵閣四庫本應作「説」。
③ 「頭」字，依補正、四庫薈要本、文淵閣四庫本應删。
④ 「丈」，依補正、四庫薈要本、文淵閣四庫本應作「叉」。
⑤ 「鯉」，依補正、四庫薈要本、文淵閣四庫本應作「鱣」。

書也。

〔補正〕

竹垞按內引初學記所引張氏義疏「今人之梧桐也」，「之」當作「云」；「鳳凰名鷟鷟」，「鷟」當作「鸑」；「舊有北穴與江河通」，「有」當作「説」；「鮪似鱣而色青黑頭，頭小而尖」，重一「頭」字；「今以飾弓鞬步丈也」，「丈」當作「叉」；「鯉身似龍」，「鯉」當作「鱣」。（卷四，頁八）

張氏譏**毛詩義**

二十卷。

佚。

關氏康之**毛詩義**

佚。

册府元龜：「康之，世居京口，以文義見稱，徵通直郎不就，爲毛詩義，經籍疑滯，多所論釋。」

經義考卷一百三

詩六

元氏延明**毛詩誼府**

隋志：「三卷。」

佚。

隋志：「延明，後魏安豐王。」

劉氏芳**毛詩箋音證**

隋志：「十卷。」

〔校記〕

王謨、馬國翰均有輯本。（詩，頁二九）

隋志：「劉芳，後魏太常卿。」

按：劉氏詩箋音證其詮轡字義云：「轡是御者所執，不得以轡爲勒，以勒爲轡者，蓋是北人避石勒名也。今南人皆云馬勒，而以鞚爲轡，反覆推之，此爲明證。詩稱『執轡如組』，又曰『六轡在手』，以所執爲轡審矣。俗儒咸以轡爲勒，而曾無寤者。」其詮蟋蟀云：「蟋蟀，今促織也，一名蜻蛚，楚謂之蟋蟀，或謂之蛬。南楚謂之王孫也。」其詮蠨蛸云：「蠨蛸，長踦小蜘蛛，長脚者，俗呼之爲喜子。」見太平御覽。

張氏思伯**毛詩章句**

佚。

魯氏世達**毛詩章句義疏**

隋志：「四十卷。」

佚。

毛詩注并音

隋志：「八卷。」

佚。

隋志：「世達，秘書學士。」

全氏緩毛詩義疏

佚。

劉氏軌思毛詩義疏

佚。

劉氏醜毛詩義疏

佚。

劉氏焯毛詩義疏

佚。

劉氏炫毛詩述義

隋志：「四十卷。」

佚。

〔校記〕

馬國翰有輯本。（詩，頁三十）

毛詩譜注

隋志：「二卷。」

佚。

王氏伯興**毛詩駁**

舊唐志：「五卷。」

佚。

謝氏毛詩譜鈔

隋志：「一卷。」

佚。

張氏毛詩義疏

七録：「五卷。」

佚。

亡名氏毛詩義注

七録：「四卷。」

毛詩雜義注

七録：「三卷。」

毛詩義疏

隋志：「二十卷，又二十九卷，又十卷，又十一卷，又二十八卷。」

毛詩釋疑

隋志：「一卷。」

毛詩圖

七録：「三卷。」

毛詩孔子經圖

七録：「十二卷。」

毛詩古聖賢圖

七録：「二卷。」

俱佚。

鄭樵曰：「以上三書皆蕭梁人作，已亡。」

毛詩諸家音

唐志：「十五卷。」

佚。

劉昫曰：「鄭玄等注。」

毛詩草蟲經

佚。

〔校記〕

馬國翰有輯本。（詩，頁三十）

按：是書徐堅初學記嘗引之，其詮猱曰：「猱，獮猴也。楚人謂之沐猴，老者爲獑猢。獑猢駿捷也，其鳴嗷嗷而悲。」其詮鳳曰：「雄曰鳳，雌曰凰，其雛爲鸑鷟①。或曰鳳皇一名鸑鷟②，一名鶠。」

〔補正〕

竹垞案内「一名鸑鷟」，「鷟」當作「鷟」。（卷四，頁八）

韓詩圖

十四卷。

佚。

右見張彦遠名畫記。

孔氏穎達**等毛詩正義**

唐志：「四十卷。」

存。

穎達序曰：「夫詩者，論功頌德之歌，止僻防邪之訓，雖無爲而自發，乃有益於生靈。六情静於中，

①② 「鷟」，依補正、四庫薈要本應作「鷟」。

百物盪於外；情緣物動，物感情遷，若政遇醇和，則歡娛被於朝野；時當慘黷，亦怨刺形於咏歌，作之者所以暢懷舒憤，聞之者足以塞違從正，發諸情性，諧於律呂，故曰：『感天地，動鬼神，莫近於詩。』此乃詩之爲用，其利大矣。若夫哀樂之起，冥於自然；喜怒之端，非由人事，故燕雀表啁噍之感，鸞鳳有歌舞之容。然則詩理之先同夫開闢，詩迹所用隨運而移。上皇道質，故諷諭之情寡；中古政繁，亦謳歌之理切。唐、虞乃見其初，羲、軒莫測其始。於後時經五代，篇有三千，成康没而頌聲寢，陳靈興而變風息，先君宣父釐正遺文，緝其精華，褫其煩重，上從周始，下暨魯僖四百年間，六詩備矣。卜商闡其業，雅頌與金石同和；秦正①燎其書，簡牘與烟塵共盡。漢氏之初，詩分爲四，申公騰芳於鄢、郢，毛氏光價於河間，貫長卿傳之於前，鄭康成箋之於後。晉、宋、二蕭之世，其道大行，齊、魏兩河之間，兹風不墜。其近代爲義疏者，有全緩、何胤、舒瑗、劉軌思、劉醜、劉焯、劉炫等，然焯、炫並聰穎特達，文而又儒，擢秀幹於一時，騁絶轡於千里，固諸儒之所揖讓，日下之②無雙。於其所作疏内，特爲殊絶，今奉勑删定，故據以爲本。然焯、炫等負恃才氣，輕鄙先達，同其所異，異其所同，或應略而反詳，或宜詳而更略，準其繩墨，差忒未免，勘其會同，時有顛躓。今則削其所煩，增其所簡，惟意存於曲直，非有心於愛憎。謹與朝散大夫行太學博士臣王德韶、徵事郎守四門博士臣齊威等對共討論，辨詳得失。至十六年又奉勑與前修疏人，及給事郎守太學助教雲騎尉臣趙乾叶、登仕郎守四門助教雲騎尉臣賈普曜等對

① 「正」，依四庫薈要本、文淵閣四庫本應作「政」。
② 「之」字下，依文淵閣四庫本應補「所」字。

勑，使趙弘智覆更詳正，凡爲四十卷，庶以對揚聖範，垂訓幼蒙，故序其所見，載之於卷首云爾。」

唐藝文志：「孔穎達、王德韶、齊威等撰，趙乾叶、四門助教賈普曜、趙弘智等覆正。」

崇文總目：「唐國子祭酒孔穎達撰，太尉長孫無忌同諸儒刊定。國初①端拱初，國子司業孔淮等奉詔是正，詩學之家此最爲詳。」

晁公武曰：「穎達據劉炫、劉焯疏爲本，删其所煩，而增其所簡。云自晉室東遷，學有南北之異，南學簡約，得其英華；北學深博，窮其枝葉。至穎達始著②義疏，混南北之異，雖未必盡得聖人之意，而刑名度數亦已詳矣。自兹以後，大而郊社宗廟，細而冠昏喪祭，其儀法莫不本此。元豐以來廢而不行，甚無謂也。」

〔補正〕

崇文總目條内「國初端拱初」，「國初」當作「國朝」。（卷四，頁八）

按：鄭詩叔于田二篇，其第二篇小序特加「太」字以别之，故孔氏正義云：「此言『叔于田』下言『太叔于田』。」今西安唐刻石經第二篇首章猶冠以「太」字，自去序言詩，舍正義弗習，而經文失其舊，學者不復措意矣。

---

① 「國初」，依補正、四庫薈要本、文淵閣四庫本應作「國朝」。

② 「著」，備要本誤作「者」。

陸氏德明**毛詩釋文**

一卷。

存。

許氏叔牙**毛詩纂義**

新唐志：「十卷。」

佚。

舊唐書：「許叔牙，潤州句容人。少精於毛詩、禮記。貞觀初，累授晉王文學兼侍讀，尋遷太常博士，升春官，加朝散大夫，遷太子洗馬，兼崇賢館學士，仍兼侍讀。嘗撰毛詩纂義十卷，以進皇太子，賜帛二百段，兼令寫本付司經局。御史大夫高智同①嘗謂人曰：『凡欲言詩者，必須先讀此書。』」

〔補正〕

舊唐書條內「御史大夫高智同」，「同」當作「周」。（卷四，頁八）

南畿志：「叔牙，字延基。」

---

①「高智同」，依補正、四庫薈要本、文淵閣四庫本、文津閣四庫本應作「高智周」。

王氏玄度**毛詩注**

新唐志：「二十卷。」

佚。

施氏士丐**詩説**

佚。

〔校記〕

馬國翰有輯本。（詩，頁三十）

韓子志墓曰：「先生明毛、鄭詩，通春秋左氏傳，善講説，朝之賢士大夫從而執經考疑者繼於門，太學生習毛、鄭詩、春秋左氏傳者皆其弟子。在太學者十九年，由四門助教爲太學助教，由助教爲博士。」

王讜曰：「劉禹錫與柳八、韓七①詣施氏丐②，聽毛詩。説：『「維鵜在梁」，梁，人取魚之梁也；言鵜自合求魚，不合於人梁上取其魚，譬之人自無善事，攘人之美者，如鵜在人之梁，毛注失之。』又説：

① 「韓七」，依補正、四庫薈要本、文淵閣四庫本應作「韓十八」。

② 「施氏丐」，依補正、四庫薈要本、文淵閣四庫本應作「施士丐」。

『山無草木曰岵，所以言「陟彼岵兮」，言無可岵①也；以岵之無草木，故以譬之。』又說：『甘棠之詩，「勿翦勿拜，召伯所憩②」，拜，言如人身之拜，小低屈也。上言勿翦，終言勿拜，明召伯漸遠，人思不可得也。毛詩③拜猶伐，非也。』又言：『「維北有斗，不可以挹酒漿」，言不得其人也。』毛都不注。」

〔補正〕

王讜條內「劉禹錫與柳八、韓七詣施氏丐聽毛詩說」，「七」當作「十八」，「氏」當作「士」。又「勿翦勿拜，召伯所憩」，「憩」當作「說」。（卷四，頁九）

成氏伯璵**毛詩斷章**

唐志：「二卷。」

佚。

崇文總目：「唐成伯璵撰，大抵取春秋賦詩斷章之義，鈔取詩語彙而出之。」

毛詩指說

唐志：「一卷。」

---

① 「岵」，四庫薈要本誤作「怙」。

② 「憩」，依補正、四庫薈要本、文淵閣四庫本應作「說」。

③ 「毛詩」，四庫薈要本誤作「毛註」。

存。

崇文總目：「成伯璵撰，略序作詩大旨及師承次序。」

熊克跋曰：「唐成伯璵有毛詩指説一卷，斷章二卷，載於本志。崇文總目謂指説『略述作詩大旨及師承次序』，斷章『大抵取春秋賦詩斷章之義，擷詩語彙而出之』。克先世藏書，偶存指説，會分教京口，一日同官毘陵沈必豫子順見之，欲更訪斷章合爲一帙，蓋久而未獲，乃先刊指説於泮林，庶與四方好古之士共焉。」

楊氏嗣復**等毛詩草木蟲魚圖**

唐志：「二十卷。」

佚。

新唐書：「開成中，文宗命集賢院修撰，并繪物象，大學士楊嗣復、學士張次宗上之。」

名賢畫録：「太和中，文宗好古重道，以晉明帝朝衛協畫毛詩圖，草木鳥獸、古賢君臣之像，不得其真。召程修己圖之，皆據經定名，任意採掇。由是冠冕之製、生植之姿，遠無不詳，幽無不顯。」

鄭樵曰：「毛詩蟲魚草木圖蓋本陸璣疏而爲圖，今雖亡，有陸璣疏在，則其圖可圖也。」

張氏訢**毛詩別録**

宋志：「一卷。」

佚。

中興書目：「毛詩别録一卷，張訢撰。凡三十二篇，毛、鄭箋注取其長者，述而廣之。」

令狐氏名未詳毛詩音義

佚。

王禹偁曰：「頃年謫宦解梁，收得令狐補闕毛詩音義，其本乃會昌三年所寫。」

按：小畜集中有還工部畢侍郎毛詩音義詩，第言令狐補闕，不詳其名。考新、舊唐書，令狐氏止綯曾官左補闕，然歷相位，元之不應仍以「補闕」稱之也。

亡名氏毛詩提綱

宋志：「一卷。」

佚。

〔校記〕

馬國翰有輯本。（詩，頁三十）

按：毛詩提綱一卷，載於宋志，而太平御覽引之，當爲唐以前書也。其詮葛藟云：「葛藟，一名燕薁，好生河滸邊，得水潤而長，喻王九族蒙王恩惠以育子孫，今王無澤於族人，不如葛藟生河滸邊也。」其詮南山有臺云：「臺，一名夫須，莎草也，言山生臺及莎自蔭，喻人君得賢以自尊也。」其詮白華云：

「白華，野菅艸也。其性柔韌堪用，取此白華而將白茅束之，喻申后被褒姒所代，惡人蒙善，好人見棄也。」其詮螽斯云：「螽斯，一名蜙蝑，一名春黍，似蝗而小，青色，長股而鳴。喻后妃之性不妬忌，子孫衆多。」

經義考卷一百四

詩七

宋徽宗皇帝詩解
九卷。
佚。

胡氏旦毛詩演聖論
宋志：「二十卷。」
佚。

宋氏咸**毛詩正紀**

宋志：「三卷。」

佚。

毛詩外義

宋志：「二卷。」

佚。

中興書目：「毛詩正紀三卷，天禧中宋咸撰。四十四篇，論詩名、篇數、風雅、正變之類，又外義二卷。」

劉氏宇**詩折衷**

宋志：「二十卷。」

佚。

陳振孫曰：「皇祐中，莆田劉宇撰。凡毛、鄭異義折衷從一，蓋倣唐陳岳三傳折衷論之例，凡一百六十八篇。」

蘇氏子材毛詩大義

通志：「三卷。」

佚。

王應麟：「皇祐中，武功蘇子材采鄭譜、孔疏僅二百條，分爲三卷。」

歐陽氏修毛詩本義

宋志：「十六卷。」

存。

張爟序曰：「毛詩有詁訓傳，鄭詩有箋，歐陽詩有論、有本義。毛、鄭之詩三百五篇，而歐陽乃百一十四篇，何也？毛、鄭一家之學，其三百五篇中，不得古人之意者百十四篇，歐陽公爲之論以辨之，曰是不然也，其詩之本義一如是也。有論而無本義者，因論而義見者也。如毛、鄭之所注皆得之，則歐陽之書不作矣。關雎之序兼論四詩之大旨，此獨著其數語，何也？明關雎之義者也。一篇之文自有本書，亦猶三百五篇之文自有本書也。泛論有統解十附之本義之下，何也？明乎學詩者所當講究之事，如易之有繫辭、説卦、序卦、雜卦也。詩譜無三頌何也？譜之作爲分類，有異同而後有譜，周頌皆作於文王之時，魯頌爲一僖公，商頌同得於正考父，無待於譜而明，非缺也，大儒著作之體如此，不知者以是爲不全之書，其知者爲歐陽氏全書也。」

晁公武曰：「歐公解詩，毛、鄭之説已善者因之不改。至於質諸先聖則悖理，考於人情則不可行，然後易之，故所得比諸家最多。但平日不信符命，常著書以周易、河圖、洛書爲妖妄，今又以生民、玄鳥之詩爲怪説。蘇子瞻曰：『帝王之興，其受命之符卓然見於詩、書者多矣。河圖、洛書、玄鳥、生民之詩，豈可謂誣也哉。』恨學者推之太詳，流入讖緯，而後之君子亦矯枉過正，舉從而廢之，以爲王莽、公孫述之流緣此作亂。使漢不失德，莽、述何自起？而歸罪三代受命之符，亦過矣。」

陳振孫曰：「其書先爲論以辨毛、鄭之失，然後斷以己見，末二卷爲一義解、取舍義，時世、本末二論，豳、魯、序三問，而補亡鄭譜及詩圖總序，附於卷末。」

樓鑰曰：「由漢以至本朝千餘年間，號爲通經者，不過經述毛、鄭，莫詳於孔穎達之疏，不敢以一語違忤二家，自不相侔者皆曲爲説以通之。韓文公大儒也，其上書所引菁菁者莪，猶規規然守其説。惟歐陽公本義之作，始有以開百世之惑，曾不輕議二家之短長，而能指其不然，以深持詩人之意。其後王文公、蘇文定公、伊川程先生，各著其説，更相發明，愈益昭著，其實自歐陽氏發之。」

詩譜補闕

通志：「三卷。」

〔補正〕

案：通志堂刻本作一卷。（卷四，頁九）存。

修序曰：「鄭氏譜序云：自共和以後，得太史年表，接於春秋而次序乃明。今詩諸國惟衛、齊變風，在共和前，餘皆宣王以後，予之舊圖起自諸國得封，而止於詩止之君，旁繫於周以世相當，而詩列右方，依鄭所謂循其上而省其下，及旁行而考之之説也。然有一君之世當周數王者，則考其詩當在某王之世，隨事而列之。如鄘柏舟、衛淇澳皆衛武公之詩，柏舟之作乃武公即位之初年，當在宣王之世；淇澳美其入相，當在平王之時，則繫之平王之世；其詩不可知其早晚，其君又當數①之王，則皆列於最後，如曹共公身歷惠、襄、頃三世之王，其詩四篇，頃王之世之類是也。今既補之鄭，則第取有詩之君，而略其上下，不復次之，而粗述其興滅於後，以見其終始，若周之詩失其世次者多，今爲鄭補譜，且從其説而次之，亦可據以見其失，在予之别論，此不著焉。」

〔補正〕

自序内「其君又當數之王」，「數」下脱「世」字。（卷四，頁九）

梅氏堯臣**毛詩小傳**

二十卷。

佚。

歐陽修志墓曰：「嘉祐五年，京師大疫，四年，聖俞得疫卒。聖俞，姓梅氏，名堯臣，宣州人。以從

① 「數」字下，依補正應補「世」字。

父蔭補太廟齋郎，歷桐城、河南、河陽三縣主簿，以德興縣令知建德縣，又知襄城縣，監湖州鹽稅，簽署忠武、鎮安兩軍節度判官，監永濟倉，國子監直講，累官至尚書都官員外郎，學長於毛氏詩，爲小傳二十卷。」

茅氏知至**周詩義**

宋志：「二十卷。」

佚。

姓譜：「茅知至，仙遊人，隱於縣之西山，以六經教授鄉里。景祐中，龐藉以德行薦補州學教授，有周詩義二十卷。」

周氏堯卿**詩説**

三十卷。

佚。

隆平集：「周堯卿，字子俞，初名奭，今名及字，夢人授之也。天聖二年登進士第，積官至太常博士通判饒州。有詩、春秋説各三十卷。堯卿之學不惑傳注，問辨思索以通爲期。其學詩以孔子所謂『詩三百，一言以蔽之，曰思無邪』、孟子所謂『説詩者以意逆志，是爲得之』，考經指歸，而見毛、鄭之得失，曰：『毛之傳欲簡，或寡於義理，非一言以蔽之者也；鄭之箋欲詳，或遠於情性，非以意逆志者也。』是可以無去取乎。」

歐陽修表墓曰：「堯卿，道州永寧縣人，學長於毛、鄭詩、左氏春秋。」

魯氏有開**詩集**

宋志：「十卷。」

佚。

李氏常**詩傳**

宋志：「十卷。」

佚。

黃氏君俞**毛詩關言**

通志：「二十三卷。」

佚。

周氏軾**毛詩箋傳辨誤**紹興書目「軾」作「式」。

宋志：「八卷。」紹興書目：「二十卷。」

佚。

邱氏鑄周詩集解

宋志：「二十卷。」

佚。

鄭樵：「宋朝丘鑄注，只取序中第一句以爲子夏作，後句則削之。」

王氏安石新經毛詩義

宋志：「二十卷。」

佚。

舒王詩義外傳

宋志：「十二卷。」

佚。

晁公武曰：「熙寧中置經義局，撰三經義皆本王安石說。毛詩先命王雱訓其辭，復命安石訓其義，書成以賜太學，布之天下以取士云。」

王應麟曰：「詩『亂離瘼矣，爰其適歸』，新經義云：『亂出乎上，而受患常在下，及其極也，乃適歸乎其所出矣。』噫，宣靖之際，其言驗矣，而兆亂者誰與？言與行違，心與迹異，荆舒之謂也。」

沈氏季長**詩講義**

十卷。

佚。

范氏百禄**詩傳補注**

二十卷。

佚。

哲宗獎諭詔曰：「敕百禄省所上表，撰成詩傳補注二十卷。夫六義之文蓋温柔敦厚之教，四家之説有訓故傳箋之殊，雖同出於先儒，或有非其本義，是使後學各務名家。卿博識洽聞，留心經術討論之外，尤深於詩。鑑商、周之盛衰，考毛、鄭之得失，補注其略，紬次成書，真得作者之微，頗助學官之闕，奏篇來上，講解甚明，研味之餘，嘉嘆無已。」

王應麟曰：「元祐四年六月，吏部侍郎范百禄進補注二十卷，詔付祕省。」

李氏清臣**詩論**

二篇。

存。

張氏方平**詩正變論**

一篇。

存。

朱氏長文**詩説**

佚。

鮮于氏侁**詩傳**

宋志：「六十卷。」

未見。

按：鮮于氏詩傳，范鎮作墓志，秦觀撰行狀，俱云二十卷。文淵閣書目暨葉氏菉竹堂目均載有是書。

孔氏武仲**詩説**

宋志：「二十卷。」

佚。

范氏祖禹**詩解**

宋志：「一卷。」

未見。

王氏巖叟**詩傳**

佚。

蘇氏轍**詩解集傳**

〔校記〕

四庫本作詩集傳。（詩，頁三十）

宋志：「二十卷。」

存。

晁公武曰：「其説以毛詩序爲衛宏作，非孔氏之舊，止存其首一言，餘皆删去。按司馬遷曰：『周道缺而關雎作。』楊雄曰：『周康之時，頌聲作乎下，關雎作乎上。』與今毛詩序之意絶不同，則知序非孔子之舊明矣。雖然，若去序不觀，則詩之辭有溟涬而不可知者，不得不存其首之一言也。」

彭氏汝礪**詩義**

宋志：「二十卷。」

佚。

程子頤**伊川詩説**

通考：「二卷。」

存。

晁公武曰：「伊川門人記其師所談之經也。」

張子載**詩説**

宋志：「一卷。」

存。

喬氏執中**毛詩講義**

宋志：「十卷。」

佚。

郭氏友直**毛詩統論**

二十卷。

佚。

文同志墓曰："君諱友直，字伯龍，善與人交。又喜藏書，書至萬餘卷，膳寫校對，盡爲佳本，伯龍無不讀，人問之者，伯龍無不知，所以人多與之游。景祐中，被薦至尚書省，不第遂歸，不復就舉，於成都學舍聚生徒，常數百人。治平詔求遺書，伯龍所上凡千餘卷，盡祕府之未有者。熙寧四年，朝廷以伯龍景祐進士恩授將仕郎守龍州助教。所著毛詩統論二十卷，歷代沿革樂書十三卷。"

張氏耒**詩説**

一卷。

存。

成德曰："文潛詩説一卷，僅十二條，觀所論『土宇版①章』一則，其有感於熙寧開邊斥竟之舉而爲之也與？"

〔補正〕

---

① "版"，依補正應作"昄"。

成德條内「土宇版章」,「版」當作「昄」。(卷四,頁九)

沈氏銖**詩傳**

宋志:「二十卷。」

佚。

揚州府志:「沈銖,字子平,其先武康人,徙真州。少從王介甫學,舉熙寧癸丑進士,歷官起居郎、中書舍人,以龍圖閣待判①知宣州卒。詩傳二十卷,沈季長撰,銖續成之。」

〔補正〕

揚州府志條内「以龍圖閣待判」,「判」當作「制」。(卷四,頁九)

毛氏漸**詩集**

宋志:「十卷。」

佚。

① 「判」,依補正、四庫薈要本、文淵閣四庫本、文津閣四庫本應作「制」。

趙氏令滑**毛詩講義**

宋志：「二十卷。」

佚。

李氏撰**毛詩訓解**

二十卷。

佚。

楊時志墓曰：「撰，字子約，世居陳留，遷福建之連江，今爲蘇人，登進士第，以朝奉大夫通判袁州。」

張杲曰：「撰，唐宗室也，熙寧六年進士，爲江州彭澤令，仕終朝奉大夫，有毛詩訓解二十卷，孟子講義十四卷。」

吴氏駿**詩解**

二十卷。

佚。

閩書：「吴駿，字晞遠，浦城人。元豐八年進士，政和初，通判饒州。」

趙氏仲鋭**詩義**

宋志：「三卷。」

佚。

劉氏泉**毛詩判篇**

宋志：「一卷。」紹興書目：「二卷。」

佚。

吴氏良輔**詩重文説**

宋志：「七卷。」

佚。

洪氏林範**毛詩義方**

通志：「二十卷。」

佚。

吴氏純三十家毛詩會解

宋志：「一百卷。」

佚。

經義考卷一百五

詩八

佚。

周氏紫芝毛詩講義

紫芝自序曰：「孔子之言六藝多矣，而尤詳於詩，當時問答之辭見於論語一書者，可考而知也。故『興於詩，立於禮，成於樂』，既以是告其門人；『不學詩，無以言』，又以是而告其子。其言之之詳，至於再、至於三而不已者，豈非詩之爲經也，誦其辭者，可以興、可以羣、可以觀、可以怨，邇之事父，遠之事君，又多識乎禽獸草木之名，故學者必以是始焉。然而登孔子之門者，其徒三千，以言詩見取於聖人者，商、賜二人。商列於文學之科，賜之達可以從政，孔子姑許之以可以言詩爾，其他蓋未有所聞焉，則詩之説又何難明若此。以謂學必始於詩，則自幼學之時固已習之矣，奈何後之學者，雖專門之學，終身玩其辭，而白首不能窺其奥，何哉？孔子曰：『人莫不飲食也，鮮能知味也。』詩之作，雖出於國史、賤隸與夫閨門婦女之口，類皆托於鳥獸草木以吟咏其性情，觀其辭致高遠，所以感人心而格天意者。委曲而盡情，優游而不迫，以先王之澤猶在，禮義之風未泯，是以言皆合於聖人之旨，非是則删而去之矣，此後之學者所以明其説之爲難也。嗚呼，學詩者可謂難矣，自孔子而下，深於詩者蓋可以一二數也。孔子聖人明乎詩之道也；子夏、子貢則學乎孔子而明乎詩之義者也；孟子則與孔子同道，明乎詩之志者也；漢魯申公、楚元王交以詩爲倡，而知詩之學者也。何以知其然哉？孔子曰：『詩三百，一言以蔽之，曰思無邪。』蓋誠者天之道，思誠者人之道，思於無邪則誠之至也。非誠之至，則亦何能正得失、動天地、感鬼神，如影響之捷？故曰：惟孔子能知詩之道也。『巧笑倩兮，美目盼兮，素以爲絢兮』，而子夏言禮後於質；『如切如磋，如琢如磨』，而子貢言有其質者不可以無學，二者非深於詩之義，何以知禮與質相爲先後，質與學相爲終始？故曰：惟子夏、子貢能知詩之義也。孟子曰：『説詩者，不以文害辭，不以辭害志，以意逆志，是爲得之。』觀『周餘黎民，靡有孑遺』之詩，則知詩人之意在憫旱魃之虐而已，果黎民之無遺也哉！非略其辭以求其志，則未有不以辭害志者，故曰：惟孟子能知詩之志也。是數者，其所知固自有淺深，要皆有得於詩焉。亡秦之餘，六籍煨燼，學者不見全經久矣，漢興，惟魯申公、楚元王交始爲之訓，其後鄭氏爲之箋，孔氏爲之疏，而詩之學寖興焉。然而是數子者，不過離章析句，辨其名物以名家而已，故曰：若魯申公、楚元王交，則知詩之學者也。漢自武帝崇尚儒術，始變高祖馬上之風，宰臣多用儒生。元、成以來，長於詩者首推匡衡、蕭望之之徒，則以詩飾其儒雅者也，其去孔子之學蓋遠矣。荀卿號爲知信六經尊孔氏者，觀其著書，輒時取詩人之辭以證其説，卒致失其本旨者甚多，比古人之學最爲疎繆。李斯學荀卿用以相秦，至一世而遂亡其國，蓋以經術而斷國論，要在觀經之審，學之不善，其禍一至於此，可不今上御名①哉！諸君子有意於學詩，願以孔子、孟子、子夏、子貢爲之師，以求詩人之大體，而更以荀卿爲戒焉，則庶乎其有得也。」

陸氏佃**詩物性門類**

通考：「八卷。」

存。

陳振孫曰：「不著姓氏，多取説文，今考之，蓋陸農師所作埤雅稿也。」

祝穆曰：「陸農師受經於王介甫，而不以新法爲是。」

楊氏時**詩辨疑**

宋志：「一卷。」

存。

蔡氏卞**毛詩名物解**

宋志：「二十卷。」

---

① 文淵閣四庫本同，四庫薈要本、文津閣四庫本作「慎」，備要本作「眘」。

存。

陳振孫曰：「蔡卞元度撰。卞，王介甫壻，故多用字説，其目自釋天至釋雜凡十類，大略似爾雅，而瑣碎穿鑿，於經無補也。」

陸元輔曰：「蔡元度名物解，目録一卷、釋天一卷、釋百穀一卷、釋草一卷、釋木一卷、釋鳥三卷、釋獸二卷、釋蟲二卷、釋魚一卷、釋馬一卷、雜釋一卷、雜解一卷。」

董氏逌**廣川詩故**

宋志：「四十卷。」

佚。

中興藝文志：「董逌撰。逌謂班固言魯詩最近，今徒於他書時得之。齊詩所存不全，或疑後人託爲，然章句間有自立處，此不可易者。韓詩雖亡闕，外傳及章句猶存。毛詩訓故爲備，以最後出，故獨傳。乃據毛氏以考正於三家，且論詩序決非子夏所作。建炎中，逌載是書而南，其志公學博，不可以人廢也。」

陳振孫曰：「逌説兼取三家，不專毛、鄭，謂齊詩尚存可據。按：逌藏書志有齊詩六卷，今館閣無之，逌自言隋、唐亦已亡久矣，不知今所傳何所從來，或疑後世依托爲之，然則安得便以爲齊詩尚存也？然其所援引諸家文義與毛氏異者，亦足以廣見聞、續微絶云。」

朱子曰：「董彦遠詩解，其論關雎之義，自謂暗與程先生合，但其文晦澀難曉。」

王氏居正**毛詩辨學**

二十卷。

佚。

廖氏剛**詩經講義**

二卷。

存。載高峰集。

宋史：「廖剛，字用中，順昌人，少從陳瓘、楊時學，崇寧五年進士。紹興七年拜御史中丞，尋改工部尚書，以徽猷閣直學士提舉明道宫致仕。」

曹氏粹中**放齋詩説**

宋志：「三十卷。」

未見。

王應麟曰：「曹氏詩説謂齊詩先采蘋而後草蟲。」又曰：「四月秀葽，諸儒不詳其名，説文引劉向説以爲『苦葽』，曹氏以爾雅、本草證之，知其爲『遠志』。」又曰：「旱麓，毛氏云：『旱，山名也。』曹氏按地理志漢中南鄭縣有旱山，沱水所出，東北入瀙。」

羅氏從彦**詩解**

佚。

閩書：「從彦，字仲素，延平人。紹興二年，以特科授博羅主簿，學者稱豫章先生。」

邱氏稅**詩解義**

佚。

江西通志：「丘①稅，字爲高，南豐人，入太學。建炎初，伏闕上書，乞徙都金陵以圖恢復。所著有詩解義。」

陳氏鵬飛**詩解**

通考：「二十卷。」

未見。

陳振孫曰：「不解商、魯二頌，以爲商頌當闕，而魯頌可廢。」

王應麟曰：「陳少南不取魯頌，然則思無邪一言，亦在所去乎。」

---

① 「丘」，文淵閣、文津閣四庫本作「邱」。

朱子曰：「陳少南於經旨既疏略，不通點檢處極多，不足據。」

李氏樗**毛詩詳解**

宋志：「三十六卷①。」

〔補正〕

按：宋志作四十六卷，文獻通考作三十六卷，此似誤。通志堂所刻是李、黃二家集解四十二卷，經義考則以二家之書前後分載，蓋元是兩書而合輯者，朱氏未之詳矣。（卷四，頁九）

存。

陳振孫曰：「博取諸家之説，訓釋名物文意，末用己意爲論以斷之。樗，閩之名儒，於林少穎爲外兄；林，李出也。」

閩書：「樗，字若林，閩縣人，受業於吕本中，後領鄉貢，有毛詩注解，學者稱迂齋先生。」

吳氏棫**毛詩叶韻補音**

宋志：「十卷。」

存。

---

① 「卷」，文津閣四庫本作「名」。

〔四庫總目〕

案：棫詩補音與所作韻補爲兩書，書録解題所載甚明，經義考合爲一書，誤也。（卷十五，頁二十一，詩集傳八卷提要）

〔四庫總目〕

陳振孫書録解題詩類載棫毛詩補音十卷，註曰：「棫又别有韻補一書，不專爲詩作。」小學類載棫韻補五卷，註曰：「棫又有毛詩補音一書，别見詩類。」今補音已亡，惟此書存。自振孫謂朱子註詩用棫之説，朱彝尊作經義考未究此書僅五卷，於補音十卷條下誤註「存」字，世遂謂朱子所據即此書，莫敢異議。考詩集傳如行露篇二「家」字，一音谷，一音五紅反；騶虞篇二「虞」字，一音牙，一音五紅反；漢廣篇「廣」音古曠反；「泳」音于誑反；緑衣篇「風」音孚愔反之類，爲此書所無者，不可殫舉。兔罝篇「仇」音渠之反，以與「逵」叶，此書乃據韓詩「逵」作「馗」，音渠尤反，以與「仇」叶，顯相背者，亦不一。又朱子語録稱棫音「務」爲「蒙」，音「嚴」爲「莊」，此書有「務」而無「嚴」。周密齊東野語稱朱子用棫之説，以「艱」音「巾」，「替」音「天」，此書有「艱」而無「替」，則朱子所據非此書明甚。蓋棫音詩、音楚辭，皆據其本文推求古讀，尚能互相比較，粗得大凡，故朱子有取焉，此書則泛取旁搜，無所持擇。（卷四十二，頁十，韻補五卷提要）

棫自序略曰：「詩音舊有九家，唐陸德明以己見定爲一家之學，釋文是也。所補之音皆陸氏未叶者，已叶者悉從陸氏。其用韻已見集韻諸書者皆不載，雖見韻書而訓義不同，或諸書當作此讀而注釋未收者載之。凡字有一義即以一條爲證，或二義三義，即以二三條爲證。若謬誤、若未盡，皆俟後之君子正而成之，庶斯道之不墜也。」

徐蕆序曰：「吴才老棫與蕆爲同里有連，其祖後家同安。才老登宣和六年進士第，嘗召試館職，不就。除太常丞，忤時宰，斥通判泉州。紹興戊辰歲，蕆寓莆陽才老所，從造官識之，長髯豐頰，危冠大帶，進止閒暇，中和温厚之氣睟然見於色；仁義道德之旨藹然形於言。蕆退而嘆曰：『古所謂君子儒者，非斯人邪！』才老從容爲蕆言，擢第後，數年不求官，築室三間，中設夫子像，古書陳前，謝外事，凝神静慮以味古訓，是身侃侃然，常若遊洙、泗間而揖遜乎聖賢之前後也。則其貌之可敬愛，固有所自哉。佐泉著能名，剛直而有謀，明恕而能斷，悍卒謀亂，一郡洶洶大恐，才老命戮數人立定，蓋出於談笑也。其評論古人賢否優劣，如與之並時，率能察其緼奥。平生多著書，若書裨傳、詩補音、論語指掌、考異、續解、楚詞釋音、韻補，皆淵源精確，而歉然不敢自矜，曰裨、曰補、曰續云者，其謙可見矣。自補音之書成，然後三百篇始得爲詩①，從而考古銘箴、誦歌謡諺之類，莫不字順音叶，而腐儒之言曰：『補音所據多出於詩後，殆後人因詩以爲韻，不當以是韻詩也。殆不知音韻之正，本諸字之詩②聲，有不可易者，如『霾』爲亡皆切，而當爲陵之切者，由其以『貍』爲聲。『浼』爲每罪切，而當爲美辨切者，由其以『免』得聲。『有』爲云九切，而『賄』、『痏』、『洧』、『鮪』，皆以『有』得聲，則當爲羽軌切矣。『皮』爲蒲糜切，而『波』、『坡』、『頗』、『跛』皆以『皮』得聲，則當爲蒲禾切矣。又如『服』之爲房六切，其見於詩者凡十

---

① 「詩」，文津閣四庫本誤作「是」。

② 「詩」，據音論應作「諧」。

有六，皆當爲蒲北切，而無與房六叶者。『友』之爲云九切，其見於詩者凡有十一，皆當作羽軌切，而無與云九叶者。以是類推之，雖毋以他書爲證可也，腐儒尚安用譊譊爲？』補音引證初甚博，才老懼其繁重不能行遠，於是稍削去，獨於最古者、中古者、近古者各存三二條，其間或略遠而舉近，非有所不知也。才老以壬申歲出閩，别時謂藏曰：『吾書後復增損，行遽不暇出。』獨藏舊書。又三年，而才老死。久矣，訪諸其家不獲，僅得論語續解於延陵胡穎氏云。乾道四年四月。」

朱子曰：「吴才老補音甚詳，然亦有推不去者，如『外禦其侮』叶『烝也無戎』，才老無尋處，卻云『務』字古人讀做『蒙』，不知戎，汝也。汝、戎二字，古人通用，是協音汝也。如『南仲太祖，大師皇父，整我六師，以修我戎』，亦是叶音汝也。『下民有嚴』叶『不敢怠遑』，才老欲音『嚴』爲『莊』，云：『避漢諱。』卻無道理，某①後讀楚②天問，見一『嚴』字，乃押從『莊』字，乃知是叶韻，『嚴』讀作昂也。天問才老豈不讀，往往無甚意義，只恁地打過去也。」

楊簡曰：「詩補音考究精博，然亦有過差。」

陳振孫曰：「吴棫撰其説，以爲詩韻無不叶者，如來之爲釐，慶之爲羌，馬之爲姥之類。詩音舊有九家，唐陸德明始定爲釋文。燕燕以『南』韻『心』，沈重讀南作尼心切，德明則謂『古人韻緩不煩改字』。揚之水以『沃』韻『樂』，徐邈讀沃鬱縛切，德明亦所不載。顔氏糾繆正俗以傅毅郊祀賦穰有而成切，張

---

① 「某」，文津閣四庫本作「其」。

② 應依朱子語類詩一於「楚」下補「辭」字。

衡東京賦激有吉躍切，今之所作大略倣此。其援據精博，信而有證，朱晦翁著①楚辭亦用棫例，皆叶其韻。棫又有韻補一書，不專爲詩作也，要之古人韻緩之説，最爲確論，不必一一改字。」

魏了翁曰：「詩、易叶韻，自吴才老始斷然言之。」

陳鳳梧序曰：「盈天地間物，凡有形②，必有聲，乃自然之理也。仰觀於天，若雷霆之號令，風雨之吹噓；俯察於地，若江河之衝激，鳥獸之嘷鳴，無不有聲，亦無不有韻。況人靈於萬物，參乎三才，其言之出，自中五聲，而文字又聲之精者，故上古聖人制爲律吕，以諧五聲，使咸協音韻，可以被之管絃，用之家鄉邦國，其極至於動天地、感鬼神，而致雍熙泰和之盛，良有以也。詩三百篇之有韻，固不待言矣。若夫易之爻、彖、象、繫，書之明良賡歌，儀禮之祀醮嘏辭，春秋左傳之繇辭歌諺，句語短長，率皆協韻，雖或出於旁通假借，而實合乎音律之自然。下及國語、史、漢諸書，老、莊、荀、楊③、韓、歐諸子，其敘述之詞，間出韻語，亦皆脗合。世變既遠，經生學子役於詞賦聲偶，雖讀其書而不知其韻，識者病之。宋儒吴才老博學好古，迺采輯古經傳子史協韻，分爲四聲，各釋其音義，彙成一書，名曰韻補，其援引該博，考據精當，誠有功於文字之學。晦庵先生作詩集傳，悉本其韻以協三百篇之旨，其見信於大儒，蓋不苟也。嘉興郡舊有刻板，歲久漫漶，毁而未

① 「著」，四庫薈要本作「註」。
② 「形」，文淵閣四庫本誤作「物」。
③ 「楊」，四庫薈要本作「揚」。

完，而習舉業者復視之爲長物，是以無傳焉。予讀書中祕時，見同館胡世臣購得一本，嘗假而録之，僅得其音而不及悉其義，久而亡失。後宦游中外，往往求諸縉紳間，未得也。正德己卯，予以服闋北上，道經三衢，會提學憲副，今光禄劉公德夫論及書籍。德夫曰：『方伯何公道亨藏有善本，欲刻之以傳。』比至錢塘首訪何公，遂假其書閲之，不啻如獲拱璧，公因囑予序之。既而公以入覲，未及梓，頃擢大中丞巡撫河南，保釐之暇，迺成厥志焉。伻來以書速序，予既辭不獲，迺述韻補之源流，暨重刻之顛末，以引諸篇端，使四方學者知是書之不易得，不可以忽焉而不之究心也。公名天衢，楚之道州人，與予同舉弘治丙辰進士。歷官中外，風節才望推重同時，而力學稽古，汲汲不倦，觀於斯刻，足以見其志之所存矣。」

許宗魯曰：「余少授詩於家庭，誦而不協，竊自①疑，謂詩者宫徵之所諧也，管絃之所被也，豈宜乖剌若是。而附載叶韻，不知所本，續檢它書，知有所謂韻補者，力求罕值。比習業翰館，見同館之②抄本，然又簡略過甚，字存其音，引據全闕，讀之滋惑焉。及按吴中，乃從都太僕所，獲嘉禾舊刻，歲遠褚③蠹，十僅存其九，文④、真二韻，又復錯簡不分，乃重假楊儀部所藏參伍以校，間有補裨，而書人脱繆，失其本真，復不可讀，乃又屬校於吴士皇甫生，亦有反正而未完也。及按宣城，

① 「直」，備要本作「有」，應據明嘉靖丁未關中刊本少華山人文集第三作「自」。
② 「之」，少華山人文集作「生」。
③ 「褚」，備要本作「褚」，應依少華山人文集作「楮」。
④ 「文」，少華山人文集作「支」。

謀於同年梅氏，梅氏力贊之，遂相與覆校，於是稽諸載籍，殫神讎正，猶未慊於余①心。魯嘗聞之：韻者，詩之矩也；字者，韻之原也。矩敗則物廢，原別則派乖，夫字不徒作，至理寄焉；韻不苟叶，至龢宰焉。苟事其龢而弗基諸理，弗龢也；基諸理而弗探其文，弗理也。今茲之韻以復古也，乃顧載以俗文，俾理龢所基，昧不可講，將龢其聽，先蒙其視焉，此何用耶？於是頗原六書本文，以正俗體之害義者，而韻補稍可觀矣。然傳録易僞②，學士覯復③，乃鋟於木工，凡再月乃卒。厥書既出，以授於人，人乃於是好者、惡者、幸者、非者，紛若聚訟，而襲藏瓿覆，見各不同。許子曰：嗟兮④，物有定質，人鮮至情，苟溺所偏，燕石且寶；蒙於乃心，瑩瑩荆璧，楚庭不售，而龢氏悲焉。迨其終也，趙人獲之，棄欲給取，藺相如至於欲與首俱碎，璧豈有二，輕重在人，遇棄有時，亦何怪哉。凡今人誦詩讀書，一取正於朱子，曰是則是，非則非，無非趨向大賢以爲準的。吴氏韻補，文公固用以韻詩、騷矣，而去取猶異焉，又何故邪？余讀吴氏書，固非鑿空臆爲者，音本諸母⑤，轉聲以相叶，唇齒喉舌準舊弗更，而援引指證朗然大備，使古人韻語鏗鏘擊戛⑥，播於律吕，

---

①「余」，文津閣四庫本作「予」。
②「僞」，各本皆同，應依少華山人文集作「譌」。
③「覯復」，各本皆同，應依少華山人文集作「艱得」。
④「兮」，各本皆同，少華山人文集作「乎」。
⑤「母」，備要本誤作「毋」。
⑥「戛」，文淵閣、文津閣四庫本，備要本作「夏」。

無或忤違，吴氏之功亦多哉。」

〔補正〕

許宗魯條内「棨欲紿取」，「棨」當作「棨」。（卷四，頁十）

經義考卷一百六

詩九

鄭氏樵詩傳

宋志：「二十卷。」

未見。

詩辨妄

宋志：「六卷。」

未見。

樵自序略曰：「毛詩自鄭氏既箋之後，而學者篤信康成，故此詩專行，三家遂廢。齊詩亡於魏，魯詩亡於西晉，隋、唐之世猶有韓詩可據，迨五代之後，韓詩亦亡。致今學者只憑毛氏，且以序爲子夏所作，更不敢擬議。蓋事無兩造之辭，則獄有偏聽之惑，今作詩辨妄六卷，可以見其得失。」

陳振孫曰：「辨妄者，專指毛、鄭之妄，謂小序非子夏所作，可也；盡削去之，而以己意爲之序，可乎？樵之學雖自成一家，而其師心自是①，殆孔子所謂不知而作者也。」

馬端臨曰：「夾漈專詆詩序，晦庵從其說，所謂『事無兩造之辭，則獄有偏聽之惑』者，大意謂毛序不可偏信也。然愚以爲譬之聽訟，詩者其事也，齊、魯、韓、毛則證驗之人也，毛詩本書具在，流傳甚久，譬如其人親身到官，供指詳明，具有本末者也；齊、魯、韓三家本書已亡，於他書中間見一二，而真爲②未可知，譬如其人元不到官，又已身亡，無可追到③，徒得之風聞道聽，以爲其說如此者也。今舍毛詩而求證於齊、魯、韓，猶聽訟者以親身到官所供之案牘爲不可信，乃採之於旁人傳說而欲以斷其事也，豈不誤哉。」

朱德潤序曰：「莆田林子發氏攜宋鄭夾漈先生詩傳訓詁，謂德潤曰：『先生昔在閩中，紬繹之暇，集爲此書，其間摘詩傳之幽隱，辨事物之名義，真所謂發宋儒之所未發者。』於是以校正是本，俾德潤讀之。愚按：慈溪黄氏謂文公朱氏因雪山王公質、浹漈鄭公樵，去美刺以言詩，又嘗於鄭傳取其切於詩之要者，以備集傳矣。獨惜當時門人學子各宗其宗，而不能參會折衷之，以見□④書之有補於學者。

---

①「是」，文淵閣四庫本作「用」。

②四庫薈要本，文淵閣、文津閣四庫本作『僞』。

③「到」，四庫薈要本、文淵閣四庫本作「對」。

④「見」下原空格缺字，文淵閣四庫本作「此」，四庫薈要本、文津閣四庫本、備要本作「是」。

噫！漢儒專門訓詁，一經之旨，揚鑣①分路，使後世學者莫適，而經之本文亦乖戾破碎。至宋，濂、洛諸儒出，然後諸經之旨粲然明白。今考載籍，詩傳自伊川、歐、蘇諸先生發其理趣，南渡後，李迂仲、張南軒、吕東萊、戴岷隱、嚴華谷諸先生又各自名家，而方今學者，咸宗朱氏者，豈非以其義明理暢，足以發詩人比興之旨趣；辭簡意備，足以廣詩人賦詠之性情乎。至於詩篇之可以被之音樂者，仍按周禮太師謂風雅頌者，聲音部分之名；賦比興者，作詩之體製也。今觀鄭氏傳引山川草木蟲魚之辨，五音六律六吕之所諧，誠可以發揮後學之未究，而涣②明千載之微辭奥義者也。如以『雀無角』爲雀之角，以『龍盾之合』爲二盾之衞，『露被菅茅』非雨露之露，『有豕白蹢』爲江豚之豕，豳之風雅頌爲四器十二器之聲合。其他如國風、二雅、三頌名物度數，毫分釐析，豈非詩傳之大備者乎？善乎，孟子曰：『説詩者不以文害辭，不以辭害志，以意逆志，是爲得之。』德潤於朱、鄭之學有得焉，蓋朱氏之學淳，故其理暢；鄭氏之學博，故其理詳，學者不可不兼該而並進也。理以明之，義以析之，則斯傳也，當相爲引用而諷咏之，兹亦後學之所深願與！」

虞集序曰：「聖人之教人，蓋以詩爲學矣。孔子説烝民之詩曰：『爲此詩者，其知道乎。故有物必有則，民之秉彝也，故好是懿德。』『戰戰兢兢，如臨深淵，如履薄冰』，曾子之所以終身也；『鳶飛戾天，魚躍于淵』，子思之所以明道體也；『不以文害辭，不以辭害志，以意逆志，是爲得之』，孟子之所以説詩

① 「鑣」，應依四庫諸本作「鑣」。
② 「涣」，文淵閣四庫本作「焕」。

也。是以程子之於詩也，嘗點掇一兩字而誦之，使人自解。又曰：『今之學者未見意趣，必不樂學。欲以三百篇教之歌舞，恐未易曉；欲别作詩，令朝夕歌之，似當有助。』其意一也。聖賢之於詩，將以變化其氣質，涵養其德性，優游饜飫，詠歎淫泆，使有得焉。則所謂温柔敦厚之教，習與性成，庶幾學詩之道也。漢儒有保存遺經之功，而亦不無專門訓詁之失。儒先君子知豈不足以知之，而罕見於言者，豈非有得於此。則彼穿鑿纏繞之説，自有所不得，行乎諸經皆然，蓋不止於詩也。齊、魯、韓詩不傳，而毛氏獨存，言詩之家千數百年守此而已。至宋歐陽子疑詩序之非而著本義，蘇欒城亦疑而去之，不免猶存其首句，譬諸山下之泉，其初出也，壅塞底滯而端亦微見矣，漸而清通，沛如江河；後因於先而廓之，而水之源流遠矣，亦有其時也。至於朱子詩傳之出，然後悉屏去大、小序，别爲一編，存而不廢，以待考辨，即經以求其故，自爲之説，而天下學者從之，國家定以爲是，然後其説與聖賢之言詩者合，而學者有所用功矣。集之幼也，嘗從詩師得鄭氏經説，以爲大序不出於子夏，小序不出於毛公，蓋衞宏所爲，而康成之爲説如此，心竊異之，欲求其全書不可得。中歲備員勸講①，有阿魯灰②叔仲，自守泉南入朝爲同官，始得其録本而讀之。見其説風、雅、頌之分，蓋本諸音節之異；於比、興、賦也，訓詁多不得興之説，而爲序者掇拾傅會以愚惑乎後之人；鳥獸艸木之名，天文地理之説，或疎或繆，非一端也。剖晰③

---

① 「講」，文津閣四庫本無此字。
② 「阿魯灰」，文津閣四庫本作「勒呼木」。
③ 「晰」，文津閣四庫本作「析」。

訓詁之舊，痛快決裂無復遺蘊，向之所謂纏繞穿鑿者，幸一快焉，恨未久散去而不得終卷也。蓋竊感鄭氏去朱子之鄉若是其近，以年計之，不甚相遠，門人學者里閈相錯，而不通見於一時，何哉？雖各自爲說而多同者，豈閩多賢人，學者老於山林，嘗有其說未達於外，而兩家各有所采乎？將二氏之卓識皆有以度越前人，不待於相謀而有合乎？世遠地廣，未之有考也。西夏斡公克莊嘗以禮經舉進士，如左榜漢生者，考官見其博贍，疑不敢取，而朝廷知其爲明經之士，其僉憲淮西也，以項氏易玩辭足補程、朱之遺，諗於集也，序其說而刻之。自南行臺而貳閩憲也，以爲閩在山海之間，豈無名家舊學，諮詢之暇，思有以表章之，予因及鄭氏之詩，即使録以來示，且曰：『果可傳也，略爲我序之。』故著其說如此。又曰：『求諸鄭氏之子孫，夾漈之手筆猶有書五十餘種，故御史中丞馬公伯庸，延①祐②末，奉旨閱海貨於泉南，觀於鄭氏，得十數種以去，將刻而傳之。馬公剔③釐清要，出入臺省，席不暇暖，未及如其志而歿。泰定中，故太史齊公履謙奉使宣撫治閩，亦取十餘種將刻而傳之。太史還朝不一二年而歿，亦不克如其志。二家皆有子弟，安知無能承其先志者乎？』吾聞閩人刻書摹印，成市成邑，散布中外，極乎四海。其間亦有繆妄未經論定，在所當禁者，觀風使者得以正之，而移其工力於博洽有用之說，則在於今日矣。」

①「延」，備要本誤作「廷」。
②「祐」，依四庫薈要本、文津閣四庫本、備要本應作「祐」。
③「剔」，四庫薈要本作「剟」，非。

周氏孚非鄭樵詩辨妄

一卷。

存。

孚自序曰：「古之教人者未嘗有訓詁也，故曰：『不憤不啓，不悱不發，不以三隅反，則不復也。』自聖人没而異端起，先儒急於警天下之方悟者，故即六經之書而訓詁之，雖其教與古異，而意則一也。自漢以來，六經之綱維具矣，學者世相傳守之，雖聖人起，未易廢也，而鄭子乃欲盡廢之，此予所以不得已而有言也。故撮其害理之甚者，見於予書，而其爲詩之義，則有先儒之傳在。嗚呼，聚訟之學，古人惡之，安知不有以是規予者哉？然予之所不暇恤也，於是總而次之，凡四十二事，爲一卷。」

顧湄曰：「周孚，字信道，濟北人，居京口。淳熙初，真州學教授，自號蠹齋。」

王氏質詩總聞

宋志：「二十卷。」

〔校記〕

今本卷同。（詩，頁三十）

存。

陳振孫曰：「質自序云：『研精覃思，於此幾三十年。』其書有聞音，謂音韻；聞訓，謂字義；聞章，謂分段；聞句，謂句讀；聞字，謂字畫；聞物，謂鳥獸草木；聞用，謂凡器物；聞跡，謂凡在處山川土壤州縣鄉落之類；聞事，謂凡事類；聞人，謂凡人姓號；共十聞。每篇爲總聞，又有聞風、聞雅、聞頌等，其説多出新意，不循舊傳。」

陳日強跋曰：「右雪山王先生詩説二十卷，其家櫝藏且五十年，未有發揮之者。臨川貳車國正韓公攝守是邦，慨念前輩著述，不可湮没，迺從其孫宗旦求此書，鋟梓以廣其傳，命工經始，而日強分符此來，公餘因取讀之。其删除詩序實與文公朱先生合，至於以意逆志，自成一家，真能寤寐詩人之意於千載之上，斯可謂之窮經矣。趣使鑱刻，凡三閲月而後竣事，使斯文顯行於世，後學之幸也。」

陸深曰：「王景文詩總聞，頗與朱傳不合，然多前人所未發。」

晁氏公武**毛詩詁訓傳**

宋志：「二十卷。」

佚。

程氏大昌**詩議**

〔四庫總目〕

是書本載大昌考古編中，故宋志不列其名。朱彝尊經義考始别立標題，謂之詩議；曹溶學海類編則作詩論；江南通志則作毛詩辨正，考原本實作詩論，則曹溶本是也。又曹溶本作十八篇，而彝尊引陸元輔之言謂程氏詩議十七篇，一論古有二南而無國風之名；二論南、雅、頌之爲樂詩，諸國爲徒詩；三論南、雅、頌之爲樂無疑；四論四始品目；五論國風之名出於左、荀；六證左、荀創標風名之悮；七論逸詩有豳雅、豳頌而無豳風，以證風不得抗雅；八論豳詩非七月；九辨詩序不出子夏；十辨小序綴詩①出於衛宏；十一辨詩序不可廢；十二據季札序詩篇次知無風名；案：此篇爲改定毛詩標題，元輔此語未明。十三論毛詩有古序，所以勝於三家；十四論採詩序詩，因乎其地；十五論南爲樂名；十六論關雎爲文王詩；案此解「周道闕而關雎作」一語，非論文王，元輔此語亦未明。十七論詩樂及商、魯二頌，乃併末兩篇爲一。考原本亦作十七篇，元輔之言不爲無據。然詳其文意，論詩樂與論商、魯頌了不相屬，似考古編刻本悮合，曹本分之，亦非無見也。（卷十七，頁一——二，詩論一卷提要）

〔校記〕

四庫本作詩論。（詩，頁三十）

一卷。

存。

大昌自序曰：「三代以下，儒者孰不談經，而獨尊信漢説者，意其近古，或有所本也。若夫古語之可以證經者，遠在六經未作之前，而經文之在古簡者，親預聖人援證之數，則其審的可據，豈不愈於或有師承者哉。而世人苟循習傳之舊，無能以其所當據而格其所不當據，是敢於違背古聖人而不敢於是

① 「詩」，應依次頁陸元輔條作「語」。

正漢儒也。嗚呼！此詩議之所爲作也。」

陸元輔曰：「程氏詩議十七篇，一論古有二南而無國風之名；二論南、雅、頌爲樂詩，諸國爲徒詩；三論南、雅、頌之爲樂無疑；四論四始品目；五論國風之名，出於左、荀；六證左、荀創標風名之誤；七論逸詩有豳雅、豳頌，而無豳風，以證風不得抗雅；八論豳詩非七月；九辯詩序不出于①夏；十辯小序綴語出於衞宏；十一辯序不可廢；十二據季札序詩篇次，知無風名；十三論毛詩有古序，所以勝於三家；十四論采詩、序詩因乎其地；十五論南爲樂名；十六論關雎爲文王詩；十七論詩樂及商、魯二頌。唐應德稱其文義蔚然，繹其論議，洵多獨得之見。然風、雅、頌之名，周禮、左傳、荀子有之，季札亦言之，而程氏必謂有二南而無國風，憑臆妄決，無所稱據，亦難乎免於穿鑿之譏矣。」

毛奇齡曰：「程大昌謂詩有南無國風，此不然。樂記曰：『正直而静，廉而謙者，宜歌風。』表記引『國風曰：我躬不閲，皇恤我後』②，又引『國風曰：心之憂矣，於我歸説』，此不稱國風而何？」

鄭氏諤**毛詩解義**

宋志：「三十卷。」

---

① 「于」，依四庫薈要本、文津閣四庫本，應作「子」。

② 阮刻十三經注疏本詩經注疏「皇」作「惶」；禮記注疏「躬」作「今」。

佚。

范氏處義**詩學**

宋志：「一卷。」

佚。

解頤新語

宋志：「十四卷。」

佚。

王應麟曰：「鼉鳴如鼓①，新經之説也。解頤新語取之，鑿矣。」又曰：「晁景迂詩序論云：『序騶虞：「王道成也。」風其爲雅與？序魚麗：「可以告神明。」雅其爲頌與？』解頤新語亦云：『文王之風終於騶虞，序以爲「王道成」，則近於雅矣。文王之雅終於魚麗，序以爲「可告神明」，則近於頌矣。』」

詩補傳

宋志：「三十卷。」

---

①「鼓」，文淵閣、文津閣四庫本作「鼓」。

存。

〔校記〕

舊題逸齋撰。（詩，頁三十）

逸齋自序曰：「經以經世爲義，傳以傳業爲名，毛氏詩謂之詁訓傳，故於詁訓則詳，於文義則略。韓氏有外傳，乃依倣左氏、國語，非詩傳也。惟詩傳①先儒比之易繫辭，謂之詩大傳。近世諸儒或爲小傳、集説、疏、義、注、記、類、説、論、解，其名不一，既於詁訓文義互有得失，其不通者，輒欲廢序以就己説，學者病之。補傳之作，以詩序爲據，兼取諸家之長，揆之情性，參之物理，以平易求古詩人之意。文義有闕，補以六經史傳；詁訓有闕，補以説文：篇韻異同者一之，隱奥者明之，窒礙者通之，乖離者合之，謬誤者正之，曼衍者削之，而意之所自得者，亦錯出其間，補傳大略如此。或曰：詩序可盡信乎？曰：聖人删詩定書，詩序猶書序也，獨可廢乎？況詩序有聖人爲之潤色者，如都人士之序，記禮者以爲夫子之言；賚之序與論語合；孔叢子所記，夫子讀二南②及柏舟諸篇，其説皆與今序義相應，以是知詩序嘗經聖人筆削之手，不然則取諸聖人之遺言也，故不敢廢詩序者，信六經也，尊聖人也。若夫聞見單淺，古書之存於世者，力不能盡得，未敢以今日之言爲然。博雅君子，儻嗣而修之，使詩之一經，無所闕疑，不亦善乎。」

按：詩補傳抄本但題逸齋而不著名，考宋藝文志有范處義詩補傳三十卷，卷數與逸齋本相符，西亭

---

① 「詩傳」，依詩補傳原序應作「詩序」。

② 備要本「南」下衍一「記」字。

王孫聚樂堂目直書處義名，當有證據。處義，金華人，紹興中登張孝祥榜進士。

趙氏敦臨**詩説**

佚。

李氏燾**詩譜**

宋志：「三卷。」

佚。

余氏端禮**毛詩説略**

佚。

羅氏維藩**詩解**

二卷。

佚。

楊萬里志墓曰："羅价卿，諱維藩，廬陵人，擢進士第，授迪功①南雄州保昌縣尉，陞從政郎。著詩解二卷。"

〔補正〕

楊萬里志墓條内"授迪功南雄州保昌縣尉"，"功"下脱"郎"字。（卷四，頁十）

王氏大寶**詩解**

佚。

張氏淑堅**詩解**

佚。

黄氏邦彦**毛詩講義**

宋志："三卷。"

佚。

① "功"下，應依補正、四庫薈要本、文淵閣四庫本增一"郎"字。

林氏岊**毛詩講義**

宋志：「五卷。」

佚。①

〔校記〕

四庫輯大典本作詩經講義十二卷。中興館閣續録：「岊，字仲山，福州長樂人，淳熙十五年進士。開禧二年八月除校書郎，三年三月除祕書郎，七月除著作佐郎，以避祖諱改除祕書丞，十一月知衢州。」（詩，頁三十）

胡氏維寧**詩集善**

佚。

謝氏諤**詩解**

二十卷。

佚。

---

① 本行之後，原空三行，四庫諸本註「原闕」。

潘氏好古**詩說**

佚。

呂祖謙作墓志曰：「好古，字敬修，一字伯御，松陽人。喜著書，有詩、春秋、語、孟、中庸說，合五十一卷。」

吳氏曾**毛詩辨疑**

佚。

撫州府志：「吳曾，字虎臣，崇仁人。高宗時以獻書得官，累遷至吏部郎中，孝宗朝出知嚴州致仕。」

陳氏知柔**詩聲譜**

二卷。

佚。

黃氏度**詩說**

宋志：「三十卷。」

未見。

葉適序曰：「往年徐居厚言文叔蚤爲諸經解，書略具矣，時公未四十也。頃歲，每有學者自金陵至，言公常用周禮注疏與王氏新經參論，夜率踰丙，晝漏未上，輒叩門曰：已悟。於是，公七十五矣，嗚呼，斯可謂以學始終歟！公既殁，始得其詩説三十卷。自文字以來，詩最先立教，而文、武、周公用之尤詳，以其治考之，人和之感至於與天同德者，蓋已教之詩，性情益明，而既明之性情，詩歌不異故也。及教衰性蔽，而雅、頌已先息，又甚，則風謡亦盡矣。雖其遺餘，猶髣髴未泯，而霸強迭勝，舊國守文，僅或求之。人之材品高下，與其識慮所至，時或驗之。然性情愈昏惑，而各意爲之説，形摘裂①，以從所近，則詩安得復興，而宜其遂亡也哉！況執秦、漢之殘書，而徒以訓義相宗者乎。公於詩尊序倫紀，致忠遠②敬，篤信古文，旁録衆善，博厚慘怛，而無迂重之累，輯緒悠久而有新美③。仁政舉而應事膚鋭，王制定而隨時張弛，然則性情不蔽，而詩之教可以復明，公其有志於是歟？按：易有程，春秋有胡，而詩集傳之善者，亦數家，大抵欲收拾羣義，酌其中平，以存世教矣，未知性情何如爾。今公之書既將並行，讀者誠思其教存而性明，性明而詩復，則庶幾得之，不然，非余所知也。」

〔補正〕

葉適序内「致忠遠敬」，「遠」當作「達」。（卷四，頁十）

① 「形摘裂」，四部叢刊本水心先生文集卷十二黄文叔詩説序作「形似摘裂」。
② 「遠」，應依補正、四庫薈要本、文淵閣四庫本、水心先生文集作「達」。
③ 「新美」，水心先生文集作「新美之益」。

馬氏和之毛詩圖

闕。

夏文彥曰：「馬和之，錢唐人，紹興中登第。善畫人物、山水，傚吴裝，筆法飄逸，務去華藻，自成一家。高、孝兩朝，深重其畫，每書毛詩三百篇，令和之圖寫。官至工部侍郎。」

文徵明曰：「思陵尤愛馬和之畫，每書毛詩，虚其後，令和之爲圖。」

汪珂玉曰：「馬和之毛詩圖，衛風鶉奔章，不寫宣姜妷事，但寫鶉雀奔疆，樹石動合程法，覽之冲然，由其胸中自有風雅也。定中圖登丘相度，得文公營徙之狀；子來趨事，得國人悦服之象；其蒼莽攸鬱，則樹之榛栗，椅桐梓漆也；定宿在中，於以作室，可想見矣。干旄圖孑孑干旄，建於車後，兩服兩驂而維之，正見衛大夫見賢之勤。而彼姝者子，罄折且前，是欲以畀之之氣象耳，衣褶作馬蝗描古法。載馳圖以許穆公本無唁衛事，故不作驅馬悠悠，惟指其憂心焉而已，乃猶作許大夫來告，則以是夫人意中事，故不妨象外摹寫，落筆飄逸，仿吴裝法也。四册藏項又新家。」

按：馬和之毛詩圖流傳於世者，有關雎、葛覃、螽斯、桃夭、漢廣、采蘩、草蟲、采蘋、甘棠、騶虞、北風、鶉之奔奔、定之方中、干旄、載馳、淇澳①、考槃、木瓜、伐檀、蒹葭、晨風、衡門、鳲鳩、九罭、鹿鳴、常棣、天保、采薇、蓼蕭、采芑、鴻雁、沔水、鶴鳴、白駒、黄鳥、斯干、節南山、正月、十月之交、雨無正、

---

①「澳」，阮刻十三經注疏本作「奥」。

小旻、小宛、小弁、巧言、何人斯、巷伯、谷風、蓼莪、大東、四月、北山①、小明、鼓鍾、信南山、大田、桑扈、鴛鴦、魚藻、隰桑、白華、棫樸、旱麓、靈臺、雲漢、崧高、韓奕、江漢、振鷺、豐年、潛、酌、駉諸篇，然多係摹本，真蹟罕存矣。

---

① 備要本「北」下脱一「山」字。

經義考卷一百七

詩十

楊氏簡詩解

佚。

〔補正〕

今從永樂大典抄出，仍編爲二十卷。（卷四，頁十）

〔校記〕

四庫輯大典本作慈湖詩傳二十卷。（詩，頁三十）

簡自序曰：「孔子曰：『小子何莫學夫詩，詩可以興、可以觀、可以羣、可以怨，邇之事父，遠之事君，多識於鳥獸草木之名。』又曰：『興於詩，立於禮，成於樂。』又曰：『詩三百，一言以蔽之，曰思無邪。』又謂伯魚曰：『汝爲周南、召南矣乎？人而不爲周南、召南，其猶正墻面而立也與！』又曰：『誦詩三百，授之以政，不達，使於四方，不能專對，雖多亦奚以爲？』易、詩、書、禮、樂、春秋其文則六，其道則一，故曰：『吾道一以貫之。』又曰：『志之所至，詩亦至焉；詩之所至，禮亦至焉；禮之所至，樂亦至焉；樂之所至，哀亦至焉。』嗚呼，至哉，至道在心，奚必遠求？人心自善、自正、自無邪、自廣大、自神明、自無所不通。孔子曰：『心之精神是謂聖。』孟子曰：『仁，人心也。』變化云爲，興觀羣怨，孰非是心，孰非是正，人心本正，起而爲意而後昏，不起不昏，直而達之，則關雎求淑女以事君子，本心也；鵲巢昏禮天地之大義，本心也；柏舟憂鬱而不失其本心也；鄘柏舟之矢言靡他，本心也。由是心而品節焉，禮也；其和樂，樂也；得失、吉凶，易也；是非，春秋也；達之於政事，書也。迹①夫動乎意而昏，昏而困，困而學，學者取三百篇中之詩而歌之、詠之，其本有之善之②亦未始不興起也。善心雖興，而不自知，不自信者③矣。舍平常而求深遠，舍我所自有而求諸彼，學者有自信其本有也學禮焉④，則經禮三百，曲禮三千，皆我所自有而不可亂也，是謂『立』。至於緝熙純一，粹然和樂，不勉而中，無爲而成。雖學有三者之序，而心無三者之異，知吾心所自有之，六經則無所不一、無所不通，有所感興而曲折萬變可也；有所觀於萬物不可勝窮之形色可也；相與羣居，相親相愛，相臨相治可也。爲哀、爲樂、爲喜、爲怒、爲怨可也；邇事父，可也；遠事君，可也；授之以政，可也；使於四方，可也。無所不通、無所不

① 「迹」，應依慈湖詩傳作「迨」。
② 「之」，四庫薈要本作「心」，應依慈湖詩傳作「心」。
③ 應依慈湖詩傳於「者」下補一「多」字。
④ 此句應依慈湖詩傳作「學者苟自信其本有而學禮焉」。

一，是謂不面墻；有所不通、有所不一，則阻、則隔。道無二道，正無二正，獨曰周南、召南者，自其首篇言之，亦其不雜者。毛公之學，自謂本諸子夏，而孔子曰：『女爲君子儒，無爲小人儒。』蓋謂子夏。又曾子數子夏曰：『吾與女事夫子於洙、泗之間，退而老於西河之上，使西河之上①疑女於夫子，爾罪一也。喪爾親，使民未有聞焉，爾罪二也。喪爾子，喪爾明，爾罪三也。』夫子夏之胸中若是，其學可以弗問而知，而況於子夏初未嘗有章句，徒傳其說，轉而至於毛乎。齊、魯詩今亡，韓有其說，韓與毛亦有善者，今間取焉。」

〔補正〕

自序内「使西河之上」，「上」當作「民」。（卷四，頁十）

樓鑰曰：「敬仲詩解，發明無邪之思。謂古説難盡信，雖載之左傳者，亦不可據，爾雅亦多誤，大學所引亦有牽合，詩序多失經意，釋文多好異音，詩人諷詠或有戾於事實，制度名數不盡合於禮典。如此類未易概舉，皆前輩所未發。」

按：慈湖詩解不傳，亡其卷目，當日樓大防遺書論辨，存其説於攻媿集中，葛覃、鵲巢、簡兮、氓、兔爰、籊兮、出其東門、候人、七月、東山、狼跋、棠②棣、六月、車攻、吉日、庭燎、斯干、小旻、小宛、何人斯、巷伯、北山凡二十二條，要之，不取小序者。其於「聊樂我員」謂「員」是姓，大防非之，以「員」本彭

① 「上」，四庫薈要本、文津閣四庫本作「民」，慈湖詩傳作「人」。

② 「棠」，四庫薈要本作「常」。

城劉氏奔魏，自比伍員更姓，古無此姓，員乃語助辭。則其解亦太穿鑿矣。

〔補正〕

竹垞云：「慈湖詩解不傳，亡其卷目。」方綱按：慈湖詩傳二十卷，焦竑經籍志及黄虞稷千頃堂書目皆有之。（卷四，頁十）

薛氏季宣**反古詩説**一作詩性情説

佚。

季宣自序曰：「紹興己卯冬，走初本之詩序述廣序。越四歲，癸未，解官自東鄂，始因其説而次第之，名之反古詩説。或者尤之，曰：詩古無説，今子盡掊先儒之説，而自爲之説，真古之遺説乎？抑亦未能脱於胸臆之私乎？曰：固也，古之無詩説也，三百五篇之義，詩序備矣。由七十子之徒没，經教汩於異端，高①、魯、毛、韓家自爲説，凱風之義，自孟軻氏已失其傳，由孟軻而來，於今已一千祀②矣。今之説而謂之古，宜未免乎胸臆之私。人之性情古猶今也，可以今不如古乎？求之於心，本之於序，是猶古之道也，先儒於此何加焉？棄序而概之先儒，宜今之不如古也，反古之説，於是以戾，然則反古之道又何疑焉？莊姜之詩不云乎『我思古人，實獲我心』，言志同也，志同而事一，則古今一道爾。天命之謂

---

①「高」，應依文淵閣四庫本浪語集卷三十序反古詩説作「齊」。
②「於今已一千祀」，浪語集作「於今又二千祀」。

性，庸有二理哉？是則反古詩說未爲戾已。記有之曰：『人莫知苗之碩，莫知子之惡。』①言蔽物也，有己而蔽於物，則古人情性②與今先儒之說，未知其能③通④信能復性⑤之初。□□⑥得心之正，豁蔽以明物，因詩以求序，則反古之說，其始⑦庶幾乎。」

陳氏傅良**毛詩解詁**

二十卷。

佚。

葉紹翁曰：「考亭先生晚注毛詩，盡去序文，以彤管爲淫奔之具，以城闕爲偷期之所。止齋陳氏得其說而病之，謂以千七百年女史之彤管與三代之學校，以爲淫奔之具、偷期之所，竊有所未安，獨藏其說，不與考亭先生辨。考亭微知其然，嘗移書求其詩說，止齋答以：『公近與陸子静互辨無極，又與陳

① 阮刻十三經注疏本禮記注疏大學篇作：「人莫知其子之惡，莫知其苗之碩。」
② 「古人情性」，浪語集作「古之性情」。
③ 「能」，浪語集作「孰」。
④ 四庫薈要本，「通」下有「否也」二字。
⑤ 「性」，四庫薈要本作「信」。
⑥ 「得」上原空二格，備要本同，文淵閣四庫本作「以自」，文津閣四庫本作「而能」，浪語集不空。
⑦ 「始」，四庫諸本、浪語集作「殆」。

同甫争論王霸矣，且某未嘗注詩，所以説詩者，不過與門人爲舉子講義，今皆毁棄之矣。』蓋不欲滋朱之辨也，今止齋詩傳方行於世。」

陳埴曰：「止齋以檜亡爲東周之始，曹亡爲春秋之終，聖人繫曹、檜之詩於國風之末，即其思周道、思治之語，爲傷無王、無霸之驗。愚謂周之東遷，豈專關於一檜之亡；而春秋之終，豈專係於一曹之亡？止齋之言，或以無王、無霸之時，惟小國滅亡最先，故小國思患最切。是以聖人繫詩、作春秋，每於小國觀世變，非謂由此二國致禍也。」

吕氏祖謙**家塾讀詩記**

宋志：「三十二卷。」

〔校記〕

今本卷同。（詩，頁三一）

存。

朱子序曰：「詩自齊、魯、韓氏之説不傳，而天下之學者盡宗毛氏。毛氏之學，傳者亦衆，而王述之類，今皆不存，則推衍毛説者，又獨鄭氏之箋而已。唐初諸儒爲作疏義，因譌踵陋百千萬言，而不能有以出乎二氏之區域。至於本朝劉侍讀、歐陽公、王丞相、蘇黄門、河南程氏、横渠張氏始出己意，有所發明，雖其淺深得失有不能同，然自是之後，三百五篇之微詞奧義乃可得而尋繹，蓋不待講於齊、魯、韓氏之傳，而學者已知詩之不專見於毛、鄭矣。及其既久，求者益衆，説者愈多，同異紛紜，争立門户，無復推讓祖述之意。則學者無所適從，而或反以爲病。今觀呂氏家塾之書，兼總衆説，巨細不遺，絜①領持綱，首尾兼貫，既足以息夫同異之争，而其述作之體則雖融會通徹，渾然若出於一家之言，而一字之訓、一事之義，亦未嘗不謹其説之所自。及其斷以己意，雖或超然出於前人意慮之表，而謙讓退託，未嘗敢有輕議前人之心也。嗚呼，如伯恭父者，真可謂有意乎温柔敦厚之教矣。學者以是讀之，則於可群、可怨之旨其庶幾乎。雖然，此書所爲②朱氏者，實熹少時淺陋之説，而伯恭父誤有取焉。其後歷時既久，自知其説有所未安，如雅、鄭邪正之云者，或不免有所更定，則伯恭父反不能不置疑於其間。熹竊惑之，方將相與反覆其説以求真是之歸，而伯恭父已下世矣。嗚呼，伯恭父已矣，熹之衰頹頹③汩没，其勢又安能復有所進以獨決此論之是非乎。伯恭父之弟子約，既以是書授其兄之友丘侯宗卿，而宗卿將爲版本以傳永久，且以書屬熹敘之，熹不得辭也，迺略爲之説，因併附其所疑者，以與四方同志之士共之，而又以識予之悲恨云爾。」

〔補正〕

朱子序内「熹之衰頹頹汩没」，當删一「頹」字。（卷四，頁十）

魏了翁後序曰：「予昔東游，聞諸友朋曰：東萊呂公嘗讀書至『躬自厚，而薄責於人』，若凝然以

①「絜」，應作「挈」。

②「爲」，應作「謂」。

③此本與備要本皆重一「頹」字，四庫諸本第二個「頹」皆缺字，應依補正删去。

思，由是雖於僮僕間，亦未嘗有厲聲疾呼。是知前輩講學大要，惟在切己省察，以克其偏，非以資口耳也。蓋不寧惟是，今觀其所編讀詩記，於其處人道之常者，固有以得其性情之正，其言天下之事、美盛德之形容，則又不待言而知。至於處乎人之不幸者，其言發乎憂思哀怨之中，則必有以考其性情，參總衆説，凡以厚於美化者，尤切切致意焉。姑以一義言之，考槃、小宛，臣之不得於其君者也；曰『獨寤寐①言，永矢勿②諼』，曰『明發不寐，有懷二人』。小弁、凱風，子之不得於其親者也；曰『何辜于天，我罪伊何』，曰『母氏聖善，我無令人』。燕燕、谷風，婦之不得於其夫者也；曰『先君之思，以勗寡人』，曰『不念昔者，伊余來暨③』。終風之子，謔浪笑傲④，而母曰『莫往莫來，悠悠我思』。柏舟之兄弟不可以據，而不遇者則曰『静言思之，不能奮飛』，何斯人⑤之友其心孔難⑥，而遭説⑦者則曰『及爾如貫，諒不我知』。嗚呼，其忠厚和平，優柔肫切，怨而不怒也；其待人輕約，責己重周，仁而不忮也。蓋不曰是亦不可以已也，是不殆於棄言也。凡以天理民彝自有不可者，吾知盡吾分焉耳已。使其由此悔悟，幡然惟

---

① 「寤寐」，應依補正、四庫諸本改爲「寐寤」。
② 「勿」，阮刻十三經注疏本作「弗」。
③ 「暨」，應依阮刻十三經注疏本作「塈」。
④ 「傲」，阮刻十三經注疏本作「敖」。
⑤ 「何斯人」，應依補正、四庫薈要本作「何人斯」。
⑥ 「難」，何人斯有「彼何人斯，其心孔艱」語，故應依四庫諸本作「艱」。
⑦ 「遭説」，四庫薈要本、文津閣四庫本作「遭讒」。

善道之歸，則固我所欲也。不我以也，我固若是；小丈夫哉，悻悻然忿忮鄙吝，發於辭色，去之惟恐不急也。雖然是特詩中一義耳，而是義也，觸類以長之，又不止是。今東萊於此皆已反覆定①圖，所以爲學者求端用力之要，深切著明已矣。誠能味其所以言而有以反求於己，如荀卿氏所謂爲其人以思之，除其害以持養之者，殆將怡然泮然以盡得於興觀羣怨之言，而歆動鼓舞有不能已已者矣。某非能之，方將願學，因眉山賀春卿欲刻此書以廣其傳，而屬余序之，姑以所聞見識謂末自人②或有進焉，則斯序也，猶在所削。」

〔補正〕

魏了翁後序内「獨寤寐言」，當作「寐寤」；「何斯人之友」，當作「人斯」。（卷四，頁十）

陳振孫曰：「博采諸家，存其名氏，先列訓詁，後陳文義。剪截貫穿，如出一手，己意有所發明，則別出之，詩學之詳正，未有逾於此書者也。然自公劉以後，編纂已備，而條例未竟，□③學者惜之。」

黄佐曰：「吕氏讀詩記最爲精確，第專主小序，與集傳不同，然朱子序之，其推遜之也至矣。」

〔補正〕

陳振孫條内「學者」上，誤空一格。（卷四，頁十）

---

① 「定」，四庫薈要本、文津閣四庫本作「究」。

② 「識謂末自人」，四庫薈要本、文淵閣四庫本、鶴山先生大全文集作「識諸末，自今」。

③ 「學」上，文淵閣四庫本註「缺」，文津閣四庫本作「故」。

陸釴①序曰：「予嘗讀呂氏讀書記、大事記，未睹讀詩記也。近得宋本於友人豐存叔，讀而愛之。其書宗毛氏以立訓，考注疏以纂言，剪綴諸家如出一手，有司馬子長貫穿之妙；研精殫歲，融會涣釋，有杜元凱真積之悟；緣物醜類，辨名正義，有鄭漁仲考據之精，兹余之所甚愛焉。迺柱②史應臺傅公刻於南昌郡，刻成，或問予曰：今詩學宗朱氏集傳矣，刻呂氏何居？余應曰：子謂朱、呂異説，懼學者之多岐耶？夫三百篇微詞奥義邈哉遐矣，齊、魯、毛、韓譬則蹊徑之始分也，其適則同也。注疏所由以適也，譬則轍也；朱氏、呂氏蓋灼迷而導諸往也，譬則炬與幟也。呂宗毛氏，朱取三家，固各有攸指矣，安得宗朱而盡棄呂耶？朱説記采之，呂説傳亦采之，二子蓋同志友也，非若夫立異説以求勝也。善學者審異以致同，不善學者反同以求異，是故刻呂氏以存毛翼朱，求合經以致同而已矣。雖然，余於是竊疑焉，三家之詩，唐人已失其傳，雖有存焉者，譌矣。毛詩固未嘗亡也，後世經生尋墜緒之三家，不啻珠璧，棄未亡之毛氏直如弁履，何哉？毛氏行而三家廢，君子既已惜之，集傳出而毛氏之學寖微，又奚爲莫之慨也。夫去近古者，言雖賾而似真；離聖遠者，説雖詳而易淆。故曰：『冢尺雖斷，可定鐘律。』毛氏殆未可輕訾也。或曰：然則將盡信毛氏可乎？曰：余觀其釋鴟鴞合金縢，釋北山、蒸③民合孟子，昊天成命④合國語，碩人、清人、黄鳥、皇矣合左傳，由庚諸篇合儀禮，其可尊信，視三家獨多。故呂氏之

① 「釴」，文淵閣四庫本誤作「鉞」。
② 「柱」，備要本誤作「杜」。
③ 「蒸」，阮刻十三經注疏本作「烝」。
④ 阮刻十三經注疏本篇題作「昊天有成命」。

言曰：『毛詩與經傳合，最得其真。』朱子亦曰：『其從來也遠，有傳據證驗，不可廢者。』是則刻呂氏以存毛翼朱，求合經以致同而已矣。呂氏凡二十二卷，乃公劉以後編纂未就，其門人續成之，兹又斯文之遺憾云。」

顧起元序曰：「東萊先生呂成公讀詩記，舊南雍、蜀省皆有刻，歲久夷漫①，罕行於世。余家有藏本，南考功陳君取而諷焉，謀於寮，蘇君、程君授諸梓，既成，屬余以序。余維國家功令，立詩學宫②，士所受以紫陽集傳爲宗，一切古注疏罷勿肄，故成公所記雖學士大夫心知好之，而不獲與紫陽偶。余間嘗反覆研味，參諸往志，得其説與文公異者凡有四焉：文公取夾漈鄭氏詆諆小序之説，多斥毛、鄭而以己意爲之序；成公則尊用小序，且謂毛詩率與經傳合，爲獨得其真，其異一也。文公釋『思無邪』謂勸善懲惡，究乃歸正，非作詩之人皆無邪；成公則直謂詩人以無邪之思作之云耳，其異二也。文公以桑中、溱洧即是鄭、衞，二雅乃名爲雅；成公則謂二詩並是雅聲，彼桑間、濮上，聖人固已放之，其異三也。文公以二南房中之樂，正大、小雅朝廷之樂，商頌、周頌宗廟之樂，桑中、溱洧之倫，不可以薦鬼神、御賓客；成公則謂凡詩皆雅樂也，祭祀聘享皆用之，惟桑濮、鄭衞之音乃世俗所用，元不列於三百篇數，其異四也。余又嘗因此考之，而覺成公之説長。詩序自毛萇、鄭玄、沈重、蕭統皆以爲子夏作③；韓

---

① 「夷漫」，文津閣四庫本作「漶漫」。
② 「學宫」，四庫薈要本作「學官」。
③ 「作」，文淵閣四庫本誤作「出」。

文公謂子夏不有①序詩之道三，疑漢儒所附托；伊川斷以小序作於當時國史，而大序非聖人不能；程大昌又辨小序古序也，兩語外續而申之，依范曄②迺衞宏所綴。諸説棼棼，迄無定論，然詩之有序也，猶聽訟之有證驗也。證驗必於其人與世之近者求之，以毛氏之源流子夏，貫穿先秦古書，自河間獻王已深知其精者，猶不足信，今用已見隃度靜女、采葛諸詩，爲若後世子夜之歌、估客之樂者，鄭樵、章俊卿之論是且奚據哉？有善有惡詩詞固爾，作者之志非美善則刺惡，何邪之有？故均一淫佚之辭也，書奔者之思則邪，書刺奔者之思則正，今第以辭而邪之，則叔于田本刺鄭莊也，而辭乃愛段；揚之水本刺晉昭也，而辭乃戴武，是直爲後世美新勸晉③之嚆矢矣，聖人奚取焉？迺存之爲亂賊口實哉。漢志載衞地桑間、濮上之阻，男女亟聚會，聲色生焉。近代博南新鄭著録，言鄭聲淫者，謂鄭國作樂之聲過於淫，非謂鄭詩皆淫也。是以樂記曰：『流辟、邪散、狄成、滌濫之音作，而民淫亂。』夫聲與辭其分固已晰矣，青衿安知非以刺學，風雨安知非以思賢，有女同車安知非以刺婚，遵大路安知非以留君子，而必以爲淫昏不檢之人，自道其謔浪哃唽之語乎？聖人所删者，又何等篇？曾是斥穢登良迺愁寘此也？左氏記季札之觀樂也，所歌者邶、鄘、鄭、衞皆在焉，則諸詩固雅樂矣，使其爲里巷狹邪所用，周樂惡得有之？魯之樂工，又何自取異國淫邪之辭，肆之於韶、夏、濩、武間也。且鄭伯如晉，子展賦將仲子；鄭伯享趙孟

① 「不有」，應依文淵閣四庫本及呂氏家塾讀詩記墨海金壺本作「有不」爲長。
② 「范曄」，文津閣四庫本作「范煜」，下同。
③ 「晉」，文淵閣四庫本作「進」。

子，太叔賦野有蔓草；鄭六卿餞韓宣子，子齹賦野有蔓草，子太叔賦褰裳，子游賦風雨，子旗賦有女同車，子柳賦籜兮，皆見美於叔向、趙孟、韓起，然則鄭詩未嘗不可施於燕享。假令盡爲淫奔所作，豈有兩國君卿大夫相見，乃自歌其里巷狹邪之淫辭以黷媟俎豆，下伍伶諢者哉？必不然矣。蓋徧考宋儒方回、馬端臨輩所論著，錯以古今諸賢之言二書異同，較若指掌，而成公之説其理似有不可廢者。士君子生千載之後，讀古人書，政自未易，詩又多微辭，尤難臆決。要在衷諸理而是，質諸心而安耳。苟其有得於心與理，即瑣語稗説，持之有故，猶不可棄，況於賢人君子①言，重席解頤之論，確有師承，可俟百世而不惑者哉。然則讀文公集傳者，於成公所記惡可忽諸？抑又聞揚雄有言『曉曉之學，各習其師』；范曄亦云『書理無二，義歸有宗，碩學之徒，莫之或徙，故通人鄙其固』。夫考正亡逸，稽覈異同，使積滯羣疑涣然冰釋，固通經博古者之大快也。余故詳次昔人所評，爲讀二家詩備折衷焉。」

項氏安世**毛詩前説**

宋志：「一卷。」

佚。

陳振孫曰：「考定風、雅篇次而爲之説，其曰前説者，末年之論有少不同故也。」

① 「言」上應依四庫薈要本、呂氏家塾讀詩記墨海金壺本補一「之」字。

詩解

宋志：「二十卷。」

佚。

唐氏仲友詩解

佚。

戚雄曰：「唐說齋讀經，於詩最有發明。如以碩鼠爲愛君之至，真有精思卓識。」

經義考卷一百八

詩十一

朱子熹**毛詩集傳**

宋志：「二十卷。」

〔校記〕

四庫本作詩集傳八卷。（詩，頁三一）

存。

朱子自序曰：「或有問於余曰：『詩何爲而作也？』余應之曰：『人生而静，天之性也；感於物而動，性之欲也。夫既有欲矣，則不能無思；既有思矣，則不能無言；既有言矣，則言之所不能盡，而發於咨嗟咏嘆之餘者，必有自然之音響節奏而不能已焉①，此詩之所以作也。』曰：『然則其所以教者，何也？』曰：『詩者，人心之感物而形於言之餘也。心之所感有邪正，故言之所形有是非，惟聖人在上，則其所感者無不正，而其言皆足以爲教。其或感之之雜，而所發不能無可擇者，則上之人必思所以自反，而因有以勸懲之，是亦所以爲教也。昔周盛時，上自郊廟朝廷，而下達於鄉黨閭巷，其言粹然無不出於正者，聖人固已協之聲律而用之鄉人、用之邦國以化天下，至於列國之詩，則天子巡狩亦必陳而觀之，以行黜陟之典。降自昭穆，而後寖以陵夷，至於東遷，而遂廢不講矣。孔子生於其時，既不得位，無以行帝王勸懲黜陟之政，於是時②舉其籍而討論之，去其重復③、正其紛亂，而其善之不足以爲法，惡之不足以爲戒者，則亦刊而去之，以從簡約示久遠。使夫學者即是而有以考其得失④，善者師之，而惡者改焉。是以其政雖不足以行於一時，而其教實被於萬世，是則詩之所以爲教者然也。』曰：『然則國風、雅、頌之體，其不同若是，何也？』曰：『吾聞之，凡詩之所謂風者，多出於里巷歌謡之作，所謂男女相與詠歌，各言其情者也。惟周南、召南親被文王之化以成德，而人皆有以得其性情之正，故其發於言者，樂而不過於淫，哀而不過於傷，是以二篇獨爲風詩之正經。自邶而下，則其國之治亂不同，人之賢否亦異，其所感而發者，有邪正是非之不齊，而所謂先王之風者，於此乎變矣。若夫雅、頌之篇，則皆成周之

---

① 「已焉」，文津閣四庫本作「已也」。
② 「時」，依詩集傳原序應作「特」。
③ 「復」，文淵閣四庫本作「複」。
④ 「失」，備要本誤作「夫」。

世，朝廷郊廟樂歌之詞，其語和而莊，其義寬而密，其作者往往聖人之徒，固所以爲萬世法程而不可易者也。至於雅之變者，亦皆一時賢人君子憫時病俗①之所爲，而聖人取之，其忠厚惻怛之心，陳善閉邪之意，尤非後世能言之士所能及之也。詩之爲經，所以人事浹於下，天道備於上，而無一理之不具也。』曰：『然則其學之也，當奈何？』曰：『本之二南以求其端，參之列國以盡其變，正之於雅以大其規，和之於頌以要其止，此學詩之大旨也。於是乎章句以綱之，訓詁以紀之，諷咏以昌之，涵濡以體之，察之情性隱微之間，審之言行樞機之始，則修身、齊家、平均天下之道，其亦不待他求而得之於此矣。』」

〔補正〕

序末應補「淳熙四年丁酉，冬十月戊子」。（卷四，頁十一）

陳文蔚曰：「先生於詩，去小序之亂經，得詩人吟咏性情之意。」

陳振孫曰：「以大、小序自爲一編，而辨其是非。其序呂氏讀詩記，自謂少年淺陋之説，久而知其有所未安，或不免有所更定。今江西所刻晚年本，得於南康胡泳伯量，校之建安本，更定幾什一云。」

郝經序曰：「古之爲詩也，歌誦絃舞，斷章爲賦而已矣。傳其義者則口授，傳注之學未有也。秦焚詩、書，以愚黔首，三代之學幾於墜没。漢興，諸儒掇拾灰燼，墾荒闢原，續六經之絶緒，於是傳注之學興焉。秦焚詩、書尤重，故傳之者鮮。書則僅有濟南伏生，詩之所見、所聞、所傳聞者頗爲加多，有齊、魯、毛、韓四家而已。而源遠末分，師異學異，更相矛盾，如關雎一篇，齊、魯、韓氏以爲康王政衰之詩，

① 「俗」，文淵閣四庫本誤作「時」。

毛氏則謂『后妃之德，風之始』。蓋毛氏之學規模正大，有三代儒者之風，非三家所及也。卒之三家之說不行，毛詩之詁訓傳獨行於世，惜其闊略簡古，不竟其説，使後人得以紛更之也。故滋蔓於鄭氏之箋，雖則云勤，而義猶未備；總萃於孔氏之疏，雖則云備，而理猶未明。嗚呼！詩者，聖人所以□①天下之書也，其義大矣，性情之正，義理之萃，已發之中，中節之和也。文、武、周、召之遺烈，治亂之本原，王政之大綱，中聲之所止也。天人相與之際，物欲相錯之間，欣應翕合，純而無間，先王以之審情僞、在②治忽、事鬼神、贊化育、奠天位而全天德者也。觀民設教，閑邪存誠，聖之功也。所過者化，所存者神，聖之用也。正適於變，變適於正，易之象也。美而稱誦，刺而譏貶，春秋之義也。故詩之爲義，根於天道，著於人心，膏於肌膚，藏於骨髓，厖澤渥浸，浹於萬世。雖火於秦，而在人心者，未嘗火之也。顧豈崎嶇訓辭鳥獸蟲魚草木之名，拘拘屑屑而得盡之哉。而有司設規，父師垂訓，莫敢誰何。以及於宋歐陽子始爲圖說，出二氏之區域，蘇氏、王氏父子繼踵馳說，河南程氏、横渠張氏、西都邵氏，遠探力窮而張皇之。逮夫東萊吕伯恭父集諸家之説，爲讀詩記，未成而卒。時晦庵先生方收伊洛之横瀾，折聖學而歸衷，集傳注之大成，乃爲詩作傳，近出己意，遠規漢、唐，復風、雅之正，端刺美之本，糞③訓詁之弊，定章句音韻之短長差舛，辨大、小序之重復④，而三百篇之微意、思無邪之一言，焕乎白日之正中也。

① 原爲墨丁，文淵閣四庫本作「化」，四庫薈要本、文淵閣四庫本作「治」，備要本作「著」。
② 「在」，文津閣四庫本作「慎」。
③ 「糞」，文津閣四庫本作「釐」。
④ 「復」，文淵閣四庫本作「複」。

其自序則自孔、孟及宋諸公格言具載之，毛、鄭以下不論，其旨微矣。是書行於江漢之間久矣，而北方之學者未之聞也。大行臺尚書田侯得善本，命工板行以傳永久，書走保下，屬經爲序，經喜於文公之傳之行與學者之幸，且嘉侯用心之仁，故推本論①著以冠諸端。」

朱升曰：「朱子之於詩也，本歐陽氏之旨而去序文，明吴才老之説而叶音韻，以周禮之六義三經而三緯之，賦比興各得其所，可謂無憾也已。」

王褘曰：「朱子集傳，其訓詁多用毛、鄭，而叶韻則本吴才老之説，其釋諸經，自謂於詩獨無遺憾。當時東萊吕氏有讀詩記最爲精密，朱子實兼取之。」

何喬新曰：「宋歐陽氏、王氏、蘇氏、吕氏於詩皆有訓釋，雖各有發明，而未能無遺憾，自朱子之傳出，三百篇之旨粲然復明。」

桂萼曰：「詩集傳極詳，然其間制度名物，不讀注疏無由而知。當時朱子傳經，一本注疏之訓釋，但以諸儒解經太詳，不免穿鑿而失其本意，於是取而傳焉，以求作者之志。不謂後之學者，遂廢注疏而不觀。試舉一二，如『三事就緒』，朱傳取鄭司農『三農之事』訓之，後人不考，遂以孟子所謂上、中、下農之説別處下方，不知本周禮『三農生九穀』注中所謂高原、下隰、平陽之農爾。又如閟宫注中『鞏密』之説，讀詩者或以結搆之密當之，豈不可笑。」

尤侗曰：「詩三百，以思無邪蔽之，安有盡收淫詞之理。即詩有美刺，以爲刺淫可矣，不應取淫人

① 「論」，文淵閣四庫本作「諸」。

自作之詩也。鄭伯如晉，子展賦將仲子；鄭伯享趙孟子，太叔賦野有蔓草；六卿餞韓宣子，子齹賦野有蔓草、子太叔賦褰裳、子游賦風雨、子旗賦有女同車、子柳賦籜兮，此六詩者，皆朱子之所爲淫奔之辭也，然叔向、趙武、韓起莫不善之，以鄭人稱鄭詩，豈自暴其醜乎？近高忠憲講學東林，有執木瓜詩問難者，謂：『「投我以木瓜，報之以瓊琚」，其中並無男女字，何以知其爲淫奔？』坐皆默然。惟蕭山來風季曰：『即有男女字，亦何必淫奔？張衡四愁詩「美人贈我金錯刀，何以報之英瓊瑤」，明明有美人字，然不爲淫奔也。』言未既，有拂然而起者，曰：『美人固通稱，若「彼狡童兮」，得不以爲淫奔否？』曰：『亦何必淫奔，子不讀箕子麥秀歌乎？「麥秀漸漸兮，禾黍油油兮①，彼狡童兮，不與我好兮」，箕子所謂受辛也，受辛，君也，而狡童之，誰曰狡童淫者也？』忠憲遽起揖曰：『先生言是也。』吾不知朱子聞之，以爲何如。」

朱氏鑑**文公詩傳遺説**

六卷。

存。

鑑後序曰：「先文公詩集傳，豫章、長沙、后山皆有本，而后山讎校爲最精。第初脱稿時，音訓間有未備，刻版已竟，不容增益。欲著補脱，終弗克就，未免仍用舊版，葺爲全書，補綴趲那，久將漫漶。竭

---

① 史記宋微子世家引詩作「禾黍油油」，無「兮」字。

來富川，郡事餘暇，輒取家本，親加是正，刻寘學宫以傳永久。抑鑑昔在侍旁，每見學者相與講論是書，凡一字之疑，一義之隱，反覆問答，切磋研究，必令心通意解而後已。今文集、書問、語録所記載，無慮數十百條，彙次成編，題曰『遺説』，後之讀詩者，能兼考乎此而盡心焉，則無異於親承誨誘，可以得其意而無疑於其言矣。若七月、斯干二詩，書以遺丘①子服者，尚可考見去取位寘小序之法，因附於後。」

成德曰：「端平乙未，子明官承議郎權知興國軍事所成也。子明有子浚尚理宗公主，官兩浙轉運使兼吏部侍郎。元兵入建寧，浚與公主走福州，知府王剛中以城降於阿剌罕②，浚謂公主曰：『君帝室王姬，吾大儒世胄，不可辱人主③。』夫婦仰藥死。小説或譏其作書與賈似道，稱萬拜，誠詆誣不足道也。」

輔氏廣**詩童子問**

二十卷。

〔四庫總目〕

朱彝尊經義考載是書二十卷，有胡一中序，言：「閲建陽書市，購得而録諸梓，且載文公傳於上，童子

① 「丘」，文淵閣四庫本作「邱」。

② 「於阿剌罕浚」，四庫薈要本作「浚義不苟全」。「罕」，文津閣四庫本作「哈」。

③ 「主」，通志堂經解康熙十九年刻本作「手」。

問於下。」此本僅十卷，不載朱子集傳，亦無一中序，蓋一中與集傳合編，故卷帙加倍；此則汲古閣所刊廣原本，故卷數減半，非有所闕佚也。（卷十五，頁二八，詩童子問十卷提要）

〔校記〕

四庫本十卷。（詩，頁三一）

存。

胡一中序曰：「詩童子問者，潛庵輔傳貽先生所著，羽翼朱子之集傳者也。自三百五篇穿鑿於小序，傅會於諸儒，六義之不明久矣。至朱子一正聖人之經，微詞奧旨，昭若日星。先生親灸①朱子之門，深造自得，於問答之際，尊其師說，退然弗敢自專，故謙之曰『童子問』。既具載師友粹言於前，復備論詩序辨說於後，俾讀詩者優柔聖經賢傳之趣，而鼓舞鳶飛魚躍之天，豈不大有功於彝倫也哉。曩於樵李聞士夫藏是書如至寶，傳是書如祕術，殊有負著②述之本意。今閱建陽書市，至余君志安勤有堂，昉得是書而鋟諸梓，且載文公傳於上，而附童子問於下，粲然明白，作而喜曰：昔私於家傳者，今公於天下後世矣，學者抑何幸焉。志安徵序其端，敢不再拜盥手而敬書之。」

王褘曰：「輔氏童子問，其說多補朱傳之未備。」

① 「灸」，應依四庫薈要本、文淵閣四庫本、備要本作「炙」。
② 「著」，文淵閣四庫本誤作「傳」。

許氏奕**毛詩説**

宋志：「三①卷。」

佚。

陳氏駿**毛詩筆義**

佚。

閩書：「陳駿，字敏仲，爲大冶丞，從游朱文公之門。」

孫氏調**詩口義**

五十卷。

佚。

劉氏爚**東宮詩解**

佚。

① 「三」，文淵閣四庫本誤作「二」。

陸元輔曰：「建陽劉爚與弟炳皆朱子高弟，仕至工部尚書，謚文簡，著有東宮詩解。」

徐氏僑**讀詩記**

佚。

馮氏誠之**詩解**

二十卷。

佚。

黄氏櫄**詩解**

二十卷。總論一卷。

存。

閩書：「櫄，字實夫，龍谿人。淳熙中，以舍選入對升進士丙科，調南劍教授，終宣教郎。」

林氏拱辰**詩傳**

佚。

温州府志：「拱辰，字巖起，平陽縣人。淳熙戊戌武舉換文登第。歷廣東經略安撫使，有詩傳刊於平江。」

舒氏璘**詩學發微**

佚。

寧波府志：「舒璘，字元質，奉化人。乾道中爲徽州教授，終宜州通判。淳祐中，謚文靖。」

高氏頤**詩集傳解**

三十卷。

佚。

閩書：「高頤，字元齡，慶元進士，知永州東安縣。」

陳氏經**詩經講義**

佚。

楊氏泰之**詩名物編**

十卷。

詩類

三卷。

俱佚。

時氏少章詩大義、贅説

佚。

張氏孝直毛詩口義

佚。

陳氏謙詩解詁

佚。

王瓚曰：「宋乾道中，永嘉陳謙益之撰。」

戴氏溪**續讀詩紀**①

〔補正〕

「記」訛作「紀」。（卷四，頁十）

宋志：「三卷。」

未見。

〔校記〕

四庫輯大典本續吕氏家塾讀詩記三卷，有經苑刊本。（詩，頁三一）

陳振孫曰：「其書出於吕氏之後，謂吕氏於字訓章已悉，而篇意未貫，故以續紀爲名。其實自述己意，亦多不用小序。」

黄震曰：「南渡後，李迂仲集諸家詩爲之辨而去取之，南軒東萊止集諸家可取者，視李氏爲徑，而東萊之詩紀獨行，岷隱戴氏遂爲續詩紀②。」

戚雄曰：「戴岷隱謂有狐爲國人憫鰥夫，則表國人之仁心，固勝於彰寡婦之淫志。其謂摽有梅父母之心也，『求我庶士』乃擇壻之辭。至哉言乎，恐聖人復起，不易斯言矣。」

---

① 「紀」，補正以爲應作「記」。

② 「紀」，四庫薈要本作「記」。

高氏元之詩說

宋志一卷。

佚。

柴氏中行詩講義

佚。

李氏心傳誦詩訓

五卷。

佚。

趙氏汝談詩注

佚。

錢氏時學詩管見

佚。

王氏宗道**讀詩臆説**

十卷。

佚。

楊氏明復**詩學發微**

佚。

謝鐸曰：「詩學發微，楊明復著，今亡。」

張氏貴謨**詩説**

宋志：「三十卷。」

佚。

括蒼彙記：「張貴謨，字子智，遂昌人。由進士主吳縣簿，教授撫州，宰江山縣，官至朝議大夫。」

黄氏應春**詩説**

佚。

寧波府志：「黄應春，奉化人，嘉熙二年進士。官至朝散郎，知處州。著有詩説，内翰應繇、左史黄自然繳進，送監看詳，除國子學録。」

陳氏寅**詩傳**

宋志：「十卷。」

佚。

史氏守道**詩略**

十卷。

佚。

四川總志：「史守道，字孟傳，眉州人。紹定進士，迪功郎。」

譚氏世選**毛詩傳**

二十卷。

佚。

陸元輔曰：「茶陵譚世選初以尚書獻策補官，凡五薦漕臺，三爲舉①首，詩傳羽翼漢儒。」

---

① 備要本「舉」下衍一「劉」字，乃後文「劉氏」之「劉」字誤置於此。

劉①氏應登**詩經訓注**

佚。

江西通志：「劉應登，字堯咨，安城人。景定間漕貢進士，宋社將危，隱居不仕。」

趙氏若燭**毛詩粗通**

佚。

韓氏謹**詩義解**

佚。

陸元輔曰：「晉江韓謹，字去華，以南海尉改宣義郎，除處州教授。著詩、禮義解上之，召爲國子博士，遷廣南東路提舉學事，自巡尉未再朞，擁使節一方，前未有也。」

湯氏建**詩衍義**

佚。

① 備要本脱「劉」字。

陸元輔曰：「樂清人，字達可，學者稱藝堂先生。」

呂氏椿**詩直解**

佚。

韓氏惇**詩義解**

佚。

劉氏垕**毛詩解**

佚。

閩書：「垕，字伯醇，建陽人，寶慶三年知江寧，以收李全功，轉朝請大夫，知常州、衡州，移南劍州，學者稱静齋先生。」

董氏夢程**詩訓釋**

佚。

謝氏升孫**詩義斷法**

佚。

江西通志：「謝升孫，南城人。舉進士爲翰林編修官，朝士稱之曰南牕先生。」

〔四庫總目〕

朱彝尊經義考載宋謝叔孫詩義斷法，不列卷數。注引江西通志曰：「叔孫，南城人，舉進士，官翰林編修。」又載詩義斷法一卷，不著名氏。注曰：見菉竹堂書目，並云已佚。此本五卷，與後一部一卷之數不符，其叔孫之書歟？（卷十七，頁七，詩義斷法五卷提要）

王氏萬**詩説**

佚。

焦氏巽之**詩總**

佚。

經義考卷一百九

詩十二

魏氏了翁**毛詩要義**

宋志：「二十卷。」

未見。

〔校記〕

上海郁氏復宋刊本二十卷，每卷分上下，計四十卷，江蘇書局亦有刊本。（詩，頁三一一）

錢氏文子**白石詩傳**

宋志：「三①十卷。」

① 「三」，補正、四庫薈要本、文淵閣四庫本改作「二」。按：今所見宋史版本，如百衲本、清武英殿刊本、文淵閣四庫本、北京中華書局點校本皆作「一十卷」。然考宋史藝文志體例，如韓詩外傳言「十卷」，不言「一十卷」，或朱彝尊、翁方綱別有所據。

存。

〔補正〕

「三」當作「二」。（卷四，頁十一）

魏了翁序曰：「古之言詩以見志者，載於魯論、左傳及子思、孟子諸書，與今之爲詩事實、文義、音韻、章句之不合者，蓋十六七。而貫融精粗，耦合事變，不啻自其口出。大抵作者本諸性情之正，而説者亦以發其性情之實，不拘拘於文辭也。自孔、孟氏没，遺言僅存，乃皆去籍焚書之餘，編殘簡脱、師異指殊，歷漢、魏、晉、隋，久而無所統一，上之人思所以救之，於是尚書存孔，三禮存鄭，易非王氏不宗，春秋惟優左、杜，詩專取毛、鄭，士豈無耳目肺腸，而不能以自信也？則寧倍往聖不刊之經，毋違時王所主之傳，所謂傳者千百家中一人耳，而一時好尚遂定爲學者之正鵠，佔畢訓故，悉惟其意。違之，則曰是非經指也，以他書且不可，況言詩乎。詩之專於毛、鄭，其來已久，舍是誠無所宗，然其間有淺闇拘迫之説，非皆毛、鄭之過。序文自一言而下，皆歷世講師因文起義，傅會穿鑿之説，乃敢與經文錯行而人不以爲疑。毛傳簡要平實，無臆説，無改字，於序文無所與，猶足以存舊聞、開來哲。至鄭氏惟序是信，則往往遷就迎合，傅以三禮，彼其於詩、於禮文同而釋異，已且不能以自信也，而流及後世，則皆推之，以爲不可遷之宗。迨我國朝之盛，然後歐、蘇、程、張諸儒，昉以聖賢之意，是正其説。人知末師之不可盡信，則相與辨序文、正古音、破改字之謬，闢專門之隘，各有以自靖自獻。極於近世，吕成公集衆善、存異本，朱文公復古經、主叶韻，然後興觀羣怨之旨可以吟咏體習，庶幾其無遺憾矣。永嘉錢公又併去講師增益之説，惟存序首一言，約文述指，篇爲一贊，凡舊説之涉乎矜己訕上、傷俗害倫者，皆在所不取，題曰錢氏集傳。又別爲詁釋如爾雅類例者，使人便於習讀。始公奉使成都，嘗出以視予，至是門人丁文伯黼起家守廬陵，將爲板行，而屬予題辭。嗚呼，聖人之經猶王室也，二牧三監九宗五正相與同心僇力，黜其不衷，疆以周索，雖匪風、下泉之弱也，苟有是志，猶足以維持人心，況鉅人价藩，實翰王略。予懼不得與於執事，其何敢辭。錢公名文子，字文季，永嘉人，蚤以明經厲志，有聲庠序，仕至宗正少卿，學術行誼爲士人宗仰云。」

喬行簡序曰：「詩者，人心之所存，有感而後發者也。故國風、雅、頌莫非憂樂怨慕之所形見，言詩者必自夫治道之隆替、詩人之情性而索之，斯足以得其意而達其微。泥諸儒雜出之説，而無優柔自求之功，則其義隱矣。小序之於詩，其説固未必皆不然也，前輩之傳詩乃有削去而不存者，今白石先生之詩傳亦獨有取於篇首之一言，豈非前後講師各出己見，間不免於自相背戾，而適以紊亂詩人之意乎！士方入小學時，詩之與序混然於句讀，誦習之初，彼固視之皆經也。迨夫稍通大義，序之説或主於內，且將牽合詩意以就之，此其爲詩之病痼矣。志於傳授解惑者，苟不爲之拔其本根而去其所先入，安能使之以詩求詩而自有所得哉？此殆黜異尊經之意，故雖若失之易而不暇問也。至於他所發明，如世變之自興而趨廢，人情之懷舊而愴新，或致愛於君而引咎於己，或委順於天而無惡於人者，先生尤致意。然亦不過一章之中釋以數語，一篇之後贊以數辭，而所謂發乎情止乎禮義者，固已爲之焕然，善逆詩人之志者，豈必待辭費哉。行簡昔嘗從先生游，聽言論如引岷江下三峽，滔滔乎其無涯也。今是書乃謹嚴簡要如此，則知先生之學自博而之約，歲殊而月異矣。同門湯尹程嘗爲余述先生病革時言，曰：『吾於詩傳尚多欲有所更定。』又以見其用功之不已，所詣之益深也。先生姓錢氏，諱文子，字文季，永嘉人。入太學，以兩優，解褐仕至宗正少卿。乾、淳諸老之後，巋然後學宗師。白石，其徒號之也。没今二十餘年，司馬文正公之孫述，自尚書郎出守永嘉，行簡知先生有是書而未廣也，又知郡太守之賢可屬以此，乃訪求於湯尹之姪時大，俾偕詁釋刻諸郡齋云。紹定六年六月朔。」

詩訓詁

宋志：「三卷。」

存。

陳振孫曰：「宗正少卿樂清錢文子撰。所居白石巖，因以爲號。」

徐秉義曰：「錢氏詩詁三卷，曰釋天、曰釋地、曰釋山、曰釋水、曰釋人、曰釋言、曰釋禮、曰釋樂、曰釋宮、曰釋器、曰釋車、曰釋服、曰釋食、曰釋禽、曰釋獸、曰釋蟲、曰釋魚、曰釋草、曰釋木，凡一十九門。」

段氏昌武**叢桂毛詩集解**

三十卷。

闕。

〔四庫總目〕

原書三十卷，明代惟朱睦㮮萬卷堂有宋槧完本，後没於汴梁之水，此本爲孫承澤家所鈔，僅存二十五卷，其周頌清廟之什以下並已脱佚。朱彝尊經義考載是書三十卷，註曰：闕。又别載讀詩總説一卷，註曰：存。今未見傳本，而卷首學詩總説、論詩總説，今在原目三十卷之外，疑即所謂讀詩總記①者，或一書而彝尊誤分之，或兩書而傳寫誤合之，則莫可考矣。（卷十五，頁二十九—三十，毛詩集解二十五卷提要）

〔校記〕

四庫本存廿四卷②，周頌清廟之什以下闕。（詩，頁三一）

讀詩總説

一卷。

存。

段維清狀略曰：「先叔朝奉昌武以詩經而兩魁秋貢，以累舉而擢第春官，印山羅使君瀛嘗遣其子姪來學，先叔以毛詩口講指畫，筆以成編，本之東萊詩説，參以晦庵詩傳，以至近世諸儒，一話一言，苟足發明，率以録焉。名曰：叢桂毛詩集解。」

陸元輔曰：「宋廬陵段昌武子武輯。首載學詩總説，分作詩之理、寓詩之樂、讀詩之法。次載論詩總説，分詩之世、詩之次、詩之序、詩之體、詩之派。餘三十卷，分十五國風、小雅、大雅、周頌、魯頌、商頌，引

① 「記」，應作「説」。

② 毛詩集解著録於四庫總目及文淵閣四庫者皆作二十五卷，校記所言「廿四卷」與之不合。

先儒之説，依詩之章次解之，而間附以己意。大抵如東萊讀詩記例，而較明暢，前後無序跋，但有其從子維清請給據狀。段氏有叢桂堂，故取以名。焦弱侯經籍志、朱西亭授經圖皆載此書，而焦氏以段昌武爲段文昌，朱氏又倒其名爲段武昌，俱似未見此書者。予所見北平孫氏抄本，孫侍郎耳伯知祥符縣事時所抄，聞西亭晚得宋刻，今没於洪流矣。」

詩義指南

一卷。

存。

黄震曰：「建昌段氏用詩紀之法爲集解。」

嚴氏粲**詩輯**①

〔補正〕

「輯」當作「緝」。（卷四，頁十一）

三十六卷。

存。

---

① 「輯」，補正、四庫薈要本、文淵閣四庫本改作「緝」。

林希逸序曰：「六經皆厄於傳疏，詩爲甚，我朝歐、蘇、王、劉諸鉅儒，雖擺落毛、鄭舊説，争出新意，而得失互有之。東萊吕氏始集百家所長，極意條理，頗見詩人趣味，然疎缺涣散，要未爲全書。蓋詩於人，學自爲一宗，筆意蹊徑，或不可尋逐，非若他經。然其流爲騷、爲選、爲唐古律，而吾聖人所謂可以興、觀、羣、怨，孟子所謂以意逆志者悉付之。明經家艾軒林先生嘗曰：『鄭康成以三禮之學箋傳，古詩難與論言外之旨矣。』艾軒終身不著書，遺言間得於前一輩鄉長老，客遊二十年未有印此語者。華谷嚴君坦叔早有詩名江湖間。甲辰，余抵京，以同舍生見，時出詩緝語我，其説大抵與艾老合，且曰：『我用力於此有年，非敢有以臆決，摭諸家而求其是，要以發昔人優柔温厚之意而已。』余既竦然起敬，遂就求全書而讀之，乃知其鉤貫根葉，疏析條緒，或會其旨於數章，或發其微於一字；出入窮其機綜，排布截其幅尺；辭錯而理，意曲而通。逆求情性於數千載之上，而興寄所在，若見其人而得之。至於音訓疑似、名物異同、時代之後前、制度之纖悉，訂證精密，開卷瞭然。烏乎，詩於是乎盡之矣。易盡於伊川，春秋盡於文定，中庸、大學、語、孟盡於考亭，繼自今，吾知此書與並行也。然則華谷何以度越諸子若是哉？余嘗得其舊稿五七言，幽深夭矯，意具言外。蓋嘗窮諸家閫奥，而獨得風、雅餘味，故能以詩言詩，此箋、傳所以瞠乎其後也。余曰：『艾軒惜不見子。』君曰：『子又豈容遺艾軒之言。』故不自揆而爲之敘爾。」

粲自序曰：「二兒初爲周南、召南，受東萊義，誦之不能習，余爲輯諸家説，句析其訓，章括其旨，使之瞭然易見。既而友朋訓其子若弟者，競傳寫之，困於筆劄，胥命鋟之木。此書便童習耳。詩之興，幾千年於此矣，古今性情一也，人能會孟氏説詩之法，涵泳三百篇之性情，則悠然見詩人言外之趣。毛、鄭以下且束之高閣，此書覆瓿可也。」又條例曰：「集諸家之說爲詩緝，舊說已善者不必求異，有所未安乃參以己說，要在以意逆志，優而柔之，以求吟咏之情性而已。字訓句義，插注經文之下，以著所從。乃錯綜新舊說以爲章指，順經文而點掇之，使詩人紆徐涵泳之趣，一見可了，以便家之童習爾。」

袁甫曰：「坦叔於黍離、中谷有蓷、葛藟不用舊說，獨能探得詩人優柔之意。其他一章一句，時出新意，大抵宛轉有旨趣，可與言詩也已矣。」

黄佐曰：「華谷嚴氏詩緝以呂氏讀詩記爲主，而集諸家之說以發明之。」

劉氏克**詩說**

十二卷。

闕。

〔校記〕

崑山徐氏有藏本，第二、第九、第十卷都闕。案：汪閬源仿宋刊本闕第九、第十兩卷，歸安陸氏刊此二佚卷于羣書校補中。（詩，頁三一）

克自序曰：「吾夫子發明至理以垂訓萬世，未嘗不援詩以爲證。中庸、大學義理之精微，必以詩發之，豈聖人之道皆有得於詩，所以垂之天下萬世者，必待詩而後發耶？抑其作詩者皆聖賢之盛耶？又況聖人因詩以推廣其義，宏遠精微，皆詩旨之所未及。洙、泗之間，諄諄爲學者言，未嘗不以詩爲先，彼春秋諸賢，執詩以助其説者，何啻千里之繆①，然後知詩之果爲難言也。似若六經出於聖人之暮年，前乎此則書藏於史，禮、樂藏於名數，易爲卜筮，其公於上下之所通習者，詩而止爾。故不學詩，不爲周南、召南者，皆不足以爲士。誦詩三百，固以爲多，而有餘用，所謂多識於鳥獸草木之名者，特學詩之細事。三千之徒，可與言而終不與之言者，賜與商而止爾。聖人蓋予人以共學，而不予②人以共知乃如此。然則詩人之託物致意，情旨幽遠，不解其辭而求之於序，序之與詩，文體升降，遼不相侔，託詩之名，演而爲義者多矣；揣詩之義，臆而爲説者亦不少。且以漢、魏文章之盛，辭旨淹洽，未嘗有援詩序之辭者，惟束晳補亡模倣序意，晉、唐四言皆循其法，近世場屋命題，乃以詩序同於正詩。儒先有欲去詩序者，至其訓辭又多依倣序意，竟亦不能去也。克之學詩，似若於序無預，固未暇論其合與否也。然序之出於詩人，或卜商，或大、小毛公，皆莫得而準。序之名氏猶不可知，況於詩乎？詩之言辭猶不可知，況其旨乎？然則言詩之難其人，聖人豈欺我哉，其間亦有甚可疑者焉。按：左氏傳季孫行父以襄公五年卒，不以壽聞者也，姑以七十歲爲準，在僖公薨年纔十有一歲，安有八、九歲之兒，顧乃請命於周，用前代未有之典出於諸卿之右哉！豳籥、豳詩、豳雅、豳頌見於籥章所掌，説者乃謂盡該於七月之詩，其然乎？周宣石鼓之歌，審如退之所謂孔子西行不到秦，則祈招之詩，聖人嘗爲之折衷矣，何所戾而不編耶？季札觀於周樂時，則孔子之生二十有六年矣，其先後次第與今毛氏所傳無絲毫少異，是吾夫子終

① 「繆」，文津閣四庫本作「謬」。
② 「予」，文淵閣四庫本作「與」。

未嘗寘繩尺於其間也。彼所謂逸詩者，其逸於未删之前耶？抑逸於既删之後耶？聖人於詩纖悉必盡，義有未的，則裁而正之；辭有牴牾，則删而去之。四始主於文王，黍離降於國風，皆訓典之大法，禮義之大權，非雅、頌各得其所之謂乎！嗟乎！後死者之於斯文，欲如身親見之盛，抑亦不知量也已。如以援證之詩言之，則是經豈非聖人之全書乎。」

子坦跋曰：「家君所著詩説，每篇條例諸家解，而繫己意於後，其所纂輯家數，視東萊詩記加詳，亦互有去取。又以詩記所編詩解乃文公初筆，其晚年詩解成時，吕成公已下世，更别爲目，繫於『朱曰』之次，若全以鋟梓未易遽集，坦浸廹終更，日力有限，兹且以家君己説與書説對刊，仍録全本之副於學宫，或補①爲完書，以淑後學，則有望於將來之師儒。淳祐六年人日，迪功郎郴州州學教授劉坦。」

按：劉氏詩説，宋志及焦氏經籍志、朱氏授經圖均未之載。崑山徐氏傳是樓有藏本，乃宋時雕刻，惜第二、第九、第十卷都闕，前有總説，楮尾吴匏庵先生題識尚存。克，信安人。

王氏應麟**詩地理考**

宋志：「五卷。」

存。

---

① 「補」，文淵閣四庫本作「充」。

〔校記〕

元刊及四庫本均六卷。（詩，頁三一）

應麟自序曰：「詩可以觀，廣谷大川異制，民生其間者異俗，剛柔、輕重、遲速異齊，聲音之道與政通矣，延陵季子以是觀之。太史公講業齊、魯之都，其作世家，於齊曰：『洋洋乎，固大國之風也。』於魯曰：『洙①、泗之間斷斷如也。』蓋深識夫子一變之意。班孟堅志地理，敘變風十三國而不及二南，豈知詩之本原者哉。夫詩由人心生也，風土之音曰風，朝廷之音曰雅，郊廟之音曰頌，其生於心一也。人之心與天地山川流通，發於聲，見於辭，莫不繫水土之風而屬三光五嶽之氣，因詩以求其地之所在，稽風俗之薄厚，見政化之盛衰，感發善心而得性情之正，匪徒辨疆域云爾。世變日降，今非古矣，人之性情古猶今也，今其不古乎。山川能説，爲君子九能之一毛，公取而載於傳，有意其推本之也。是用據傳箋義疏，參之禹貢、職方、春秋、爾雅、説文、地志、水經，罔羅遺文古事，傅以諸儒之説，列鄭氏譜十首爲詩地理考，讀詩者觀乎此，亦升高自下之助云。」

詩考

宋志：「五卷。」今六卷。

存。

---

① 「洙」，應從四庫諸本、備要本作「洙」。

〔校記〕

昭文張氏有元刊本六卷，今本一卷。（詩，頁三一）

應麟自序曰：「漢言詩者四家，師異指殊，賈逵撰齊、魯、韓與毛氏異同，梁崔靈恩采三家本爲集注，今惟毛傳、鄭箋孤行，韓僅存外傳，而魯、齊詩亡久矣。諸儒説詩一以毛、鄭爲宗，未有參考三家者，獨朱公集傳閎意眇指，卓然千載之上，言關雎則取匡衡；柏舟婦人之詩，則取劉向；笙詩有聲無辭，則取儀禮；『上天甚神』，則取戰國策；『何以恤我』，則取左氏傳；抑戒自警、昊天有成命道成王之德，則取國語；『陟降庭止』，則取漢書；注賓之初筵飲酒悔過，則取韓詩序；『不可休思』、『是用不就』、『彼岨者岐』，皆從韓詩；禹敷下土方①，又證諸楚辭，一洗末師專己守殘之陋，學者諷咏涵濡而自得之躍如也。文公語門人文選注多韓詩章句，嘗欲寫出，應麟竊觀傳記所述三家緒言尚多有之，網羅遺軼，傅以説文、爾雅諸書，粹爲一篇，以扶微學、廣異義，亦文公之義云爾。讀集傳者，或有考於斯。」

又後序曰：「詩四家異同，惟韓詩略見於釋文，而魯、齊無所考。劉向列女傳謂蔡人妻作芣苢，周南大夫妻作汝墳，申人女作行露，衛宣夫人作邶柏舟，定姜送婦作燕燕，黎莊公夫人及其傅母作式微，莊姜傅母作碩人，息夫人作大車。新序謂伋之傅②作二子乘舟，壽閔其兄作憂思之詩，黍離是也。楚元王受詩於浮丘伯，向乃元王之孫，所述蓋魯詩也。鄭康成注禮記以『于嗟乎，騶虞』爲嘆仁人；以燕燕

---

① 「土方」，文淵閣四庫本作「上方」。

② 「傳」下，應依補正、四庫薈要本、文淵閣四庫本增「母」字。

爲定姜之詩；以『生甫及申』爲仲山甫、申伯；以商爲宋詩；『維鵜在梁』，以不濡其翼爲才；『上天之載』，讀曰栽；『至于湯齊』，讀爲躋；注周禮云：『甸讀與①「惟禹𨻰②之」之𨻰同。』康成從張恭祖爲韓詩，注禮之時未得毛傳，所述蓋韓詩也。賈誼謂騶，文王之囿；虞，虞官也。歐陽子從之。韋昭注國語，謂采菽王賜諸侯命服之樂，黍苗道召伯述職勞來諸侯，與朱子集傳合。太史公以『薄伐玁狁，至于太原』，『出車③彭彭，城彼朔方』，爲周襄王時之詩。班固謂『靡室靡家』之詩，懿王時作；『城彼朔方』之詩，宣王時作。白虎通以相鼠爲妻諫夫之詩。趙岐以小弁爲伯奇之詩。漢儒言詩，其説不一如此。關雎，正風之始也，魯、齊、韓以爲康王政衰之詩。楊子云：『傷始亂』。鹿鳴，正雅之始也，太史公云：『仁義陵遲，鹿鳴刺焉』。聖人删詩，豈以刺詩冠風、雅之首哉？楊子④又云：『正考甫常晞尹吉甫矣，公子奚斯常晞正考甫矣。』正考甫得商頌，而以爲作商頌；奚斯作新廟，而以爲作魯頌，此皆先儒所不取。許叔重説文謂其稱詩毛氏皆古文也，而字多與今詩異，豈詩之文亦如書之有古今歟？併掇⑤而録之。」

〔補正〕

後序内「新序謂伋之傳作二子乘舟」，「傳」下脱「母」字。「出車彭彭」，「車」字詩考及史記作「輿」。

---

① 「與」，文津閣四庫本缺此字。

② 「𨻰」，備要本作「𨻰」。應依阮刻十三經注疏本周禮注疏地官稍人注作「𨻰」。

③ 「出車」，四庫薈要本作「出輿」。補正云：「詩考及史記作輿。」

④ 「楊子」，四庫薈要本作「揚子」。

⑤ 「掇」，詩考、文淵閣四庫本作「綴」。

（卷四，頁十一）

董斯張曰：「伯厚詩考引諸書字義異同，及薛君韓詩章句，極其詳覈，然猶有未盡者，如荀子引節南山云：『維天子是庳，卑民不迷。』庳今作毗，卑今作俾。子華子引野有蔓草云：『有美一人，清風婉兮。』風今作揚。說苑引黍苗：『原隰既平，泉流既清。本立而道生。』漢潁①薛君碑引詩『永矢不愃』。考槃，今作『弗諼』。水經注引魯頌『保其鳧繹』，其今作有。韓詩：『于嗟，嘆辭。』薛君章句，騶虞，文選注。『使我心痗。』伯兮，文選注。『彼其之子，碩大且篤』，非良篤修身行之，君子其孰能與之哉。』椒聊，韓詩外傳。『和樂且湛』，薛君：『樂之甚也。』常棣，文選注。『檀車綫綫。』杕杜，伯厚引作『張張』，誤，釋文。『彼交庶②紓，天子所予』，言必交吾志然然③予。』采菽，外傳。『刑于寡妻』，刑，正也。』思齊，釋④文。『烝，美也』；『濯，美也』。文王有聲，釋文。薛君曰：『亹，水流貌。』鳧鷖，文選注。『對彼雲漢』，薛君曰：『宣王遭亂仰天也。』雲漢，文選注。薛君曰：『幹，正也，謂以其義非而正之。』韓奕，文選注，伯厚引此缺下句。薛君曰：『宋襄公去奢節儉。』商頌，文選注。『師臣者帝，交愛臣者王，臣臣者霸，臣不行者亡。』韓詩內傳，伯厚詩引此亦缺下句。又姜后曰：『雎鳩之鳥，猶未見其乘居而匹遊。』文選注，按此番本三家詩說。此皆困學翁之所逸也。」

---

① 「潁」，補正以爲當作「隸」。
② 「庶」，應依阮刻十三經注疏本及韓詩外傳卷四引詩作「匪」。
③ 「然然」，應依韓詩外傳卷四作「然後」。
④ 各本「釋」下皆脫「文」字。

〔補正〕

董斯張條内「漢穎薛君碑」，「穎」當作「隸」。按：此碑語非引詩也。（卷四，頁一一）

毛詩草木鳥獸蟲魚廣疏

六卷。

未見。

經義考卷一百十

詩十三

洪氏咨夔**詩注**

佚。

熊氏剛大**詩經注解**

佚。

陸元輔曰：「建陽熊剛大從蔡淵、黄幹游，爲建安教授，有詩經注解，學者稱古溪先生。」

高氏斯得**詩膚説**

佚。

顧氏文英詩傳演說

佚。

劉克莊曰：「顧貢士詩傳，大略如鄭夾漈。」

董氏鼎詩傳

佚。

李氏彖詩講義

佚。

鄭氏犀詩古音辨「犀」或作「庠」。

宋志：「一卷。」

佚。

劉氏元剛詩演義

佚。

章氏叔平**讀詩私記**

佚。

黃震序曰：「詩自衛宏作小序，諸儒往往憑之以說詩，隨其所發，理趣雖精，而詩之所以作，則世遠未必知其果然否也。王雪山、鄭夾漈始各捨序而言詩，朱晦庵因夾漈而酌以人情天理之自然而折衷之，所以開示後學者已明且要。東萊呂氏讀詩時，嘗雜記諸儒之舊說，未及成書，公已下世。學者以其①朱晦庵之說異，而與舊傳之諸說同也，或莫適從。臨川章君叔平因兩家之異，參諸說之詳，斷以己見，名以『私記』，無一語隨人之後，其用功之精勤與謙虛不敢自信之意，果何如哉。余得而讀之，三歎不忍去手，方欲從之面請，則已拜予祠之命東歸矣。始②志篇端歸之，尚俟後會云。」

蔡氏夢說**詩箋**

八卷。

佚。

赤城新志：「蔡夢說，字起巖，黃巖人。從車敬齋游，究心濂洛之學，開門授徒，黃超然、高志尹、方儀

---

① 依黃氏日鈔，「其」下有「與」字。

② 依黃氏日鈔，「始」應作「姑」。

皆其弟子也。所著書多散亡，獨箋詩八卷，藏於家。」

俞氏德鄰**佩韋齋輯聞詩説**

一卷。

存。

曹溶曰：「宋季俞德鄰，永嘉人，著有佩韋齋輯聞，中有詩説一十三條。」

姚氏隆**詩解**

佚。

黄淵序曰：「心動物也，詩亦動物也，豈可以言語求哉，惟不説者爲上矣。夫子絃歌而取三百十有三①篇，斷之以思無邪一語，即詩論詩，他無文字。洙、泗言詩，特子貢、子夏見於魯論耳。齊、魯、毛、韓四家出，傳興而經廢矣。序文不知果誰所作，毛萇於序猶無所與，鄭康成惟序是信，叔世講師又出入毛、鄭間，跛眇相迓，笑者孩之，雖然語初學者不爲詁釋，彼豈知或大、或小、或博、或約、或顯、或晦、或抑、或揚之妙，此野庵詩解所以作也。是解也，參之李迂仲，訂之張敬夫，序之可者從之，否則正之。謂風、雅、頌皆始於文王；謂風關雎、鵲巢迺應其聲；謂二雅聲有大小，非政有大小；謂王

---

① 「三」，應依補正、四庫薈要本、文淵閣四庫本改作「一」。

風迺王城之聲；謂國風無變風，二雅無變雅，譚詩平易如此。野庵，姚姓隆名，贈朝散大夫，蕭之詔溪人。」

〔補正〕

黃淵序内「夫子絃歌而取三百十有三篇」，當作「十有一篇」。（卷四，頁一一）

黃氏震**讀詩一得**

一卷。

存。

震自序曰：「毛詩注釋簡古，鄭氏雖以禮説詩，於人情或不通，及多改字之弊，然亦多有足以裨毛詩之未及者。至孔氏疏義出，而二家之説遂明。本朝伊川與歐、蘇諸公，又爲發其理趣，詩益焕然矣。南渡後，李迂仲集諸家爲之辨而去取之，南軒東萊止集諸家可取者，視李氏爲徑，而東萊之詩記獨行，岷隱戴氏遂爲續詩記，建昌段氏又用詩記之法爲集解，華谷嚴氏又用其法爲詩緝，諸家之要者多在焉，此讀詩之本説也。雪山王公質、夾漈鄭公樵，始皆去序而言詩，與諸家之説不同。晦庵先生因鄭公之説，盡去美刺，探求古始，其説頗驚俗，雖東萊不能無疑焉。夫詩，非序莫知其所自作，去之千載之下，欲一旦盡去自昔相傳之説，别求其説於茫冥之中，誠亦難事。然其指桑中、溱洧爲鄭、衞之音，則其辭曉然，諸儒安得回護而謂之雅音？若謂甫田、大田諸篇皆非刺詩，自今讀之，皆藹然治世之音。若謂『成王不敢康』之成王爲周成王，則其説實出於國語，亦文義之曉然者。其餘改易，固不可一一盡知，若其發理之精到，措辭之簡潔，讀之使人暸然，亦孰有加於晦庵之詩傳者哉？學者當以晦庵詩傳爲主，至其改易古説，間有於意未能遽曉者，則以諸家參之，庶乎得之矣。」

謝氏枋得**詩傳注疏**

佚。

〔校記〕

知不足齋有刊本三卷。（詩，頁三二）

陸元輔曰：「疊山詩傳疏發明透暢，大全中所採頗多。」

王氏柏**詩可言集**

宋志：「二十卷。」

未見。

方回序曰：「可言集前後二十卷，金華魯齋王公栢之所著也。此集專以評詩，故曰『可言』。前集取文公文集、語録等所論三百五篇之所以作，及詩之教、之體、之學而及於騷；次取文公所論漢以來至宋及題跋近世諸公詩。後集各專一類，而論其詩者二十三人，曰：濂溪、横渠、龜山、羅豫章、李延平、徐逸平、胡文定、致堂、五峰、朱韋齋、劉屏山、潘默成、吕紫微、曾文清、文公、宣公、成公、黄谷城、黄勉齋、程蒙齋、徐毅齋、劉篁嵲、劉漫塘。附見者五人，曰：劉静春、曾景建、趙昌父、方伯謨、李果齋。其

第十三卷，專取漢唐山夫人房中樂，然則其立論可謂嚴矣。文公、成公於思無邪各爲一說，前輩謂之未了公案。『詩三百，一言以蔽之，曰思無邪』，自古及今皆謂作詩者思無邪，文公獨不謂然，論語集注謂：『凡詩之言善者，可以感發人之善心；惡者，可以懲創人之逸志。』觀此固已爲詩之言有善、有惡，作詩之人不皆思無邪矣。猶未也，文集第七十卷讀東萊詩記乃有云：『孔子之稱思無邪也，以爲詩三百篇，勸善懲惡，雖其要歸無不出於正，然未有若此言之約而盡者爾，非以作詩之人所思皆無邪也。』今考東萊所說見桑中詩後，謂：『詩人以無邪之思作之，學者當以無邪之思讀之。』文公則辨之曰：『彼雖以有邪之思作之，而我以無邪之思讀之。』二公之說不同如此。又『雅』、『鄭』二字，文公謂桑中、溱洧即是鄭聲、衞樂，二雅乃雅也。成公謂桑中、溱洧亦是雅聲，彼桑間、濮上已放之矣。予嘗詳録二先生異說於思無邪章，今魯齋但紀文公之說而不紀成公之說，雖引成公讀詩記所說十有三條，而桑中詩後一條不録，無乃以文公之說爲是耶！別見魯齋詩說，則謂今之三百五篇，非盡夫子之三百五篇□①。秦法嚴密，詩豈獨全，竊意刪去之詩容有存於里巷浮薄之口，漢儒病其亡逸，概謂古詩取以足數，小序又文以他辭，而後儒不敢議。欲削去淫奔之詩三十有二，以合聖人放淫之大訓。予晚進未敢遽從，竊謂桑中、溱洧非淫奔者自爲之詩，彼淫奔者有此事，而旁觀之人有羞惡之心，故形爲歌詠以刺譏醜惡，若今鄙俚如賺如令，連篇累牘形容狹邪之語，無所不至，豈淫者自爲之乎？旁觀者爲之也。文公以淫奔之詩出於淫奔者之口，故不惟不信小序，而大序止乎禮義之言亦致疑焉，蓋謂桑中、溱洧等作未嘗止乎

① 「篇」下，原空一格，文淵閣四庫本同，四庫薈要本、備要本補「也」字，文津閣四庫本補「矣」字。

禮義也。予妄意以爲採詩觀風，詩亦史也，鄭、衛之淫風盛矣，其國豈無君子與好事者察見其人情狀，故從而歌咏之。其所以歌咏之，蓋將以揚其惡，雖近於戲狎，而實亦足以爲戒也。文公以爲淫奔者自爲是詩，則其人亦至不肖大無恥矣，惡人之尤也，聖人何録焉。成公謂詩雅樂也，祭祀朝聘之所用也。桑間、濮土①之音，鄭、衛之樂也，世俗之所用也。桑中、溱洧諸篇作於周道之衰，雖已煩趣，猶止於中聲。孔子嘗欲放鄭聲，豈有删詩示萬世，乃收鄭聲以備六藝乎？此説不爲無理，而文公則謂鄭風、衛風若干篇即是鄭、衛，大雅、小雅若干篇即是雅。二南正風，房中之樂也；二雅之正，朝廷之樂也；商、周之頌，宗廟之樂也。變雅無施於事變，特里巷之歌謡耳。必曰三百篇皆祭祀朝聘之所用，則未知桑中、溱洧之屬當以薦何等之鬼神，接何等之賓客耶？此二説者，内翰尚書王公應麟與予一商略之矣。作詩不皆思無邪，文公糾成公之説也，因是遂辨『雅』、『鄭』二字，而及於三百篇或用爲樂、或不用爲樂，三節不同，所以謂之未了公案，學者不可不細考也。予考十家所評詩話，始於胡苕溪博也，終於王魯齋約也，欲學詩者觀是足矣。」

詩辨説或作詩疑。

四庫本作詩疑。（詩，頁三二）

〔校記〕

① 「土」，應依四庫諸本、備要本作「上」。

二卷。

存。

柏自序曰：「聖人之道，以書而傳，亦以書而晦。夫天高地下，萬物散殊，皆與道爲體。然載道之全者，莫如書。既曰以是而傳，又曰以是而晦，何也？在昔上古教化隆盛，學校修明，聖人之道流行宣著，雖無書可也。惟教化有時而衰，學校有時而廢，道之托於人者，始不得其傳。然後筆於言、存於簡册，以開後之學者，而書之功大矣。及其專門之學興，而各主其傳；訓詁之義作，而各是其說。或膠於淺陋，或騖於高遠，援據傅會，穿鑿支離，詭受以飾私，駕古以借重。執其詞而害於意者有之，襲其訛而誣其義者有之，遂使聖人之道反晦蝕殘毁，卒不得大明於天下，故曰以書而晦。此無他，識不足以破其妄，力不足以排其非，後世任道者之通病也。紫陽朱夫子出而推伊洛之精藴，取聖經於晦蝕殘毁之中，專以四書爲義理之淵藪，於易則分還三聖之舊，於詩則掇去小序之失，此皆千有餘年之惑，一旦汛掃平蕩，其功過孟氏遠矣。然道之明晦也，皆有其漸，蓋非一□①日之積集，其成者不能無賴於其始，則前賢之功有不可廢。正其大著者，不能無遺於其小，則後學之責，有不可辭。大抵有探討之實者，不能無所疑；有是非之見者，不容無所辨。苟輕於改而不知存古以缺疑，固學者之可罪；紐於舊而不知按理以復古，豈先儒所望於後之學者？何後世狥②破裂不完之經，以壞明白不磨之理乎？予因讀詩而薄有疑，

① 「日」上原空一格，備要本不空，四庫薈要本、文淵閣四庫本改「□日」爲「朝夕」，文津閣四庫本空格補「歲」字。
② 「狥」，備要本作「徇」，「徇」、「狥」爲正俗字。

既而思益久而疑益多，不揆淺陋，作詩十辨：一曰毛詩辨，二曰風雅辨，三曰王風辨，四曰二雅辨，五曰賦詩辨，六曰豳風辨，七曰風序辨，八曰魯頌辨，九曰詩亡辨，十曰經傳辨，非敢妄擬聖人之經也，直欲辨後世之經而已。」

成德序曰：「金華王文憲公於六經四子之書論説最富①，詩則有讀詩記十卷、詩可言二十卷、詩辨説二卷，見吴禮部正傳節録行實中。今所傳詩疑則行實未載，卷帙不分，繹其辭，殆即詩辨説，因公於書有書疑，遂比而同之也。古之説詩者率本大、小序，自晦庵朱子去序言詩，遂以列國之風多指爲男女期會贈答之作。公師事何文定，文定學於黄文肅，文肅受業朱子之門，宜其以鄭、衛諸詩信爲淫奔者所作，且疑三百五篇豈盡夫子之舊，容或有删去之詩存於閭巷之口，漢初諸儒各出所記以補其缺佚者。又以二南各十有一篇，兩兩相配，於是削去野有死麕一篇，退何彼襛矣、甘棠於王風，其自信之堅過於朱子，此則漢、唐以來羣儒莫之敢爲者也。文定嘗語公矣，諸經既經朱子訂定，且當謹守，不必又多起疑論，有欲爲後學言者，謹之又謹可也。昔賢之善誨人如此。」

按：詩有南、有風、有雅、有頌，用之鄉人邦國，秩然一定而不可紊，故一豳也，有豳詩、有豳雅、有豳頌。鼓鐘之詩曰：「以雅以南。」論語：「雅、頌各得其所。」南之不可移於風，猶風之不可雜於雅、頌也。自朱子專主去序言詩，而鄭、衛之風皆指爲淫奔之作，數傳而魯齋王氏遂删去其三十二篇，且於二南删去野有死麕一篇，而退何彼襛矣、甘棠於王風。夫以孔子之所不敢删者，魯齋毅然削之；孔

①「富」，文津閣四庫本作「當」。

子之所不敢變易者，魯齋毅然移之。噫，亦甚矣，世之儒者以其淵源出於朱子而不敢議，則亦無是非之心者也。

〔補正〕

竹垞按「魯齋王氏遂删去其三十二篇」，「二」當作「一」。（卷四，頁十一）

戴氏亨**朱子詩傳辨正**

佚。

江氏愷**詩經講義**

佚。

徽州府志：「愷，字伯幾，婺源人，貢禮闈。宋亡，衣齊衰隱居，學者稱雪江先生。」

陳氏深**清全齋讀詩編**

未見。

陳氏普**詩講義**

一卷。

存。

陳氏煥**詩傳微**

佚。

黃虞稷曰：「字時可，豐城人。宋末兩預漕薦，入元不仕。」

丘氏葵**詩正義**或作「口義」。

佚。

俞氏琰**絃歌毛詩譜**

一卷。

未見。

何氏逢原**毛詩通旨**

佚。

李德恢嚴州府志：「逢原，字文瀾，分水人。咸淳間官中書舍人，入元被薦不起。」

趙氏𢈊**詩辨説**

七卷。

闕。

黄虞稷曰：「德，宋宗室，入元隱居豫章東湖，自號鐵峰。詩辨疑本七卷，附録朱氏疑問，後者其撮要也。」

熊氏禾**毛詩集疏**

佚。

吴氏失名**詩本義補遺**

宋志：「二卷。」

佚。

按：王氏困學紀聞載鶴林吴氏論詩曰：「興之體足以感發人之善心，毛氏自關雎而下，總百十六篇，首繫之興，風七十、小雅四十、大雅四、頌二，注曰：興也。而比賦不稱焉，蓋謂賦直而興微，比顯而興隱也。」吴氏未詳其名，其書出於朱子集傳之前，未審即宋志所載本義補遺否也。

亡名氏毛詩小疏

宋志：「二十卷。」

佚。

崇文總目：「不著撰人名氏，因孔疏爲本，删取要義，輔益經注云。」

毛詩餘辨

通志：「四卷。」

佚。

毛詩別集正義

通志：「一卷。」

佚。

毛詩釋題 崇文目「釋」作「解」。

宋志：「二十卷。」

佚。

崇文總目：「不著撰人名氏，篇端總敘詩義，次述章旨，蓋近儒之爲者與？」

毛詩正數

宋志：「二十卷。」

佚。

毛詩釋篇目疏

宋志：「十卷。」

佚。

詩疏要義

宋志：「一卷。」

佚。

毛詩玄談

宋志：「一卷。」

佚。

毛詩章疏

宋志：「三卷。」紹興書目：「二卷。」

佚。

毛詩通義

宋志：「二十卷。」

佚。

毛鄭詩學

宋志：「十卷。」

佚。

纂圖互注毛詩

二十卷。

存。

陸元輔曰：「此書不知何人編輯，鋟刻甚精。首之以毛詩舉要圖二十五，曰：十五國風地理圖、曰太王胥宇圖、曰宣王考室圖、曰文武豐鎬之圖、曰春藉田祈社稷圖、曰巡守柴望祭告圖、曰靈臺辟雍之圖、曰閟宫路寢之圖、曰我將明堂之圖、曰諸侯泮宫之圖、曰兵器之圖、曰周元戎圖、曰秦小戎圖、曰有瞽始作樂圖、曰絲衣釋①賓尸圖、曰朝服之圖、曰后夫人婦人服之圖、曰冠冕弁圖、曰帶佩芾②圖、曰衣裘幣帛之圖、曰祭器之圖、曰樂舞器圖、曰器物之圖、曰四詩傳校圖。上下各圖或引注疏，或引禮書，詳注其下。傳校圖則按漢三史而爲之者也，次之以毛詩篇目，每詩題下采毛詩首句注之，其卷一至終則全録大、小序及毛傳、鄭箋、陸氏釋文，而采左傳、三禮有及於詩者爲互注，又摽③詩句之同者爲重言，詩意之同者爲重意，蓋唐、宋人帖括之書也。」

〔補正〕

陸元輔條内「絲衣釋賓尸圖」，「釋」當作「繹」。（卷四，頁十一）

詩義斷法

一卷。

佚。

① 「釋」，應依補正、四庫薈要本、文淵閣四庫本改作「繹」。
② 「芾」，文津閣四庫本作「巿」。
③ 「摽」，應依四庫薈要本、備要本作「標」。

右見菉竹堂書目。

〔校記〕

四庫著録五卷。（詩，頁三二）

經義考卷一百十一

詩十四

李氏簡**詩學備忘**

二十四卷。

佚。

雷氏光霆**詩義指南**

十七卷。

佚。

南昌府志：「光霆，字友光，寧州人。程鉅夫嘗從受業，至元間，遣使徵之，未至而卒，學者稱龍光先生。」

胡氏一桂**詩傳纂疏附録**

八卷。

未見。

劉氏莊孫**詩傳音指補**

二十卷。

佚。

程氏直方**學詩筆記**

未見。

胡氏炳文**詩集解**

未見。

程氏龍**詩傳釋疑**

佚。

安氏熙**詩傳精要**

佚。

蘇天爵狀曰："先生諱熙，字敬仲，姓安氏，太原離石人也。金亡，徙山東，愛真定風土，家焉。試中選，占儒籍，以郡博士舉貳其學事。先生之教人也，師道卓然，科條纖悉，皆有法度，入學以居敬爲本，讀書以經術爲先。其講説也，毫分縷析①，融會貫通，俾學者如親聞聖人之言，心開目明，釋然無疑。弟子去來者，常至百人，憲司數以其行薦於朝，卒無所就，不幸以疾卒，年四十有二。有詩傳精要、統皇極經世書、四書精要考異。"

陳氏櫟**詩經句解**

未見。

櫟自序曰："詩部分有三：曰風、曰雅、曰頌；所以作風、雅、頌之體亦有三，曰賦、曰比、曰興；詩有六義，此之謂也。風則有十五國風，雅則有大、小雅，頌則三頌也。風有正、有變，周南、召南，正風也；邶、鄘、衛、王、鄭、齊、魏、唐、秦、陳、檜、曹、豳十三國之風，變風也。雅之大小亦有正有變，自鹿鳴至菁菁者莪，正小雅也；自六月至何草不黄，變小雅也；自文王至卷阿，正大雅也；自民勞至召旻，變

① "析"，文淵閣四庫本作"晰"。

大雅也。三頌，周頌、魯頌、商頌也。風，風也，民俗歌謠之詩也；雅，正也，朝廷讌饗朝會樂歌之詩也；頌，美也，宗廟祭祀樂歌之詩也。直陳其事曰賦，以彼喻此曰比，託物興辭曰興，六義之略如此而已。詩之作，或出於公卿大夫，或出於小夫賤隸，或出於婦人女子，乃人聲自然之音，自古有之，康衢之謠是也。今見於書，如舜皋喜起明良之歌，即虞詩也；五子之歌則夏詩也；商詩多亡，今商頌五篇乃未盡亡者。外此，風、雅、二頌，皆周詩也。二南雖國風，已有進而爲雅之漸，見周之所以盛；王黍離不復爲雅，乃降而儕於列國之風，見周之所以衰。王詩降爲國風而詩亡，詩亡而春秋作矣。以詩爲教，自古已然，舜命夔教胄子曰：『詩言志。』周禮太師教六詩，曰風、曰雅、曰頌、曰賦、曰比、曰興是也。孔子删詩爲三百篇，始列於六經，而尤以爲教人之先務，視他經猶諄諄焉。曰興於詩，曰誦詩三百，曰小子何莫學夫詩，謂子伯魚曰：『汝爲周南、召南矣乎？』他日過庭所聞，亦先問：『學詩乎？』子所雅言，詩亦必在書、禮之先。而提綱絜①領，教人以讀詩之法，則曰：『詩三百，一言以蔽之，曰思無邪。』蓋以詩雖三百篇之多，大要不出美善、刺惡二者，讀美善之詩，可以感發吾之善心；讀刺惡之詩，可以懲創吾之逸志，皆所以正吾心而使無邪思者。學者識賦、比、興之體以讀風、雅、頌之詩，而一以無邪之思爲主焉，則詩之一經可學矣。詩序之作，或以爲孔子、或以爲子夏、或以爲國史，皆無明文可考。惟後漢書儒林傳以爲衞宏作詩序傳於後。今考小序與詩牴牾，臆度傅會、繆妄淺陋常多，有根據而得詩意者恆少，其非孔子、子夏所作而爲宏所作明矣。諸序本自合爲一編，至毛氏爲詩訓傳始引序入經，分置各篇

---

① 「絜」，應依備要本作「挈」爲宜。

之首，不爲注文而直作經字，於是讀者轉相尊信，無敢擬議。至有不通，必爲之委曲遷就，穿鑿附合，寧使經之本文繚戾破碎不成文理，而終不敢以小序爲出於漢儒也。獨朱文公詩傳始去小序別爲一編，序說之可信者取之，其繆妄者正之，而後學者知小序之非，聞正大之旨至矣、盡矣。今述文公之傳爲句解，以授幼學，又以序與詩異處不便觀覽，乃依毛氏，序列各篇之首，但高下其行以別之，庶使序之得失，開卷了然，而詩之意義易於推尋云。」

吳氏廷**詩傳衆說**

佚。

李氏恕**毛詩音訓**

四卷。

未見。

毛詩詁訓

四卷。

未見。

毛詩旁注

未見。

朱氏近禮**詩傳疏釋**

佚。

吴澂跋曰：「朱子之注經，詩傳爲最善，學者之窮經，亦惟詩爲易入。盱江朱近禮喜讀詩，隨己所知，具疏其下。或有所釋，或有所廣，年未二十而專攻一經，志可尚已。」

蔣氏宗簡**詩答**

佚。

周氏聞孫**學詩舟楫**

佚。

劉氏瑾**詩傳通釋**

二十卷。

存。

楊士奇曰：「詩傳通釋，元安成劉瑾輯，凡二十卷。余家所有四册，其采録各經傳及諸儒所發要義，又考求世次源流，至明且備，蓋會通之書也。」

吉安府志：「劉瑾，安福人，肆力治詩。其説宗朱子而間出其所自得，又考正諸國世次、作者時世，察其源流、辨其音韻。審詩樂①之合，窮删定之由，爲詩傳通釋一書，能闡發朱子之藴。」

黄虞稷曰：「瑾，字公瑾，安城人，博通經史，隱居不仕。其書宗朱子而録各經傳及諸儒所發要義，并考其世次源流焉。」

按：劉氏通釋，永樂中胡廣等攘其成書爲大全。惟於原書「愚按」二字更作「安成劉氏」而已。

梁氏益**詩傳旁通**

十五卷。

存。

翟思忠序曰：「夫詩，六經中之一經也。三百篇，一言以蔽之，曰思無邪，六義以該之，曰：風、賦、比、興、雅、頌②。蓋其言之美惡勸焉、懲焉，使人各正其性情也。自聖人删之，後分而爲四，曰齊、曰

---

① 「樂」，文津閣四庫本作「學」。

② 備要本將「風」移置於「興」後，作「賦、比、興、風、雅、頌」。

魯、曰韓、曰毛，校之三代①，獨毛與經合，學者多宗之，故曰毛詩。由漢而唐，諸大名儒有傳、有箋、有疏、有注，異焉、同焉，各成一家。至於有宋，文公朱先生爲之集傳，闡聖人之微言，指學者之捷徑，上以正國風，下以明人倫，豈但場屋之資而已哉。三山梁先生友直，號庸齋，搰搰於此，味必欲聞，懵必欲解，參諸先正，問之老宿，遇有所得，手纂成帙，曰詩傳旁通。旁通者，引用羣經，兼輯詩說，不泥不僻，如易六爻，發揮旁通，周流該貫也。用功懋矣，淑人多矣。嗚呼，先生可謂温柔敦厚，深於詩之教者與！」

黄虞稷曰：「益本閩人，隨父家江陰，舉江浙鄉試。其書專發明朱子之傳。」

陸元輔曰：「梁益，字友直，其先福州人，徙居江陰。其教人以變化氣質爲先務，學徒不遠千里從之。所著詩傳旁通，太平路總管府推官濱州翟思忠爲之序，而西亭王孫授經圖遂列思忠詩傳旁通於目，蓋因此序而譌也。」

詩緒餘

未見。

許氏謙**詩集傳名物鈔**

八卷。

---

① 「三代」，依梁氏詩傳旁通序，應作「三氏」。

存。

吴師道序曰：「白雲先生許公益之讀四書叢説，師道既爲之序，其徒復有請，曰：『先生所論著，獨詩集傳名物鈔爲成書，嚮聞屢以示子，而一二説亦廁子名於其間，子盍有以播其説？』師道竊惟詩之興尚矣，當周盛時，在下則有二南之風，在上則有雅、頌之作，周公取以列之經。幽、厲之後，風、雅俱變，夫子於諸國之風則删其淫邪，於公卿大夫之作，則取其可爲訓戒者。東遷之後，王國並列於國風，而於商、周之初，考其遺失，又得商頌之類，至魯頌則因其所用之樂歌以著其實，以是合於周公之所取而爲三百篇。若自衞反魯樂正，雅、頌各得其所，則稽周公之經殘闕失次者爾。是詩之爲經，始定於周公，再定於夫子，遂爲不刊之典。不幸厄於秦火中，可疑者多，而諸儒不察，由漢以來，毛、鄭之學專行，歷唐至宋，一二大儒始略出己意。然程純公、吕成公猶主序説，子朱子灼見其謬，汛掃廓清，本義顯白，每篇則定其人之作，每章則約以賦比興之分。□①叶音韻以復古，用吟哦上下、不加一字之法略釋，而使人自悟，破拘攣、發蒙蔀，復還温柔敦厚、平易老成之舊，自謂無復遺憾。嗚呼，詩一正於夫子而制定，再正於朱子而義明，朱子之功萬世永賴，此名物鈔之所爲作也。自北山何先生基得勉齋黄公淵源之傳，而魯齋王先生柏、仁山金先生履祥，授受相承，逮公四傳，有衍無間，益大以尊。公念朱傳猶有未備者，旁搜博采，而多引王、金氏，附以己見，要皆精義微旨，前所未發。又以小序及鄭氏、歐陽氏譜世次多舛，一從朱子補定，正音釋、考名物度數，粲然畢具。其有功前儒，嘉

---

① 「叶」上原空一格，文淵閣四庫本補「比」字、四庫薈要本補「又」字，文津閣四庫本補「體」字。

惠後學，羽翼朱傳於無窮，豈特小補而已哉。然有一事關於詩尤重者，不可默而弗言。王先生嘗謂今①之三百篇非盡夫子之舊，秦火，詩、書同禍，書亡缺如此，何獨詩無一篇之失？如素絢、唐棣、貍首、轡柔、先正等篇，何以皆不與？而已放之鄭聲，何爲尚存而不削？劉歆言詩始出時，一人不能獨盡其經，或爲雅，或爲頌，相合而成，蓋聞夫子三百篇之數而不全，則以世俗之流傳、管絃之濫在者足之，而不辨其非。朱子固嘗疑桑中、溱洧諸篇，用之祀何鬼神？享何賓客？何詞之諷？何禮義之正？不得已則取曾氏所以論國策者，謂存之而使後世知其非，所以放之之意。金先生屢載於論語考證，謂諸儒皆然之，師道嘗舉以告公，公方遵用全經，宜不得而取也。今鈔中二南相配圖，王先生所定者，蓋合各十有一篇，退何彼穠矣、甘棠於王風，而削去野有死麕，則公固有取於斯矣。以公之謹重慮□②啓夫末流破壞之弊，然卓然有見，寤疑辨惑，如王先生之言，使淫邪三十餘篇，悉從屏黜之例，豈非千古一快，朱子復生，必以爲然也。惜斯論未究，而公不可作矣，姑識於序篇之末，以俟後之君子究焉。」

黄溍曰：「先生是書，正其音釋，考其名物度數，以補先儒之未備。仍存其逸義，旁采遠援，而以己意終之。」

① 文津閣四庫本「今」下有「日」字。
② 「慮」下原空一格，備要本不空，文淵閣四庫本補「深」字，文津閣四庫本補「重」字，四庫薈要本「慮□」作「深慮」。

羅氏復**詩集傳音釋**

二十卷。

存。

黄虞稷曰："字中行，廬陵人。"

按：曹氏静惕堂有藏本，乃合白雲許氏名物鈔而音釋之。

朱氏公遷**詩傳疏義**

二十卷。

存。

公遷自序曰："説詩之難久矣，自孔子説烝民懿德之旨，孟子説北山賢勞之意，而後世難其人。漢儒章句訓詁詳，於詩則病甚。繼之者説愈煩，意愈窒。遼遠乎千四百年，至明道先生説雄雉二章，得孔、孟説詩之法。又數十年，得朱子而備焉。蓋詩主咏歌，與文體不同，辭若重複而意實相承也，意則委婉而辭若甚倨也，是則説詩者之難也。朱子取法孔子，又取法於孟子，又取法於程子，少以虚辭助字發之，而其脈絡較然自明，三百篇可以讀矣。然虚辭助字之間，似輕而重，似汎而切，苟有鹵莽滅裂之心焉，未必不以易而視之也，是則讀詩者又當知其難也。諸家自立異者不論，惟輔氏羽翼傳説，條理通暢，甚有賴焉，而多冗長不修，亦時時有相矛盾者。且或傳之約者與之俱約，微者與之俱微，猶若未能盡也。小子魯鈍膚末，何足與言，間因輔氏説而擴充之，剖析傳文，以達經旨。而於未發者，必究其蘊；已發者，不羨其辭，庶幾乎顯微闡幽之意，而因傳求經不難也。抑嘗從事於斯矣，持其無敢慢之心，堅其欲自得之志，語助之聲隨而爲之上下也，立言之趣從而與之周旋也，優游饜飫，積日累月乃若有默契焉。此不敏之資、困學之方，而未敢以爲是也。夫惟以意逆志者，必有大過於兹。閲而教之，則幸矣。」

何英後序曰：「先師松隖先生嘗謂野谷洪先生初從遊先正朱氏公遷先生之間①，受讀三百五篇之詩。一日，請説周頌維天之命一章之旨，先生於集傳下訓釋其義，發言外之意，瞭然明白。復請曰：『於集傳皆得如此章以發其所未發，以惠天下學者，豈非斯文之幸與？』時先生以特恩授校官，得正金華郡庠，日纂月注，以成其書，名曰詩傳疏義。黄文獻公溍一見，深加嘆賞，凡興體之作、語意呼應，尤切究心焉。然學者悦慕，雖相傳録，終亦罕覩。永樂乙酉，先師宗兄世載游書林至葉君景達家，因閲四書通旨而語及疏義，景達尚德之士，屢致書來請梓傳。歲丁酉，英侍先師館於葉氏廣勤堂，參校是書，旁取諸儒之説，節其切要者録而附之。稿成未就鋟刻，先生還旆考終。正統庚申，景達書來囑英曰：『所傳詩傳疏義輯録遺其稿，數卷不存，願爲補葺而壽諸梓。』英竊慮其所遺忘，恐成湮没，況景達欲廣惠愛之仁，故不揆淺陋，敬取先師所受餘稿謹録補遺，重加增釋，足成是編，名曰詩傳疏義。詳釋發明，

① 「間」，四庫薈要本、文淵閣四庫本作「門」。

質諸同門友京況①劉炣，以卒先師之志。狂僭之咎固不可逃，庶乎有以表述先正斯文之德，昭際盛代文明之治，尚得與四方諸君子共之，是所願也。」

江西通志：「朱公遷，字克升，樂平人，學於同郡吴中行。以遺逸徵授翰林直學士，章七上，力辭乃出，爲處州學正，兵亂徙婺源。」

樂平縣志：「公遷以至正辛巳領浙江鄉試，教婺州，改處州，嘗題其室曰『陽明之所』，學者稱陽所先生。」

李氏公凱**毛詩句解**

二十卷。

存。

黄虞稷曰：「公凱，宜春人，字仲容。其書專取吕氏讀詩紀②而檃括之。」

〔補正〕

黄虞稷條内「吕氏讀詩紀」，「紀」當作「記」。（卷四，頁十二）

---

① 「況」，文淵閣四庫本誤作「兄」。

② 「紀」，應依補正、四庫諸本作「記」。

曹氏居貞**詩義發揮**

未見。

江西通志：「曹居貞，廬陵人，著詩義發揮。永樂中，修大全多采之。」

焦氏悦**詩講疑**

佚。

蘇天爵表墓曰：「先生姓焦氏，諱悦，字子和。與同郡安熙講説六經之旨、伊洛諸儒之訓，莫不究其精微。中臺御史表其學行可爲人師，授真定郡學官，號其居曰兑齋，有詩講疑一編，藏於家。」

顔氏達**詩經講説**

未見。

陸元輔曰：「江陵人。」

夏氏泰亨**詩經音考**

佚。

紹興府志：「夏泰亨，字叔通，會稽人，領鄉薦，官翰林院編修。」

吳氏師道**詩雜説**

二卷。

未見。

盧氏觀**詩集説**

未見。

黄虞稷曰：「字彦達，崑山人，熊之父。」

楊氏璲**詩傳名物類考**

未見。

兩浙名賢録：「璲，字元度，餘姚人。注詩傳名物類考，侍御史姚黻上於朝，歷寧海、縉雲及本州學官。」

俞氏遠**詩學管見**

未見。

蘇氏天爵**讀詩疑問**

一卷。

存。

天爵自述曰：「戊辰之冬，閱朱子詩集傳、吕氏讀詩記，偶有所疑輒筆録之，蓋將就有道而正焉，非願學固哉高叟之爲詩也。」

吴氏簡**詩義**

佚。

紹興府志：「吴簡，字仲廣，吴江人。以薦入官，歷紹興學録。」

楊氏舟**詩經發揮**

佚。

江西通志：「楊舟，字道濟，吉水人。」

湖廣總志：「楊舟，字梓夫，慈利人。登進士，任茶陵同知，歷遷翰林待制。」

韓氏性**詩音釋**

一卷。

佚。

陸元輔曰：「元慈湖書院山長，會稽人。韓性明善撰。」

貢氏師泰**詩補注**

二十卷。

佚。

林氏泉生**詩義矜式**

十二卷。

佚。

繆泳曰：「此專爲科舉而設，無足存也。」

按：泉生行狀、墓志俱吴海作，平生著述秖載春秋論斷而無詩義矜式一書，殆書賈所托也。

秦氏玉**詩經纂例**

佚。

楊維楨志墓曰：「先生諱玉，字德卿，姓秦氏，其先鹽城人，徙居崇明，又徙崑之太倉，家焉。通五經，尤邃於詩，教授鄉里二十年，既没，其徒私謚曰孝友先生。」

余氏希聲**詩説**

四卷。

佚。

括蒼彙記：「余希聲，青田人。」

周氏鼎**詩經辨正**

佚。

宋濂志墓曰：「周鼎，字仲恆，先世自安成徙廬陵。從提溪郭正表游。六經有所疑滯，縱横扣擊，惟恐其弗明。積功既久，多超特之見，謂詩分正變之説，固肇於漢儒，然而正中有變，變中有正，不可執一而求。况其體製音節，敻然不侔，若虚心玩之，策書紊亂，瞭然可見，必各從其類，然後可辨世道升降之由。其詩雖非盛時之作，其人既賢，其書猶近於古，必附小、大雅之正者，勸懲之義庶有托焉。先王以禮樂化成天下，而於詩之用見之，其效至於協和神人之應，非空言比也。君於六經皆有論著，未及完，獨詩經辨正若干卷，藏於家。」

方氏道懿①**詩記**

佚。

兩浙名賢録：「方道懿，字以愚，淳安人，蛟峰先生之曾孫。登至順二年進士第，授翰林編修官，調嘉興推官，再調杭州判官，引疾歸。洪武初，兩被召，不赴。」

朱氏倬**詩疑問**

七卷。

〔校記〕

四庫本末附詩辨説一卷。（詩，頁三二）

存。

劉錦文跋曰：「詩經疑問，朱君孟章所擬以淑人者也。朱君以明經取科第，凡所辨難，誠足以發朱子之藴而無高叟之固，然其間有有問無答者，豈真以爲疑哉，在乎學者深思而自得之耳。舊本先後無

① 「懿」，備要本作「叡」，古今字。

緒，今特爲之論定，使旨同而辭小異者，因得以互觀焉。」

成德序曰：「詩疑問七卷，元進士朱倬孟章著，朱氏授經圖、焦氏經籍志皆作六卷，今本七卷，末附南昌趙德詩辨説一卷。余始得是書稱盱①黎進士朱倬，莫知爲何如人。考之漢書地里②志豫章郡下有南城縣，注云：『縣有盱水。』圖經云：『在縣東二百一十步，一名建昌江，亦名盱江。』名勝志云：『縣之東境有新城縣，立於宋紹興八年，就黎灘鎮置縣，因號黎川。』然後知倬爲建昌新城人。及考近所爲建昌志，僅於科第中有倬姓名，載其爲遂昌尹而已，他無所見也。暇讀新安文獻志，載明初歙人汪叡仲魯所爲七哀辭，蓋録元季守節服義者七人，而倬與焉，因得據其辭而考定之。辭言倬以辛巳領江西鄉薦登壬午第，考龔艮歷代甲子編年，辛巳爲順帝至正元年，壬午其二年，而志載倬以至順元年登第，考至順爲文宗紀元，歲在庚午，仲魯之交倬當辛卯、壬辰間，倬自言登第十年，壬午至辛卯恰如其數，則志所云『至順』者誤也，豈以順帝至正二年遂譌而爲『至順』耶？辭言初授某州同知，以憂家居，服闋，授文林郎遂安縣尹，則已爲官矣。而倬之言於仲魯者曰：『登科十年，未沾寸禄。』仲魯哀辭亦有『十年未禄，奚命之屯』語，殊不可解，豈兩任皆試職，故不授禄耶？哀辭言壬辰秋，寇由開化趨遂安，吏卒逃散，倬大書於座，有『生爲元臣，死爲元鬼』語，遂坐公所以待盡，寇焚廨舍，乃赴水死。遂安爲嚴州屬邑，壬辰爲至正十二年，考元史，是年七月饒徽賊犯昱嶺關，陷杭州路，當是其時，蓋蘄黄餘黨由衢而至嚴者

① 「盱」，文淵閣四庫本作「盱」。

② 「里」，應依文淵閣四庫本、備要本作「理」。

也，哀辭言後竟無傳其事者，豈非以邑小職卑，時方大亂，省臣以失陷郡邑，自飾不遑，遂掩其事而不鳴於朝耶？哀辭又稱其下車興學誦詩，民熙化洽，蓋倬固當時良吏，不僅以一死自了者。而元史既不爲之立傳，郡人亦不載其行事於志，苟非仲魯是辭，不幾與荒燐野蔓同盡哉，誠可哀也已。辭稱歲庚寅，倬同考浙江鄉試，始識仲魯於葛元哲家，因見仲魯詩義，而惜其不遇，蓋倬以同經閱卷，則其著是書無疑。其爲是書也，當在未爲縣尹之前。其論經義，大抵發朱子集傳之藴，往往微啓其端，而不竟其說。蓋欲使學者心思自得，不欲遽告以微辭妙義也。趙德者，故宋宗室，舉進士，入元不仕，隱居豫章東湖，於諸經皆有辨說，詩其一耳。嗟嗟，倬以義烈著，德以高隱稱，雖無經學，皆可表見，況著述章章若是乎，是不可以無傳也已。」

經義考卷一百十二

詩十五

梁氏寅**詩演義**

八卷。

未見。

〔四庫總目〕

朱彝尊經義考載此書作八卷，註曰：未見。此本至小雅苕之華篇止，以下皆缺，而已有一十五卷，則八卷之説殊爲未確。蓋彝尊未覩此本，但據傳聞録之，卷數訛異，其亦有由矣。（卷十六，頁八，詩演義十五卷提要）

〔校記〕

四庫著録十五卷。（詩，頁三二）

詩考

四卷。

未見。

寅自述曰：「於詩也，因朱子之傳，演其義而申之，謂之詩演義。」

陳氏謨**詩經演疏**

未見。

朱氏升**詩旁注**

八卷。

存。

汪氏克寬**詩集傳音義會通**

三十卷。

未見。

危素序曰：「新安朱子詩傳，或文義、或引證，讀者時有所未通，窮鄉下邑，豈能家貯羣書、人熟通訓，故學者之患此久矣。祁門汪君仲裕甫蚤貢於鄉，教授宣、歙間，易、禮、春秋各有著述，至於詩傳爲凡例十有二條，幽探徧索，具見成書，分爲三十卷，名曰詩集傳音義會通。其自序則以興詩成樂之效望於來學，盛哉，君之用心。蓋其從大父東山受學於饒先生伯輿，君之學得於吳先生可翁，兩先生俱鄱人，距祁門甚邇，君年高德卲，爲士林之蓍龜云。」

宋濂序曰：「漢、晉諸儒既造傳以釋六經，唐孔穎達復爲正義什傳而使之明，陸德明經典釋文之書遂與之兼行。蓋名物之詳，理所當明；聲字之訛，理所當正，而議者尚有謂孔之繁蕪、陸之疎漏者。當是時，伊洛之學未興，則其失有不得不然者矣。三百篇之詩自子朱子親爲之注，其大義固已昭如日星，讀者於事證音義有所未喻，輒昧昧①而言之，譬猶不得其門而欲闖奥之入，不調其弓而思正鵠之中，抑亦難矣。前鄉貢進士汪先生，新安人，其從大父東山君嘗從雙峰饒子浙得黃文肅公之學，文肅則子朱子高第弟子也，其授受淵源最爲親切，故學者多尊事之。先生幼即從之游，學遂大進，慨然以致君澤民爲己任。應書有司，以春秋中前選，已而上春官不利，嘆曰：『得失固命也，明諸經以淑後世，不猶行己之志哉。』於是作詩集傳音義會通若干卷，引古今之書凡百餘家，疑者辨之，闕者補之，朱子之欲更定而未及者亦從而正之。稽其用心固欲孔、陸無異，然而簡而弗繁，精而不疎，則有大過於人者矣。嗚呼，自經學湮微，其於名物之詳、聲字之訛多忽而不講，高談性命者有不屑爲，没溺辭章者有不暇爲，其視先生爲何如哉。濂少先生七歲，應書武林時嘗一會之，迄今三十餘年。先生以修元史被召至京師，

① 「昧昧」，文津閣四庫本第二個「昧」字缺。

會濂亦來總裁史事，於是與先生談經，其深詣遠到，殆非當世之士所可及。方欲執弟子禮而請業焉，而先生飄然東歸，因爲敘其書以志歆豔之私。先生所著有易傳義音考、春秋傳纂疏、春秋左傳分紀、春秋諸傳提要、經禮補逸、周禮類要、四書音證、通鑑綱目考異、六書本義等書，皆有益於世，非但今所序之書而已，因併及之。先生名克寬，字德輔，學者尊爲環谷先生云。」

曾氏堅**詩疑大鳴録**

一卷。

未見。

黄虞稷曰：「堅，吴江人，仕元爲禮部員外郎，徐達克元都，堅同學士危素等出謁軍門，太祖仍命原官，後宣德初，歷官雲南左布政使。」

按：堅嘗序薛毅夫四明洞天丹山圖詠集，自稱滄海逸吏。臨川曾堅序有云：「余再以使事航海出慶元洋。」蓋猶屬至正年間事，俞邰謂是吴江人，宣德初尚存，度別有所據。其書葉氏菉竹堂目有之。

范氏祖幹**讀詩記**

未見。

金華府志：「范祖幹，字景先，金華人，受業白雲許先生之門。太祖帥師下婺，辟爲諮議，以親老辭，鄉人稱爲純老①先生。」

何氏淑詩義權輿

未見。

朱氏善詩解頤

四卷。

存。

丁隆題後曰：「詩經解頤一編，先師文淵閣大學士一齋朱先生之所述也。先生得家學之傳，經籍無不考賾，至古詩三百篇，尤博極其趣，每授諸弟子，於發明肯綮處，輒録之，時愚亦在門，不數年成集，俾誦之者不待玩諸心，而喜形於色，先生遂取『匡説詩，解人頤』之語以名之。其子叔□②既鋟諸梓，遠邇讀詩之士，往往稱之，不啻良金美玉之重焉。比年愚承乏南昌司訓，上下亦莫不重是編之便學者，但歲久不能無亥豕魯魚之難辨，於是僉議命工重刊以廣其傳。愚僭分章析類，正其譌③誤，以便觀覽，亦

①「老」，備要本同，應依文淵閣四庫本作「孝」。
②「叔」下本作墨丁，四庫薈要本作「明」，文淵閣、文津閣四庫本注「闕」，備要本作「叔□」。
③「譌」，文淵閣四庫本誤作「僞」。

未必無小補云。」

楊士奇曰：「詩解頤四卷，國朝文淵閣大學士朱善著。南昌有刻板，余得之兵部侍郎盧淵。凡二册。盧，朱之同郡人。」

江西通志：「善，字備萬，號一齋，豐城人，隱老之子。洪武初，官至文淵閣大學士。」

王氏褘①**詩艸木鳥獸名急就章**

一篇。

存。

高氏頤**詩集傳解**

二十卷。

未見。

黄虞稷曰：「頤，福安人。洪武中，舉孝廉，任海鹽知縣。」

蔣垣曰：「字應昌，福寧州人。」

---

①「褘」，應作「禕」。王禕，明史卷二八九有傳。

張氏洪**詩正義**

十五卷。

未見。

何氏英**詩經詳釋**一作「增釋」。

未見。

按：是書當即朱公遷疏義增釋之。

楊氏禹錫**詩義**

二卷。

佚。

雲南通志：「楊禹錫，太和人。洪武間，以經明行修，辟授本縣學訓導。」

瞿氏佑**詩經正葩**

佚。

錢謙益曰①：「佑，字宗吉，錢塘人。洪武中，以薦歷仁和、臨安、宜陽訓導，陞周府右長史。永樂間，下詔獄，謫戍保安。洪熙乙巳，英國公奏請赦還，令主家塾。」

鄭氏旭**詩經總旨**

一卷。

佚。

黃虞稷曰：「旭，閩縣人，建文中，官儒學訓導。」

彭氏奇**詩經主意**

未見。

按：奇，未詳何時人，書載葉氏菉竹堂目録。

胡氏廣等**詩集傳大全**

二十卷。

存。

---

① 「錢謙益曰」，四庫薈要本作「錢陸燦曰」，文淵閣、文津閣四庫本作「浙江通志」。

吴任臣曰：「詩大全纂修官亦四十二人。翰林院學士兼左春坊大學士、奉政大夫胡廣，奉政大夫、右春坊右庶子兼翰林院侍講楊榮，奉直大夫、右春坊右諭德兼翰林院侍講金幼孜，翰林院修撰、承務郎蕭時中、陳循，翰林院編修、文林郎周述、陳全、林誌，翰林院編修、承事郎李貞、陳景著，翰林院檢討、從仕郎余學夔、劉永清、黄壽生、陳用、陳璲，翰林院五經博士、迪功郎王進，翰林院典籍、修職佐郎黄約仲，翰林院庶吉士涂順，奉議大夫、禮部郎中王羽，奉議大夫、兵部郎中童謨，奉訓大夫、禮部員外郎吴福，奉直大夫、北京刑部員外郎吴嘉静，承直郎、禮部主事黄裳，承德郎、刑部主事段民，承直郎、刑部主事洪順、沈升，承德郎、刑部主事章敞、楊勉、周忱、吴紳，文林郎、廣東道監察御史陳道潛，承事郎、大理寺評事王選，文林郎、太常寺博士黄福，修職郎、太醫院御醫趙友同，迪功佐郎、北京國子監博士王復原，常州府儒學教授廖思敬，蘄州儒學學正傅舟，濟陽縣儒學教諭杜觀，善化縣儒學教諭①顔敬守，常州府儒學訓導彭子斐，鎮江府儒學訓導留季安。

按：是書止抄襲安成劉瑾通釋一書，僅删去數條，而劉本以詩小序隸各篇之下，是書則别爲一編，若似乎不同者，要之，當日元未嘗纂修也。」

魯氏穆**葩經或問**

未見。

① 「杜觀善化縣儒學教諭」九字，文津閣四庫本缺。

陸元輔曰：「穆，天台人，永樂丙戌進士。累官都察院右僉都御史，理院事。」

劉氏翔**詩口義**

未見。

黄虞稷曰：「翔，清江人。宣德己酉舉人，官翰林院檢討。」

范氏理**詩經集解**

三十卷。楊守陳志墓云：「三卷。」

未見。

台州府志：「范理，字道濟，天台人。宣德庚戌進士，官至南京吏部左侍郎。」

王氏逢**詩經講説**

二十卷。

佚。

樂平縣志：「王逢，字原夫，宣德初薦授富陽學訓導，尋以明經召見。放歸，杜門講學鄉里，稱曰松隝①先生。」

李氏賢讀詩記

一卷。

未見。

孫氏鼎詩義集説

四卷。

未見。

江西通志：「孫鼎，字宜鉉，廬陵②人。永樂間領鄉薦，任松江教授，擢監察御史，提督南畿學政。」

黄虞稷曰：「書成於正統十二年。」

陳氏濟詩傳通證

佚。

---

① 「隝」，文淵閣四庫本誤作「鳲」。

② 「陵」，文淵閣四庫本誤作「陸」。

楊氏守陳**詩私抄**

四卷。

存。

守陳自序曰：「詩三百篇皆孔子所録，世無異論矣。其序或謂作於孔子，又或以爲子夏、毛公，或以爲衞宏，莫能定也。然自漢毛公據序作傳，而鄭康成之箋從之，唐孔祭酒之疏，宋吕東萊之讀詩記皆從之，他儒亦莫不尊序如經，無敢有議而違者。至歐陽文忠、蘇穎濱始皆疑序而嫌傳、箋，各出其所見。穎濱則例取序之首句，盡去其下文而説之；文忠則於傳、箋之善者皆從之，而其間有悖理咈情者，始易之耳。獨鄭夾漈深闢傳、箋之妄，盡去序而自爲之説。或謂其私心自是，殆於不知而作者。晦庵朱夫子博考諸家，深探古始，以爲集傳多主夾漈之説，且斷然以序説謬妄淺拙，實漢儒所作，不當分冠諸篇，因併爲一編，而詳論其得失。學者莫不信而遵之，奮千古之卓見，以掃百代之陋聞，非命世之大儒，其孰能與於此哉。然其主夾漈而與鄭、衞諸風盡斷爲淫詩，則東萊固嘗議之，其後馬氏端臨亦嘗辨之，今雖專門舉子尚或有疑於此者。蒙少從先祖栖芸先生授詩，僅聞大旨，已厭淫詩之繁而疑之矣。其後徧考諸家，益詳味之，則所疑亦不止此。歷歲洊久，疑猶未能釋也。今居閒處静，日味諸經，因詳考各家傳注，擇而抄之以誦習。詩則專抄集傳，獨於疑未釋者，或仍從傳、箋，或易以他説，或寫愚見附焉。嗟乎，序説多謬妄淺拙，信有如朱子之言者，徒以其托名於聖賢，故世儒尊而信之，歷數百年之久無敢更者。況朱子之道學無愧①聖賢，何啻百世之山斗，而其爲集傳也，貫穿古今，折衷百氏，發理精到，措辭簡明，諸家莫有能逮之者。而初學小生乃敢私竊去取於其間，豈非昏愚僭妄之極者哉。雖然，自昔儒生治經講道，皆由粗以造精，而於前言往行亦始多疑而終信者。今蒙學未至而輕遽②言之，不自知其說之謬甚也，俟他日改正焉，斯可以驗學之進矣。天順元年丁丑，冬十月。」

戚雄曰：「鏡川詩抄於兔罝引墨子曰：『文王舉閎夭泰顛於罝罔之中，授之政而西土服。』此說有據。」

王鏊曰：「詩小序序所以作者之意，而或與詩詞不應。自宋以來，人多疑之，未敢盡屏。至朱子一切刮去，自諷其詩而爲之說。卓哉，其爲見也。視古注亦簡切易曉，可謂有功於三百篇矣。但古人作詩必自命題，國史採之亦必著其所自，不然其人去之千古，安知微意所屬？使今人爲詩不自命題，則釋之者人人殊，不知果誰能得作者之心也。毛、鄭泥於小序，宛轉附合③，多取言外之意；朱子不泥序說④，獨味詩之本旨。毛、鄭固多失，然去古未遠，其說亦或有自。朱子以夫子鄭聲淫之說，於鄭、衛之風多指爲淫奔，楊文懿公守陳謂春秋列國大夫會盟，多賦詩以見志，使皆淫辭，焉肯引以自況？若夫子意在垂戒，一二篇足矣，何取於多。若是如風雨、雞鳴、丘中有麻之類，序以爲思賢；木瓜以爲報功，采

---

① 「愧」，文淵閣四庫本作「媿」，兩字可通。
② 「遽」，文淵閣四庫本誤作「據」，文津閣四庫本誤作「遠」。
③ 「合」，文淵閣四庫本作「會」。
④ 「序說」，文淵閣四庫本作「小序」。

葛以爲懼讒，青青子衿以爲刺學校廢，如此之類，姑從其舊，未爲不可也。」

黄佐曰：「朱子所指淫詩與小序説異者，近世四明楊氏直以爲秦火之後，漢儒誤收以備三百之數，故其所著私抄刪削而改編之。愚謂左傳載列國所賦者，諸淫詩具在，誤收之説，豈其然乎？」

易氏貴**詩經直指**

十五卷。

〔補正〕

案：此書一見于一百十二卷之第十葉，一見于一百十四卷之第二葉，書名、卷數、作者、姓氏皆同。（卷四，頁十二—十三）

佚。

郭子章曰：「易貴，字天爵，吉水人。景泰甲戌進士，官至辰州知府。」

黄氏仲昭**讀毛詩**

一篇。

存。

李氏承恩**詩大義**

未見。

程氏楷**詩經講説**

二十卷。

未見。

高佑釲①曰：「考登科録，程楷二人，一樂平人，成化丁未進士；一合肥人，天啓乙丑進士，詩説未詳誰作。」

劉氏銓**詩經發鑰**

佚。

寧波府志：「劉銓，字世衡，慈谿人，以貢爲丹徒訓導。」

① 「釲」，文淵閣四庫本誤作「紀」。

王氏彦文**詩傳旁通**

未見。

錢金甫曰："華亭人，號益齋，官嘉興縣儒學教諭。"

丁氏徵**詩解**

佚。

鄭氏滿**詩經講義**

未見。

浙江新志："滿，字守謙，慈谿人。弘治壬子舉人，濮州知州。"

陳氏鳳梧**毛詩集解**

未見。

鳳梧自序曰："秦、漢以來説詩者四家，曰齊、魯、韓、毛，厥後三家之説不傳，而毛氏獨著。毛之注多近古，而鄭康成箋之，孔穎達疏之。迨宋，劉、歐、王、蘇及程子、張子各有詩説，而未叶於一。至晦庵朱子作爲集傳，固已家傳人誦，無容議矣。鳳梧嘗反覆考究，詩之篇什爲秦、漢諸儒所亂，往往失其次序，如二南多閨門之詩，而美大夫賢士之篇不宜無別；王風宜首列國，不當居邶、鄘之後；列國之風，註疏明有諸公世次可考，而先後混淆；大、小雅各有正變，暨商、周頌各有世次，而亦相雜於其中，此篇什之不可不正者也。至於註釋，則集傳泥於放鄭聲之言，且過懲小序之失，有可因者，亦輒改之。如桑中、溱洧諸詩本刺淫也，而悉以爲淫者所作；静女、木瓜諸詩本詠他事也，而亦以爲淫者所作，不無戾①於思無邪之旨而亦非所以垂訓矣，此訓釋之不可不更者也。竊不自揆，悉據世次考定其篇什，爰取諸毛氏之註、鄭氏之箋、孔氏之疏，稽諸朱子之語類，參之吕東萊之讀詩記、嚴華谷之詩輯②、楊鏡川之詩抄，而間有一得之愚，亦附見焉，名曰毛詩集解，凡若干卷，將以求正於有道也。若馬番陽之論，楊鏡川之辨，及余别著篇什③考定一卷，悉具列篇端，庶以解學詩者之疑云爾。」

許氏誥**詩考**

未見。

---

①「戾」，文淵閣四庫本作「乖」。
②「輯」，文淵閣四庫本誤作「集」。
③「什」，文淵閣四庫本誤作「叶」。

陸氏深**儼山詩微**

二卷。存儼山集中。

闕①。

深自序曰：「深承父兄之訓，於詩自少誦習，中歲業舉，反覆諷咏之餘，竊有所疑，輒用劄記。迨通籍禁林，獲交賢俊間，於僚友間稍出一二質之，頗有合焉，而亦未敢遽以爲是也。今六十年矣，雖於經術終身難聞，而一得之愚不忍自棄，聊存稿以示子孫，目曰詩微，其章句篇什多仍乎舊。是編也，蓋欲折衷傳、序，兼採衆長以明詩人之旨，其疑者存焉，其闕者後焉，而因以附見鄙説，求爲朱子之忠臣而後已。嗚呼，僭妄之罪，安所於逃恦，令後世知予之苦心焉爾。」

按：詩微業有成書，公子楫稱公攜入京師，爲朝士竊去，僅存二南、邶風而已。其於大序，疑有錯簡而更正之，存儼山集中。

張氏邦奇**詩説**

一卷。

存。

① 「闕」，文淵閣四庫本改作「存」。

湛氏若水**詩釐正**

二十卷。

存。

若水自序曰：「詩何爲而釐正也？甘泉子曰：釐正夫淫詩也。淫詩不可存於經也，此必夫子已删，後儒復取而雜入焉者也。詩三百，一言以蔽之，曰思無邪；無邪者，正也。夫古之詩皆樂章也，奏之鄉黨焉，奏之閨門焉，奏之邦國焉，淫奔之詞果可奏之鄉黨、閨門、邦國乎？大不可也。此夫子之所以去之，獨存三百篇也。今乃三百十一篇，其十一篇者，非夫子所删淫詩，好事之儒復取而混之爲三百十一者乎？其釐正小序何也？曰：小序者，如今人作詩必先有序於前，爲其①人某事爾也。詩之大序，孔子弟子子夏以夫子之意爲之，其曰國史明乎得失之迹，國史謂小史也。其時近故其記事也切，與後之生乎千百年之後，而臆計乎千百年之前者異矣。故論詩者，必以小序爲正，然其中有數字後儒雜入者，釐而正之，使序純乎古則序正，序正則詩正矣。」

① 「其」，四庫薈要本、備要本作「某」。

經義考卷一百十三

詩十六

韓氏邦奇**毛詩末喻**

未見。

胡氏纘宗**胡氏詩識**

三卷。

存。

王氏崇慶**詩經衍義**

一卷。

存。

崇慶自序曰：「詩三百，周詩也。商頌十二得之周太師氏，而亡其七，亦周人爲之也。夫上公之封，禮樂之備，所以思康、微子也，周先王之用心篤矣。是故學莫大乎性情，風所以風此也，雅所以雅此也，頌所以頌此也。然則學詩奈何？曰：本之吾心以審其幾，參之事物以觀其變，弘之學問思辨以廣其志，反之無聲無臭以會其極，其庶幾哉，作詩經衍義。」

丁氏奉**詩經臆言**

未見。

錢金甫曰：「丁奉，常熟人，正德戊辰進士。」

楊氏慎**四詩表傳**

一卷。

未見。

王氏道**詩億**

三卷。

未見。

馬氏理**詩經冊義**

未見。

李氏淮**詩經童訓辯疑**

未見。

黄虞稷曰：「淮，字巨川，聞喜人。正德甲戌進士，歷官都察院右僉都御史，巡撫延綏。」

霍氏韜**詩經注解**

未見。

舒氏芬**詩稗説**

三十篇①。

未見。

①「篇」，文淵閣四庫本誤作「卷」。

高氏尚賢詩經摘玉

佚。

錢金甫曰：「尚賢，新鄭人，正德丁丑進士。」

王氏漸逵讀詩記

未見。

漸逵自序曰：「予聞夫子之教曰：詩可以興，故大樂正以絃歌爲教，令入學者習之。而聖門閒居雅言亦爲首務。及至春秋，詩學盛行，其君臣之所宴會，賓客之所酬答，罔不賦以示意，其可以興者正在於此①。嘗嘆夫朱子初與吕東萊講解，皆主夫小序，晚年乃盡變之，以小序之所記者皆以爲淫風。噫，先王以政治得失原於風俗，故設爲采風之官，凡關於政治者，悉采以行賞罰黜陟之典，至於夫子之删之也，則一歸於正而削其邪，蓋爲庶民小子後世學者而設也，豈復有淫邪者與於其間哉。樂記曰：『正聲感人而和氣應之。』夫以正感人而猶恐其不順，而况乎以邪感之，其能免於諷一而勸百乎？不知朱子何爲以己意逆料之於千百載之下，盡小序、講師訓詁而廢之，此予之所深惜而悵嘆也。雖然，以刺幽、厲之詩而加之宣王，以正雅之什而入於亂世，此又小序之失也，非朱子其孰能辨而正之哉。予因許

---

① 「此」，文津閣四庫本作「心」。

魯齋訂正二南之圖，竊取朱子之意，復爲訂正小雅之圖，猶欲盡其章旨，而改正之未暇也，姑識於篇端，以求正於有道之士焉。」

季氏本**詩説解頤**

八卷，又總論二卷。

存。

〔校記〕

四庫及明刊本均四十卷。（詩，頁三二）

徐渭曰：「會稽季先生所著詩説解頤，其志正、其見遠，其意悉本於經，而不泥於舊聞，深有得於孔氏之遺旨，有裨後學。」

黄氏佐**詩傳通解**

二十五卷。

存。

佐自序曰：「史志謂漢興，魯申公始爲詩訓詁，而齊轅固、燕韓嬰皆爲之傳，或取春秋采雜説，皆非本義，魯最爲近之。三家列於學官，獨漢初趙人毛萇善詩，自云子夏所傳，是爲毛詩，而未得立。其後三家廢而毛詩獨行世。或泥於魯最爲近之語，必欲宗之，然魯詩今可考者有曰：『佩玉晏鳴，關雎嘆之。』以爲刺康王而作，固已異於孔子之言矣。又曰：『騶虞，掌鳥獸官。古有良①騶，天子之田也。』文王事殷，豈可以天子言哉。其爲周南、召南首尾已謬至此，他如齊詩之五際，韓詩之二傳，皆非本義，此毛詩所以善於三家也。惜夫鄭玄、孔穎達所爲箋疏，或疑經文之誤，或訂本傳之失；魏、晉之世，劉楨、王肅多所難駁，紛若聚訟；迄於唐、宋，解之者亡慮百家，子朱子始爲集傳，其學大行，然後聽者專矣。論者猶病其違毛氏而宗鄭樵，蓋毛氏主序以言詩，樵則斥序之妄，以爲出於衛宏而盡削去之，遂以己意爲之序，凡詩人所刺皆斷以爲淫奔者所自作，則非所謂懲創逸志施於禮義者矣。吕氏祖謙讀詩記復主毛序，子朱子見而深有取焉，嘗有意於會萃所長，則其心未嘗自滿也。佐少誦詩，因旁及注疏、玉海，首明集傳之意而附諸説異同於其下，命曰詩傳旁通。正德庚午領薦而病，間得嚴氏粲詩緝，復采入焉。自是日加刪潤。癸酉罹憂廢棄，丁丑北上，病不克終試而歸，乃復修改并及禮樂，更命曰詩經通解，藏諸篋笥②，以俟有道而正云。」

〔補正〕

自序内「古有良騶」，「良」當作「粱」。（卷四，頁十二）

---

① 「良」，應依補正、四庫薈要本、文淵閣四庫本作「粱」。

② 「笥」，文津閣四庫本作「司」。

趙氏𪊲①**詩經會意**

佚。

鄭玥曰：「趙𪊲，雞澤人。弘正間，由歲貢生任户部司務，陞南刑部員外郎。」

潘公恩**詩經輯説**

七卷。

存。

公自序曰：「兩漢言詩者四家，齊、魯、韓、毛，後毛氏獨存，三家先後並廢。毛宗序説，分置諸篇之首，先儒謂序説卜子夏所創，毛公、衞敬仲潤色之。宋儒繼興，各以己意發明經指，迨朱文公集傳成，立之學官，大行於時，而毛氏之學寖亡矣。昔人謂序非一人之言，或出於國史之采録，或出於講師之傳授，雖其舛誤不類間亦有之，而要之古序不可盡廢，信哉言矣。世之經生宗法朱傳以博科試，於古之注疏不復過目，寧非闕典乎哉。予幼肄習是經，既而涉獵諸説，觀吕東萊氏讀詩記而善之，其立訓纂言兼總古注，而毛氏之説始存，又觀朱克升疏義而善之，其發明朱傳之旨爲詳且盡，予乃合集是書，日以玩焉。以序説録冠各詩之前，次録朱氏所定傳序，次録經文，次則雜采毛説、鄭箋、孔疏，其微言緒論可廣

---

① 「趙𪊲」，文淵閣四庫本作「趙𪊲」。

見聞者，雖未協厥中，亦詮次不廢。乃若疏義符合訓詁，其標識賦比興諸體尤號詳明，可裨朱傳，遂牽連采掇，一得之愚，偶契於衷，則於篇末書附以備遺亡。蓋所以助博物洽聞，而非以鉤奇獵異；所以羽翼朱氏，而非以牴牾儒先也。會粹①成帙名曰輯説，録置家塾庸便觀覽，且思就正有道。蘄於朝夕吟咏之時，或有得夫温柔敦厚之教，庶幾孔子所謂可興、可觀、可羣、可怨之指，亦可以弗畔矣夫。」

〔補正〕

自序内「會粹成帙」，「粹」當作「稡」。（卷四，頁十二）

豐氏坊**魯詩世學**

三十六卷。一作「十二卷」。

〔校記〕

四庫存目作三十二卷。（詩，頁三二）

存。

黄虞稷曰：「坊言家有魯詩，傳自遠祖稷，然實自撰。又作詩傳託之子貢，而同時又有作詩説託之申培者，皆僞書也。」

---

① 「粹」，補正改作「稡」，文淵閣四庫本改作「萃」。

按：豐氏魯詩世學列僞子貢詩傳於前，而更「小雅」爲「小正」①，「大雅」爲「大正」②，盡反子夏③之序。謂之「世學」者，以正音歸之遠祖稷，以續音歸之慶，以補音歸之耘，以正説歸之其父熙，而己爲之考補，其實皆坊一手所製也。坊恃其能書，以篆隸體僞爲正始石經，一時鉅公若泰和郭子章、京山李維楨輩皆信之，而又爲此書以欺世。不知魯詩亡於西晉，自晉以後孰得見之？其僅存可證者，洪丞相适隸釋所載蔡邕殘碑數版，如：「河水清且漣漪」作「兮」，「不稼不穡」作「嗇」，「坎坎伐輪兮」作「欿欿」，「三歲貫女」作「宦女」，「山有樞」作「蓲」。此外，「素衣朱薄④」作「綃」，見儀禮注；「傷如之何」作「陽」，見爾雅注；「豔妻扇方處」作「閻妻」；「中冓之言」作「中篝」，見漢書注；而豐氏本則仍同毛傳之文，是未覩魯詩之文也。楚元王受詩於浮邱伯⑤，劉向，元王之後，故新序、説苑、列女傳説詩皆依魯故，其義與毛傳不同，而豐氏本無與諸書合，是未詳魯詩之義也。至於定之方中爲楚宫，移入魯頌；又移逸詩「唐棣之華」四句於東門之墠二章之前，而更篇名爲唐棣；又增益漸漸之石之辭曰：「馬鳴蕭蕭，陟彼崖矣；月麗于箕，風揚沙矣；武人東征，不遑家矣。」肆逞其臆見，狎侮聖人之言。且慮己之作僞未能取信於人，則又假託黄文裕佐作序，中間欲申魯説而改易毛、鄭者，皆託諸文

---

① 「小正」，四庫薈要本、補正改作「小疋」。
② 「大正」，四庫薈要本、補正改作「大疋」。
③ 「子夏」，文淵閣四庫本誤作「子貢」。
④ 「薄」，文津閣四庫本作「簙」。
⑤ 「浮邱伯」，四庫薈要本、文淵閣四庫本皆作「浮丘伯」。

裕之言，排斥先儒不遺餘力。其如文裕自有詩傳通解行於世，其自序略云：「漢興，魯、齊、韓三家列於學官，史稱魯最爲近之，其後三家廢而毛詩獨行世，或泥於魯最爲①近一語，必欲宗之。然魯詩今可考者有曰：『佩玉晏鳴，關雎嘆之。』以爲刺康王而作，固已異於孔子之言矣。又曰：『騶虞，掌鳥獸官。古有梁騶，天子之田也。』文王事殷，豈可以天子言哉？其爲周南、召南首尾已謬至此。」以是觀之，則文裕言詩不主於魯明矣。又四明楊文懿著詩私抄改編詩之定次，文裕罪其師心僭妄，是豈肯盡棄其學而甘心助豐氏之邪説乎？至於黨豐氏者，不知石經爲坊僞撰，乃誣文裕得之中祕，今文淵閣之書，目録具在，使果有魏時石經，目中豈不登載？洵無稽之言，稍有知識者，當不爲所惑也。

〔補正〕

竹垞案内「更『小雅』爲『小正』，『大雅』爲『大正』」，「正」皆當作「疋」。（卷四，頁十二）

陳氏褒毛詩緒説

未見。

黄虞稷曰：「福建寧德縣人，嘉靖癸未進士。」

① 「最爲」，文津閣四庫本缺此二字。

陸氏埏詩傳存疑

一卷。

存。

埏自序曰：「毛詩注釋簡古，鄭氏雖以禮説詩，於人情或不通，及多改字之弊，然亦有可以裨毛氏之未及者。至孔穎達疏出，而二家之説遂明。程伊川與歐、蘇諸公又爲發其理趣，詩益焕然，李迂仲集諸家爲之辨而去取之。南軒東萊止集諸家可取者，視李氏爲徑，而東萊之詩紀獨行，岷隱戴氏遂爲續詩紀①，建昌段氏又用詩紀之法爲集解，華谷嚴氏又用其法爲詩輯②，諸家之要多在焉。雪山王公質、夾漈鄭公樵，始皆去序而言詩，與諸家之説不同，晦庵先生因鄭氏之説，盡去美刺，探求古始，其説頗驚俗，雖東萊不能無疑焉。夫詩非序莫知其所自作，去之千載之下，欲一旦盡去古昔相傳之説，别求其説於茫冥之中，誠亦難矣。然其指甫田、大田諸篇爲治世之音；『成王不敢康』之『成王』爲周成王，則其説的有根據，且發理精到，措辭簡潔，讀之使人瞭然，孰有加於晦庵之詩傳者哉。學者當以是爲主，至其改易古説，間有意未能遽曉者，則以諸家參之，庶乎得之矣。」

按：簣齋詩説至衞詩而止，今附集中，未成之書也。

---

① 「詩紀」、「續詩紀」之「紀」，四庫薈要本皆作「記」。

② 「輯」，補正、文淵閣四庫本改作「緝」。

〔補正〕

自序内「又用其法爲詩輯」，「輯」當作「緝」。

按：此所載陸簣山自序即黄東發讀毛詩日抄之序也。「伊川、歐、蘇諸公」句，黄序「伊川」上有「本朝」二字，此删去耳。東發，宋人，故稱伊川、歐、蘇云「本朝諸公也」，簣山，明代人，故删去此二字，即此足見其爲抄取黄氏原序以備檢閲而已，非直襲前人以爲己序也。竹垞於簣山爲鄉人，既知其爲未成之書，則此序似不必載。（卷四，頁十二）

黄氏光昇**演詩蠡測**

未見。

張氏忠**詩辨疑**

未見。

黄虞稷曰：「任丘人，嘉靖己丑進士，官光禄少卿。」

吕氏光洵**詩箋**

未見。

俞汝言曰："光洵，字□□①，新昌人。嘉靖壬辰進士，歷官兵部尚書兼副都御史，巡撫雲南，改南京工部。"

薛氏應旂**方山詩説**

八卷。

存。

王夢得序曰："我師方山公，五經罔不淹貫，而尤長於詩，以幼時所録詩説鋟諸梓，始經義理以求其趣，參之古今以博其趣，察之性情以正其意，訂之得失以協其中，真可輔翼乎經而並行者，學者當自得之。嘉靖癸卯序。"

薛氏騰蛟**毛詩附説**

十卷。

未見。

① "字"下原缺二字，備要本同，四庫薈要本、文淵閣四庫本注"闕"，文津閣四庫本作"信卿"。

陳氏言**詩疑**

未見。

言自序曰：「詩也者，正變存乎感，哀樂存乎音，美刺勸戒存乎意，升降理亂存乎時。得其意故時可見也，得其感故音可審也，得其音故政可知也。於是乎詩次可序也，則序之可也。序之也者，以序乎先王之詩世也，觀乎其世而樂有恍焉者矣，是故序詩也。詩小序之作，或以爲孔子，或以爲子夏，或以爲子夏、毛公合作，或以爲國史，或以爲衞宏潤色之。潤色者，潤色乎孔子、子夏、毛公者也。孔子、子夏、毛公其去詩尚近，必耳目有逮焉者，而以數千載之後臆而破之，豈不遠哉。是故序有原乎詩之意，而詩無證乎序之辭者。朱子以爲非，而我疑其是也，故命其編曰詩疑。」

詩序傳

未見。

言自述曰：「先王之詩，孔子得宋大夫之七篇曰商頌，繼之者周也，周宗文王，故次二南，文王未王，二南未雅也。武王成之，故次武王之頌。成王治定功成，制禮作樂而備矣，故次之正雅。成王有疑於周公未純也，故次豳之變風。承成王者，康王、昭王也，故次二王之頌。二王之後，有宣王之興，幽、厲之衰，故次幽、宣、厲王之變雅，觀其所變而詩之情見矣。幽王弑，平王東而不復雅，故次王風。平王而下無詩矣，於是有諸侯之詩。魯，宗國也，而無風，故次魯頌。康叔者，武王之子也，故次邶、鄘、衞。

唐叔者，成王之弟也，故次唐。以其厲王之後，故次鄭。異姓而大功者太公、畢公也，故次齊、次魏。秦，諸侯而狄者也，故次秦。國小而極亂，亂極必治，君子有未濟之思，故次之以陳、檜、曹終焉。」

袁氏煒**毛詩定見**

未見。

錢謙益曰①：「煒，字懋中，慈谿人。嘉靖戊戌會元廷試第三人，累官少傅，兼太子太傅、建極殿大學士，贈少師，謚文榮。」

何氏宗魯**詩辯②考證**

四卷。

未見。

黄虞稷曰：「宗魯，字可言，福清人。嘉靖癸卯舉人，惠州府同知。」

---

① 「錢謙益曰」，文淵閣四庫本作「浙江通志」，四庫薈要本作「錢陸燦」，文津閣四庫本作「陸元輔」。

② 「辯」，文淵閣四庫本作「辨」。

李氏先芳**毛詩考正**

未見。

〔四庫總目〕

朱彝尊經義考載先芳有毛詩考正，不列卷數，註曰：未見。而不載此書。其爲一書、兩書？蓋不可考。然此書亦多辨定毛傳，或彝尊傳聞未審，誤記其名歟？（卷十六，頁十二，讀詩私記二卷提要）

王氏樵**詩考**

未見。

陳氏錫**詩辨疑**

一卷。

存。

勞氏堪**詩林伐柯**

四卷。

存。

謝東山序曰：「詩林伐柯者，道亭勞先生所爲説詩者也。先生按潼川，暇，出以示東山，由是讀之卒業。先生於三百篇既合而統論之，又析而詳言之。大而一説之長，小而一詁之善，取之也博，辨之也明，學詩者讀之，不猶伐柯者，其則不遠矣乎。雖然，所謂則者，不在書而在人，不在人①而在我。聖門説詩曰思無邪、曰温柔敦厚詩之教也，此學詩之則也。先生在蜀，其教人也，德行以爲本，篤實以爲文，行之以敬敷在寬，出之以色笑匪怒。其校士也，喜怒不形、好惡不作，覬覦莫得而倖，毀譽莫得而撓，所以薰陶變化之者，其爲無邪與温柔敦厚則一而已矣。今諸生既親承先生之善訓，其尚於先生所以爲身教者，近取則焉，不然苟徒讀先生之書，固非先生之志矣。隆慶庚午序。」

繆泳曰：「堪，江西德化人。嘉靖丙辰進士，歷官副都御史，協理院事。」

許氏天贈**詩經正義**

未見。

〔校記〕

四庫存目著録廿七卷。（詩，頁三二）

黄虞稷曰：「天贈，字德夫，黟縣人。嘉靖乙丑進士，山東參政。」

---

① 文津閣四庫本缺「不在人」三字，疑因上重「不在人」而奪。

經義考卷一百十四

詩十七

沈氏一貫**詩經纂注**

四卷。

存。

馮氏時可**詩臆**

二卷。

存。

黄氏洪憲**學詩多識**

佚。

郭氏子章**詩傳書例**

四卷。

存。

殷氏子義**詩經疏解**

未見。

歐氏志學**毛詩見小録**

未見。

黄虞稷曰：「志學，字須静，莆田人。嘉靖中，官知縣。」

陸氏奎章**陸詩别傳**

未見。

黃虞稷曰：「武進人，學士簡之子。」

郭氏金臺**毛詩辨**

佚。

高佑釲曰：「長沙人。」

李氏澤民**詩集傳**

佚。

廣信府志：「李澤民，貴溪人。隱居事母，號北山樵子，著詩集傳。」

易氏貴**詩經直指**

十五卷。

〔補正〕

案：此書一見于一百十二卷之弟十葉，一見于一百十四卷之弟二葉，書名、卷數、作者、姓氏皆同。

（卷四，頁十二—十三）

佚。

郭子章黔記：「知府易貴撰。貴，宣慰司人，淹貫載籍，歸田十餘年，杜門較①書，以詩義奧深，作直指，今逸。」

朱氏得之**印古詩説**

一卷。

存。

錢金甫曰：「朱得之，字本思，靖江人。師事陽明，陽明歿於粵，走數千里迎之，哭盡哀。印古詩説一卷，錢塘胡氏刻入格致叢書。」

李氏經綸**詩教考、詩經面墻解**

未見。

黄虞稷曰：「經綸，字大經，南豐諸生。」

黄宗羲曰：「大經以詩三百篇，非夫子之舊，漢儒雜取逸詩以足其數，故無益於天德王治之粹者，削之作詩教考。」

按：詩三百十一篇，孔子所定，蔽以一言曰思無邪。而朱子則曰：「彼雖以有邪之思作之，而我以無

①「較」，四庫薈要本作「校」。

邪之思讀之，是作詩者不皆思無邪矣。」因以春秋列國卿大夫盟會宴饗所賦，百世之後盡定爲淫奔之詩。數傳而魯齋王氏竟删去三十二篇，謂今三百五篇非夫子之舊，秦火後詩不能獨全，漢儒取删去之詩足數，此支離之説也。大經詩教考蓋本諸王氏詩本無邪，而王氏删之於前，李氏削之於後，亦異於孔子之旨矣。

袁氏仁**毛詩或問**

二卷。

存。

仁自序曰：「朱元晦於詩盡去孔門序説，而以意自爲之解，盲人摸象豈不揣其一端，然而去象遠矣。余讀詩不廢序説，亦不純主序説。會之以神，逆之以志，反之性情之微，窺之美刺之表，其求之而未得也，若魚銜鈎；及瞿然有得也，不知我之爲古人，古人之爲我也。舉其所服膺者，設爲或問以發之焉。」

葉氏朝榮**詩經存固**

八卷。一作十卷。

〔校記〕

四庫存目本八卷。（詩，頁三二二）

未見。

黃虞稷曰：「朝榮，福清人，大學士向高之父。」

屠氏本畯**毛詩鄭箋**

二十卷。

未見。

林氏世陞**毛詩人物志**

三十四卷。

未見。

黃虞稷曰：「禮部尚書燫子，本王應麟詩傳圖要而作。」

鄧氏元錫**詩繹**

三卷。

存。

章氏（潢）**詩原始**

未見。

李氏（鼎）**編詩經古注**

十卷。

未見。

王氏（大覺）**詩解**

未見。

黄虞稷曰：「福州人。」

林氏（甫任）**詩經翼傳**

未見。

黄氏（三陽）**詩講義**

未見。

蔣垣曰：「三陽，字元泰，建陽人。」

陳氏第毛詩古音考

四卷。

存。

焦竑序曰：「詩必有韻，夫人而知之，乃以今韻讀古詩，有不合，輒歸之於叶，習而不察，所從來久矣。吳才老、楊用修著書始一及之，猶未斷然盡以爲古韻也。余少讀詩，每深疑之，迨見卷軸寖多，彼此互證①，因知古韻自與今異，而以爲叶者謬耳。故筆乘中間論及此，不謂季立俯與余同也。甲辰歲，季立過余曰：『子言古詩無叶音，千載篤論，如人之難信何？』遂作古音考一書，取詩之同韻者臚列之爲本證，已取老、易、太玄、騷、賦、參同、急就、古詩謠之類，臚列之爲旁證。令讀者不待其畢，將啞然失笑之不暇，而古意可明也。噫，季立之用心可謂勤矣。韻之於經，所關若淺鮮，然古韻不明，至使詩不可讀；詩不可讀，而正得失、動天地、感鬼神之教，或幾於廢，此不可謂之細事也。乃寥寥千古，至季立始有歸一之論，其爲功可勝道哉。世有通經學古之士，必以此爲津筏，而簡陋自安者乃至以好異目君，則不學之過矣。」

第自序曰：「夫詩以聲教也，取其可歌、可咏、可長言嗟嘆，至手舞足蹈而不自知，以感竦其興觀羣

① 「互證」，文津閣四庫本誤作「宜證」。

怨，事父事君之心，且將從容以紬繹夫鳥獸草木之名義，斯其所以爲詩也。若其意深長而於韻不諧，則文而已矣。故士人篇章必有音節，田野俚曲亦各諧聲，豈以古人之詩而獨無韻乎？蓋時有古今，地有南北，字有更革，音有轉移，亦勢所必至。故以今之音讀古之作，不免乖剌而不入，於是悉委之叶，豈其然哉？愚少受詩家庭，竊嘗留心於此，晚年獨居海上，惟取三百篇日夕讀之，雖不能手舞足蹈契古人之意，然可欣、可喜、可戚、可悲之懷，一於讀詩洩之。又懼子姪之學詩不知古音也，於是稍爲考據，列本證、旁證兩條。本證者，詩自相證也；旁證者，采之他書也。二者俱無，則宛轉以審其音，參錯以諧其韻，無非欲便於歌咏，可長言嗟嘆而已矣。蓋爲今之詩，古韻可不用也；讀古之詩，古韻可不察乎？嗟夫，古今一意，古今一聲，以吾之意而逆古人之意，其理不遠也。患在是今非古，執字泥音，則支離日甚，孔子所删，幾於不可讀矣。愚也聞見孤陋，考究未詳，姑藉之以請正明達君子。」

朱氏謀㙔詩故

十卷。

存。

黄汝亨序曰：「仲尼述六經，删詩以垂不朽，子夏親承其訓，故小序得者什九。毛、韓、魯、齊遞爲之説，各有師承，而考亭訓注，大略於雅、頌多合，於國風多離。如執『放鄭聲』一語，而鄭、衛之詩概從淫邪，不知夫聲之非詩也。鬱儀説詩大都原本小序，按文、武、周公以來，春秋、左、國之事而次第其世，考其習俗，論其人而以意通之，集諸家之成，無失作者至意。孟軻氏曰：『以意逆志，是爲得之。』又曰：『誦其詩，論其世。』此真善説詩者，吾今見鬱儀氏矣。」

謀瑋自序曰：「説詩者，毛、韓、齊、魯互異，非一傳一説可得而概也。愚者膠其師授，竊竊然自以爲知詩，其用陋且隘矣。予之説非敢盡詩之用也，將以通夫毛、韓、齊、魯之固也。蓋自束髮誦詩迄今五十餘年，所見諸家義疏，率多牽於舊説，其於比興之際，微辭妙旨，往往鬱而未章，嘗爲詩故一卷傳之，吴中好事者頗采用其言，乃後知予説之不大乖剌，亦有當於人心矣。爰以暇日，研究物理，會通訓詁，集其神明而酌其得失，三百五篇，篇各爲之説，次爲十卷，仍名之曰詩故。雖非告往知來，亦頗發先儒之未發矣。若夫進於温柔敦厚之教，止於不愚之地，達乎可興、可怨之情，以極乎詩之能事，則三百五篇具在，能言詩者自得之，奚俟是哉。」

朱氏統鍇**詩解頤録**

未見。

黄虞稷曰：「新建奉國中尉。」

凌氏濛初**聖門傳詩嫡冢**

十六卷。

存。

〔校記〕

四庫存目末有附録一卷。（詩，頁三二）

詩逆

四卷。

存。

按：凌氏誤信豐坊僞譔子貢詩傳，遂合子夏詩序刊行之，題曰：聖門傳詩嫡冢，難乎免於識者所笑矣。

徐氏奮鵬**詩經毛朱二傳刪補**

未見。

黄虞稷曰：「奮鵬，臨川人。以毛詩、朱傳繁簡不一，乃爲是書，令學者味比興之旨，人或劾其擅改經傳，請治罪，神宗取其書閲之，以其不悖朱子、有功於毛，貸之。奮鵬復著古今治統、古今道脈等書，崇禎中，督學使駱日升、蔡懋德將獻於朝，不果。」

程氏朝光**詩講義**

八卷。

未見。

鄒氏泉**詩經折衷**

未見。

高佑釲曰："泉，字嶧山。"

薛氏志學**毛詩傳旨一貫**

未見。

何三畏序曰："詩蓋三千篇矣，此孔子未删詩以前詩也，删之後得三百五篇，皆以合韶、武①之音，而詩乃隸於經焉。詩蓋有魯詩、齊詩、韓詩、毛詩諸家之學矣，此朱子未傳詩以前詩也，傳之後凡數萬餘言，皆以黜，而詩傳乃隸於學官焉。國家明經取士，士業一經者輒令取衷傳注，必句釋而字解之，此雖訓詁之家，而亦足以發明聖經之宗旨，匪是則談理無所與陳，發義無所與展，而甚則離經畔聖，其害不可勝言矣。薛子希之，少負才名，長爲士望，凡百家諸子之籍，靡所不窺，而獨於詩傳討論加詳焉。其言曰：風、雅、頌三經之章，章各有體；賦、比、興三緯之義，義各有宜。閭閻里巷、郊廟朝廷、忠臣孝子、烈士貞女一唱三嘆之歌，歌各有指。乃爲提綱挈領，覃思殫精，或日旰忘食、夜分廢寢，不對客、

---

① "武"，文淵閣四庫本誤作"舞"。

不闕門者經年，而傳旨一貫之編成矣。是編也，大都以傳譯經，以意逆傳，於諸家之説務擇所安，不爲持兩可，以故强記博綜之彦，服其多通，推其淵識，可以掩映先達，領袖後進，而爲紫陽氏之忠臣已。」

錢金甫曰：「志學，字希之，常熟人。」

吴氏瑞登**詩經引躍**

未見。

繆泳曰：「瑞登，字雲卿。」

陳氏推**毛詩正宗**

未見。

俞汝言曰：「推，字行之，福建人。」

楊氏文奎**詩經定**

未見。

陶氏其情**詩經注疏大全纂**

十二卷。

存。

唐汝諤曰：「其情，字逸則。」

趙氏一元詩經理解

十四卷。

存。

高佑釲曰：「趙一元，字士會，山陰人。書成於萬曆乙未，駱日升爲之序。」

程氏元初詩經叶韻

四卷。

詩經音釋①

一卷。

俱未見。

---

①「詩經音釋」，四庫薈要本誤作「詩經首釋」。

堵氏維常**詩箋**

未見。

陸元輔曰：「堵維常，字沖宇，宜興人。於詩、禮、春秋皆有箋，其子牧遊先生因之輯三經澤書。」

黄氏一正**詩經埤傳**

八卷。

未見。

徐氏熙**詩説闕疑**

十五卷。

未見。

陸氏曾暑①**詩經内傳**

三十二卷。

① 「暑」，四庫薈要本作「曅」，文津閣四庫本作「煜」。

外傳

二十卷。

俱未見。

黃虞稷曰：「字章之，會稽人。」

江氏彦明**詩經箋疏**

未見。

陸元輔曰：「彦明，字晏其，婺源人。」

馮氏復京**六家詩名物疏**

五十五卷。

存。

〔校記〕

四庫本作馮應京六家詩名物疏五十四卷。（詩，頁三三）

葉向高序曰：「稱名物者，莫詳於詩。夫子曰：『多識於鳥獸草木之名。』夫寧獨鳥獸草木也與？殷雷震電，三星七襄之概乎天；江淮河海，川原陵谷之包乎地；禮樂衣冠，文物器數之該乎人，三才之道有一之不列於詩者乎？詩之途三，曰賦、曰比、曰興，賦之體顯，而比興之體微，故詩之爲比興者，其寄情或深於賦。而比興之物又必①有其義，如關雎之配耦，棠②棣之兄弟，蔦蘿之親戚，蜉蝣之娱樂，鴇羽之憂勞，皆非泛然漫爲之説。故善説詩者，舉其物而義可知也。不辨其物而强繹其義，詩之旨日微，而性情日失矣。海虞馮生肆力是經，摭其名物，詳爲之疏，分門别類，纖悉不遺。其所採集自六經、正史，以至諸子百家、稗官小説，與夫讖緯醫卜、天文曆數諸書，無不蒐列，連類廣肆，窮變極幽，以視李樗之詳解、王景文之總聞、王應麟之詩考，其宏富精覈，不啻倍之。書成示余問序，余非深於詩者，思古列國之所陳，太師之所採，各從其方俗以形之歌咏，其間封疆物産之不齊，名稱俗尚之互異，彼此不能相通。而其所載十五國者，又皆在大江之北，今文人學士之産於南者，足跡多所未涉，亦何從而辨其物宜、徵其形象以遠訂作者於千載之上乎？馮生此編，斟酌於不竭之淵，游衍於無窮之藪，是大有功於詩教者也。」

〔補正〕

葉向高序内「棠棣之兄弟」，「棠」當作「常」。（卷四，頁十三）

① 「必」，文津閣四庫本誤作「心」。

② 「棠」，補正、四庫薈要本、文淵閣四庫本改作「常」，阮刻十三經注疏本亦作「常」。

吴氏雨**毛詩鳥獸草木疏**

四庫存目「疏」作「考」。（詩，頁三三）

二十卷。

存。

〔校記〕

曹學佺序曰：「詩有草木鳥獸蟲魚疏，鄭夾漈以爲晉陸機撰。通考據崇文總目以爲吴太子中庶子烏程①陸璣②撰。陳振孫曰：『按陸氏釋文斷非晉之士衡，而其書引郭璞注爾雅，則當在郭之後，亦未必吴時人也。』陸氏曰者，唐陸德明也，有莊子音釋間亦用之；至孔疏、吕記、太平御覽諸書多所采獲矣。但書止二卷，不無漏萬之譏。友人吴君引而伸之，推而廣之，昔但二卷，今爲二十，名曰毛詩鳥獸草木考焉。其曰毛詩者，本文之下仍用毛萇大、小序也。其先鳥獸而後草木者，蓋夫子標多識之目，而國風首關雎之篇也。其次則風雅頌不相凌奪，如野有死鹿，先舉國風；呦呦鹿鳴，次及小雅是也。其類則有當廣者，如草木之外而有竹穀，羽毛之外而有鱗介是也。如馬之類則有騏騂，犬之類而有盧尨③

① 「程」下，應依補正、四庫薈要本、文淵閣四庫本增一「令」字。

② 「璣」，文淵閣、文津閣四庫本誤作「機」。

③ 「尨」，文津閣四庫本作「龍」。

是也。其體則本吴仁傑離騷草木疏而爲之也；其用則本五雅及本草證類、諸儒注疏而爲之也。今博采諸家，仍存名氏，則本吕伯恭讀詩記而爲之也。書成，愚得寓目焉，曰：噫，憊矣，詩三百篇，古今説者紛紛不一，後之學者何所折衷？愚不敏，竊謂一言以蔽，曰思無邪，則太史公所謂『取其施於禮義者』近之。語往知來，可與言詩，則毛萇謂詩序爲子夏所作者近之。述而不作，多聞闕疑，則馬端臨謂其人可考、其意可尋者，夫子録焉；其人不可考、其意不可尋者，夫子删焉，其言亦近之。大抵必會乎删之意而後可與言序，必會乎序之意而後可與言疏。今吴君之疏必本諸序，猶乎作序者即欲强解逸詩一篇不可得也。近林宗伯少子世陞本王應麟之詩傳圖要作人物志三十卷，陳參戎第本吴棫之補音作詩經古音四卷，與吴君雨皆閩郡人，爲一時之盛云。」

〔補正〕

曹學佺序内「吴太子中庶子烏程陸璣」，「烏程」下脱「令」字。（卷四，頁十三）

唐氏汝諤毛詩微言

二十卷。

存。

〔校記〕

唐氏初作微言，後又删汰贅詞，爲詩經微言合參八卷，見四庫存目，此失書。（詩，頁三三）

汝諤自序曰：「詩有齊、魯、韓三家盡亡，獨存毛、鄭，自朱子集傳出，而毛、鄭之説又束之高閣矣。

顧晦翁掊擊小序，而後人復左袒漢儒，又一時如呂東萊讀詩記、嚴華谷詩輯①先後互出，與朱傳抗衡，余以爲苟非出自詩人，總之皆臆説也。謂漢儒近古，度有師承，而附會不少；謂宋儒明理，疑無曲説，而矯枉或過。國朝纂修大全裨益後學，而與朱傳相矛盾者輒爲棄去，故注疏之説既不收録，而諸家之論亦不甚有所發明。又高明之士視爲筌蹄，不復染指，而屹首研摩，皆其庸庸者耳，此詩解所以概未盡善也。余生平最喜徐徹弦先生翼説，與吾鄉玄扈徐公六帖，以其綜輯前人而超然獨解，絶無穢雜，余故篇中所載兩公居多，而又廣以箋疏、附以臆説，雖不敢謂與朱傳有裨，聊補大全所未備也。」

錢金甫曰：「安慶教授華亭唐汝諤士雅撰。」

〔補正〕

自序内「嚴華谷詩輯」，「輯」當作「緝」。（卷四，頁十三）

王氏志長**毛詩刪翼**

二十卷。

未見。

---

① 「輯」，補正、四庫薈要本、文淵閣四庫本改作「緝」。

經義考卷一百十五

詩十八

瞿氏九思**詩經以俟録**

□①卷。

存。

九思自序曰：「説經當以孔子之言爲主，孔子謂：『吾自衞反魯，然後樂正，雅、頌各得其所。』可見詩惟雅、頌是樂章，至於二南，未嘗非樂，然南自爲南，不當與雅、頌並論也。孔子删述六經，凡關涉三代者，皆以從周爲主，周制所在，即是禮之所在，有此禮即有此樂，而詩經諸詩即所謂樂，決未有無禮②

---

① 「卷」上缺字，備要本同，四庫薈要本、文淵閣四庫本注「闕」，文津閣四庫本作「三」。

② 「無禮」，依盧文弨經籍考引文補作「無是禮」。

而有是樂者，亦未有有此禮而無是樂者。譬如衛國，武王、周公原未嘗許康叔得用王禮，與魯國原是不同，衛國如何當有雅、頌？若賓之初筵是衛武公悔過飲酒之詩，『抑抑威儀』，衛武自儆之詩，只當與淇澳①同在衛風，豈可列在二雅？蓋雅是天子之樂，斷未有雜以列國聲詩之理。今除十三國風及魯、商二頌外，將大雅、小雅、周頌混而爲一，不敢拘定漢、宋舊説，亦不敢參用子夏小序。又除凶禮如國有大故，旅上帝、旅四望；國有大旱，舞雩；有天地大灾，類社稷、類宗廟。凡去樂者、去籥者、弛架者、徹架者、廞樂器者、藏樂器者、陳樂器者、廞筍器者、廞舞器者、弔日不樂、忌日不樂者，齋不舉樂、服不舉樂者，嬪②葬不舉樂、祥禫不作樂、上陵不作樂者，不必開列，其餘將周家吉禮、凶禮、軍禮、賓禮、嘉禮盡數開列條目於每禮之下。復開細目，粘於壁間，日夜紬繹詩經白文，以何詩歸於何禮，即定爲此某禮之詩；以何禮歸於何詩，即定爲此某詩之禮。使經禮之三百，與詩之三百一一相當。使周家有一禮必有一詩，有一詩必有一禮，不使其有有禮而無樂，有樂而無禮。必如此，然後二雅、周頌皆是宗廟朝廷所奏之樂、所歌之詩，方與夫子『然後樂正』之説相合。初欲以諸詩篇名爲目，而以五禮附於其下，恐天下後世疑惑，或以爲猶有遺禮。若以五禮爲目，而以諸詩篇名附於其下，恐天下疑惑，或以爲猶有遺詩。其後再三審處，謂諸禮散在各經，人難討究；若諸詩則聚在一部，可以考驗，與其使人知無遺禮，不若使人知無遺詩，故遂決意先以諸禮爲目，而以諸詩附於其下。又復以諸詩爲目，而以諸禮附於其下，則

① 「澳」，阮刻十三經注疏本作「奧」。
② 「嬪」，四庫薈要本、文淵閣四庫本作「殯」。

一禮便有一詩，一詩便有一禮，曉然易見，使天下後世因禮考詩，因詩考禮，即知二雅、周頌已盡無一篇閑詩矣。」

姚氏舜牧**詩經疑問**

十二卷。

存。

舜牧自序曰：「嘗讀三經三緯之説，竊有疑焉。三經：風、雅、頌是已；三緯：曰賦、曰比、曰興，蓋通融取義，謂所賦之有比有興耳，非截然謂此爲賦、此爲比、此爲興也。惟截然分而爲三，於是求之不得其説，則將爲賦而興又比也，賦而比又興也，而寖失其義矣。此三緯之説之可疑者，而猶其小者也。若斷章取義，凡詩皆可通用矣，而作者之志則有一定不易者，倘以意逆詩人之志於千載之上，則一字各函一義，而其中雋永之味，真有足啓萬世之咀嚼者。奈之何詩義之湮而莫識也，又奈之何陳説汨没於所習，而即有能探其旨者，付之勿問也。今余所疑，凡經數十年且重加訂問矣，若前所誤解者亟與辨正，蓋心獨苦矣。而安得高明君子虚心一爲之裁訂哉，則所謂藏之名山，而俟知於千載之下者也。」

林氏兆珂**毛詩多識篇**

七卷。

存。

方承章序曰：「萬物備矣，一不知而君子以爲耻，寧存而不論者也。山海經所有怪物，固付之聖人所不知而在詩、爾雅與？夫附益詩、爾雅者，其名其理，豈可混乎？繁露稱名生於真，不真非名，則無論一名數物，一物數名，即一之不辨，而格致於何有？是先生之所爲慨也。以先生之學之博，而猶慮失其真，必檢攝其體統，歸諸訓詁，總之不離詩、爾雅者近是。若紀其變，則列子天瑞之篇；究其源，則淮南地形之訓，無耶？有耶？蓋亦付之所不知耳，要之多識、要之一貫，將以博而不越其常者乎。故是編之難，如畫犬馬者也。」

郭喬泰序曰：「吾鄉曩有鄭漁仲先生撰有昆蟲草木志略，其自敘云：已得鳥獸草木之真，然後傳詩，則以詩家發興之本在也，標曰『志略』。精核爲諸家最。而今有林孟鳴先生撰多識篇，篇中主三百篇名物，其三百記事之珠與？漁仲先生嘗嘆儒生家多不識田野之物，農圃人又不識詩、書之旨，二者無由參合，遂使鳥獸草木之學不傳，試讀先生多識篇，材人之窮觀、詩人之逸趣具是矣。」

錢金甫曰：「兆珂，字孟鳴，莆田人。萬曆甲戌進士，由刑部郎中歷知廉州、衡州、安慶三府事。」

汪氏應蛟**學詩略**

一卷。

存。

應蛟自序曰：「先王於詩教豈不重哉，自朝廷宫闈下迨國都閭巷，皆絃誦風雅以涵詠性情，而約之至正。春秋時，諸侯、卿大夫聘會燕饗，猶相與賦詩見志，蓋其諷諭婉而感人深也。説者謂古詩三千餘篇，夫子僅存其什一，篇什雖簡，而忠孝恭順、禮義廉耻之節，森然悉具；以言乎興觀羣怨、事父事君則備矣。子謂詩可以一言蔽，曰思無邪，夫學詩者誠求端於無邪也，兹略已多乎哉。」

吴周瑾曰：「澄源汪氏應蛟，婺源人。萬曆甲戌進士，歷官右僉都御史，經理朝鮮，巡撫天津，後死於難。」

謝氏台卿**詩經課子衍義**

未見。

錢金甫曰：「台卿，字韋仲，晉江人。萬曆庚辰進士。」

徐氏常吉**毛詩翼説**

存。

徐氏即登**詩説**

五卷。

未見。

吴氏炯**詩經質疑**

一卷。

存。

炯自序曰：「余少讀左氏春秋，見其援引詩辭，確有證據，而比諸考亭，疑有異同。長而聞之長者，謂考亭信理，不若毛氏近古有師傳也。考亭以意逆志於千百世之下，大破漢儒之轂，然漢儒師傳亦未可盡掃。余取序、傳、考亭比而讀之，考亭無可疑者，不復搜剔訓詁；考亭有可疑者，則取節序、傳，兼附己意，豈曰解頤，聊存管見云耳。萬曆丙午，夏四月。」

郝氏敬**毛詩原解**

三十六卷。

存。

錢澂之曰：「京山郝氏説詩專依小序，拘定序説。序有難通者，輒爲委曲生解，未免有以經就傳之弊。而又立意與集傳相反，不得其平，至於議論之精醇者，足以發明朱傳，不可廢也。」

序説

八卷。

存。

方氏大鎮**詩意**

未見。

張氏彩**詩原**

三十卷。

存。

陳此心序曰：「詩之爲教，原以維世風、正人心，弗納於邪也。故夫子存三百五篇，而撮其要曰思無邪，夫以無邪蔽三百，乃夫子代爲詩人原也。而最可原者，尤莫如鄭風。鄭亦世漸於桓、武，士有淄①衣之好，女有雞鳴之風，安得概以淫斥？舉仁人義士感時憂國之公忠，悉入妖女狡童之案，不其冤乎？則説詩而不善原者之過也。張公爲東省名元，淹貫百家，沉酣六藝，凡詩中意義兩可、邪正相隣者，序、傳、疏、箋各覩一班，公直因其天然而衷之正的，融其偏駁而會之大通。又間出獨解，直發聖賢所未發，而於聖經賢傳毫不相戾，如鄭風一篇原淫入貞，而鄭之士女千古獲知心矣。由此以推作者深

① 「淄」，應依四庫諸本、阮刻十三經注疏本作「緇」。

情、删者精意，默受推原者多矣。尼聖以無邪①原三百，其旨顯而微；公原三百以無邪②，其旨微而顯。諸儒刺邪以懲邪，其功博而緩；公原邪以歸正，其功約而捷，世道人心所藉維持者不小也。尼聖可作，當亟與之言詩也已。」

錢金甫曰：「張彩，字還白，一字歛之，滕縣人。萬曆辛卯鄉試第一，官至刑部郎中。」

徐氏必達**南州詩説**

六卷。

存。

必達自序曰：「必達幼從先大夫受詩，稍長繙閲諸先輩説，有異同者，又從先大夫質焉。己丑春，謝客扃户，作爲詩説，專以先大夫爲宗，而旁採諸先輩説，亦時附以己意，務奇而不軌者盡黜焉。間有稍異時説，而揣摩作者心事，情景躍然，不忍棄去者。出自先輩即標先輩姓名；出自己者即標曰愚意；其爲時所稱説，而默想作者之意似未必然，則存之，而標曰再詳。今去曩時已三十餘年，髮種種矣，生男八人，爲築南州書舍聚而教之，羣從子弟亦時時過從，抄傳孔艱，遂災及木，其於教誨爾子倘庶幾焉。天啓辛酉。」

① 「無邪」，文津閣四庫本俱誤作「無雅」。
② 「無邪」，文津閣四庫本俱誤作「無雅」。

俞汝言曰：「必達，字德夫，嘉興人，萬曆壬辰進士，歷官南京兵部右侍郎，其書爲舉子業而作，李少卿日華序之。」

劉氏憲寵**詩經會説**

八卷。

存。

錢金甫曰：「慈谿人，字行素，萬曆壬辰進士，南太僕卿。」

曹氏學佺**詩經質疑**一名合論。

六卷。

存。

沈氏萬鈳**詩經類考**

三十卷。

存。

沈思孝曰：「武塘沈仲容倣王伯厚詩考，旁引博稽，别門相附，凡考之類三十而①卷亦同焉，誠詩家巨觀也。」

沈蕙纕曰：「萬釘②，字仲容，嘉善人。萬曆丁酉舉人，官知縣。」

顧氏起元**爾雅堂詩説**

四卷。

存。

起元自序曰：「先大夫以詩起家。隆慶初，讀書永慶山房，嘗手録諸家詩説，藏諸笥中。余少過庭，愛而習之，獨惜大雅以下諸篇闕弗載。比長，而諸家之説牣所涉覽，乃竊取其義續之已。又與諸弟參訂，别爲一編，存之家塾，用課兒輩，而門人輩遂板而行之，余不能止也。昔趙暈③作詩細，蔡中郎過會稽讀之而歎，以爲長於論衡。是編也，吾敢遂謂足當帳中祕哉，要以挾筴而哦者得是説而存之，或亦可以備魚兔之筌蹄云爾。萬曆丙午夏日。」

倪燦曰：「起元，字隣初，江寧人。萬曆戊戌賜進士第三，歷官吏部右侍郎。」

---

① 「而」，文淵閣四庫本作「二」。
② 「釘」，文淵閣四庫本誤作「玎」。
③ 「暈」，文津閣四庫本作「煜」。

蔡氏毅中**詩經補傳**

四卷。

未見。

錢金甫曰：「中山蔡氏毅中，光山人。萬曆辛丑進士，官至禮部右侍郎兼翰林院侍讀學士。」

瞿氏汝説**詩經世業**

未見。

錢金甫曰：「汝説，常熟人，侍郎景淳之子。中萬曆辛丑進士，官至江西布政司參議。」

沈氏守正**詩經説通**

十四卷。

〔校記〕

四庫存目作十三卷。（詩，頁三三）

存。

諸九鼎曰：「吾杭沈無回先生，詩義妙絶時人，先生中萬曆癸卯舉人，詩説通自爲之序，其説存小序首句，與蘇子由同。」

樊氏良樞**詩商**

五卷。

存。

徐氏光啓**毛詩六帖**

存。

〔校記〕

此書明史藝文志六卷，予家藏此書十卷，四庫存目載范方重訂本十四卷。（詩，頁三三）

俞汝言曰：「光啓，字子先，上海人。萬曆甲辰進士，累官太子太保、文淵閣大學士。」

按：「六帖」者，一曰翼傳、二曰存古、三曰廣義、四曰撃藻、五曰博物、六曰正叶。

趙氏琮**葩經約説**

十卷。

未見。

平湖縣志：「琮，字伯裕，中萬曆己酉舉人，署高陽教諭。」

莊氏廷臣**詩經逢源**

八卷。

存。

陸元輔曰：「莊廷臣，字寧宇，武進人。萬曆庚戌進士，官至太僕少卿。」

卓氏爾康**詩學全書**

四十卷。

未見。

鄒氏忠胤**詩傳闡**

二十四①卷。

存。

〔校記〕

四庫存目二十三卷，闡餘二卷。（詩，頁三三二）

---

① 「二十四」，文淵閣四庫本誤作「三十四」。

按：鄒氏誤信石經、子貢傳，而反斥毛傳之非，此無異癡兒説夢矣。

陸氏化熙**詩通**

四卷。

存。

鄭玥曰：「陸化熙，字濬源，常熟人。萬曆癸丑進士，官至湖廣參政，其書自爲之序，舉業本也。」

胡氏胤嘉**讀詩録**

二卷。

存。

錢金甫曰：「胡胤嘉，字休復，仁和人。萬曆癸丑進士，改庶吉士。」

朱氏道行**詩經集思通**

十二卷。

存。

經義考卷一百十六

詩十九

黄氏道周**詩晷正**

未見。

錢氏天錫**詩牖**

五卷。

〔校記〕

四庫存目著録十五卷。（詩，頁三三二）

未見。

天錫自序曰：「春秋名卿大夫盟會聘饗，稱詩言志，各有懷來，使人感動，而詩之用不廢。奈何字櫛句比，偏逐所見，則宫商之乖調亦已久矣。柳柳州不云乎：『本之詩以求其情。』情至之語，鞶有爲鞶，笑有爲笑，故他經可以詁解，而詩當以聲論。夫以義求者離性遠，以聲感者於性近，牖民孔易亦求之於性情之間而已。余少受詩先民部，汎濫諸家之説，變風非淫、變雅①非美，既奉先子之訓，不敢盡是己見，嗣遭先子之變，簡帙漫漶，不復倫次。越數年所，瑸兒頗能言詩，因取其大指不謬於聖人者而授之，并與同好者商焉。」

吴周瑾曰：「天錫，字公永，沔陽人。天啓壬戌進士，歷官廣西按察副使。」

何氏楷**毛詩世本古義**

二十八卷。

存。

范景文序曰：「昔子輿氏言誦詩讀書，必論其世。又曰：『詩亡而後春秋作。』然則不明春秋之義，安識詩之所以亡；不論作詩之世，又安識詩之所由作也。故夫四始六義雖爲吟咏性情，而一王褒譏大法於此寓焉，用是播之聲歌、被之管絃，神人以和、上下以格，天子之事孰有大於詩者哉。東遷以後，豈遂無詩，尼父删定，别存商、魯，雖復及門西河、端木之徒，尚未易測其用意所在，況乎漢儒之詁釋，宋人之議論哉。然則未删之詩亡於王迹之既熄，已删之詩併亡於論説之多岐，蓋不稽時代以考污隆，於論

① 「變雅」，文淵閣四庫本誤作「變正」。

世之旨何當焉？吾友何玄子家世受詩，獨觀深旨，見夫詩中所載周事爲多，后稷而後，文王而上，其諸非廟祀追遠之作，斷之夏、商，使從其世，至風、雅篇次因人及事，義如貫珠，登之音韻，以和其聲；證之名物，以資其博；抽繹既精，引義綦廣，遂令分體之什燦然，編年之書千五百年而後，何意復有斯人。學者誠能通卷讀之，其治亂所錯直可上接乎書，而比於春秋之史。嗟乎，吾人生六藝散失之後，能使代有言、人有咏，不至如他時簡闊寥廓之難尋，則何氏翼經之功於古之人何如耶！」

曹學佺序曰：「夫説詩者莫善於孟子，孟子之言曰：『誦其詩，讀其書，不知其人可乎？是以論其世也。』故説詩非論其世不可。孔門説詩，有序有傳，即後世之爲説、爲箋、爲疏、爲故，皆不越乎世，亦惟據其篇什而筌①注之，未聞有純以世爲主，而風、雅、頌隨之者。譬若觀其譜牒，而其祖宗功德之近遠，與其爲子若孫之賢不肖，具在尺幅中矣。何氏研窮於此，七年之久而始成，名曰古義，義即志也，何氏曰：『非我作古，乃古人之志也。』何氏玄子，楷也；序之者，曹氏學佺也。」

〔補正〕

曹學佺序内「亦惟據其篇什而筌注之」，「筌」當作「詮」。（卷四，頁十三）

楷自序曰：「昔者孔子之教，不外乎六經，而禮樂爲王者之事，當世必皆各有成書，如周禮、儀禮之類，不容以意爲之損益。其所手定，惟易、書、詩、春秋四者，易衍十翼，春秋修舊史，皆述也，而有作焉，若書、詩第以棄取見義而已，易、春秋之爲書，一明理、一紀事，各自孤行，而書、詩則兼禮樂而有之，夫

① 「筌」，應依補正、四庫薈要本、文淵閣四庫本改作「詮」。

以書爲兼乎禮樂，類乎春秋，人猶信之，若詩則第以道性情一語蔽之足矣。嗟乎，詩教失傳莫大於是。今夫詩上播諸聲律，下形諸諷咏，無地而不有詩，無人而不可以作詩，由其所從來者異，故於一體中以風、雅、頌爲之標别。然亦必皆因一事而作，則其世固可知也。夏、商之文獻皆不足矣，宋猶存商頌五篇，杞無一焉。惟周室先祖之詩，藏在故府，幸不放失，聖人以爲二代文獻之猶存者也，故取公劉、王季、文王諸詠以廣商頌之遺，其於二代蓋彬彬矣。書斷於秦穆，春秋始於平，中間若厲、宣、幽三王之際，皆周室改革之大者，而其事跡杳如也，舍詩將安所徵之？故詩者，聯屬書與春秋者也。孟子曰：『王者之迹熄而詩亡，詩亡然後春秋作。』諸儒推測，未有得其解者。今以世考之，詩亡於下泉，正當敬王之時，蓋至是而周不復興矣。平遷王城，敬遷下都，愈趨愈下，聖人所以投筆而自廢也。若夫典章文物、聲容器數之盛，散見於詩中者，犂然明備，至纖而不可遺，至繁而不可亂，按之三禮無一不合，有王者起特舉而措之耳，是又聖人之借詩以存禮樂也。蓋昔孔子雅言詩、書、執禮而不及樂，他日又言『興於詩，立於禮，成於樂』，而不及書，明乎舉詩足以兼書，猶之舉禮足以兼樂也。其言詩、書恆在禮樂之先者，以禮樂取諸詩、書中而足也。後儒視詩太淺，索詩太易，蓋亦思聖人所以廣收約取著之爲經，與易、書、春秋並垂者，其立教宜如何①精嚴，而可輕以里巷謳吟例之乎？凡余説詩，是不一術，先循之行墨以研其義，既證之他經以求其驗，既又考之山川譜系以摭其實，既又尋之鳥獸草木以通其意，既又訂之點畫形聲以正其誤，既又雜引賦詩斷章以盡其變，諸説兼詳，而詩中之爲世、爲人、若禮、若樂，俱一

① 「如何」，文淵閣四庫本誤作「何如」。

一躍出，於是喜斯文之在茲，歎絶學之未墜也。當其沉思莫解，寢食都忘，閲七載，手不停披，斯已勤矣。書成悉依時代爲次，名曰世本古義，仲子輿氏誦詩論世之指也。卷凡二十八，每篇倣古序體，更定小引以冠其前，其諸義未安者，則附見之章句之後，欲使觀者有所考鏡焉。崇禎十有四年。」

錢澂之曰：「晉江何①氏詩經世本，以詩編年，混風、雅、頌爲一，其牽合杜撰頗多。至於考據精詳，有恰與詩旨合者，要之自成一家言，不必以經學相繩也。」

吴應箕曰：「何玄子黄門作詩經世本，其中疏論有卓然不朽、發前人未發者，但更易四始，爲一時有識人所非。」

按：何氏世本其序次首夏少康之世詩八篇：公劉也、七月也、甫田也、大田也、豐年也、良耜也、載芟也、行葦也。次殷盤庚之世詩一篇：長發也。高宗之世詩三篇：那也、烈祖也、玄鳥也。祖庚之世詩一篇：殷武也。武乙之世詩五篇：關雎也、鵲巢也、桃夭也、螽斯也、葛覃也。太丁之世詩五篇：采薇也、卷耳也、鹿鳴也、南山有臺也、伐木也。帝乙之世詩五篇：草蟲也、出車也、四牡也、杕杜也、皇皇者華也。帝辛之世詩二十篇：采蘩也、兔罝也、樛木也、南有嘉魚也、羔羊也、小星也、江有汜也、標②有梅也、漢廣也、芣苡也、野有死麕也、麟之趾也、殷其雷也、騶虞也、行露也、菁菁者莪也、汝墳也、魚麗也、采蘋也、鳧鷖也。周武王之世詩十三篇：魚藻也、緜也、旱麓也、皇矣也、天作

①「何」，備要本誤作「河」。
②「標」，應依文津閣四庫本備要本作「摽」。

也、既醉也、雝也、思齊也、棫樸也、靈臺也、臣工也、白駒也、小宛也。成王之世詩五十篇：閔予小子也、匏有苦葉也、鴟鴞也、狼跋也、伐柯也、九罭也、假樂也、載見也、烈文也、訪落也、小毖也、敬之也、東山也、破斧也、泮水也、常棣也、大明也、文王有聲也、思文也、生民也、我將也、絲衣也、楚茨也、信南山也、潛也、桑扈也、蓼蕭也、湛露也、彤弓也、緜蠻也、吉日也、振鷺也、有瞽也、武也、酌也、賚也、般也、時邁也、桓也、有客也、文王也、蟋蟀也、天保也、清廟也、維天之命也、維清也、斯干①、洞酌也、卷阿也、凱風也。康王之世詩五篇：采菽也、昊天有成命也、下武也、噫嘻也、甘棠也。昭王之世詩二篇：執競也、鼓鐘也。共王之世詩一篇：綢繆也。懿王之世詩一篇：還也。夷王之世詩三篇：柏舟也、北門也、北風也。厲王之世詩十篇：漸漸之石也、桑柔也、四月也、采綠也、民勞也、板也、蕩也、宛丘也、東門之枌也、衡門也。宣王之世詩二十篇：都人士也、鴻鴈也、韓奕也、六月也、采芑也、常武也、江漢也、無衣也、崧高也、黍苗也、烝民也、無羊也、車攻也、汎彼柏舟也、庭燎也、雲漢也、祈父也、沔水也、黃鳥也、鶴鳴也。幽王之世詩三十二篇：無將大車也、隰桑也、大東也、巷伯也、鴛鴦也、白華也、車舝②也、角弓也、頍弁也、瓠③葉也、小戎也、正月也、瞻卬也、召昊④也、小旻

---

① 依上下文文例，「干」下應補「也」字。
② 「舝」，備要本誤作「牽」。
③ 「瓠」，文淵閣四庫本誤作「匏」。
④ 「昊」，應依補正、四庫薈要本、文淵閣四庫本作「旻」。

也、青蠅也、我行其野也、小弁①、蓼莪也、十月之交也、雨無正也、北山也、何草不黄也、小明也、匪風也、素冠也、逍遥也、丘中有麻也、隰有萇楚也、菀柳也、巧言也、苕之華也。平王之世詩三十四篇：瞻彼洛矣也、緇衣也、車鄰也、裳裳者華也、溱洧也、東門之墠也、女曰雞鳴也、出其東門也、駟鐵也、賓之初筵也、抑也、淇澳②終南也、蒹葭也、黍離也、中谷有蓷也、碩人也、綠衣也、終風也、日月也、簡兮也、考槃也、采葛也、遵大路也、白石也、山有樞也、椒聊也、戌申也、君子于役也、葛藟也、叔于田也、大叔于田也、將仲子也、野有蔓草也。桓王之世詩三十二篇：燕燕也、擊鼓也、節南山也、雄雉也、新臺也、蝃蝀也、君子偕老也、静女也、相鼠也、谷風也、氓也、何人斯也、著也、敝笱也、葛屨也、墓門也、習習谷風也、伯兮也、兔爰也、有女同車也、鴇羽也、山有扶蘇也、狡童也、蘀兮也、褰裳也、二子乘舟也、芄蘭也、墻有茨也、鶉之奔奔也、桑中也、東方未明也、盧令也。莊王之世詩九篇：揚之水也、風雨也、南山也、東方之日也、猗嗟也、甫田也、載驅也、何彼穠矣也、雞鳴也。僖王之世詩二篇：大車也、無衣七兮也。惠王之世詩十六篇：君子陽陽也、防有鵲巢也、伐檀也、園有桃也、河廣也、干旄也、竹竿也、載馳也、泉水也、有狐也、清人也、木瓜也、定之方中也、采苓也、陟岵也、葛生也。襄王之世詩十五篇：有杕也、權輿也、十畝之間也、蜉蝣也、候人也、渭陽也、羔裘豹袪也、有杕之杜也、鳲鳩也、羔裘如濡也、閟宫也、有駜也、駧也、晨風也、黄鳥也。頃王之世詩一篇：碩鼠也。定王之世

① 依上下文文例，「弁」下應補一「也」字。

② 依上下文文例，「澳」下應補一「也」字。又，「澳」，阮刻十三經注疏本作「奥」。

詩八篇：彼汾沮洳也、椒林也、東門之楊也、東門之池也、月出也、澤陂也、旄丘也、式微也。景王之世詩二篇：子衿也、丰也。敬王之世詩一篇：下泉也。雖風、雅、頌混而不分，其義專主孟子所云誦其詩、論其世，故其書亦有足取，非豐氏魯詩徒變亂經文者比也。至若以草蟲爲南陔，菁菁者莪爲由儀，緜蠻爲崇丘，皆出於臆見，不足信矣。

〔補正〕

竹垞按内「召旻也」，「旻」當作「旻」。（卷四，頁十三）

張氏次仲待軒詩記

六卷。

〔校記〕

四庫本作八卷。（詩，頁二三）

存。

次仲自序曰：「詩自商、周①，溯稷、契，迄陳靈，上下千五百年，治亂興亡、風俗疆域、形勢方言、物類情變，無所不載。而吾處數千年後，蠡測管窺，安必其皆有合於古人。陶主敬曰：『古韻自詩不用協，序文有本未可非。』說詩者固不可詘經從序，亦何可去序昧經。故以序爲本，而不能盡信者，酌以衆

① 「周」，四庫薈要本缺此字。

論，弋以己志，苟有當經學，庶可質之將來，未知後人以爲何如也。」

孫治序曰：「詩記者，鹽官張元岵先生之所爲作也。先生以天啓辛酉舉於鄉，屢上春官不第，遭時變革①，遂閉户却掃，絶迹人事。顧其生平，經史淹貫，著述斐然，其箋注四詩大抵以序爲據，謂其書近古，異於後之耳食者。囊括注疏以來，及於有明一代，不敢尋一先生之語，即紫陽義有未合，亦必確有證據，不敢苟爲雷同。古今得失之林、歷代治亂之故，忠臣孝子、良友貞婦與夫山川原隰、禽魚草木，莫不原原本本、曉暢意旨，不誇多識、不矜異聞，有一言之裨於道者，未之或遺也。嗟乎，先生之行潔，先生之心苦，以謝臯羽、鄭所南之藴義而發揮於經術，豈其有司馬名山之念，桓譚必傳之語哉！而書之不可廢者，自在也。予獲先生忘年交十有五年，嘗至齋中，見其披吟不絶於口，朱墨不絶於手，吾未見有好學如先生者。先生殁後，予閲其遺編，注釋經傳而外，史、漢、晉、唐以迄有明，無不删述成一家言，流覽玩讀，未嘗不爲流涕。其孫訒受業於余者，會②刻先生詩記成，因作數言於簡端。於乎，即先生此書可以不朽矣。」

朱嘉徵曰：「待軒先生砥行著書，髦年不倦，箋詩以小序爲歸，凡託物引喻必究其情，鳥獸草木必疏其義，於字句中察興亡治亂之機，又於無言處深知作者之意。必根據經傳、三禮正其典文，復參觀群史、旁及子集，定其指趨。語質而意該，足以垂之天壤。」

---

① 「遭時變革」，文津閣四庫本作「中年以後」。

② 「會」，四庫薈要本、文津閣四庫本誤作「曾」。

陸元輔曰：「初名弋志箋記，取詩弋獲之義，前有總論、通譜，後有拾遺，不分卷帙，但循風、雅、頌之次以爲先後，同邑陸冰修稱其議論英發，第亦有過當處。」

陸嘉淑曰：「待軒先生善言詩，多前人所未發。其詮風雨也，既見君子則應喜矣，然君子雖處山澤，感時悼俗，偏覓同心之交，暗啞相對，有不知其憂從中來者，故曰：『云何不喜。』自先生闡發其微，至今讀風雨之詩，覺古人聲淚俱下也。詩弋已刊行，惜多改竄，非其舊本。」

張氏睿卿**詩疏**

一卷。

存。

唐氏達**毛詩古音考辨**

一卷。

存。

金氏鏡**詩傳演**

未見。

經義考卷一百十七

詩二十

劉氏慶孫**詩經朱註考**

未見。

廣平府志：「劉慶孫，永年人，崇禎庚午舉人。」

張氏溥**詩經註疏大全合纂**

存。

〔校記〕

四庫存目三十四卷。（詩，頁三三）

申氏佳胤**詩經鐸、詩鏡**

俱未見。

陸元輔曰：「字孔嘉，永年人。崇禎辛未進士，官太僕寺丞。甲申，死寇難①。」

孫氏承澤**詩經朱傳翼**

三十卷。

存。

承澤自序曰：「昔朱子於五經皆有著述，散見於語類、文集諸書，詳細備具，而其成書，於易有本義，於詩有集傳。集傳力正毛氏之失，而不甚許可詩記，當時駭者半、信者半，故集傳未大行於宋之世。至元季經學諸儒尊之、信之，明洪武初，元之宿儒多有存者，定科舉之制，首重明經，經說兼主二三家，獨詩主集傳，不兼他説。永樂初，命儒臣修五經大全，周易並列傳義，詩經獨詮集傳，若是乎其重也。故當時治詩者，師無異授，學有專門，畢力於六義之旨而詩明。迨嘉、隆而後，士習日趨新異，視集傳僅爲科舉之書，蓋詩在五經中與他經異，他經率以闡理道、紀政事、定誅賞，大經大法在焉，詩獨本於日用，屬於人情，取義於聲韻之微，默寓夫勸懲之旨，大者載焉、小者載焉、貞者載焉、淫者載焉，蓋不極乎

① 「甲申死寇難」，文津閣四庫本無此五字。

事之變，不足以窮人之情。情者，性之用也，情至於窮而性見矣，故曰思無邪。思由情反性之路也，此聖人教人學詩之要，非謂詩盡無邪也。毛氏不達其解，而曰：『變風發乎情，止乎禮義。』夫止乎禮義，固亦有之，然豈皆止乎禮義者哉？操説如此，故篇篇必求止乎禮義，穿鑿迂滯而不通。惟其穿鑿，故嗜奇者喜焉，反以集傳爲庸常無味，有由然也。余注詩有年，凡三易稿，始取小序與朱子之説並立每篇之首，定其是非，通章大義業已了然，又就集傳略爲推衍以暢其旨，俾學者觀小序之説如是，朱子之説如是，上合之於經文，固有不費辭説，洞然於心而無疑者矣。嗟乎，五經皆以垂教，聖人於詩尤諄諄焉。乃三百篇之旨，一夫障之，千有餘歲不明於天下。昔王輔嗣以棄象之説亂易，范甯斥之，謂罪深於桀、紂，毛氏之罪豈在輔嗣下？朱子闢之，厥功偉矣。故翼朱者，翼經也。」

按：退谷孫氏謂「毛氏之罪豈在輔嗣①下」，毛氏較齊、魯、韓三家，詩最醇，故獨傳，其亦何罪之有？此由尊朱子之過也，未免失言矣。

高氏承埏**五十家詩義裁中**

十二卷。

存。

承埏自序曰：「孔氏之門，身通六藝者七十二人，夫子許其可與言詩者，子貢、子夏兩賢而已。子

---

① 「嗣」，文淵閣四庫本誤作「詞」。

貢詩傳出於近人僞撰，惟子夏之序授高行子，傳至大、小毛公以及衛宏，宏學於謝曼卿者也。論其世，數百年矣；考其人，十有一傳矣，而説者謂序出於宏，然則曼卿以前受之於師者皆無序乎？理之所必無也。明道程子謂詩學必於大序中求，又謂國史得詩必載其事，然後其義可知。伊川則云大序非聖人不能作，其篤信詩序若是。自雪山王氏、夾漈鄭氏乃廢序言詩，朱子用之作集傳，以鄭聲淫爲鄭詩淫也，於是鄭詩出於淫奔者最多，且以鄭、衛之音並舉，推而及於邶、鄘、衛而王風而齊、陳諸國，靡不有淫奔之詩。數傳而魯齋王氏遂欲删去其三十二篇，是以孔子删詩爲未盡善矣，毋乃賢知之過與？予家世治詩，曾王父以詩舉隆慶丁卯鄉試，先子旋以詩舉萬曆朝鄉會試，弇鄙如予，亦以詩義入彀，然墨守者集傳一編而已。自避兵竹林里，故家遺書經亂散失，亟割饘粥之産以購之，稍稍裒集，言詩者得五十家，大約淳熙以前，無舍序言詩者，淳熙而後①，遵集傳廢序者十之九矣。孔子曰：『詩三百，一言以蔽之，曰思無邪。』序所云『發乎情，止乎禮義』者，無邪之説也，本乎孔子者也。孟子曰：『以意逆志，是爲得之。』集傳去序言詩，求詩人之志於千載之上，以意逆志之説也，本乎孟子者也。吾因二者而裁其中焉，於國風淫奔諸詩仍存舊序，其餘則以朱子爲歸，而五十家之義附之，非敢異於朱子也，竊取者二程子之言，亦孔子②之詩教然爾。」

① 「而後」，文淵閣四庫本作「以後」。
② 「孔子」，文津閣四庫本缺「子」字。

錢謙益曰①：「嘉興高工部寓公以文學世其家，爲文士；出令衡邊，乘城捍患，爲才吏；瀝血帶索，爲父訟冤，爲孝子。乙酉兵後，悲歌忼慨，低徊結轖，以生爲可厭，而以死爲可樂也。其詩曰：『惟將前進士，慘憺表孤墳。』此其詩何詩也？祈病而病，祈死而死，庶幾從容就義者之爲矣。②」

譚吉璁曰：「先生字澤外，中崇禎庚辰進士，歷知遷安、寶坻、涇三縣事，以南工部虞衡主事。請亟還里，聚書八十廚，集五十家詩説，折衷之，曰詩義裁中，惜其經亂遺失也。」

朱氏朝瑛**讀詩略記**

二卷。

〔四庫總目〕

是書朱彝尊經義考作二卷，此本六册，不分卷數，核其篇頁，不止二卷。疑原書本十二卷，刊本誤脱一「十」字，傳寫者病其繁瑣，併爲六册也。（卷十六，頁十七，讀詩略記六卷提要）

〔校記〕

四庫本六册，不分卷。（詩，頁三四）

---

① 「錢謙益曰」，文淵閣、文津閣四庫本改作「陸元輔」，四庫薈要本改作「錢陸燦」。

② 自「乙酉兵後」至「就義者之爲矣」，文津閣四庫本改作「後閉户著書，尤究心於四始六義之學，以南宋以後廢序之説盛行，而毛、鄭以來之舊訓幾希泯滅，乃博采詩傳，得五十家，推求風人之微意，以決其離合，勒爲一編，大旨以序爲主，而兼取衆長云。」

存。

黄宗羲曰：「先生言小序，觀亡詩六篇僅存首句，則首句作於未亡之前，其下作於既亡之後明矣，子由獨取初辭，頗爲得之。又謂鄭詩不特辭不淫，聲亦不淫也，辭正則聲正，辭淫則聲淫，非相離之物。又謂作詩有賦比興，用詩亦有賦比興。射義：『天子以騶虞爲節，樂官備也；諸侯以貍首爲節，樂會時也。』其指事也切，其取義也直，如作詩者之賦體是也。『大夫以采蘋爲節，樂循法也；士以采蘩爲節，樂不失職也。』以婦女之事喻士大夫，非比乎？以蘋蘩薀藻之采①、筐筥錡釜之器，感士大夫明信之將，非興乎？其折衷詩義若此。」

〔補正〕

黄宗羲條内「以蘋蘩薀藻之采」，「采」當作「菜」。（卷四，頁十三）

黄氏淳耀**詩劄**

二卷。

佚。

陸元輔曰：「陶庵先生詩劄取漢、宋諸儒之説爲兩造，而以己意加讞決焉。崇禎癸未春，繕寫二卷，至王風而止。未幾，赴會試成進士，歸里殉難，未及成書，遂至遺失。」

① 「采」，補正、四庫薈要本、文淵閣四庫本改作「菜」。

萬氏時華詩經偶箋

未見。

〔校記〕

四庫存目著録十三卷。（詩，頁三四）

時華自序曰：「予家世業詩，閒居偶有所見，隨手識之，義類不能深也。跧伏既久，忽復成書，題之曰偶箋。詩之精微與他經異，或近之而遠，或淺之而深，或隱之而顯，或笑而嘆，或反而正。今之君子因經有傳，而逐傳者遺經；因傳而生訓詁，而襲訓詁者迷傳，塾師講堂轉轉訛謬。夫古人之唱嘆淫佚神境超忽，而必欲固執其字句以爲綱①，強疏其支派以爲斷，千年風雅幾爲迂拙腐陋之書，嗟乎，其鄙甚矣。孟子之論説詩『以意逆志』，夫千載之上，千載之下何從逆之？大都古人妙理相遭無故之中，作詩者之志與讀詩者之意偶或遇之，若是，予雖不能得其精微，豈莊周所謂旦暮遇之者耶？」

陸元輔曰：「時華，字茂先，南昌人。」

馬氏元調詩説

十卷。

① 「綱」，文淵閣四庫本作「剛」。

未見。

張氏星懋詩采

八卷。

存。

潘晉臺序曰："言詩者，亡慮千家，率以小序爲祖，毛說爲宗。夫祖小序者，以序爲出卜商手，蓋自沈重之言始也。然漢世文字未有引詩序者，惟黄初四年有曹共公遠君子近小人之語。蓋魏後於漢，敘①至是而始行也。予嘗反覆小序再四繹之，凡左傳、國語所嘗登載，則深切明著，歷歷如見；荀二書所不言，而古書又無明證，則未有能明指其人其事也。如白華則以爲孝子潔白；華黍則以爲時和歲豐，宜黍稷；由庚則以爲萬物各由其道；崇丘則以爲萬物得極其高大。三百篇之詩，并未嘗以命篇二字取義，序詩者何以知其然？宗毛氏者以毛氏與孟子說詩多合也，毛氏以召南爲文、武之詩，故不得不以『平王』爲『平正之王』；以周頌爲成王時作，故不得不以『成王』爲『成此王功』，殊不知書中此類甚多。召南有康王以後之詩，有平王以後之詩，不特文、武時也；甘棠、行露之詩，召公既没之後，在康王世也；何彼襛矣作於平王以後，亦猶是也。大明之維此文王，思齊之文王之母，皇矣之比於文王，靈臺之王在靈沼，緜之文王蹷厥生，皆後世詩人追咏之詞，何嘗作於文王之世？周頌

①「敘」，當作「序」。

之美成王亦猶是也。毛氏解詩之失，孰有大於此者？若夫考亭一意排斥小序不用，然程伊川有云：詩小序是當時國史作，如不作則孔子亦不能知。斯言未必信乎，故六經皆有義，詩獨無義；非無義也，義在樂也。六經皆宜解，詩獨不宜解；非不宜解也，解在史也。今吾友宅修之爲詩采，或軋逢①小序，或進退毛解，或上下考亭，或雜取齊、魯、韓佚説，或傅會列國諸大夫賦詩本旨，而參以律呂，廣以五雅百家，察以五方人物風土、山川遺蹟，悉以九州噢咻需於聲音氣息，予又安得贅一詞哉。子貢見師乙而問焉，曰：『如賜者，宜何歌也？』此求義於樂之説也。馬端臨曰：『其人可考，其意可尋者，夫子録焉；其人不可考，其意不可尋者，夫子删焉。』此求解於史之説也。古太師先得乎删之意，而後能采；吾夫子盡悉乎采之意，而後能删。今宅修操孟子論世之旨，以求合於夫子之删，水乳矣。即因以求合於太師之采，亦水乳矣。即更而敷之於小序、毛説、考亭，亦水乳矣。故詩采者，不失其所以爲采詩而已矣。」

高氏鼎熺**詩經存旨**

八卷。

存。

---

①「逢」，四庫薈要本、文淵閣四庫本、備要本作「逄」。

鄭氏若曾**重輯詩譜**

三卷。

未見。

韋氏調鼎**詩經考定**

二十四卷。

存。

吴周瑾曰：「調鼎，字玉鉉，蜀金川人。」

趙氏起元**詩權**

八卷。

存。

曹溶曰：「起元，字庶先。」

喬氏中和**葩經旁意**

一卷。

存。

曹溶曰：「中和，字公致。」

丘氏九奎**詩經弋獲解**

六卷。

未見。

邵武府志：「丘九奎，字子聚，諸生。」

胡氏紹曾**詩經胡傳**

十二卷。

存。

紹曾自序曰：「古經並有竹簡漆書，詩獨爲群儒口授，毛詩尤後出，其字與三家異者凡百數。迨東漢後而篆隸更爲正楷，點畫小譌，厥旨遂殊，諸家詩亡，毛傳巋然獨存，乃字様失真，不可枚列，猶或傳繕偶乖，至如『何彼襛①矣』之作『穠』也，『終然允藏②』之作『終焉』也，『不能辰夜』之作『晨』也，『蒹葭萋

---

① 「襛」，文津閣四庫本、阮刻十三經注疏本作「穠」。

② 「藏」，阮刻十三經注疏本作「臧」。

萋』之作『淒』也,『不可畏也』之①『亦可畏也』,『求爾新特』之作『求我』也,『胡然厲矣』之作『胡爲』也,『家伯維宰』之作『冢宰』也,『朔月』之作『朔日』也,『爰其適歸』之作『奚其』也,『以享以祀』之作『饗』也,『天降滔德』之作『慆』也,『彼徂矣』之作『岨』也,『庤乃錢鎛』之作『痔』也,『言授之縶』之作『受』也,『其旂茷茷②』之作『茷③』也,『降予卿士』之作『于』也,俱明舛碍理,並無他據。若夫『召伯所憩』之爲『愒』也,『之死矢靡它』之爲『他』也,『羊牛下來』之爲『牛羊』也,『大叔于田』之刪『大』也,『隰有六駮』之爲『駁』也,『取彼狐貍』之爲『狸』也,『婦嘆平聲于室』之爲『嘆去聲』也,『鄂不韡韡』之爲『韠④』也,『家室⑤君王』之爲『室家』也,『不憖遺一老』之爲『慭』也,『折⑥薪扡矣』之爲『杝』也,『昊天大憮』之爲『泰』也,『仲氏吹篪』之爲『箎』也,『潸焉出涕』之爲『潸』也,『維塵雝兮』之爲『雝』也,『既匡既勑』之爲『敕』也,『不皇朝矣』之爲『遑』也,『洒埽庭内』之爲『廷』也,小旻、抑詩『兩泉流之』之爲『流泉』也,『以篤于周祜』之刪『于』也,『不拆不副』之爲『坼』也,『穋之挃之⑦』之爲『桎』也,『亨祀不忒』之爲『享』也,此則互易倒

---

① 應依補正、四庫諸本於「之」下補「作」字。
② 「旂」,文津閣四庫本作「旗」。「茷茷」,備要本作「筏筏」。
③ 「茷」,備要本作「筏」。
④ 「韠」,備要本作「韡」。
⑤ 「家室」,文淵閣四庫本誤作「室家」。
⑥ 「折」,阮刻十三經注疏本作「析」。
⑦ 「穋之挃之」,應依補正、四庫薈要本、文淵閣四庫本作「穋之挃挃」。

揉，若是者改之與，經何可改也，不暇加訂與，經何可忽也。夫前古蟲鳥不可追矣，秦篆稍近古隸，又次之，能通篆隸則義有不待釋者。故經之正文皆當從大篆，其注疏則用時畫，庶使學者得窺三才之奥，而經學用是可明矣。」

〔補正〕

自序内「『不可畏也』之『亦可畏也』」，「之」下脱「作」字。「穫之挃之」，當作「穫之挃挃」。（卷四，頁十三）

吴周瑾曰：「胡紹曾，字宗一，舉人。王尚書錫衮序其書。」

顧氏秉禮**毛詩翼傳**

未見。

錢金甫曰：「華亭諸生顧秉禮育宇撰。」

范氏王孫**詩志**

二十六卷。

存。

陸元輔曰：「海陽范王孫輯。雜采古今諸儒之説而編次之，至陳際泰、顧夢麟而止。金聲正希爲之序。」

顧氏夢麟**詩經説約**

二十八卷。

存。

吴周瑾曰：「夢麟，字麟士，吴人。是書亦舉子兔園册也，然於經義頗有發明。」

陳氏弘緒**詩經群義**

未見。

錢氏澂①之**田間詩學**

五卷。

〔補正〕

四庫全書作二十卷②。（卷四，頁十四）

〔校記〕

①「澂」，四庫全書總目、文淵閣四庫本作「澄」。

②按：四庫全書總目、文淵閣四庫本著録作「十二卷」，補正所言「二十卷」與之不合。

四庫本十二卷。（詩，頁三四）

存。

錢金甫曰：「田間詩學一以小序爲斷，其言曰：小序去古未遠，雖未可全據，要不甚謬。若舍序説詩，隨意作解，泛濫無歸，非附會即穿鑿矣。序如關雎，后妃之德也；葛覃，后妃之本也；卷耳，后妃之志：只此一語是古序，此下即其説而引伸之，乃東漢衛宏所作，不可概從。學者必考之三禮，以詳其制作；徵諸三傳，以審其本末；稽之五雅，以核其名物；博之以竹書紀、皇王大紀，以辨其時代之異同與情事之疑信。周之典禮、殷之宗祀、魯之郊禘，其源流度數具載於詩，宜爲之考詳定正，蓋歆光於詩學，擇衆説而和調之，頗具苦心。近代之説者，莫有過焉者也。」

陸氏圻**詩論**

五卷。

存。

繆泳曰：「圻，字麗京①，更字景宣，錢塘貢士。甲申後隱於醫②，賣藥長安市，後棄家爲浮屠，居韶州之丹崖山，繼又爲道士，遁去不知所終。」

① 「京」，文淵閣四庫本誤作「景」。

② 「甲申後隱於醫」，文津閣四庫本作「喜談岐黄之術」。

顧氏炎武詩本旨①

〔補正〕

案：當作詩本音。（卷四，頁十四）

〔校記〕

當作詩本音。（詩，頁三四）

三卷。

存。

李因篤曰：「亭林顧氏廣引古人韻語，謂三百篇無叶韻，均是本旨②，以闢吴才老韻補之謬。山陽張弨力臣刊行其書。」

〔補正〕

李因篤條内「本旨」字俱當作「音」。（卷四，頁十四）

---

① 「旨」，應依補正、校記作「音」。

② 「旨」，應依補正作「音」。

經義考卷一百十八

詩二十一

朱氏汝礪**詩匌**

十卷。

存。

陸元輔曰：「先師黄陶庵有詩匌二卷，未及成書。崑山朱商石倣之，會諸家之説而折衷焉，亦名詩匌，凡十卷。其援據詳博，義①論精核，可翼注、疏、大全之書。商石又有禮辨十四篇，多出新意，發先儒所未發。」

①「義」，應依四庫薈要本作「議」。

蔣氏之驊**詩經類疏**

六卷。

斷章別義

三卷。

俱未見。

毛氏晉**毛詩草木蟲魚疏廣要**

四卷。

〔校記〕

四庫本作二卷。（詩，頁三四）

存。

晉自序略曰：「陸機①草木鳥獸蟲魚疏相傳日久，愈失其真。予爲潤其簡略，正其淆譌，更有陸氏

①「機」，應依補正、四庫諸本作「璣」。

所未載，如葛，桃、燕、鵠之類，循本經之章次而補遺焉。命之曰廣要，雖不敢比於解頤折角之倫①，亦僅效王景文十聞之一爾。」

〔補正〕

自序内「陸機」當作「璣」。（卷四，頁十四）

錢謙益曰②：「子晉初名鳳苞，晚更名晉世。居虞山東湖，以經史全書勘讐流布，其他訪逸典、搜祕文，用以裨輔其正學。於是縹囊緗帙，毛氏之書走天下。」

錢氏龍珍**毛詩正義**

八卷。

未見。

董氏説**詩律表**

一卷。

存。

---

①「倫」，應依文淵閣四庫本作「論」。

②「錢謙益曰」，文淵閣、文津閣四庫本作「陸元輔」，四庫薈要本作「錢陸燦」。

顏氏鼎受**誦詩弋獲**

四卷。

存。

杜濬曰：「桐鄉顏鼎受孝嘉，倜儻士也，游學桂陽，遭亂①入衡山爲道士，潔身而還②，誦詩弋獲四卷，六義辨一卷，國風演連珠一卷，皆山中所撰也。」

朱氏鶴齡**毛詩通義**

□③卷。

〔校記〕

四庫本十二卷。（詩，頁三四）

存。

鶴齡自序曰：「詩之爲道，以依永而宣苑結，以微辭而托諷諭，此非可以章句訓詁求也。章句訓詁

① 「遭亂」，文津閣四庫本作「晚年」。

② 「道士，潔身而還」，文津閣四庫本作「扢雅揚風之學」。

③ 「卷」上原缺字，備要本同，四庫薈要本、文淵閣四庫本注「闕」，文津閣四庫本作「一」。

之不足以言詩，爲性情不存焉，然而古人專家之學代有師承，又非可鑿空而爲之說。漢、唐以來詩家悉宗小序，鄭夾漈始著辨妄，朱紫陽從之，掊擊不遺餘力，集傳行而詩序幾與趙賓之易、張霸之書同廢，雖然，烏可廢也。古人之書，卷末多繫以序，孔安國移古文書序於各篇之首，王弼移易、彖、象、文辭於各卦之中，毛公取詩序移至詩首，亦猶是也。序之出於孔子、子夏，出於國史，與出於毛公、衛宏，雖無可考，然自成周至春秋數百年間，陳之太師，肄之樂工，教之國子，其說必有所自。大約首句爲詩根抵①，以下則推而衍之。推衍者，間出於漢儒，首句則最古不易。觀於六亡詩之序，止系以一言，則後序多漢儒所益明矣。觀於毛公之傳宛丘，不同於序說，則首句非毛公所爲又明矣。序之文最古，毛傳復稱簡略無所發明，鄭康成以三禮之學箋詩，或牽經以配序，或泥序以傳經，或贅②辭曲說以增乎經與序所未有，支離膠固，舉詩人言前之指、言外之意而盡汨亂之。孔仲達疏義又依違兩家無以辨其得失，則夫紫陽集傳之出，大埽③蒙翳而與以廓清，此亦勢有必至也。雖然毛、鄭可黜，而序不可黜，黜序則無以爲說詩之根抵④，不得不尋文揣義，斷以臆解。較之漢、唐諸儒雖明簡近情，而詩人之微文奥旨已不可復識，此何異寫生者取雲孫之謦咳形容，而追貌其祖先之面目；又何異聽訟者去當時之契券証驗，而冥決以後代之爰書，求其不爽，必無幸矣。吾所謂鑿空之說不可以言詩者，此也。雖然，序果一一可信乎？

---

① 「抵」，應依備要本作「柢」。
② 「贅辭」，文淵閣四庫本作「贅辭」。
③ 「埽」，備要本作「掃」，兩字可通。
④ 各本皆作「抵」，應作「柢」。

曰：國風、三頌，舍序其無詩矣。惟是楚茨、信南山至采菽、隰桑諸詩皆正雅也，而序以爲刺幽；衛武之抑，幽王世詩也，而序以爲刺厲。凡若此類，實難免於學者之疑。吾以謂有不足疑者，孔子時去周公將五百年，太史掌記未亡，矇瞍律吕未艾，賢人君子絃誦未絶也，雅、頌猶殘缺失次，反魯始克正之，況經戰國之雲擾，秦政之燔滅，楚、漢之戰鬬，能保無簡編之淆亂者哉？書藏魯壁猶亡佚居半，三百篇特存於佔畢諷誦之流傳，何獨能一無訛舛如故哉？吾則以楚茨諸篇定屬錯簡，序已非當時之舊，此又深有賴於紫陽之是正者也。語云：『冢尺雖斷，可定鍾律。』序爲詩之冢尺也，尚矣，一汩於康成之膠滯，再汩於紫陽之斥排，將聖人所謂主文譎諫，厚人倫、美教化以至於動天地、感鬼神者，其終晦昧湮没而不可求已乎。余不敏，竊主古義，而參諸家於序之不可易而可信者，爲疏明之；其牴牾不可信者，則詳辨之，要以審定可否、綜覈異同，使積蔽群疑涣若冰釋，庶通經之一助云耳。抑觀東萊詩紀①所載朱氏云云，皆奉古序爲金科。黄東發引晦庵新説亦多從序，然則廢序言詩，特過信夾漈之故，初非紫陽本旨乎！又不敢以紫陽之詩有殊於孔氏之詩，又不敢以孔氏之詩而格夫紫陽之詩也，故參伍群説，以折其衷焉。世之學者，其毋以予爲輸攻紫陽斯可矣。」

〔補正〕

自序内「抑觀東萊詩紀」，「紀」當作「記」。（卷四，頁十四）

---

①「紀」，補正、四庫薈要本、文淵閣四庫本作「記」。

陳氏啓源毛詩稽古編

□①卷。

〔校記〕

四庫本三十卷。（詩，頁三四）

存。

朱鶴齡序曰：「昔夫子删定六經，而其自言曰『信而好古』。夫三皇五帝之事若存若亡，蓋有不可深求者矣，如河圖、洛書出苞吐符，天人相接，此與後世之天書何異？而夫子顧信之不疑。下至商羊罔象、汪芒僬僥之類，尤爲裔宇嵬瑣，夫子亦時時述而志之。蓋其學綜墳典、徵文獻、稟師傳，苟古人之所有，無不考求詳慎，而不敢以私見汩亂其間，此所以爲善述也。詩序出於子夏、大、小毛公，亦秦、漢間人詁訓，視他經最古。鄭康成取其義而爲箋，即不免踳駁，自有聖門闕疑之法在，今人概黜爲郢書燕說，此不可解也。爾雅一書，古人專以釋詩，亦子夏之徒爲之，至六書必祖説文，名物必稽陸疏，皆先儒説詩律令，今人動以新義掩古義、今音證古音，此又不可解也。説者謂考亭集傳頒諸功令，學者不敢異同。然考亭嘗爲白鹿洞賦，中云：『廣青衿之疑問，樂菁莪之長育。』仍不用己説。門人問之，曰：『序

① 「卷」上原缺字，四庫薈要本、文淵閣四庫本同，文津閣四庫本作「二」，備要本作「三十」，四庫全書總目、文淵閣四庫本著録此書亦作三十卷。

説自不可廢。』然則考亭之意，亦豈欲學者之株守一家而盡屏除漢、唐以來諸儒之箋傳，如今人之安於固陋荒忽者哉？余向爲通義，多與陳子長發商榷而成，深服其援據精博，近乃自成稽古編若干卷，悉本小序、注疏爲之交推旁通。余書猶參停今古之間，長發則專宗古義，宣幽決滯，劈肌中理，即考亭見之，亦當爽然心開，欣然頤解。嗚呼，經學之荒也，荒於執一先生之言而不求其是，苟求其是，必自信古。始夫詩之有序也，猶江之發源羊膊嶺也，毛、鄭則出玉壘、過湔堋而下時也；後儒之説則歷三峽、分九道，汩汩然莫知所極。今與之導源岷山，使知緣崕數百、激湍萬里之皆濫觴於此也，豈非記所云『先王祭川，必先河而後海』之義乎？世有溯源三百者，必能尊奉此書爲孔傳未墜，長發其俟之而已。」

徐釚曰：「啓源，字長發，吴江人。」

黄氏宗裔**毛詩瑣言**

一卷。

存。

繆泳曰：「黄宗裔，字道傳，餘姚人。」

毛氏奇齡**毛詩寫官記**

四卷。

存。

吴農祥曰：「漢藝文志武帝置寫書之官抄寫舊文，西河説毛詩，名以寫官記，本此。」

白鷺洲主客説詩

一卷。

存。

陸棻曰：「宣城施侍讀閏章參政湖西時，葺白鷺洲書院講學。楚人楊恥菴偕其徒爲都講，大可與之辨淫奔詩并笙詩。」

詩札

二卷。

存。

詩傳詩説駮義

五卷。

存。

奇齡自序曰：「詩傳子貢作，詩説申培作。向來從無此書，至明嘉靖中，廬陵郭相奎家忽出此二書，以爲得之黄文裕祕閣石本，然究不知當時所爲石本者何如也。第見相奎家所傳本，則摹古篆書而附以楷體，今文用作音註，嗣此則張元平刻於貴竹，專用楷體，無篆文，而李本寧則復合刻篆文楷體於白下，且加子夏小序於其端共刻之，名曰二賢言詩。於是詩傳、詩説一入之百家名書，再入之漢魏叢書，而二書之名遂相沿不可去矣。按：從來説詩不及子貢，即古今藝文志目亦從無子貢詩傳，徒以論詩有『賜也，始可與言詩已矣』一語，遂造此書，其識趣弇陋，即此可見。若申培，魯人，善説詩，故漢書儒林傳云：『言詩，於魯則申培公。』而藝文志亦云：『漢興，魯申公爲詩訓故。』則申培説詩固自有據，但傳文云：『申公獨以詩經爲訓故以教，無傳。』言第有口授無傳文也。則申公雖説詩而無傳文，即志又云所載魯詩有魯故二十五卷、魯説二十八卷。隋志亦云小學有石經魯詩六卷。則申公説詩雖有傳文，亦第名魯故、魯説，魯詩，不名詩説，即謂魯説即①詩説，然詩説秖二十四篇，無卷次，亦並非二十八卷與二十五卷、六卷，況隋志又云魯詩亡於西晉，則雖有傳文，而亦已亡之久矣。乃或者又曰：『魯詩亡於西晉，則西晉後亡之固已，然安知西晉之所亡者不即爲明代之所出者耶？』則又不然。夫魯詩至西晉始亡，則西晉以前，凡漢、魏説詩有從魯詩者，則必當與今説相合。乃漢、魏以來説詩不一假，如漢杜欽云：『佩玉宴鳴，關雎刺之。』註云：『此魯詩也。』今詩説所載反剽竊匡衡所論，如云：『風詩之首，王化之基。』曾不一云刺詩。如劉向列女傳云：『燕燕，夫人定姜之詩。』或云此魯詩，而詩説反襲毛傳爲莊姜、戴嬀大歸之詩，如此者不可勝數，則今之詩説全非舊之詩故可知。且舊詩次第見於左傳襄二十九年，其時吴季札觀樂，以次相及，在孔子删定之前，與毛傳訓詁傳次第無不脗合，此非齊、魯、韓三

① 「即」，備要本誤作「而」。

家所得異者。即小有差殊，不過豳、王之先後，與商、魯之有亡已耳。今詩説悉與古異，有魯風無豳與魯頌，而以豳與魯頌合之爲魯，且又以豳之七月一詩名邠風，雜入小雅，而以小雅、大雅分爲正續爲傳，即風與雅與頌中前後所次又復錯雜倒置，與舊乖反。然而外此，無相合也。獨子貢詩傳與此兩書自爲輔行，爲補苴，彼倡此和，如出一手者。申培魯詩宗，不聞受學子貢，子貢亦不聞授某某爲魯學，兩相解後，比若蛩駏，亦可怪矣。且其剽竊古説，淺薄無理，又飾以參差，儼若未嘗竊其説者。假如孔氏正義謂儀禮歌召南三篇是鵲巢、采蘩、采蘋，越草蟲一篇，或者采蘋一篇，舊在草蟲之前乎？曹氏詩説又謂齊詩先采蘋而後草蟲，然要之皆臆説也。今兩書采蘋則實在草蟲前矣，然又恐人之伺其隱也，又以羔羊、江有汜兩詩更列之采蘋之前。朱子小序辨説於邶之日月有云：『若果莊姜詩，則亦當在莊公之世，而列於燕燕之前。』於終風亦云：『此當在燕燕前也。』此即以日月、終風兩詩置燕燕前矣。然又欲小異也，遂使終風又置之日月之前。韓詩章句云：『鼓鐘，昭王之時作。』晁説之詩序論亦謂齊、魯、韓三家以鼓鐘爲昭王時詩，今鼓鐘則既曰昭王詩矣，又云三家以王風爲魯詩，今亦有魯詩，然又故更變焉，不以王風爲魯詩，而以豳、魯頌爲魯詩。歐陽子云：『七月詩，齊、魯、韓三家皆無之。』今故以七月爲邠風，使入小雅。劉元城謂韓詩有雨無極篇，篇首有『雨無其極，傷我稼穡』八字，然先儒謂此書世無傳者，且他書不經見也，恐亦好事者附會耳。今兩書以雨無正詩則竟作雨無其極詩矣。又史記孔子世家謂古詩三千餘篇，孔子定爲三百五篇。孔氏正義謂史遷之説爲謬，且云據今詩及亡詩六篇，凡有三百一十一篇。而史記、漢書皆云三百五篇，因漢世毛詩不行，三家不見詩序，故不知六篇亡失。則謂三家不以六篇見詩序也，今兩書亦遂無六亡詩矣。其私據古説，原不精博，適足以彰其淺陋，故或明見魯詩反不能襲，偶拾他書所傳，或燕、齊家，則傾以狥之，間有更易篇名以見巧異，即如鄭詩狡童，以史記箕子歌有云『彼狡童兮』，與偶同也，遂易名麥秀。小雅之圻父，以國語圻招詩亦以『圻』爲『圻父』，官相類也，易名圻招。又鄭詩東門之墠有云『豈不爾思，子不我即』，與論語所引唐棣逸詩『豈不爾思』句又相似，遂以東門之墠爲唐棣。又小雅小宛，以國語秦伯賦鳩飛，或曰即小宛也，則以小宛爲鳴鳩。齊詩之還，以漢書志曰：『齊地臨淄即營丘，故齊詩曰子之營兮。』乃即以還爲營。衛詩①定之方中，以仲梁子曰：『初立楚宫也。』遂以定之方中爲楚宫。大雅之抑，以國語左史倚相曰：『昔衛武年數九十五矣，猶箴儆於國，於是作懿戒以自儆也。』遂亦以抑爲懿戒。凡若此者，亦不可悉數。又或者傳之所遺，以説補之，説之既備，傳乃或缺。如小雅嘉魚、魚麗既詳之傳，則説無所解矣。大雅民勞、桑柔，傳既無文，則説可考焉。又或者，各得其半，合而得全，如小雅頍弁，此燕親戚兄弟詩也，故詩中亦明云兄弟、云甥舅，而傳曰：『燕親戚。』説曰：『燕王族。』必合觀然後得全。又或者分舉一義，合之而後備，如小雅四牡，傳曰：『章使臣之勤。』則以國語曰：『四牡，君之所以章使臣之勤也。』説曰：『勞使臣。』則以左傳曰：『四牡，君所以勞使臣也。』則必合觀之，仍始得備窺其私智，蓋有不可以告人者。且其大概多襲朱子集傳，而又好旁竊小序，又惟恐小序之爲朱子所既辨也，故從其辨之，不甚辨者則間乃襲之，否則，依傍朱子傳而故爲小别，然亦十之八九矣。則豈有朱子生於百世下，上與子貢、申培暗脗合者？豈朱子陽襲子貢、申培書而私掩之不以告人者？老學究授生徒，市門日煩，苦無所自娱，乃作此欺世焉。其庸

①「詩」，文淵閣四庫本誤作「楚」。

罔固陋，無少忌憚，乃至如此，此不可不辨也。予客江介，有以詩義相質難者，攟摭二家言，雜爲短長，予恐世之終惑其說，因於辨論之餘，且續爲記之。世之說詩者，可考鑒焉。」

按：二書皆係豐坊僞作。

胡氏渭**詩箋辨疑**

二卷。

存。

惠氏周惕**詩說**

三卷。

存。

田雯序曰：「甚哉，說詩之難也。自孔子删定六經，教授弟子，於詩則屢言之，而門弟子中，如子貢、子夏者，一語會心，則反復興歎，以爲可與言詩，外此無聞焉。其後子夏得孔子之傳，著爲小序，略言作詩之旨，而未有論說。漢儒始句解而字釋之，毛公最晚出，而傳於今，蓋其授受有自也。至唐韓昌黎始疑詩序非子夏作，而歐陽子因之著詩傳，其說與漢儒異矣，然猶不廢小序也。至朱紫陽删去小序，另爲一編，又與韓、歐異矣，然猶不廢注、疏也。同時鄭夾漈、王雪山各自立說，并傳注去之，比朱子則加甚矣。然猶間有去取也，自是以後，學者厭常喜新，屏去一切訓詁而鑿空臆造，雖悖於經、畔於道弗顧也。嗚呼，詩學之廢久矣，惠子元龍常讀詩而病之，因著詩說三卷，其旨本於小序，其論采於六經，旁搜博取，疏通證據，雖一字一句，必求所自，而考其義類，晰其是非，蓋有漢儒之博，而非附會；有宋儒之醇，而非膠執，庶幾得詩人之意而爲孔子所深論者與。惠子通經績學，以詩、古文鳴於時，當事嘗以其名聞徵詣公車，以父憂不赴，人咸爲之侘傺太息焉。然今天子崇尚經術，登進方聞，如漢石渠、天禄故事，相與揚扢古今，稱道盛美，作爲歌詩以繼雅、頌之後，非惠子其誰屬哉。此亦詩學廢而復興之一會也。余愛其書，爲録一通，序而藏之，以俟焉。康熙癸亥七月。」

汪琬序曰：「漢興，距孔子既遠，世之言經者，恆各守其師說，異同離合，紛若聚訟，而莫能稟於一，蓋無甚於詩與春秋。顧春秋主事，凡事之是非曲直，瞭然於簡策之間，則三傳之得失，猶易辨也；詩獨主志，所爲主文譎諫，與言之無罪、聞之足戒者，其詞則隱，其旨則微，或美、或刺，或似美矣而實刺，往往從百世之下涵泳抽①繹，踰數十過而未悉其所以。然即如一關雎也，魯詩至謂刺康后之晏起而作；一黍離也，齊詩至謂衛公子壽閔其兄伋而作；一芣苢也，韓詩謂婦人傷夫有惡疾而作；一商頌也，又謂正考父美宋襄公而作；意義乖反，視春秋則尤甚焉。然而儒林存之不廢者，欲以廣學者之見聞，俾不致若高叟之固也。自唐世盛行毛、鄭，而齊、魯、韓三家遂亡；明世盛行朱注，而毛、鄭又雖存亦亡。今令甲所示、學宮所肄②者，朱氏一家止耳，原其初非不合於先王一道德、同風俗之指，然而學者尋章摘

① 「抽」，文津閣四庫本誤作「油」。
② 「肄」，文津閣四庫本作「疑」。

句，保殘守陋，必自此始，此詩教之所由壞也。我門惠子元龍，好爲淹博之學，其於諸經也，潛思遠引、左右采獲，久之而怳若有悟，間出己意爲之疏通證明，無不悉有依據，非如專門之守其師説而不變者也。其所著詩説先成，多所發明，雖未知於孔子删詩之意果合與否，然博而不蕪、質而不俚、善辨而不詭於正，亦可謂毛、鄭之功臣，夾漈、紫陽之諍子矣。」

王氏夢白、**陳氏**曾**詩經廣大全**

二十卷。

存。

韓菼序曰：「漢初，去聖未遠，而諸經師各自爲家以傳之，其弟子不爲苟同。夫豈無所受而云然，固亦有説矣。然而數傳以後，或存或亡，吾甚惜夫亡者之不及見也，未見存者之可棄也。學者之於古書，其愛之當如湯盤、孔鼎；其研而悦之也，如嗜昌歜、羊棗然，然可以辨其真贋而嘗其旨否，故聖人之教在學博而説之詳也。後鄭之於經也勤矣，而其箋詩尤精，以毛學審備，遵暢厥旨，故不謂之注而謂之箋。箋者，表也，識也。然有不同，即下己意，即牴牾於毛者亦多矣。而後之爲其義疏者，有全緩、何胤、舒瑗、劉軌思、劉醜、焯、炫之屬，孔氏正義則據焯、炫以爲本者也，其於毛、鄭之不同者，則兩申之，而其間所引如孫毓、王基、王肅諸儒之説，或述毛或申鄭，駁雜紛如，亦不偏廢也。蓋收之毋寧博，以俟夫學者之慎取之而已。朱子於詩亦説之詳而反約者也，集傳者，集衆説之長，斷以己意，以授諸其門人，遞相發明，明初因輯之爲大全，而説詩乃歸於一矣。然自朱子之説出，習讀毛、鄭者蓋鮮，而自科舉之學興，朱子之説散見於大全者，亦或有憚其繁而不復有記者，於先賢詳審持擇之苦心亦晦矣。甚矣，其陋也。梁溪王金孺、陳依聖，志士也，通經好古，有詩經廣大全一書，以集傳爲主，而存毛、鄭之足存者，又間及周禮、儀禮注疏及他名物諸書，以資博覽。其言曰：『大全一書，采群經而或割裂片語、未備本末，引諸家論説而或未有折衷，夫是以廣之也。』噫，二君之於詩也亦勤矣，其於古人亦善通彼我之懷者也與。往顧先生亭林嘗語余：『自五經有大全而經學衰矣。大全者，當時奉詔趣成之書也，殊多闕略。』且勸余凡宋、元説經諸書毋論當否，宜悉儲之。余竊韙其言，今二君何乃不謀而志與之合也。夫廣之一言，近世窮經者之藥石也，由詩以及餘經，余於二君有厚望焉。康熙壬戌八月。」

謝氏詩經淺義

未見。

唐文恪公序曰：「歲乙酉，不佞鼓槖來遊成均，時温陵韋紳謝先生實司鐸焉。不佞獲侍先生皐比，先生幸借交杵臼，時時進不佞與之講業，津津乎有味其言之也。先生於詩尤稱專門，名家諸所指授，不佞往往解頤，成均職事，無他龐雜，苜蓿青氊，蕭然吏隱，先生據梧絃、誦滴露，纂玄久之，著成一編曰淺義。不佞受而讀之，其旨遠、其辭文、其義該、其言約，其采摭必彙諸家之粹，而時攄所獨得。蓋先生苦心十年，殺青乃竟，斯已勤矣。今之譚詩者，必折衷於考亭氏，考亭氏集傳，舉子家奉之若律式焉。然就其訓詁而復訓詁之，支離日甚，惡在其爲詩也。必若先生斯編，明白典雅，簡遠和豈，使上智者循是以求，不及者亦可以訓，夫非於詩教大有資焉者乎。」

安氏詩義纂

未見。

劉榛序曰：「六經所以明道也，自爲帖括之用而經亡矣。且易不可爲典要，而詩與春秋亦然。泥其文而求之，則其義愈晦。蓋詩也者，隨感而言其志也，言之所指，未必爲志之所存，則其温厚醖藉，同時之人未必盡知之，況在數千百年之後乎。顧聖人之所取，惟其止乎理義，而使諷之者，涵泳而自得其性情之正。故古人之學不必依賴訓詁，而往往因之能興也。迨至後世，先王之教澤既熄，人不知斯道之存，而遺經將廢，於是不得已誘天下於帖括之中，使之不棄屣而去也，可以慨世變矣。則夫爲之學者，應上所求不得不以文爲業，以文爲業不得不以言是循，以言是循不得不字櫛句比、抽絲穿穴，以求明也。吾里前輩安君履吉者業詩，病世之説詩者未至也，而爲之纂。或曰：經不以帖括而愈明乎？曰：經以明道，道亡而經何有？彼夫汲汲焉懷利以馳章句之末，而希工於文藝，即區區草木鳥獸之名，亦不暇識，遑問其興觀群怨、事君事父之益哉。古人之言志者而適以爲奪志者也，其謂之亡乎，其不謂之亡乎？雖然有志者誠因是而反之於性情之間，法其所美，戒其所刺，而六義之指歸無不爲一身之實用。則經明而道益明，以之修齊，以之治平，將無往而非詩教之所興矣。然則安君之纂，又豈獨可爲帖括之用歟？安君舉明天啓甲子孝廉，其書久湮滅於戎馬灰燼之餘，而今始解頤於天下也，然則一書之顯晦，顧亦有時哉。」

經義考卷一百十九

詩二十二

梁簡文帝毛詩十五國風義

七録：「二十卷。」

佚。

〔校記〕

馬國翰有輯本。（詩，頁三四）

吴氏申十五國風咨解

宋志：「一卷。」

佚。

姓譜：「申，字景山，甌寧人，皇祐進士，爲國子監説書。神宗擢爲御史，尋知諫院，出知舒州。」

董氏穀**國風辨**

一篇。

存。

王文禄曰：「董子名穀，字實甫，初號兩湖，海鹽人，從吾先生澐子。正德丙子薦浙闈，屢試春官不第，退而耕於海上。渡江從陽明先生游，初令安義，改漢陽，還居澉水，澉有碧里山，故又稱碧里山樵。」

林氏國華**十五國風論**

一卷。

未見。

顧氏玘徵**十五國風疏**

一卷。

存。

繆泳曰：「君諱玘徵，字文玉，嘉興梅會里人。崇禎甲申後，棄諸生閉户著書①，國風疏説鄭、衛詩，不盡泥朱子傳。」

顔氏鼎受**國風演連珠**

一卷。

存。

毛氏奇齡**國風省篇**

一卷。

存。

奇齡自述曰：「奇齡隨兄萬齡受尚書畢，去受他經②，因受詩，時避人壁中，得竊聞時賢往來所論，詩③自河間、北海，下及漢、魏、晉、唐、宋諸儒，以曁所爲④古燕、齊、韓、魯紛紛之説。且旁極名物、參博

---

① 「崇禎甲申後，棄諸生閉門著書」，文津閣四庫本作「性沈實，潔修自愛，嘗閉户，所著」。
② 「去受他經」，文津閣四庫本缺此四字。
③ 「詩」，文津閣四庫本缺此字。
④ 「所爲」，文津閣四庫本缺此二字。

野稗，爰有舊①義所未安者，爲合綜所聞，轉相論述，著聞詩說辭，合如干篇，而②惜乎亡之。涉江以後，頻行瀨中，注經胠篋重以卑㜸，辭中可記獨國風耳，餘何有之矣③。友人張杉迫予記憶，因漏就闕，補飾成文，合而計之④，得如干篇。初名『問答』，以其中起義⑤，多假諮諏發疑文也。然而其名侈焉，因復改今名，其請改今名者，臨安陸圻⑥先生也。」

黄氏祖舜**詩國風小雅說**

佚。

許氏懋**風雅比興義**

十五卷。

佚。

---

① 「爰有舊」，文津閣四庫本作「有」。
② 「辭合如干篇而」等六字，文津閣四庫本缺。
③ 「餘何有之矣」，文津閣四庫本缺此五字。
④ 「合而計之」，文津閣四庫本作「合計」。
⑤ 「起義」，文津閣四庫本缺此二字。
⑥ 「圻」，文淵閣四庫本誤作「折」。

趙氏宦光**風雅合注**

三卷。

未見。

吳周瑾曰：「宦光，字凡夫，吳人，隱居寒山。」

亡名氏比興窮源

宋志：「一卷。」

佚。

顏氏鼎受**六義辨**

一卷。

存。

游氏酢**詩二南義**

一卷。

未見。

張氏綱**周南講義**

一卷。

存。

按：講義載華陽老人集，始詩序至螽斯章。

亡名氏詩關雎義解

佚。①

崔氏銑**關雎解**②

一篇。

存。

周氏紫芝**騶虞解**

一篇。

存。

---

①「佚」，文津閣四庫本缺此字。

②「崔氏銑關雎解」，文津閣四庫本缺。

劉氏褒**北風圖**

一卷。

佚。

張華曰："漢桓帝時，劉褒畫雲漢圖，見者皆熱；又畫北風圖，見者復寒。"

衛氏協**北風圖**

一卷。

佚。

李嗣真曰："顧畫居第一，然虎頭又服衛協畫北風圖。"

高似孫曰："隋朝官本有衛協畫北風圖一卷。"

陸氏探微**毛詩新臺圖**

一卷。

佚。

高似孫曰："古人多好以詩爲圖，陸探微有新臺圖，衛協有黍離圖，司馬昭有豳風七月圖。昔戴安道作南都賦圖，人尚以爲有益，況以詩爲圖乎。"

按：探微所畫新臺圖，見貞觀公私畫史。

衛氏協**黍離圖**

一卷。

佚。

茅氏坤**鄭風説**

一篇。

存。

李氏公麟**緇衣圖**

一卷。

佚。

宣和畫譜：「李公麟，字伯時，舒城人。熙寧中登進士第，任大理寺丞。」

茅氏坤**秦風説**

一篇。

存。

亡名氏小戎圖

通志：「二卷。」

佚。

李氏因篤蒹葭説

一篇。

佚。

按：李氏之説，大旨謂秦之封域本周之舊都，周家積德累仁，流風遺俗宜有存者，何至一變而爲車轔①、駟鐵、小戎諸詩。及讀蒹葭三章，乃知周之遺民不忘故主，思乎王之在洛，所謂在水一方，溯洄、溯游者，皆指洛陽而言也。此前人所未發。李氏，字天生，更字孔德，又字子德，富平人。與余同被薦授官檢討，未踰月，即上疏請終養其母。母殁，仍堅卧不出，終於家，無子，其著作甚多，要不可問矣。惜哉。

① 「轔」，阮刻十三經注疏本作「鄰」。

胡氏銓**素冠説**

一篇。

存。

司馬氏昭**豳風七月圖**

一卷。

佚。

趙氏孟頫**豳風圖**

一卷。

佚。①

宣德實録：「七年七月上燕閒，閲内庫書畫，得元趙孟頫所繪豳風圖而賦長詩一章，召翰林詞臣示之曰：『豳詩，周公陳后稷、公劉致王業之由，與民事早晚之宜，以告成王，使知稼穡艱難，萬世人君皆當鑑此。朕愛斯圖，爲賦詩，欲揭於便殿之壁，朝夕在目，有所儆勵爾。』其書於圖之右。」

① 「趙氏孟頫豳風圖」、「一卷」、「佚」，文津閣四庫本均缺。

林氏子奂**豳風圖**

一卷。

未見。

吴寬曰："國初，林子奂作豳風圖，每圖篆書其詩於後，學士解公又各疏其大略而總題之。觀之者如生於周、處於豳，而古風宛然，必如是而後爲圖畫也。"

王世貞曰："豳風圖五幀，林子奂作。子奂於書畫，史俱不載，而畫筆遒緊，可雁行馬和之。小篆系詩，尤醇雅。"

茅氏坤**豳風説**

一篇。

存。

方氏回**鹿鳴二十二篇樂歌考**

一篇。

存。

彤弓考

一篇。

存。

唐無名氏吉日圖

一卷。

佚。

樓鑰跋曰：「此圖古矣，意其出於唐人，是時六經未板行，本各不同，故滄浪録舊文，而以今本證之，前有壯士驅群醜而前，以待王射，得悉率左右以燕天子之意。然御者當居中以執轡，主將居左，必擇勇者爲右，此畫御者，或在左、或在右，殊未曉也。」

汪氏廣洋**賓之初筵講義**

一篇。

佚。

廣洋自序曰：「臣忝在諫垣上，於蒐武餘暇，延訪遺老，從容賜坐，討論古今。博士梁貞輯詩三百篇進呈睿覽，上以賓之初筵一詩命臣講解，臣敬爲演繹。上曰：『衛武公一諸侯，九十衰耄，尚能令人作詩自儆，朝夕諷咏。矧今以可爲之年，當有爲之時，何可不勉。』爰命臣繕寫數十本，頒賜文武大臣，揭於堂壁。」

熊氏過**讀皐鷺假樂篇**

一篇。

存。

鮮于氏戣**詩頌解**

宋志：「三卷。」

佚。

周氏續之**毛詩序義**

佚。

〔校記〕

王謨有輯本。（詩，頁三四）

陸德明曰：「續之，字道祖，雁門人。宋徵士，及雷次宗俱事廬山惠遠法師。」

雷氏次宗**毛詩序義**

隋志：「二卷。」

佚。

孫氏暢之**毛詩序義**

七録：「七卷。」

佚。

阮氏珍之**毛詩序注**

七録：「一卷。」

佚。

隋志：「宋交州刺史阮珍之撰。」

顧氏歡**毛詩集解序義**

隋志：「一卷。」

佚。

梁武帝毛詩發題序義

隋志：「一卷。」

佚。

陶氏弘景**毛詩序注**

七録：「一卷。」

佚。

隋志：「毛詩序，梁隱居先生陶弘景注，亡。」

劉氏瓛**毛詩序義疏**

隋志：「一卷。」唐志同七録：「三卷。」

佚。

〔校記〕

馬國翰有輯本。（詩，頁三四）

劉氏獻之**毛詩序義注**

一卷。

佚。

北史：「劉獻之，博陵饒陽人。善春秋、毛詩。撰毛詩序義一卷，行於世。」

劉氏炫**毛詩集小序注**

隋志：「一卷。」

佚。

韓子愈**詩之序義**

一篇。

存。

晁氏説之**詩之序論**

一卷。

存。

亡名氏詩統解序

通志：「一卷。」

佚。

李氏㮚**詩序解**①

一卷。

存。

范氏處義**毛詩明序篇**

一篇。

存。

朱子熹**詩序辨説**

宋志：「一卷。」

① 「詩序解」，文淵閣四庫本誤作「詩解序」。

存。

輔廣曰：「釋文載沈重云：『按：大序是子夏、毛公合作，卜商意有未盡，毛更足成之。』隋經籍志亦云：『先儒相承，謂毛詩序子夏所創，毛公及衛敬仲宏更加潤色。』至於以爲國史作者，則見於大序與王氏説，然皆是臆度懸斷，無所據依。故先生直據後漢儒林傳之説而斷以爲衛宏作，又因鄭氏之説，以爲宏特增廣而潤色之，又取近世諸儒之説，以爲序之首句爲毛公所分，而其下推説云云爲後人所益者，皆曲盡人情事理。至於首句之已有妄説者，則非先生閱理之明、考義之精，不能及也。至論詩序本自爲一編，别附經後，又以尚有齊、魯、韓氏之説並傳於世，故讀者亦有知其出於後人之手而不盡信，亦得其情。又論毛公引以入經，乃不綴篇後，而超冠篇端；不爲注文，而直作經字；不爲疑辭，而遂爲決辭云者，則可見古人於經則尊信而不敢易，視於己説則謙虚推托不敢自決，而有待於後人者，自有深意。若毛公之作則出於率易，不思遂啓後人穿鑿遷就之失，以至於上誣聖經，而其罪有不可逭者矣。嗚呼，可不戒哉，可不謹哉。或曰：『子之責夫毛公者當矣，而晦翁先生又生於數千年後，乃盡廢諸儒之説而遂斷小序爲不足據者，何哉？』予應之曰：『不然，先生之學始於致知格物，而至於意誠心正，其於解釋經義工夫至矣，必盡取諸儒之説一一細研，窮一言之善無有或遺，一字之差無有能遁。其誦聖人之言，都一似自己言語一般，蓋其學已到至處，能破千古疑，使聖人之經復明於後世。然細考其説，則其端緒又皆本於先儒之所嘗疑而未究者，則亦未嘗自爲臆説也，學者顧第勿深考耳。觀其終既已明知小序之出於漢儒，而又以其間容或真有傳授證驗而不可廢者，故既頗采以附傳中，而復併爲一編以還其舊，因以論其得失云之説，則其意之謹重不苟，亦可見矣。豈可與先儒之穿鑿遷就者同日語哉。』」

王應麟曰：「朱子詩序辨説多取鄭漁仲詩辨妄。」

孫緒曰：「朱子作詩傳，盡去序説，惟諷誦辭氣抑揚以求時世，今人翕然宗之。夫序説雖不可盡信，然去作者尚未遠，猶有可據。乃盡删其説，顧自信於千載之下，近者可信，遠者果不信乎？以言取人，孔子猶失之宰我，不根據於當時簡册之所存，而時之先後、人之淑慝、俗之隆汙①、概取必於吟哦咏嘆之間，糟粕芻狗與序説等耳，後當有是鄙言者。」

黄氏櫄**詩序解**

一卷。

存。

段氏昌武**詩序解**

一卷。

存。

---

① 「汙」，文淵閣四庫本作「降」。

王氏商範**毛詩序義索隱**

宋志：「二卷。」

存。

包氏希魯**詩小序解**

一卷。

未見。

陶氏安**詩小序論**

一卷。

佚。

周氏是修**詩小序集成**

三卷。

佚。

江西通志：「周是修，名德，以字行，泰和人。初舉霍丘縣學訓導，擢周府奉祠正，改衡府記善。靖難，師入金川門，自經於應天府學。」

呂氏枏**毛詩序説**①

〔補正〕

當作「説序」。（卷四，頁十四）

〔校記〕

四庫本作「毛詩説序」②。（詩，頁三四）

六卷。

存。

李氏舜臣**詩序考**

一卷。

佚。

① 各本皆作「序説」，補正以爲當作「説序」。

② 按：經義考文淵閣四庫本亦作「毛詩序説」。呂氏此書四庫全書未收録，四庫全書總目經部詩類存目一作「毛詩説序」，補正、校記所云當指此。

陳氏頤正**詩序折衷**

未見。

黄虞稷曰："慈谿人，嘉靖壬戌進士，官按察使。"

邵氏弁**詩序解頤**

一卷。

未見。

黄虞稷曰："弁，字偉元，太倉州人，歲貢生。"

郝氏敬**毛詩序説**

八卷。

存。

敬自序曰："詩自朱傳行而古序塵①庋閣矣。朱子未改古序之先，譏古序爲鑿；既改古序之後，人疑朱傳爲猜。然譏古序而不求所以是，疑朱傳而不辨所以非，人誰適從？天下義理訾量易而折衷難，兩物質而後功苦見，兩造具而後曲直分。余取古序、朱傳參兩爲毛詩説。舍詩説序者，序志，而詩則辭

①"塵"，文淵閣四庫本誤作"鹿"。

也。孟子云：『善詩者①，不以辭害志，以意逆志，是謂得之。』志得而辭可旁通矣。夫説詩與説他文字異，他文字切直爲精核，詩含蓄爲温厚；古序得其含蓄，朱傳主於切直，反以含蓄爲鑿空，三百古序無一足解頤者矣。人非賜、商，未可與言詩。余幼承師説，守功令，何敢自異。偶閲古序，覺食芹美人有心問之同學，可，則與衆共之，若其否也，野人無知，博一笑而已，其敢有他。」

史氏記事**毛詩序考**

十卷。

未見。

鍾氏淵映**詩序證**

一卷。

佚。

繆泳曰：「廣漢以子夏詩序當信，作詩序證一卷。又左氏内、外傳暨周、秦子書以證其非誣，惜其没後，草稿不可得矣。」

---

① 「善詩者」，四庫薈要本作「説詩者」。

經義考卷一百二十

周禮一

周官經

漢志：「六篇。」

存。闕一篇。

三禮正義：「周禮、儀禮，並周公所記。所謂『禮經三百，威儀三千』，禮經則周禮也，威儀則儀禮也。」

史克曰：「周公制周禮曰：『則以觀德。』」

〔補正〕

按：春秋文十八年傳：季文子使大史克對公曰：「先君周公制周禮曰：『則以觀德，德以處事，事以度功，功以食民。』」疏：「言制周禮曰、作誓命曰，謂制禮之時有此語，爲此誓耳，此非周禮之文，亦無誓命之書。」方綱按：疏説非也，自是當時制禮有此語，載諸方册，故大史据以引之，孔氏執今所行世之周官内無此語，而謂此非周禮之文，泥矣，正賴此文知周公有制禮之全書耳。近儒顧復初氏以左氏傳引經不及周官、儀禮爲疑，愚每特舉此條，以見春秋傳與周禮相貫通處。竹垞是考於周官經下載入此條，善矣，而止載其首句，何哉？豈誤讀傳文，以爲次句以下是太史克所申説乎？然則此下引周公作誓命曰「毁則爲賊，掩賊爲藏」云云，自次句以下，亦是引述申説者耶？此則不可通者也，亟宜全補於此。（卷五，頁一—二）

馬融曰：「孝武開獻書之路，周官出於山巖屋壁。」

鄭康成曰：「禮器『經禮三百』，謂周禮也。周禮六篇，其官有三百六十。」又曰：「周公居攝而作六職，謂之周禮。」

荀悦曰：「劉歆以周官十六篇爲周禮①，王莽時，歆奏以爲經，置博士。」

韋昭曰：「『禮經三百』，周禮三百六十官也，三百，舉成數也。」

徐勉曰②：「周官一書，實爲群經源本。」

隋志：「漢時有李氏得周官，周官蓋周公所制官政之法。上於河間獻王，獨闕冬官一篇，獻王購以

---

① 諸本及欽定義疏引荀説均如此。按漢記成帝河平三年，「周官十六篇」當作「周官經六篇」。

② 按：此陸倕與徐勉書文，見南史、梁書儒林傳，非徐勉語。

千金，不得，遂取考工記以補其闕，合成六篇奏之。至王莽時，劉歆始置博士，以行於世。河南①緱氏杜子春受業於歆，因以教授。」

陸德明曰：「王莽時，劉歆爲國師，始建立周官經，以爲周禮。」

賈公彦曰：「周禮後出者，以始皇特惡之故也。秦自孝公已下，用商君之法，其政酷烈，與周官相反，故始皇禁挾書，特疾惡，欲滅絶之，搜求焚燒之，獨悉，是以隱藏百年。孝武帝始除挾書之律，開獻書之路，既出於山巖屋壁，復入於秘府，五家之儒莫得見焉。至孝成皇帝，達才通人劉向、子歆校理秘書，始得列序，著於録，略。然亡其冬官一篇，以考工記足之。時衆儒並出共排，以爲非是。惟歆獨識，知其周公致太平之迹，具在於斯。」又曰：「按：書傳『周公一年救亂，二年伐商，三年踐奄，四年建侯衛，五年營成周，六年制禮作樂，七年致政成王。』所制之禮，即今周禮也。以設位言之，謂之周官；以制作言之，謂之周禮。」

〔補正〕

按：此引賈公彦二條，宜存弟二條，云「賈公彦曰『按書傳』」云云至「謂之周禮」，凡六十六字，而删其弟一條「周禮後出者」云云一百五十九字，歸於後賈公彦周禮疏條下。（卷五，頁二）

孔穎達曰：「周禮見於經籍，其名異者七處：孝經説云『經禮三百』，一也；禮器云『經禮三百』，二也；中庸云『禮儀三百』，三也；春秋説云『禮經三百』，四也；禮説云『有正經三百』，五也；周官外題

①「南」，文淵閣、文津閣四庫本誤作「間」。

謂爲周禮，六也；漢書藝文志云『周官經六篇』，七也。七者皆云三百，故知俱是周官。周官三百六十，舉其大數而云三百也。」

宋理宗曰：「周禮爲書，大綱小紀，粲然靡所不載。玉帛牲器之用、車旗冕服之制、豆籩罍爵之陳、鐘鼓匏管之奏，品節度數，必加詳焉。至於象緯之考察、眚災之抑損，亦莫不隸之司存，而不敢慢。聖人於此，豈徒從事於文物典章之飾於外者已乎？要必有爲之本者矣。」

李覯曰：「昔劉子駿、鄭康成皆以周禮爲周公致太平之迹，而林碩謂末世之書，何休云六國陰謀。竊觀六典之文，其用心至悉，非古聰明睿知，誰能及此？其曰周公致太平者，信矣！」又曰：「周官六屬，其職三百六十，而員數則多。如六鄉七萬五千家爾，自比長以上，卿大夫士萬八千餘人，此大可怪。」

王開祖曰：「吾讀周禮，終始其間，名有禮、經有方者，周公之志爲不少矣①，其諸信然乎哉？羅羽刺介，此微事也，然猶張官設職，奚聖人班班與？奔者不禁，示天下無禮也；復讐而義，是②天下無君也。無禮無君，大亂之道，率天下而爲亂者，果周公之心乎？削於六國，焚於秦，出諸季世，其存者寡矣！聖人不作，孰從而取正哉？」

---

① 「名有禮、經有方者，周公之志爲不少矣」，文淵閣四庫本作「名爲禮經，而背於周公之志爲不少矣」。「禮」，四庫薈要本作「理」。檢文淵閣四庫本儒志編作「名有經，禮有方者，周公之志爲不少矣」，疑四庫本作「背於周公之志」者，無據臆改。

② 「是」，四庫薈要本、文淵閣四庫本作「示」。按：文淵閣四庫本儒志編上文作「是天下無禮」，此亦作「是天下無君」。

張子曰：「周禮是的當之書，然其間必有末世增入者，如盟詛之類，必非周公之意。」

徐積曰：「周禮不可全非，要須考其所言，合乎聖人而不悖者取之，其不合者，勿强爲之説，斯可矣！」

蘇轍曰：「世言周公之所以治周者，莫詳於周禮，然秦、漢諸儒以意損益之者衆矣，非周公完書也。凡周禮之詭異遠於人情者，皆不足信。」

范祖禹曰：「天地有四時，百官有六職，天下萬事盡備於此。如網之在綱，裘之挈領，雖百世不可易也。人君如欲稽古以正名，苟舍周禮，未見其可。」

程伯子曰：「周禮不全是周公之禮法，亦有後世隨時添入者，亦有漢儒撰入者。」

范浚曰：「周公作六典，謂之周禮，至於六官之屬，瑣細悉備，疑其不盡爲古書也。周公驅猛獸，謂蟲蛇惡物，爲民物害者，蟈氏云：『掌去鼃黽，焚牡蘜，以灰洒①之，則死。』鼃黽不過鳴聒人，初不爲民物害也，乃毒死之，似非君子所以愛物者。又牡蘜焚灰，大類狡獪戲術，豈所以爲經乎？司關云：『凡貨不出於關者，舉其貨，罰其人。』説者謂『不出於關，從私道出避税者，則没其財而撻其人』，此決非周公法也。文王治岐，關市譏而不徵②。周公相成王，去文王未遠，縱不能不徵，使凡③貨之出於關者徵之

① 「洒」，備要本作「灑」。
② 「徵」，備要本作「征」。
③ 「凡」，文津閣四庫本缺此字。

足矣，何至如叔末世設爲避税法，没其貨，撻其人，劫天下之商，必使從關出哉？此必漢世聚斂之臣如桑弘羊輩，欲興榷利，故附益是説於周禮，託周公以要説其君耳。不然，亦何異賤丈夫登壟斷而罔市利乎？」

鄭樵曰：「周禮一書，或謂文王治岐之制，或謂成周理財之書，或謂戰國陰謀之書，或謂漢儒附會之説，或謂末世瀆亂不驗之書。紛紜之説，無所折衷。予謂非聖人之智不及此。五等之爵，九畿之服，九州十二境①、閩、蠻、夷、貊②，祭天祀地，朝覲會同之事，皆非文王時政所得及也。以是書而加文王，非愛文王者也。雖其書固詳於理財，然其規畫也似巧，而惠下也甚厚；其經入也若豐，而奉上也甚約。謂爲理財之書，又非深知周禮者也。使戰國有如是之法，則戰國爲三代矣！使漢儒有如是之學，尚或爲③漢儒乎？惟見其所傳不一，故武帝視爲末世瀆亂不驗之書，而不知好也。至後世孫處又獨爲之説，曰：『周禮之作，周公居攝六年之後，書成歸豐，而實未嘗行也。蓋周公之爲周禮，亦猶唐之顯慶、開元禮也。唐人預爲之，以待他日之用，其實未嘗行也。惟其未經行，故僅述大略，俟其臨事而損益之。故建都之制，不與召誥、洛誥合；封國之制，不與武成、孟子合；設官之制，不與周官合；九畿之制，不與禹貢合。凡此皆預爲之，未經行也。』是書之作於周公，與他經不類。禮記就於漢儒，則王制所説朝聘

① 「境」，四庫薈要本、文淵閣四庫本作「壤」。
② 「閩蠻夷貊」，文津閣四庫本作「侯服要荒」。
③ 「尚或爲」，文淵閣四庫本作「豈僅爲」。六經奥論作「尚或爲」，此四庫本有意擅改。

爲文、襄時事；月令所説官名爲戰國間事，曾未若周禮之純乎周典也。惜乎自成帝時雖著之七略，終漢迄唐，寥寥千百載間，竟不置學官博士。文中子居家未嘗廢周禮，太宗讀周禮謂真聖作，其深知周禮者歟！若夫後世用周禮，王莽敗於前，荆公敗於後，此非周禮不可行，而不善用周禮者之過也。」又曰：「漢曰周官，江左曰周官禮，唐曰周禮。推本而言，則周官是。」

〔補正〕

鄭樵條内「九州十二境」，「境」當作「壤」。（卷五，頁二）

胡宏曰：「周官：『司徒掌邦教，敷五典；司空掌邦土，居四民。』世傳周禮闕冬官，未嘗闕也，乃冬官事屬之地官。」

程大昌曰：「五官各有羨數，天官六十三，地官七十八，春官七十①，夏官六十九，秋官六十六，蓋斷簡失次，取羨數，凡百工之事歸之冬官，其數乃周。」

晁公武曰：「秦火後，周禮比他經最後出，論者不一，獨劉歆稱爲周公致太平之迹，鄭氏則曰周公復辟後，以此授成王，使居洛邑，治天下。林孝存謂之瀆亂不驗之書，何休亦云六國陰謀之説。昔北宫錡問孟子周室班爵禄之法，孟子謂諸侯惡其害己，皆去其籍，則自孟子時已無周禮矣，況經秦火乎？漢儒非之，良有以也。」

陳亮曰：「周禮一書，先王之遺制具在，後有聖人，不能加毫末於此矣。」

---

① 「七十」，文津閣四庫本誤作「七十二」。

鄭鍔曰："以洛誥考之，周公營洛，乃是欲成王自服於土中，亂爲四方新辟，及作六典之職以授之，使往治於洛邑，其言曰：『予齊百工，伻從王於周』，『乃汝其悉自教工』，『往新邑，伻嚮即有僚』。蓋爲成王齊整建官之法，使王往新邑自教率之，各效其職也。成王滅淮夷而歸在豐，董正治官，治以新書從事。然只在豐而不往洛邑，故周禮雖成，終不盡用。故經之授田等事，今皆難信。正由成王不宅洛，故有其法制之文，終不見行之實也。若如此論，則經之首篇『惟王建國，辨方正位』之説，始有其歸，其他疑非周公全書，可以意曉也。"

孫之宏曰："周官在漢最晚出，孔氏既無明言，孟軻之徒或未之見，疑信猶未決也。不幸劉歆用之而大壞，王安石用之而益壞，儒生學士真以爲無用於後世矣！夫去古遼遠，雖使先生①之制爛然在目，固難盡棄今之法，而求復其初也。然②究觀其書，以道制欲，以義防利，以德勝威，以禮措刑，尊鬼神，敬卜筮，親賓客，保小民，藹然唐、虞、三代極盛之時，非春秋、戰國以後所能髣髴也。學者欲知先王經制之備，捨此書，將焉取之？"

王炎曰："周官六典，周公經治之法也。秦人舉竹簡以畀炎火，漢興，諸儒掇拾於煨燼，藏於巖穴之間，其書已亡而幸存。漢既除挾書之律，六典始出，武帝不以爲善，作十論、七難以排之，藏於秘府，不立於學官。東都諸儒知有周禮，而其説不同，以爲戰國陰謀之書，何休也；以爲周公致太平之迹者，

---

① "先生"，應依四庫薈要本、文淵閣四庫本作"先王"。
② "然"，文津閣四庫本缺此字。

鄭康成也。六官所掌，綱正而目舉，井井有條，而詆之以爲戰國陰謀，休謬矣！」

〔補正〕

王炎曰：「漢既除挾書之律，六典始出，武帝不以爲善，作十論、七難以排之，藏於祕府，不立於學官。」丁杰曰：「按賈公彦周禮正義云：『林孝存以爲武帝知周官末世瀆亂不驗之書，故作十論、七難以排棄之。』據此，則十論、七難，林孝存作，非武帝作也。此所引王炎説，蓋節引正義語而誤。」方綱按：丁進士所引賈公彦語，在賈氏序周禮廢興内，而今註疏板本如毛氏汲古閣本輒不載此序，是以竹垞是考於賈公彦周禮疏下亦不載之，詳具於後條下。又按：林孝存，名碩，北海人，漢書及鄭志皆作「臨」。（卷五，頁二）

鄭耕老曰：「周禮四萬五千八百六字。」

陳傅良曰：「周禮設官分職，大抵朝廷之事，治官掌之；邦畿之事，教官掌之；邦國之事，司馬掌之。今自朝廷以上，纖悉皆歸於大宰，自國中以及近郊、遠郊、小都、大都皆屬教官，而職方、土方、撢人凡邦國之事皆屬司馬，此其大略也。其有截然一定不可易者，若司寇之屬，凡朝廷之獄，大小司寇、士師掌之，六鄉之獄鄉士掌之，六遂之獄遂士掌之，甸、稍、縣、都之獄縣士掌之，邦國之獄方士掌之，四方之獄訝士掌之。謂其皆刑獄之事，故雖自鄉、遂之外，甸、稍、縣、都、郡國、①四方一皆聯絡，而盡屬之司寇。其他又有

---

①「郡國」，應依四庫薈要本作「邦國」。四庫全書考證云：「刊本『邦』譌『郡』，據上文『邦國之獄』改。」按周禮訂義引陳説、文淵閣四庫本均譌「郡」，當即朱氏所本。

不然者，如大史、内史掌六典、八法、八則、八柄之貳，宜屬天官，乃屬春官；大、小行人、司儀、掌客宜屬春官，乃屬秋官；宰夫掌臣民之復逆矣，則太僕、小臣、御僕之掌復逆，宜屬天官，乃屬夏官；宰夫掌治朝之位矣，則司士正朝儀之位，宜屬天官，乃屬夏官；地官掌邦畿之事，凡造都邑、建社稷、設封疆既悉掌之矣，而掌固、司險、掌疆、候人又見於夏官；天官掌財用之事，自大府至掌皮既悉領之矣，而泉府、廩人、倉人又見於地官；自膳夫至腊人不過充君之庖者，悉領於天官；至外朝百官之廩禄、府史胥徒之稍食、番上宿衛之廩給乃見於地官；自内司服至屨人，凡王宫服飾之用悉領於天官，而司服、司裳①、典瑞、巾車之屬乃見於春官，此其分職有不可曉者。自漢以來，凡禮事皆屬太常，兵事皆屬將軍、光禄勳、中尉，刑事皆屬廷尉。其分量職守，較然不紊，然臨事之際，反不免遺闕。先王設官如此，當時不見文移回復、職事侵紊之患，何也？六官之設，雖各有司存，然錯綜互見，事必相關。春秋時，叔孫豹卒，杜洩將以輅葬，季孫不從，杜洩曰：『夫子受命於朝，而聘於王，賜之輅，復命而致之君。君不敢逆王命而復賜之，使三官書之。吾子爲司徒，實書名；夫子爲司馬，與工正書服；孟孫爲司空，書勳。』夫諸侯之國惟三卿耳，一人受賜，三卿皆與，從周法也。後世禮官專治禮，刑官專治刑，兵官專治兵，財官專治財，並不相關。雖有遺失，他官不得樽節，而廢曠多矣。」又曰：「周禮，三代之法存焉，讀者未易造次。」

〔補正〕

陳傅良條内「司服、司裳」，「裳」當作「常」。（卷五，頁二）

---

① 「裳」，四庫薈要本作「常」。四庫全書考證云：「刊本『常』訛『裳』，據周禮改。」

呂祖謙曰：「朝不混市，野不踰國，人不侵官，后不敢以干天子之權，諸侯不敢以僭天子之制，公卿大夫不牟商賈之利，九卿、九牧相屬而聽命於三公。彼皆民上也，而尺寸法度不敢踰一毫分，守不敢易，所以習民於尊卑等差階級之中，消其逼上無等之心，而寓其道德之意。是以民服事其上，而下無以覬覦，賤不亢貴，卑不踰尊，舉一世之人皆安於法度，分守之内，志慮不易，視聽不二，易直淳龐而從上之令。父詔其子，兄授其弟，長率其屬，何往而非五禮、六樂、三物、十二教哉？方位國野，設官分職，何往而非以爲民極哉？嘗讀晉國語，每嘆絳之富商韋藩木楗過朝之事，以爲富商之饒於財，使之澤其車而華其服，非不足也，而必易車服於過朝之際，不敢與士大夫混然無别焉，民志之定而中道之存，成王、周公之遺化固隱然在此也！」

朱子曰：「周禮一書廣大精微，周家法度在焉！後世皆以周禮非聖人書，其間細碎處雖可疑，其大體直是非聖人做不得。」又曰：「周禮乃周家盛時聖賢制作之書。」又曰：「胡氏父子以周禮爲王莽令劉歆撰，此恐不然，周禮是周公遺典也。」又曰：「今人不信周官。據熹言，古人立法無所不有，天下有是事，他便立此一官。且如女巫之職，掌宫中巫祝之事，凡宫中所祝皆在此人，如此則便無後世巫蠱之事矣。」

陳淳曰：「周禮，周公經國規模在焉，乃周公之大用流行處。」

李叔寶曰：「仲長統以爲周禮，禮之經；禮記，禮之傳。禮記作於漢儒，雖名爲經，其實傳也。蓋禮記所記，多春秋、戰國間事，不純唐、虞、夏、商、周之制，曾未若周官之純乎周禮也。」

陳汲曰：「周禮一書，周家法令政事所聚，或政典、或九州、或司馬教戰之法、或考工記，後之作者，纂其典章法度而成一代之書。有周公之舊章，有後來更有①續者，信之者以爲周公作，不信者以爲劉歆作，皆非也。」又曰：「周禮雖以設官三百六十爲額，然職事員數不止此。以天官考之，凡卿大夫、命士三百五十餘人；地官除鄉遂、山虞、林衡、司關、司門，不可考者四百餘人；春、夏、秋三官，皆五百餘人。凡六官中，大略以春、夏、秋三官爲準，以小乘多，皆以五百人爲額，凡三千人，其間兼攝者必相半也。何者？蓋先王之制，因事而命官；作史之人，因官而分職。以三公、六卿論之，如周禮所云二鄉②必公一人，六卿各掌其職，宜若不可兼。而成王時，周公以公兼太宰，召公以公兼宗伯，蘇忿生以公兼司寇，故書洛誥云司徒、司馬、司空也。成王將崩，同召太保奭、芮伯、彤伯、畢公、衛侯、毛公，則是六卿中召公、畢公、毛公亦上兼三公矣。由是推之，先王之制，其職則不可廢，其官未必一一有。舉其大略，則土訓、誦訓無他職事，掌葛徵絺綌，掌染草徵染草，掌茶③徵茶④，掌炭徵炭，角人徵齒角，羽人徵毛羽⑤，每官掌一事，無事之日多矣！軍司馬、行司馬、輿司馬、戎僕、戎右，有軍旅則用之，甸祝、田僕，有田獵則用之，有喪紀則用夏采、喪祝，有盟會則用詛祝，建邦國則用土方氏，來遠方之民則用懷方氏。先王豈能以禄食養無用之官，待有事然後用之？亦臨事兼攝爾。盟府，命士也，太公兼之，所謂『載在

---

① 四庫薈要本、文淵閣四庫本無「有」字。四庫全書考證云：「刊本『更』下衍『有』字，今删。」

② 「鄉」，四庫薈要本、文淵閣四庫本誤作「卿」。

③④ 「茶」，應依四庫薈要本、文淵閣四庫本作「荼」。

⑤ 「毛羽」，文淵閣四庫本作「羽毛」。

盟府，太師①職之』是也。作禮者以職不可廢，故各設其官職，以待智者決擇耳。又六卿内治一官，外兼一鄉，則周官每鄉卿一人，每官卿二人，若是者皆非事實也。齊威公②令國子、高子各率五鄉；晉景公命士會將中軍，且爲太傅，命韓厥將新軍，且爲僕大夫；晉悼公令戎御屬校正，司右屬司士，皆古人之制也。或者以書爲③『唐、虞稽古，建官惟百』、『夏、商官倍，亦克用乂』、『今予小子仰惟前代時若，訓迪厥官』，則周之建官，不能遠過夏、商，與其有兼攝相半，亦千五百人矣！曰：有朝廷官、有田野官，所謂『建官惟百，夏、商官倍』者，指在朝者也，若總千里之内，安能勝其事哉？今考六官中，大率在朝廷者什之二三耳，其他則分散甸、稍、縣、都之内，與尚書無甚戾。或者又謂鄉遂設官最冗，六鄉之民不過七萬五千家，今設官至萬八千九百三十人，爲大④夫者百八十人；六遂之民亦不過七萬五千家，而設官乃三千九百九十八人，爲大夫者四十人。鄉遂共十五萬家，大抵⑤官吏至二萬三千人，如因民之入以賦官禄，則十五萬家之人，所入能幾何，而足以養二萬三千官吏也？殊不知鄉遂之官吏皆士居人，其大官如卿，則朝廷兼之，以下大夫、命士之屬，分散在他處，且如鄉遂人數，勢不可得兼者，則各置焉。」

---

①「太師」，文津閣四庫本作「太史」。
②「齊威公」，四庫薈要本作「齊桓公」。
③「爲」，四庫薈要本、文淵閣四庫本作「謂」。
④「大」，備要本誤作「丈」。
⑤「抵」，四庫諸本作「小」。

頁三）

〔補正〕

陳汲條内「有後來更有續者」，「更」下重「有」字。「或者以書爲唐、虞稽古」，「爲」當作「謂」。（卷五，

陳振孫曰：「此書多古文奇字，名物度數可考不誣，其爲先秦古書，似無可疑。」

葉適曰：「謂周禮之書，一用而反至於亂者。古者天子自治止一國，又有聖人爲之臣，久於官而不去，其爲地狹而民寡，治之者衆，行之以誠，故米鹽靡密無不盡。今也包夷貊之外以爲域，事雖毫髮，一自上出，法嚴令具，不得摇手，無聖賢爲之臣，不久於其官，而又有苟簡詐僞之心，乃欲靡密無不盡，以求合周禮，此人情不安而至於亂也。」

魏了翁曰：「周禮、左氏，並爲秦、漢間所附會之書。周禮亦有聖賢禮法，然附會極多。」又曰：「周禮與左傳兩部，字字謹嚴，首尾如一，更無疎漏處，疑秦、漢初人所作，因聖賢遺言足成之。」

劉炎曰：「或問：『周禮果聖人之全書乎？』曰：『司門譏財物之犯禁者，舉而没之，司關凡貨之不出於關者，舉其貨，罰其人，周公於民之意慮，不若是之察也。』」

王與之曰：「孟子曰：『周公思兼三王，以施四事，其有不合者，仰而思之，夜以繼日，幸而得之，坐以待旦。』此論周公作周禮本旨也。書：『惟周王撫萬邦，巡侯甸，四征弗庭，綏厥兆民。六服群辟，罔不承德，歸于宗周，董正治官。』此論周公授周禮於成王也。左傳：『齊仲孫歸曰：不去慶父，魯難未已。公曰：若之何而去之？對曰：難未已，將自斃。公曰：魯可取乎？對曰：不可，猶秉周禮。周禮，所以本也。魯不棄周禮，未可動也。』『晉侯使韓宣子來聘，觀書於太史氏，見易象與魯春秋，曰：

周禮盡在魯矣！吾乃今知周公之德與周之所以王也。』此見周禮至魯猶存。孟子：『北宮錡問曰：周室班爵禄也，如之何？孟子曰：其詳不可得聞也。諸侯惡其害己也，而皆去其籍。』此見周禮至戰國已亡，蓋待漢以後諸儒而始明也。」

王應麟曰：「周禮，漢河間獻王得之李氏，失冬官一篇，補以考工記，劉歆校理，始得著録，漢志所謂周官經六篇者也。」

葉時曰：「六經無全書，固秦人之罪，而周禮不全，不可獨咎秦人也。戰國暴君污吏，惡其害己而去其籍，其酷已先秦火矣。周禮六官闕一，河間獻王求考工記以足其書，曾是考工記而可補禮經乎？況秋官①有典瑞，玉人不必補也；夏官有量人，匠人不必補也；天官有染人，鍾氏、㡃氏雖闕何害乎？地官有鼓人，鮑人、韗人雖亡何損乎？雖無車人，而巾車之職尚存；雖無弓人，而司弓矢之職猶在；匠人溝洫之制已見於遂人；鼓人②射侯之制已見於射人；攻皮之工五，既補以三，而又闕其一③，不知韋氏、裘氏豈非天官司裘、掌皮之職乎？以考工記補禮書之亡，獻王之見然爾。」

黄震曰：「孔子删詩、定書、繫周易、作春秋，此四書，正經也。禮記雖漢儒所集，而孔門之中庸、大學在焉，樂記等篇亦多格言。若周禮未知何如？夾漈鄭氏嘗謂：『周禮一書，詳周之制度，而不及道

---

① 「秋官」，疑當作「春官」。

② 「鼓人」文中無射侯之制，疑當作「梓人」。

③ 「其一」，應依禮經會元作「其二」，卷一百二十九引則不誤。

化；嚴於職守，而闊略人主之身。後來求其説而不得，或謂文王治岐之制，或謂成周理財之書，或謂戰國陰謀之書，或謂漢儒附會之説，或謂末世瀆亂不驗之書，林孝存作十論、七難以排之。至孫處又獨爲之説曰：「周禮之作，周公居攝之後，書成歸豐，而實未嘗行。惟其未行，故建都之制不與召誥、洛誥合，封國之制不與武成、孟子合，設官之制不與周官合，九畿之制不與禹貢合。凡此皆預爲之，而未嘗行也。」』愚恐亦意度之言。按周禮實漢成帝時劉歆始列之於七略，王莽時劉歆始奏置博士，乃始用於王莽而敗，再用於王安石又大敗。夾漈以爲用周禮者之過，非周禮之過，是固然矣。然未有用而效，恐亦未可再以天下輕試哉！」又曰：「周①之建官，備於尚書周官一篇，各率其屬聽之六卿，而爲君之要，在六卿得人而止，其詳則自孟子時已不得聞矣！必如今周禮所載，六鄉六遂之地，能幾何而可養官司胥徒二三萬？東西胥會，朝夕讀法，民且奔走不暇，而何所措手足？此書出於王莽，用於安石，皆亂天下，恐不可以其名列於經而盡信。其書必古書也，亦不過周官一篇注疏耳！大訓何在而名經耶？雖然，歸之世變不同，而謂周禮不可行於後世，此則善爲周禮解者也。」

馬端臨曰：「周禮一書，先儒信者半，疑者半。其所以疑之者，特不過病其官冗事多，瑣碎而煩擾耳。然愚嘗論之，經制至周而詳，文物至周而備，有一事必有一官，毋足怪者。有如閽閽、卜祝，各設命官，衣膳、泉貨，俱有司屬，自漢以來，其規模之瑣碎，經制之煩密，亦復如此，特官名不襲六典之舊耳。

① 文淵閣四庫本「同」上有「成」字。

固未見其爲行周禮，而亦未見其異於周禮也。獨與百姓交涉之事，則後世惟①以簡易闊略爲便，而以周禮之法行之，必至於厲民而階亂。王莽之王田、市易，介甫之青苗、均輸是也。後之儒者見其效驗如此，於是疑其爲歆、莽之僞書而不可行，或以爲無關雎、麟趾之意則不能行，愚俱以爲未然。蓋周禮者，三代之法也。三代之時，則非直周公之聖可行，雖一凡夫亦能行之。三代而後，則非直王莽之矯詐、介甫之執愎②不可行，而雖賢哲亦不能行。其故何也？蓋三代之時，寰宇悉以封建，天子所治，不過千里，公侯則自百里以至五十里，而卿大夫又各有世食禄邑，分土而治，家傳世守，民之服食日用，悉仰給於公上，而上之人所以治其民者，不啻如祖父之於其子孫、家主之於其臧獲。田土則少而授、老而收，於是乎有鄉遂之官，又從而視其田業之肥瘠、食指之衆寡，而爲之斟酌區畫，俾之均平。貨財則盈而斂、乏而散，於是乎有泉府之官，又從而補其不足、助其不給，或賒或貸，而俾之足用，所以養之者如此。司徒之任，則自鄉大夫、州長以至閭胥、比長，自遂大夫、縣正以至里宰、鄰長，歲終正歲、四時孟月，皆徵召其民，考其德藝，糾其過惡，而加以勸懲。司馬之任，則軍有將，師有帥，卒有長，四時仲月，則有振旅、治兵、茇舍、大閱之法，以旗致民，行其禁令，而加以誅賞，所以教之者如此。上下蓋察察③焉，幾無寧日矣。然其事雖似煩擾，而不見其爲法之弊者，蓋以私土子人，痛痒常相關，脈絡常相屬，雖其時所

①「惟」，文津閣四庫本誤作「推」。
②「執愎」，文津閣四庫本誤作「執慢」。
③「察察」，四庫薈要本作「弊弊」。

謂諸侯卿大夫者，未必皆賢，然既世守其地，世撫其民，則自不容不視爲一體，既視爲一體，則姦敝①無由生，而良法可以世守矣。自封建變而爲郡縣，爲人君者宰制六合，穹然於其上，而所以治其民者，則諉之百官有司、郡守縣令。爲守令②者，率三歲而終更，雖有龔黄之慈良、王趙之明敏，其始至也，茫然如入異境，積日累月，方能諳其土俗，而施於政令，往往期月之後，其善政方可紀，纔再期而已及瓜矣。其有疲愞貪鄙之人，則視其官如逆旅傳舍，視其民如飛鴻土梗。發政施令，不過受成於吏手，既受成於吏手，而欲以周官之法行之，則事煩③而政必擾，政擾而民必病，教養之恩意未孚，而追呼之苛嬈已極矣！是以後之言善政者，必曰事簡。夫以周禮一書觀之，成周之制，未嘗簡也。自土不分胙、官不世守，爲吏者不過年除歲遷，多爲便文自營之計，於是國家之法制率以簡易爲便，慎無擾獄市之説，治道去太甚之説，遂爲經國庇民之遠猷。所以臨乎其民者，未嘗有以養之也，苟使之自無失其養，斯可矣。未嘗有以教之也，苟使之自無失其教④，斯可矣。蓋壤土既廣，則志慮有所不能周；長吏數易，則設施有所不及竟。於是法立而姦生，令下而詐起，處以簡靖，猶或庶幾，稍涉繁夥，則不勝其潰亂矣。昔子産聽鄭國之政，其所施爲者曰『都鄙有章，上下有服，田有封洫，廬井有伍』，此具周官之法也。然一年而輿人謗之曰『孰殺子産，吾其與之』，三年而誦之曰『子産而死，誰其嗣之』。按鄭國土地褊小，其在後

---

① 「姦敝」，四庫薈要本作「姦弊」。
② 「爲守令」，文津閣四庫本缺此三字。
③ 「煩」，文淵閣四庫本作「繁」。
④ 「失其教」，文津閣四庫本作「失其養」。

世則一郡耳。夫以子産之賢智，而當一郡守之任，其精神必足以周知情僞，其念慮必足以洞究得失，決不至①後世承流宣化者之以苟且從事也。而周制在當時亦未至盡隳，但未能悉復先王之舊耳。然稍欲更張，則亦未能遽當於人心，必俟歷以歲月，然後昔之謗讟者轉而爲謳歌耳。況賢不及子産，所涖不止一郡，且生乎千載之後，先王②之制久廢，而其遺書僅存，乃不察時宜，不恤人言，而必欲行之乎？王介甫是也。介甫所行，變常平而爲青苗，諉曰『此周官泉府之法也』。當時諸賢極力争之，蘇長公之言曰：『青苗雖云不許抑配，然其間願請之户，必皆孤貧不濟之人家，若自有赢餘，何至與官交易？此等鞭撻已急，則繼之逃亡，逃亡之餘，則均之鄰保。』蘇少公之言曰：『出納之際，吏緣爲姦，法不能禁。錢入民手，雖良民不免非理費用，及其納錢，雖富民不免違限受責。如此，則鞭笞必用，而州縣多事矣。』是皆言官與民賒貸之非便也。蓋常平者，糶糴之法也；青苗者，賒貸之法也。糶糴之法，以錢與粟兩相交易，似未嘗有以利民，而以官法行之，則反爲簡便。賒貸之法，損錢③以予民，而以時計息取之，似實有以濟民，而以官法行之，則反爲繁擾。然糶糴之説始於魏文侯，常平之法始於漢宣帝，三代之時，未嘗有此。而賒貸之法，則州官④泉府明言之，豈周公經制顧不爲其簡易者，而欲爲其煩擾者耶？謂周禮爲不可信之書，則左氏傳言鄭饑，子皮以子展之命，餼國人粟，户一鍾。宋饑，司城子罕請於平公，出

① 「決不至」，四庫薈要本作「決不至如」。
② 「先王」，文淵閣四庫本作「先生」。
③ 「損錢」，文獻通考作「捐」，作「損」似不通。
④ 「州官」，應依補正、四庫薈要本、文淵閣四庫本、備要本作「周官」。

公粟以貸，使大夫皆貸。司城氏貸而不書，爲大夫之無者貸，宋無饑人。齊陳氏以家量貸，而以公量收之。則春秋之時，官之於民固有賒貸之事，雖當時未嘗取二分之息，如青苗之爲，然熙寧諸賢皆①言，非病其取息之多也。蓋以爲貧者願貸，貸予之而不能償則虧官；富者不願貸，抑配予之，而責令②保任貧者代償所逋則損民，兩無所益，固不若常平之交手相付，聽從民便之爲簡易兩得之。然左氏所述鄭、宋、齊之事，謂之善政，以爲美談，未嘗見其有熙、豐之敝，何也？蓋鄭、宋、齊，列國也，其所任者，罕氏、樂氏、陳氏，則皆有世食禄邑，與之分土而治者也。介甫所宰者，天下也，其所任者，六七少年、使者四十餘輩與夫州縣小吏，則皆干進狥③時之徒也。然非鄭、宋、齊之大夫盡賢，而介甫之黨盡不肖也。蓋累世之私土子人者，與民情常親，親則利病可以周知，故法雖繁而亦足以利民。暫焉之承流宣化者，與民情常疎，疎則情僞不能洞究，故法雖簡而猶懼其病民也。以青苗賒貸一事觀之，則知周禮所載，凡法制之瑣碎煩密者，可行之於封建之時，而不可行之於郡縣之後。必知時識變者，而後可以語通經學古之説也。」

〔補正〕

馬端臨條内「上下蓋察察焉」，「察察」當作「弊弊」。「決不至後世承流宣化者之以苟且從事也」，「至」

---

①「皆」，應依補正、四庫諸本作「所」。
②「責令」，文淵閣四庫本作「并責」。
③「狥」，備要本皆作「徇」，下皆同。

下脱「如」字。「而賒貸之法，則州官泉府明言之」，「州」當作「周」。「然熙甯諸賢皆言，非病其取息之多也」，「皆」當作「所」。（卷五，頁三）

羅璧曰：「禮記古今議其雜，周禮則劉歆列上之時，包、周、孟子、張、林碩已不信爲周公書，近代司馬温公、胡致堂、胡五峰、蘇穎濱①、晁説之、洪容齋，直謂作於劉歆。蓋歆佐王莽，書與莽苛碎之政相表裏，且漢儒林傳敘諸經皆有傳授，禮獨無之。或者見其詳密，謂聖人一事有一制，意其果周公之遺，不知孔子於禮多從周，使周公禮書如此精詳，當不切切於杞、宋求夏、商遺禮，與夫逆爲繼周損益之辭。又自衛反魯，删詩、定書、繫易、作春秋，獨不能措一辭於周禮。即孟子時，周室猶存，班爵之制已云不聞其詳，而謂秦火之後，乃周禮燦然完備如此耶？兼其中言建國之制，與書洛誥、召誥異；言封國之制，與書武成及孟子異；設官之制，與書周官六典異。周之制作，大抵出周公，豈有言之與行自相矛盾乎？」

王若虚曰：「東萊云：『周禮者，古帝王之舊典禮經也。始於上古而成於周，故曰周禮。』予謂此書迂闊煩瀆，不可施之於世，謂之周禮已自不可信，又可謂古帝王之典乎？」

陳友仁曰：「周公②六典，周官③經制之書。畫井田、立封建，大而軍國調度、禮樂刑賞，微而服御

① 「蘇穎濱」，四庫薈要本、文淵閣四庫本作「蘇穎濱」，下同。
② 「周公」，文淵閣四庫本作「周官」。
③ 「周官」，文淵閣四庫本作「周公」。

飲食、醫卜工藝，毫介纖悉，靡不備載。六官之屬，各從其長，其要則統於天官。大綱小目，截然有紀，萬世有國者之龜鑑也。」

黄溍曰：「三代法制見於經者，惟周官一書。大綱小紀，詳略相因，其言人事悉矣！」

何異孫曰：「先儒疑周禮非周公全書。大綱是周公作，書未全備而公歿，故尚闕冬官一篇。今考尚書周官①，其三公、三孤與周禮不合，此知六典官制未及施行，中間必有末世添入者。繁冗瑣屑處多漢儒增益，如盟詛之類、府史胥徒之屬，叢雜可疑。」

汪克寬曰：「周禮一書果爲周公作乎？漢武嘗謂周禮爲瀆亂不驗之書，何休又云六國陰謀之書，歐陽文忠謂周禮可疑者二，蘇穎濱謂周禮不可信者三，是皆論以爲非周公之遺制也。然則周禮果非周公所作乎？朱子蓋嘗以周家法度廣大精密言之，嘗以周公建太平之基本稱之，又嘗以周公從廣大心中流出稱之；張横渠謂周公治周莫詳於周禮；賈公彦序周禮廢興又謂鄭玄徧覽群經，知周禮者乃周公致太平之迹，是則又明爲周公所作也。考之西漢志於周公②未之見，東漢儒林傳乃謂周官經六篇，本孔安國所獻，隋經籍志乃云『漢時有李氏得周官，上於河間獻王，獨闕冬官一篇，獻王購以千金不得，遂以考工記補成六篇奏之』。孝武時，蓋有其書，特未與五經例置博士耳。至西漢劉歆始置博士，遂盛行

---

① 「尚書周官」，文津閣四庫本誤作「尚書周公」。

② 「周公」，文淵閣四庫本作「周官」。

於世，後世因有周禮作於劉歆之説。是則周禮作於周公，而非他人之制明矣！然冬官①何爲而缺也？經罹秦焰散佚之餘，與漢儒編録附麗之誤，而始謂之缺也。何以知其然？愚因考補散逸得之。夫五官所掌，曰治、曰禮、曰教、曰政、曰刑，而冬官則掌邦土，或坐而論道，謂之王②公；或作而行之，謂之士大夫；或審曲面勢，以飭五材，以辨民器，謂之百工；通四方之珍異以資之，謂之商旅；飭力以長地財，謂之農夫；治絲麻以成之，謂之婦功，此冬官之大較也。見考工記所載者，其屬二十有九，皆工之事，而士與商、農之職俱缺焉。考之春官之中，如世婦、内宗、外宗，皆宫中之職，本屬天官，而乃入之春官。夏官之中，如司士、諸子，皆掌士之職，本屬冬官，而乃入之夏官。地官之中，如司士、質人、廛人、賈師、司號、司稽、胥師、肆長、泉府③，此皆主於商，土均、草人、稻人、場人、司稼等職，此皆主於農，皆本屬冬官，因其職與大司徒掌土地人民者相類，乃以入之地官。若是者，謂非編録附麗之誤不可也。況小宰記六官六屬各六十，考之天官，自太宰以下六十二，地官大司徒以下七十九，春官大宗伯以下七十一，夏官大司馬以下六十九，秋官大司寇以下六十五，何以冬官獨缺而爲數不及，五官皆盈而餘數過之？無是理也。他如儀禮有嗇夫之官，國語有司商之官，皆不載諸周禮，此亦冬官之脱簡也。要之，見載於考工記者，固爲冬官之屬，然司空掌邦土、居四民、時地利，職不止此。當自大司空、小司空而下，摭夏

---

① 「冬官」，文津閣四庫本誤作「各官」。
② 「王」，文淵閣四庫本誤作「三」。
③ 按地官，「司士」應作「司市」；「司號」應作「司虣」。「賈師」上有「胥師」；「肆長」上有「胥」。

官之中掌士者，地官之中掌商、農者，與夫嗇夫、司商之數，并今考工記所載之工，總屬冬官，則不惟合於周官司空之所職，與小宰六官六屬之目，而且周官①制作之盛，燦然溢著於篇，使人得以觀其會通，而爲太平典禮之全書也。克寬因并録卷末，以俟博古君子正焉。」

〔補正〕

汪克寬曰：「周禮一書果爲周公作乎？漢武嘗謂周禮爲瀆亂不驗之書。」丁杰曰：「漢書藝文志、儒林傳及諸儒所論周禮六官語，俱不載武帝此言，以賈公彦周禮正義參之，蓋林孝存推武帝意如此，非武帝有是語也，此所引汪克寬説誤。」（卷五，頁三）

朱升曰：「周公六典本以命官，而非以記禮②，其間所載之禮，乃職掌③之所及者爾。」

薛瑄曰：「周禮，後世用其制者猶不可易，可見爲聖人之書。」

何喬新曰：「周禮規模極其廣大，節目極其周詳，非聖人不能作也。其名官莫不有義，治非天事，謂之天官者，治以道爲本也；教非地事，謂之地官者，教以化爲本也。禮以仁爲本，故禮曰春官；政以禮爲本，故政曰夏官；刑以義爲主，故刑曰秋官；事以智爲主，故事曰冬官。名曰宰，以制變爲義；名曰夫，以帥人爲義。以正人則曰正，以長人則曰伯。司者，伺察之謂；氏者，世守之稱。

---

① 「周官」，應依經禮補逸、環谷集作「周公」。
② 「記禮」，備要本誤作「禮記」。
③ 備要本脱「掌」字。

尊其智，故稱大夫；卑其任，故稱人。大綱小紀，莫不具載，非聖人心胸廣大，孰能與於斯？彼不知而妄議者，烏足以論聖人之制作哉？奈何煨燼於秦火，而聖人之經不全；附會於漢儒，而聖經之旨益晦。是故天官之文有雜在他官者，如內史、司士之類是也，亦有他官之文雜在天官者，如甸師、世婦之類是也。地官之文有雜在他官者，如大司樂、諸子之類是也，亦有他官之文雜在地官者，如閭師、柞氏之類是也。春官之文有雜在他官者，如封人、大、小行人之類是也，亦有他官之文雜在春官者，如御史、大小胥之類是也。夏官之文有雜在他官者，如銜枚氏、司隸之類是也，亦有他官之文雜在夏官者，如職方氏、弁師之類是也。至如掌祭①之類，吾知其非秋官之文；縣師、廛人之類，吾知其爲冬官之文。緣文尋意以考之，參諸經籍以證之，何疑之有？冬官未嘗亡也，雜於五官之中耳。漢儒考古不深，遂以考工記補之。豈知鄉師、載師之屬，則雜於司徒；獸人、𩡧人之屬，則雜於大宰②；土方、形方之屬，則雜於司馬；雍氏、萍氏之屬，則雜於司寇。鄭、賈諸儒承訛踵謬，莫覺其非，至臨川俞庭椿③始作復古編，東嘉④王次點又作周官補遺，草廬吴氏又從而考訂之，由是周禮六官始得爲全書矣！」又曰：「周禮一書，其兵農以井田，其取民以什一，其教民以鄉遂，其養士以學校，其建官以三百六十，其治天下以封建，其威民以肉刑，大本既立，然後其品節條目，日夜講求而增

① 「祭」，依補正、文淵閣、文津閣四庫本應作「察」。
② 「大宰」，四庫薈要本、文津閣四庫本、備要本作「太宰」。
③ 各本或作「俞庭椿」，或作「俞廷椿」，今皆統一作「俞庭椿」。
④ 「東嘉」，應依補正、四庫諸本作「永嘉」。

益之。其上則六典、八法、八則、九柄、九貢、九賦、九式之序，其次則祭祀朝聘、冠婚喪紀、師田行役之詳，下至於車旗圭璧之器、梓匠輪輿之度，與夫畫繢、刮摩、摶埴之法，又其細則及於登魚、取龍、擉鱉之微，莫不備具。如天焉有象者在，如地焉有形者載，非聰明睿智，孰能及此哉？奈何一毀於戰國之諸侯，再毀於秦坑之烈焰，漢興百餘年，河間獻王始上其書於秘府，又百年，劉歆始列其書於録、略。惟其晚出，故當世儒者共疑之，或謂文王治岐之書，或謂成周理財之書，或謂爲戰國之陰謀，或以爲漢儒之附會。竊謂五等之爵、九畿之服、祭天祀地之禮、朝覲會同之事，皆非文王時所得爲也。雖其書固詳於財，然其規畫也似巧，而惠下也甚厚，其經入也似豐，而奉上也甚約，謂理財之書，又非深知周禮者也。使戰國有如是之法，則爲三代矣！使漢儒有如是之學，尚爲漢儒哉？不幸書未成而公亡，其間制度有未施用，故封國之制不合於武成，建都之制不合於召誥，設官之制不合於周官，九畿之制不合於禹貢，凡此皆預爲之而未經行也。歐陽氏疑其設官太多，非惟一官可以兼衆職，而有其事則設、無其事則廢者亦多也，豈常置其官而多廢廩禄乎？蘇氏疑王畿千里，無地以容之，蓋王畿四方相距千里，凡遠郊、近郊、甸地、稍地、大都、小都，截然整齊，如畫碁局，亦其設法則然耳。而其地則包山林陵麓在其中，安能如一圖哉？胡氏疑冢宰論道之官，不當統宫壺財用之事，殊不知財用統於冢宰，則用度有節，而無泛用濫賜之弊；宫壺統於冢宰，則身修家齊，而無女寵嬖倖之習，是乃格心之要務也，又豈可輕議其非哉？昔盧植言周禮與春秋相表裏，蓋周禮爲尊王作，而春秋亦爲尊王作也。故周官記三百六十屬之分職，而冠之以『惟王』之一辭，春秋載二百四十年之行事，而首之以書王之特筆，兹非二①書之相爲表裏乎？然則詆以爲非聖人之書者謬矣！」又曰：「周禮一書，周公致太平之法也，非周公之法，乃文、武之法也，非惟文、武之法，乃堯、舜、禹、湯之法也。堯、舜、禹、湯、文、武、周公，距今數千載，其致治之大本大法，於今可見者，書與周禮而已。書載其道，治天下之本也；周禮載其法，治天下之具也。有志於唐、虞、三代之盛者，舍二書何以哉？秦火之餘，書軼其半，然諸儒無異論。周禮固多錯簡，諸儒論説，何其紛然也？獨程、朱二大儒洞識聖人之精微，以爲非聖人不能作，然亦論其大旨而已，微辭奥義未及論著，殘章斷簡未及考正，君子惜之。夫冬官未嘗亡也，何必以千金購之，以考工記補之？至臨川俞氏壽翁始悟冬官散見於五官之中，作復古編以正漢儒之非，永嘉王氏次點亦作周禮訂注以羽翼俞氏之説，其後臨川吴氏、清源丘氏各有考注。喬新自幼讀是書，沉潛有年，以爲四家之説備矣，惜其得於此者或失於彼，乃重加考訂。每篇首依鄭本列其目，存舊以參考也，次則取四家所論定其屬，正訛以存古也，黜考工記别爲卷，不敢淆聖經也。參考諸説，附以臆見，作集注以俟後之君子擇焉。有天下國家者，以書之所載立其本，以周禮所載措諸用，孰謂唐、虞、三代之盛治不可復哉？世謂周禮不可行者，以劉歆、王安石用之而敗也。嗚呼！是非聖經之過也，彼不識聖心，而徒泥其文也。唐太宗斟酌蘇綽之制，以爲建官授田、制軍詰禁之法，而貞觀之治遠邁兩漢，況以聖人之心行聖人之法，天下豈有不蒙聖人之澤乎？」

① 「二」，文淵閣四庫本誤作「三」。

〔補正〕

何喬新條內「至如掌祭之類」，「祭」當作「察」。「東嘉王次點」，「東」當作「永」。（卷五，頁三）

丘濬曰：「周禮出於漢，六官亡其一，世儒以考工記補冬官亡，未始有異議者。宋淳熙中，俞庭椿始著復古編，謂司空之篇實雜出於五官之屬，且因司空之復，而六官之譌誤亦遂可以類考。嘉、熙間，王次點復作周官補遺。元泰定中，丘葵又參訂二家之説，以爲成書。由是以觀，則冬官本未嘗亡，所亡者，冬官首章所謂『惟王建國』至『以民爲極』二十字，及『乃立冬官司空』至『邦國』二十字，及大司空、小司空之職二條爾。」

王鏊曰：「周禮，周公致太平之書，規模大、節詳備，有能舉而行之，則治效可立致，而其間亦有可疑焉者。冢宰掌邦治，正百官，其職也，而宮、禁、婦、寺之屬皆在，乃至獸人、𩺰人、鼈人①、司裘、染人、屨人之類，何瑣屑！而天府、外府、大小史、內外史乃屬之春官。司徒掌邦教，所謂教者，師氏、司諫、司救五六員而已，其他六鄉、六遂，分掌郊里，征斂財賦，紀綱市城，管鑰門關，而謂之教何哉？職方氏、形方氏、遂②師之屬，豈得歸之司馬？大小行人之職，豈得歸之春官③？司空一篇已亡，漢儒以考工記補之，宋俞庭椿、王次點獨謂未嘗亡也，混於五官之中耳。周官曰：『司空掌邦土，居四民，時地利』，則

① 「鼈人」，四庫薈要本作「鱉人」。
② 「遂」，依四庫薈要本應作「邍」。
③ 「春官」，當依四庫諸本作「秋官」。

土地之圖、人民之數，與夫土會土宜、土均土圭之法，不宜爲司徒之職。王制曰：『司空度地居民，量地遠近，興事任力』，則經土地而井牧其田野，與夫起土役令賦之事，不宜爲小司徒之職。如五官之中，凡掌邦居民之事分屬之司空，則五官各得其分，而冬官亦完，且合三百六十之數，周官粲然無缺，誠千古之一快也，而予不敢從，何哉？曰：亂經！」

張詡①曰：「文、武之政，布在方策，所謂郁郁乎文者也。唐太宗深信矣，而無其輔；王通篤好矣，而無其時；劉歆有志矣，而昧於所事；宋神宗刻意矣，而失其所任；彼宇文之於蘇綽似矣，而其人品相去敻絶，安能擴充以致周公廣大之治？無怪文、武之政寂寥數千載，而莫有繼之者已。」

陸深曰：「周禮一官②，文密意詳，固是聖人之制作。」

王道曰：「文、武、周公，聖人也。其所講畫，必簡易明達，決不至如周禮之繁冗瑣屑。以爲治岐之制、理財之書，斷斷其不然矣！然謂之陰謀，則實迂謬，不類乎陰謀；謂之附會，則實片段，不類乎附會。惟斥之以爲末世黷亂③不驗之書，庶爲切中其病，而周禮之不足信也的矣！」

金瑶曰：「此書周公治天下之大經大法，其有關於治道甚大。漢人亂以僞句，遂使程、朱二大儒不

① 「張詡」，文津閣四庫本作「張羽」。
② 「官」，依文淵閣四庫本應作「書」。
③ 「末世黷亂」，文津閣四庫本無「末世」二字；四庫薈要本作「瀆亂」。

欲注，而國家因以不列於學官，亂句之爲此書累甚矣！」

李材曰：「周禮是周公致太平之書，當與五經並傳，今周禮廢而不講，是經之闕也。」

郝敬曰：「周禮非闕也，而世儒以爲闕；考工記非補也，而世儒以爲補。非闕而使人疑其爲闕，非補而使人疑其爲補，是書所以奇也。五官之文直而正，考工之文曲而奇，人疑其裁自兩手，而不知其同也，是書所以愈奇也。世儒謂漢儒補記，謂周公作五官，夫五官非聖人之作，而記亦非漢儒所能補，其諸六國處士之學，其縱横之言乎？」又曰：「六經①有聖人治天下之道，是書則後世治天下之法。天下神器可以道御，不可以計算約束而望其理也，聖人貴道不貴法，故孟子曰：『徒法不能以自行』，周禮之書，徒法而已矣。」

王應電曰：「世人疑周禮者，率以行之者無效也。夫後世簒奪者祖揖讓，戰争者本放伐，豈堯、舜、湯、武之故②哉？王莽動法先聖，以文其姦，奚止於周禮？安石徒得③其糟粕，以便其術，中間良法美意皆罔然也，以是而呰聖經，不已異哉？或以『奔者不禁』、『王及后世子不會』等語，非周公所作，不知此皆註家解釋之誤耳。故林孝存謂爲黷亂不驗之書，何休以爲六國陰謀之書，今其書見存，黷亂陰謀安在？玩其文義，有能作此者，雖非周公，即聖人矣！」

① 「六經」，文津閣四庫本誤作「六國」。
② 「故」，文淵閣四庫本作「過」。
③ 「徒得」，文津閣四庫本作「獨得」。

陳仁錫曰：「以周官全經言之，洵有可疑者。墨罪五百、劓罪五百、刖罪五百、宫罪五百，太平之世，殘形刻膚，赭衣菲屨，交臂歷指而塞路，疑一也。泉府之職，官與民市，吏不能皆才，民不能皆愿，吏横則欺民，民猾則欺吏，疑二也。周家祭祀，莫詳於頌，昊天之詩，郊祀無分祭之文，般之詩，望祀四岳河海，四望與山川無異祭之文。既右烈祖，亦右文母，妣與祖無各祭之文，其作樂，亦未聞有用歷代之奏以分祀之禮，疑三也。周西都則關中也，東都今洛陽也，以千八百國計之，公五百里，侯四百里，伯三百里，子二百里，男百里，而海内之地方千里者九，何以封？疑四也。」

朱朝瑛曰：「周禮一書，非聖人不能作。然其書殘闕錯亂，必草創而未成者，周公既没，遂不復行。宋①遷而後，復多散佚，戰國縱横之士，以意附益之。」

〔補正〕

朱朝瑛條内「宋遷而後」，「宋」當作「東」。（卷五，頁三）

譚吉璁曰：「易、詩、書皆有序，書②周官一篇，即周禮之序矣。」

周官傳

漢志：「四篇。」

---

① 「宋」，應依補正、文淵閣、文津閣四庫本作「東」。

② 「皆有序，書」，四庫薈要本缺此四字，疑因上「書」字而奪之。

佚。

按：漢志儒家別有周政六篇、周法九篇、河間周制十八篇。注云獻王所述，似與周官相表裏，惜乎其皆亡也。

經義考卷一百二十一

周禮二

杜氏子春周官注

佚。

〔校記〕

馬國翰有輯本。（周禮，頁三五）

後漢書：「杜子春，永平之初，年且九十，能通其讀，頗識其説，鄭衆、賈逵往受業焉。」

按：禮疏所引後漢馬融傳中文，范史無之，當係謝承、華嶠、袁山松等書中語也。

賈公彦曰：「劉歆門徒河南緱氏杜子春，永平初，年且九十，家於南山，通周官説。」

陸德明曰：「河南緱氏杜子春，受業於劉歆，還家以教門徒，好學之士鄭興父子等多師事之。」

晁公武曰：「周官，漢永平時杜子春初能通其讀。」

鄭氏興**周官解詁**

佚。

〔校記〕

馬國翰有輯本。（周禮，頁三五）

後漢書：「鄭興，字少贛，河南開封人，建武六年徵爲大中大夫。」

按：鄭康成注稱爲「鄭大夫」者，即興之解詁也。

鄭氏衆**周官解詁**

佚。

〔校記〕

馬國翰有輯本。（周禮，頁三五）

後漢書：「鄭衆、賈逵洪雅博聞，又以經書記轉相證明杜氏爲解，逵解行於世，衆解不行，然衆所解說近得其實。」

按：此禮疏所引，范史無之。

〔補正〕

後漢書：「鄭衆、賈逵洪雅博聞，又以經書記轉相證明杜氏爲解，逵解行於世，衆解不行，然衆所解説近得其實。」

竹垞「按此禮疏所引，范史無之」，方綱按：此條亦在賈公彦序周禮廢興内，引此文云「馬融傳曰」，所謂「馬融傳」者，馬融所撰周官傳也，竹垞誤以爲後漢書馬融傳，又删去「馬融傳」三字，而直云「後漢書」，乃以爲范史無之，可謂謬矣。今應將此後漢書一條并竹垞按語皆删去，詳見後賈公彦周禮疏條内。（卷五，頁三—四）

陸德明曰：「河南鄭衆，字仲師，大司農。」

晁公武曰：「鄭興、鄭衆傳授周禮，康成引之以參釋異同。云『大夫』者，興也；『司農』者，衆也。」

按：鄭康成注稱爲「鄭司農」，孔氏正義呼曰「先鄭」，而目康成爲「後鄭」。

賈氏逵**周官解故**

佚。

〔校記〕

馬國翰有輯本。（周禮，頁三五）

後漢書：「逵明左氏傳、國語，爲之解詁五十一篇，帝復令撰齊、魯、韓詩與毛氏異同，并作周官解故。」

衛氏宏**周官解詁**

佚。

張氏衡**周官訓詁**

佚。

後漢書：「張衡，字平子，南陽西鄂人，安帝徵拜郎中，再遷爲太史令，出爲河間相，徵拜尚書。著周官訓詁，崔瑗以爲不能有異於諸儒也。」

劉昭註續漢書百官志：「順帝時，平子爲侍中，典校書，方作周官解説，乃欲以漢次述漢事，會復遷河間相，遂莫能立也。」

馬氏融**周官禮注**

隋志：「十二卷。」

佚。

〔校記〕

王謨、黄奭均有輯本。（周禮，頁三三五）

孔穎達曰：「馬融爲周禮注，欲省學者兩讀，故具載本文，後漢以來，始就經爲注。」

鄭氏玄**周官禮注**

隋志：「十二卷。」

〔補正〕

案：新、舊唐志俱作十三卷。（卷五，頁四）

存。

玄自述曰：「世祖以來，通人達士大中大夫鄭少贛，及子大司農仲師、議郎衛次仲、侍中賈君景伯①、南郡太守馬季良②，皆作周禮解詁，玄竊觀二三君子之文章，顧省竹帛之浮辭，其所變易，灼然如晦之見明；其所彌縫，奄然如合符復析，斯可謂雅達廣攬者也。二鄭者，同宗之大儒，今讚而辨之，庶成此家世之所訓也。」

後漢書：「玄從東郡張恭祖受周官、禮記。」

酈道元曰：「湛水出犨縣北魚齒山，周禮『荆州其浸潁、湛』，鄭玄注云未聞，蓋偶有不照也。」

王炎曰：「周禮一書，今學者所傳，康成之訓釋也，可謂有功於周禮矣。雖然，六官之制度以康成而傳，亦以康成而晦。蓋康成之於經，一則以緯説汨之，一則以臆説汨之，周官之意晦矣！是以學者

① 「景伯」，文淵閣四庫本誤作「素伯」。
② 「馬季良」，當作「馬季長」。

不得不疑。」

王應麟曰：「鄭康成注經，以緯書亂之，以臆説汩之，而聖人之微旨晦焉。徐氏微言謂鄭注誤有三：王制，漢儒之書，今以釋周禮，其誤一；司馬法，兵制也，今以證田制，其誤二；漢官制皆襲秦，今引漢官以比周官，小宰乃漢御史大夫之職，謂小宰如今御史中丞，如此之類，其誤三。」又曰：「唐禮志云：讖①緯亂經，鄭玄主其説，以禋祀祀昊天上帝，此天也，玄以爲天皇大帝者，北辰耀魄寶也；兆五帝於四郊，此五行精氣之神也，玄以爲靈威仰、赤熛怒、含樞紐、白招拒、汁光紀者，五天也，由是有六天之説。顯慶二年，禮官議六天出緯書。南郊、圜丘一也，玄以爲二郊；及明堂祭天，而玄以爲祭太微五帝；啓蟄而郊，郊而後耕，而玄謂周祭感生帝靈威仰，配以后稷，因而祈穀，皆謬論也。」

周禮音

一卷。

佚。

〔補正〕

案：新、舊唐志皆作三卷。（卷五，頁四）

---

① 「讖」，文淵閣四庫本誤作「纖」。

〔校記〕

馬國翰有輯本。（周禮，頁三五）

魏了翁曰：「康成以漢制解經，以賦爲口率出泉，三代安有口賦？王介甫用之以誤熙寧，皆鄭注啓之。」

王氏肅**周官禮注**

隋志：「十二卷。」

佚。

〔校記〕

馬國翰有輯本。（周禮，頁三五）

周禮音

一卷。

佚。

陸德明曰：「肅著三禮音各一卷，七録惟云撰禮記音。」

司馬氏伷**周官寧朔新書**

唐志：「八卷。」王懋約注。

佚。

晉書：「琅琊武王伷，字子將。起家爲寧朔將軍，進封琅琊王，有平吴之功。」

按：隋志：「梁有周官寧朔新書八卷，晉燕王師王懋約撰。」唐志作『懋約注』，書以「寧朔」名，當從唐志。

傅氏玄**周官論評**

唐志：「十二卷。」

佚。

晉書：「傅玄字休奕，北地泥陽人。弘農太守、典農校尉，封鶉觚男。武帝爲晉王，以玄爲散騎常侍，進爵爲子，加駙馬都尉，泰始中年，爲御史中丞，遷太僕，卒謚曰剛，追封清泉侯。」

唐書注：「陳邵駮。」

陳氏邵**周官禮異同評**

隋志：「十二卷。」

佚。

晉書：「陳邵字節良，東海襄賁人。以儒學徵爲陳留内史，累遷燕王師。撰周禮評，甚有條貫，行於世。」

徐氏邈**周禮音**

一卷。

佚。

〔校記〕

馬國翰有輯本。（周禮，頁三五）

李氏軌**周禮音**

一卷。

佚。

〔校記〕

馬國翰有輯本。（周禮，頁三五）

虞氏喜**周官駁難**

隋志：「孫琦問，干寶駁，虞喜撰。」

七録：「三卷。」

佚。

干氏寶**周官禮注**

隋志：「十二卷。」釋文序録：「十三卷①。」

佚。

〔校記〕

王謨、黄奭、馬國翰均有輯本。（周禮，頁三五）

答周官駁難

唐志：「五卷。」隋志：「周官禮駁難四卷，孫略撰。」唐志入干寶名，注云：「孫略問。」

佚。

---

①「十三卷」，文津閣四庫本作「十二卷」。

陸德明曰：「宫正以下，鄭總列六十職序，干注則各於其職前列之。」

按：干氏周官禮注，陸氏釋文多引之，又初學記引干氏注周官籩人之職「羞籩之實，糗餌粉餈」，云：「糗餌者，豆未削末而蒸之以棗豆之味，今餌餻也。」

〔補正〕

丁杰曰：「按此段語意難曉，撿初學記亦不載，惟高承事物紀原引干寶注『糗餌者，或屑而蒸之，與棗豆之味同食』，語與此相似，此所引蓋别有本而訛爲初學記者。」（卷五，頁四）

伊氏說周官禮注

隋志：「十二卷。」唐志：「十卷。」

佚。

宋氏周官音義

佚。

晉書：「韋逞母宋氏，不知何郡人，家世以儒學稱。宋氏幼喪母，其父躬自養之。及長，授以周官音義，謂之曰：『吾家世學周官，傳業相繼，此文周公所制，經紀典誥，百官品物，備於此矣。吾今無男可傳，汝可受之，勿令絶世。』屬天下喪亂，宋氏諷誦不輟。其後爲石季龍徙之於山東，宋氏與夫在徙中，推鹿車，背負父所授書，到冀州。逞時年少，宋氏晝則樵采，夜則教逞，逞遂學成名立，仕符堅①爲太常。堅嘗幸太學，憫禮樂遺闕，博士盧壺對曰：『廢學已久，書傳零落，比年綴撰，正經粗集，惟周官禮注未有其師。竊見太常韋逞母宋氏世學家女，傳其父業，得周官音義，今年八十，視聽無闕，自非此母無可以傳授後生。』於是就宋氏家立講堂，置生員百二十人，隔絳紗幔而受業，號宋氏爲宣文君。周官學復行於世，時稱韋氏宋母焉。」

劉氏昌宗**周禮音**

隋志：「三卷。」

佚。

顏之推曰：「李登聲類以系音羿，劉昌宗周官音讀乘若承，此例甚廣，必須考校。」

陸德明曰：「周官『巾車爲繞』，戚袞云：檢字林、蒼雅及說文，皆無此字，衆家亦不見有音者，惟昌宗音廢。以形聲會意求之，實所未了，當是廢而不用乎？非其音也。」

孫氏略**周官禮駮難**

隋志：「四卷。」唐志：「五卷。」

佚。

---

①「符堅」，四庫薈要本、文淵閣四庫本、備要本作「苻堅」。

崔氏靈恩集注周官禮

隋志：「二十卷。」

佚。

沈氏重周官禮義疏

隋志：「四十卷。」

佚。

〔校記〕

馬國翰有輯本。（周禮，頁三五）

王氏曉周禮音

一卷。

佚。

陸德明曰：「江南無此書，不詳何人。」

戚氏衮**周禮音**

佚。

〔校記〕

馬國翰有輯本。（周禮，頁三五）

浙江通志：「衮，字公父，鹽官人。」

聶氏周官注

佚。

〔校記〕

馬國翰於聶氏但輯周禮音。（周禮，頁三五）

按：陸氏釋文引之云：「沈重依其文。」

亡名氏周官禮義疏

隋志：「十九卷。」

佚。

周官禮義疏

隋志：「十卷。」

佚。

周官禮義疏

隋志：「九卷。」

佚。

周官分職

隋志：「四卷。」

佚。

周官禮圖

隋志：「十四卷。」

佚。

存。

唐新、舊志：「五十卷。」今併爲十二卷。

〔校記〕

今本四十二卷，原注「今併爲十二卷」。殆「四十二卷」，脱「四」字。（周禮，頁三五）

賈氏公彦**周禮疏**

公彦序略曰：「少皞以前，天下之號象其德，百官之號象其徵；顓頊以來，天下之號因其地，百官之號因其事。事即司徒、司馬之類是也。若然，前少皞氏言祝鳩氏爲司徒者，本名祝鳩。言司徒者，以後代官況之。顓頊及堯官數雖無明説，可略言之。顓頊氏有子曰犂，爲祝融。共工氏有子曰句龍，爲后土，后土爲社稷田正也。有烈山氏之子曰柱，爲稷，自夏以上祀之，周棄亦爲稷，自商以來祀之，故外傳犂爲高辛氏之火正，此皆顓頊時①之官也。高辛氏之世，命重爲南正，司天；犂爲火正，司地。重、犂事顓頊，又事高辛，若稷契與禹事堯又事舜，是以昭十七年服注『顓頊』之下云：『春官爲木正，夏官爲火正，秋官爲金正，冬官爲水正，中官爲土正。高辛氏因之。』故傳云：『遂濟窮桑。』窮桑，顓頊所居，是度顓頊至高辛也。至於堯、舜，官號稍改，楚語云：『堯復育重、犂之後』，重、犂之後，即羲、和也。是以堯典云：『乃命羲、和。』注云：『堯育重、犂之後，羲氏、和氏之子賢者，使掌舊職天地之官。』天官，稷

① 「時」，文淵閣四庫本作「氏」。

也；地官，司徒也。又云：『分命羲仲』、『申命羲叔』、『分命和仲』、『申命和叔』，使分主四方。注：『仲、叔亦羲、和之子。堯既分陰陽四時，又命四子爲之官，掌四時者字曰仲、叔，則掌天地者其曰伯乎？』是有六官。按：分命仲、叔，注云：『春爲秩宗，夏爲司馬，秋爲士，冬爲共工。通稷與司徒，是六官之名見也。』周官云：『唐、虞稽古，建官惟百。』明堂位云：『有虞氏官五十，夏后氏官百，殷二百，周三百。』鄭注云：『有虞氏官蓋六十，夏百二十，殷二百四十，周三百六十。』不得如此説①也。昏義云：『三公，九卿，二十七大夫，八十一元士。』鄭云：蓋夏制。殷官二百四十，雖未具顯，按下曲禮云六大五官六府六工之等，鄭皆云殷法，至於屬官之號，亦蔑云焉。按昏義云三公九卿者，六卿并三孤而言九，其三公又下兼六卿，故書傳云司徒公、司馬公、司空公各兼二卿。按顧命：太保領冢宰，畢公領司馬，毛公領司空，别有芮伯爲司徒，彤伯爲宗伯，衛侯爲司寇。則周時三公各兼一卿之職，與古異矣。但周監二代，郁郁乎文，所以象天立官而官益備。此即官號沿革粗而言也。」

〔補正〕

自序内「不得如此説也」，「説」當作「記」。（卷五，頁五）

按：賈公彦此序但説官名耳，其序周禮廢興一篇方足爲是經考證之資，今板本或有删去不載者，而竹垞是考反詳此而略彼，何也？今應將「公彦序略曰」以下三十一行皆删去，另載公彦序周禮廢興一篇於此。（卷五，頁五）

---

① 「説」，四庫薈要本、文淵閣四庫本作「記」。

公彥序周禮廢興曰：「周公制禮之日，禮教興行，後至幽王，禮義紛亂，故孔子云『諸侯專行征伐，十世希不失』，鄭注云『亦謂幽王之後也』。故晉侯趙簡子見儀皆謂之禮，孟僖子又不識其儀也，至於孔子更脩而定之時已不具，故儀禮注云：『後世衰微，幽、厲尤甚，禮樂之書，稍稍廢棄。』孔子曰：『吾自衛反於魯，然後樂正，雅、頌各得其所。』謂當時在者而複重雜亂者也，惡能存其亡者乎？至孔子卒後復更散亂，故藝文志云：『昔仲尼没，微言絶，七十二弟子喪而大義乖，諸子之書，紛然散亂。至秦患之，乃燔滅文章，以愚黔首。』又云：『禮經三百，威儀三千。及周之衰，諸侯將踰法度，惡其周亡，滅去其籍。自孔子時而不具，至秦大壞。漢興，至高堂生博士傳十七篇，孝宣世，后倉最明禮，戴德、戴聖、慶普皆其弟子，三家立于學官。』案：儒林傳：『漢興，高堂生傳禮十七篇，而魯徐生善爲容。孝文時，徐生以容爲禮官大夫，而瑕邱蕭奮以禮至淮陽太守。孟卿，東海人也，事蕭奮，以授后倉，后倉説禮數萬言，號曰后氏曲臺記，授戴德、戴聖。鄭云：『五傳弟子則高堂生、蕭奮、孟卿、后倉、戴德、戴聖，是爲五也。』此所傳者謂十七篇，即儀禮也。周官，孝武之時始出，祕而不傳。周禮後出者，以其始皇特惡之故也，是以馬融傳云：『秦自孝公已下，用商君之法，其政酷烈，與周官相反。故始皇禁挾書，特疾惡，欲絶滅之，搜求焚燒之獨悉，是以隱藏百年。孝武帝始除挾書之律，開獻書之路，既出於山巖屋壁，復入于祕府，五家之儒莫得見焉。至孝成皇帝，達才通人劉向、子歆校理祕書，始得列序，著于録、略，然亡其冬官一篇，以考工記足之，時衆儒並出共排，以爲非是。唯歆獨識，其年尚幼，務在廣覽博觀，又多鋭精于春秋。末年，乃知其周公致太平之迹，迹具在斯。奈遭天下倉卒，兵革並起，疾疫喪荒，弟子死喪。徒有里人河南緱氏杜子春尚在，永平之初，年且九十，家于南山，能通其讀，頗識其說。鄭衆、賈逵往受業焉。衆、逵洪雅博聞，又以經書記轉相證明爲解，逵解行於世，衆解不行。兼攬二家，爲備多所遺闕。然衆時所解說近得其實，獨以書序言『成王既黜殷命，還歸在豐，作周官』，則此周官也，失之矣。逵以爲六鄉大夫，則冢宰以下及六遂，爲十五萬家，絙千里之地，甚謬焉。此比多多，吾甚閔之久矣。』六鄉之人，實居四同地，故云『絙千里之地』者，誤矣。又六鄉大夫，冢宰以下，所非者不著。又云『多多』者，如此解不著者多。又云：『至六十，爲武都守。郡小少事，乃述平生之志，著易、尚書、詩、禮傳，皆訖。惟念前業未畢者唯周官，年六十有六，目瞑意倦，自力補之，謂之周官傳也。』案：藝文志云：『成帝時，以書頗散亡，使謁者陳農求遺書于天下，詔光禄大夫劉向校書經傳諸子詩賦，向輒條其篇目，撮其指意，録而奏之。會向卒，哀帝復使向子歆卒父業，歆於是總群書，奏其七略。』（故有六藝略、七略之屬。）歆之録，在於哀帝之時，不審馬融何云『至孝成皇帝命劉向、子歆考理祕書，始得列序，著於録、略』者。成帝之時，蓋劉向父子並被帝命，至向卒，哀帝命歆卒父所脩者，故今文乖理則是也。故鄭玄序云：『世祖以來，通人達士大中大夫鄭少贛名興，及子大司農仲師名衆、故議郎衛次仲、侍中賈君景伯、南郡太守馬季長皆作周禮解詁。』又云：『玄竊觀二三君子之文章，顧省竹帛之浮辭，其所變易，灼然如晦之見明；其所彌縫，奄然如合符復析，斯可謂雅達廣攬者也。然猶有參錯，同事相違，則就其原文字之聲類，考訓詁，捃祕逸。謂二鄭者，同宗之大儒，明理于典籍，觕識皇祖大經周官之義，存古字，發疑正讀，亦信多善，徒寡且約，用不顯傳于世。今讚而辨之，庶成此家世所訓也。』其名周禮爲尚書周官者，周天子之官也。書序曰：『成王既黜殷命，滅淮夷，還歸在豐，作周官。』是言蓋失之矣。案：尚書盤庚、康誥、説命、泰誓之屬，三篇序皆云『某作若干篇』，今多者不過三千言。又書之所作，據時事爲辭，君臣相誥命之語。作周官之時，周公又作立政，上下之别，正有一篇。周禮乃六篇，文異數萬，終始辭句非書之類，難以屬之。時有若兹，焉得從諸？又云：『斯道也，文、武所以綱紀周國，君臨天下，周公定之，致隆平龍鳳之瑞。』然則周禮起於成帝劉歆，而成于鄭玄，附離之者大半。故林孝存以爲武帝知周官末世瀆亂不驗之書，故作十論、七難以排棄之，何休亦以爲六國陰謀之書，唯有鄭玄徧覽羣經，知周禮者乃周公致太平之迹，故能答臨碩之論難，使周禮義得條通，故鄭氏傳曰：『玄以爲括囊大典，網羅衆家。』是以周禮大行，後王之法。易曰：『神而化之，存乎其人』，此之謂也。」（卷五，頁五—九）

方綱按：此序云「諸侯將踰法度，惡其周亡，滅去其籍」，「周亡」二字，蓋「害己」二字，形相近而訛也。「其名周禮爲尚書周官者」句之上，諸板本皆用圈隔之，盧學士文弨曰「此本一篇文義相屬，不應圈隔」，今從之。（卷五，頁九）

舊唐書：「賈公彦，洺州永年人，永徽中，官至太學博士。」

晁公武曰：「公彦，洺州人，永徽中，仕至太學博士。史稱著此書五十卷，今并爲十二卷，世稱其發揮鄭學最爲詳明。」

董逌曰：「公彦此疏據陳邵異同評及沈重義爲之，二書並見唐藝文志，今不復存。」

朱子曰：「五經中，周禮疏最好，詩與禮記次之。」

陳振孫曰：「其序周禮廢興言鄭衆以爲書周官，即此周官，失之。書止一篇，周禮乃六篇，文異數萬，非書類，是則然矣。但周禮六官實本於周官，周官舉其凡，周禮詳其目，則鄭衆之説未得爲失，而其可疑者，則邦土、邦事之不同也。」

〔補正〕

陳振孫條内「邦事之不同也」下當補云：館閣書目按：藝文志謂之周官經，此禮器所謂「經禮」者是也。志有周官經六篇、傳四篇，但曰經傳云爾，迺便以爲經禮，尤爲可笑。廣川藏書志云：「公彦此疏据陳邵異同評及沈重義爲之，二書並見唐藝文志，今不復存。」

按：此條末引廣川藏書志云云，竹垞已載於本條之前，題云「董逌曰」，今應删之，仍歸此下爲是。

（卷五，頁九—十）

王應麟曰：「公彦事張士衡，撰次章句甚多。」

陸氏德明**周禮釋文**

二卷。

存。

王氏玄度**周禮義決**

唐志：「三卷。」

佚。

經義考卷一百二十二

周禮三

王氏洙**周禮禮器圖**

佚。

長編：「至和元年九月，翰林學士王洙上周禮禮器圖。先是，洙讀周禮，帝命畫車服、冠冕、籩豆、簠簋之制，及是圖成，上之。」

李氏覯**周禮致太平論**

集十卷。

〔補正〕

案：五十一篇，今在盱江文集卷五至卷十四。（卷五，頁十）

存。

覿自序曰：「天下之理，由家道正，女色階禍，莫斯之甚，述内治七篇。利用厚生，爲政之本，節以制度，乃無傷害，述國用十六篇。備預不虞，兵不可闕，先王①之制，則得其宜，述軍衛四篇。刑以防姦，古今通義，惟其用之，有所不至，述刑禁六篇。綱紀既立，持之在人，天工其代，非賢罔乂，述官人八篇。何以得賢？教學爲先，經世軌俗，能事以畢，述教道九篇。終焉并序，凡五十一篇，爲□②十卷，命之曰周禮致太平論。」

〔補正〕

自序「凡五十一篇爲□十卷」，「爲」字下誤空一格。（卷五，頁十）

王應麟曰：「李泰伯撰周禮致太平論五十一篇，内治七，國用十六、軍衛四、刑禁六、官人八、教道九，共爲十卷。」③

楊氏杰**周禮講義**

佚。

杰自序曰：「周禮者，周公致太平之書也。公以聖人之德，輔相之尊，通天下之志，成天下之務，故

① 「王」，備要本誤作「生」。
② 四庫薈要本無此空格。
③ 以下原空五行，文淵閣四庫本、備要本同，四庫本並加注「原闕」二字。

能作是經、述是禮，爲萬世之大法也。其略見於周官，其詳載於六典。六典者何？治、教、禮、政、刑①、事也。治無不統，天之道也，天官冢宰以掌之。教無不容，地之道也，地官司徒以掌之。和豫者禮，其序春也，春官宗伯以掌之。正大者政，其序夏也，夏官司馬以掌之。肅嚴者刑②，其序秋也，秋官司寇以掌之。富有者事，其序冬也，冬官司空以掌之。治則不言而化也，教則見於言矣，禮則見於容矣，政則見於令矣，刑則見於威矣，事則見於物矣，此其精粗先後之序也。六官帥其屬三百六十，期之日也，自天子諸侯至於公卿大夫，貴賤莫不有位。自王畿至於侯、甸、男、采、衛、要、蕃，遠近莫不有制。自天地宗廟至於百神，祀享莫不有常。自正月之吉至於歲終，施爲莫不有時。自人至禽獸草木，養之必有其道。自宫室至於車服器用，制之必有其法。無一職不修而王道備，無一物不化而歲功成，此所以致太平而敵天命也。不幸遭罹秦火，絶滅典常，出自山巖，遽藏秘府。冬官亡失，既不獲其完書，士儒相傳，久已弊於俗學。聖上憐其若此，命儒臣以訓釋旨歸，列之科選，使成周太平之迹，焕然著明於本朝，誠千百年希闊之遇也。然而執形器度數之學者，不知制作之所存；泥道德性命之説者，不能考合以適用，蓋學禮者之所蔽。惟不執不泥，然後能盡變通以致用，上以副朝廷經術③造士之意，不其盛歟！」

①②「刑」，四庫薈要本誤作「形」。
③「術」，文淵閣四庫本作「述」。

劉氏彝**周禮中義**

宋志：「十卷。」通考：「八卷。」

佚。

陳振孫曰：「祠部員外郎長樂劉彝執中撰，彝諸經皆有中義。」

王應麟曰：「劉氏中義，以匠人溝洫求合乎遂人治野之制，謂遂人言積數，匠人言方法。」

劉氏恕**周禮記**

佚。

周氏諝**周禮解**

佚。

衛湜曰：「延平周諝希聖，擢熙寧進士第，入仕，值新法行，不忍詭隨，賦詩去官。嘗注周禮解，王文公新傳多采其説，而没其姓名，豈忘其人之有傳耶？」

王氏安石**新經周禮義**

宋志：「二十二卷。」

未見。

〔校記〕

四庫輯大典本周官新義十六卷，附考工記解二卷，有經苑刊本。（周禮，頁三五—三六）

蔡絛曰：「王元澤奉詔修三經義，時王丞相介甫爲之提舉，蓋以相臣之尊，所以假命於其手也。詩、書多出元澤暨諸門弟子手，至若周禮新義，實丞相親爲之筆削者。政和時，朝廷悉命藏諸秘閣，用是吾得見之。周禮新義筆迹猶斜風細雨，誠介甫親書。」

晁公武曰：「周禮，王莽嘗取而行之，馴致大亂。熙寧中，設經義局，安石自爲周官義十餘萬言，不解考工記。安石以其書理財者居半愛之，如行青苗之類皆稽焉。所以自釋其義者，蓋以其所創新法盡傅著之，務塞異議者之口。後其黨蔡卞、蔡京紹述介甫，期盡行周禮焉，圜土方田皆是也。久之，禍難並起，與莽曾無少異，殆書所謂與亂同事耶！」

陳振孫曰：「熙寧八年，詔頒之國子監，且置之義解之首。」

按：萬曆中重編内閣書目，尚存荆公周禮義三册。

龔氏原**周禮圖**

宋志：「十卷。」

未見。

陳氏祥道**周禮纂圖**

佚。

王氏昭禹**周禮詳解**

宋志：「四十卷。」

存。

陳振孫曰：「近世爲舉子業者多用之，其學皆宗王氏新説也。」

王與之曰：「昭禹字光遠，有周禮詳解，用荆公而加詳。」

昭禹自序曰：「道判爲萬物之成理，理之成具不説之大法。禮者，法之大分，道實寓焉。聖人循道之序以制禮，制而用之則存乎法，推而行之則存乎人。其人足以任官，其官足以行法，然後禮之事舉矣。故唐、虞稽古，建官惟百，夏、商官倍，至周增而爲三百六十，非固好詳也。王者之世，物繁事衆，其制不得不然也。孔子曰：『周監於二代，郁郁乎文哉，吾從周。』蓋言盛矣。然道之常無，下散於常有之域，法象而爲天地，變通而爲四時。聖人體道之常無以觀其妙，體道之常有以觀其微①，其精至於與天地合其德，與四時合其序，雖先天而先且弗違，尚何事於仰觀俯察，然後奉其時哉？惟夫出神天之本

① 「微」，四庫諸本作「徼」。

宗，應帝王之興起，天地固有大美矣，四時固有明法矣，雖聖人烏得而違焉。是固因天地之大美，達而爲治教；因四時之明法，達而爲體①政刑事。然則常無之道，爲萬物而有天地四時，聖人爲天下而有治教禮政刑事。天地四時，道之所任以致其用者也；六官，聖人任以致其事者也。噫！六官之建，豈聖人之私智哉？實天理之所爲也。由此以觀，則禮之事，雖顯於形②度數之粗，而禮之理，實隱於道德性命之微。即事而幽者闡，即理而顯者微。然則理其神之所爲乎？夫神無在而無乎不在，無爲而無乎不爲，聖人立禮以爲體，行禮以爲翼，事爲之制，曲爲之防，亦神之無不在、無不爲之意也。彼荀卿徒知禮爲道之華，而不知爲物之致，乃曰『生於聖人之僞』，又烏知禮意乎哉？」

〔補正〕

自序內「有以觀其微」，「微」當作「微」。「雖顯于形度數之粗」，「形」下或脱「名」字。（卷五，頁十）

章氏綍**周官議**

十六篇。

佚。

孫覿志墓曰：「公諱綍，字伯成。世家豫章，後徙建安，又徙蘇州之吴縣，贈太師，秦國公諱傡之子

① 「體」，四庫薈要本、文津閣四庫本作「禮」。

② 「形」下，文淵閣四庫本有「器」字。

也。熙寧九年①進士，仕爲尚書郎，提點淮南刑獄，權揚州事，積官至朝奉大夫。」

張璪曰：「章公周官議十六篇，非近世之文也。」

徐氏庚**周禮講義**

佚。

樂平縣志：「庚字叔義，紹聖四年進士，歷仕四十年。建炎初，提點福建刑獄，歸，自號寄傲老人。」

黄氏裳**周禮講義**

六卷。

存。

裳自序曰：「天理之有盈虛，人事之有邪正，天下後世，類不及此，務盈以邀凶邪以致亂，夫誰不然。先王之於愚衆，吉凶與之同患，以義寓之數，而告之以禍福之理，於是乎作易；邪正與之同患，以道寓之法，而制之以上下之分，於是乎制禮。三代之世，皆有是書。夏之易曰連山，商之易曰歸藏，其道未全；夏之禮則立忠，商之禮則立質，其法未備。夏、商之君，豈不能一日而預言之耶？適丁斯時，人僞世習，未足以全是道、備是法耳。故名易曰連山，則象其顯諸仁；名易曰歸藏，則象其藏諸用。仁

① 「九年」文津閣四庫本誤作「中年」。

所以闡幽建常，能常而已，未足以爲易也；智足以顯微適變，能變而已，未足以爲易也。仁智之道合，則易之道至焉，故吉凶與民同患，至周然後易之書著。禮以忠爲心，以質爲體，文則剛柔乎此者也，故邪正與民同患，至周然後禮之書著。二書特言周者，以辨夏、商焉耳。二書之效，使人知有消息之數，吉凶之象，則守謙以防虧，作善以消譴；知有上下之分，高卑之勢，則循理以避僞，由義以歸正。然後號令者順，而典謨之書行；吟咏者樂，而雅頌之詩作，則聖人何俟於春秋哉？二書之教不行，然則三頌之次，聖人以魯望周，周不可望也；以商戒周，周不可戒也，聖人始即書之，後絶之以秦誓焉，然則春秋安得而不作耶？方今聖人立政造事，追復成周之法，五經之文，始得先生巨儒訓而發之，分布儒林之官，造成多士。五經之教固有先後之序，緩急之勢，則周官之書豈可緩哉？聖人以道寓之法，法之中，微妙存焉，後世俗學止於區區之誦數，溺其才識，則此書以陰謀見待於或者，何其不幸也。」

聞人氏宏**周官通解**

佚。

姓譜：「字君度，嘉興人。大觀三年進士，判常州。」

林氏之奇**周禮講義**訂義作全解。

玉海：「三十九卷。」

未見。

王與之曰：「三山林氏之奇，字①少潁，有周禮全解，祖荆公、昭禹所説。」

之奇自序曰：「無體之禮，冥於天地之自然，而聖人制禮，所以立無體之用也。夫禮自外作，本在於内，雖有不易之道，而外必盡其可陳之法，是以其法之在度數也。貴賤有位，先後有序，多寡有數，遲速有時，君子知之②於内，足以安性命之情；衆人由之於外，足以觀性命之理，此禮之大體也。方其莫之爲而常自然之時，人③含其聰而天下不侵，人含其明而天下不累，則禮亦何所用哉？此莊周制禮不仁之説。及澆④淳散樸，去性而從心，耳營鐘鼓管籥之音，目逐青黄黼黻之美，與接爲交，往往萬緒起矣，而是非不至於秖合，則禮之教其得已乎？聞之曰：禮者，於時當夏，乃萬物去本盛末之時，則禮者，聖人之不免也。蓋聖人之神不與人同憂，而聖人之德不與民同患，故周公制法度於一日之間，以厚天下之風俗，其本如此。雖然，道有升降，時有損益，故以義制禮者，雖昔之所與，而今或制作而不疑；以義變禮者，雖已造於前，而後或因革以爲便，則周禮之爲書，豈特周公之力哉？易曰：『亨者，嘉之會。』天之禮也；又曰：『嘉會足以合禮。』人之禮也。三代之禮，天道人事備於周，上致其隆，下致其殺，中處其中，則是時也，崇天卑地，分群偶物，而不失其統也。大鵬之能高，斥鷃之能小；椿木之能長，朝菌之能短，各以順受其正，豈有他哉？後世禮昧於經⑤之大體，則狥常⑥

①②③「字」、「之」、「人」，文津閣四庫本缺此三字。

④「澆」，四庫薈要本、備要本作「梟」。

⑤「禮昧於經」，四庫諸本作「昧於禮經」。

⑥「狥常」，文津閣四庫本作「徇常」。

者或病其高闊，好大者乃患於卑近，又豈知夫高闊所以立天下之本，卑近所以盡天下之事歟？楊子①曰：『禮，體也。體不備，不足以爲人。』故謹其名，嚴其數，則雖貴至戴璧之天子，賤至横目之庶人，其衣裳飲食之纖悉，聲音藻色之等威，皆事爲之制，曲爲之防。則尊無逼下之嫌，卑無僭上之失者，乃周禮之所載②王業也。禮文存於經，獨周禮爲全書，惟其傳不明，故學者嘗憂其難知，世有人焉，乃訓而發之，而聖人之德，大略具矣。傳曰：『先王制禮，必有主也，故以述而富學。』今既以其既學者相與而學之，而未知者以俟切磋焉。」

〔補正〕

自序内「後世禮昧于經之大體」，「昧」字當在「禮」字上。（卷五，頁十）

楊氏時**周禮辨疑**

宋志：「一卷。」

存。

晁公武曰：「此攻安石之書。」

① 「楊子」，文淵閣四庫本作「揚子」。

② 「之所載」，文淵閣四庫本作「所載之」。

黄氏穎周禮解義

佚。

閩書：「黄穎，字秀實，龍谿人。崇寧五年進士，調崇德簿，歷中書舍人。」

董氏濬周官辨疑

佚。

江西通志：「董濬，字禹川，德興人。崇寧進士，歷秘書少監，出爲江西提刑，知興仁府。」

王氏居正周禮辨學

五卷。

佚。

吕祖謙作行狀曰：「公之學，根極六藝，深醇閎肆，以崇是闢非爲己任。自其少年已不爲王氏説所傾動，慨然欲黜①其不臧以覺世迷。其在兵部，以事請對，及因王安石新學爲士大夫心術之害，請以辨

① 「黜」，文津閣四庫本作「出」。

學爲獻，上許之。公既上辨學，而龜山楊先生三經義辨①亦上於秘府，於是孔、孟之本指始明，天下遂不復宗王氏學。」

程氏瑀**周禮義**

佚。

孫氏奇②**周禮備檢**

佚。

南昌府志：「奇，字師穎，豐城人。」

徐氏焕**周官辨略**

宋志：「十八卷。」

佚。

---

① 「三經義辨」，文淵閣四庫本作「三經義解」。

② 「奇」，文淵閣四庫本作「琦」。

經義考卷一百二十三

周禮四

胡氏銓**周禮傳**或作周官解。

宋志：「十二卷。」

佚。

銓自序曰：「臣聞六經之道同歸，而二禮相爲表裏，其來尚矣。考王制而知六官之備，考月令而知太史、保章氏、馮相氏之精，考曾子問、雜記及間傳、四制而知司服之等，考文王世子而知大胥之教，考禮運、禮器而知大宗伯之位，考郊特牲而知封人、牧人、牛人之分，考内則而知師氏之制，考玉藻而知典瑞之則，考明堂位而知朝士、司儀之别，考大傳而知肆師之職，考少儀而知巾車、典路、車人之别，考學記而知大司樂、成均之法，考樂記而知大胥、小胥之律，考大記而知勸防之嚴，考祭法、祭義、祭統而知鬱人、鬯人典禮之經，考經解而知太師六詩、六德之本，考哀公問、昏義而知媒氏之源，考仲尼燕居社郊嘗禘而知小宗伯之儀，考孔子閑居五至之義而知樂師之意，考坊記而知秋官環人之衛，考中庸而知大司徒中和之教，考表記卜筮而知龜人、筮人之敬，考緇衣絲綸之言而知内史、外史之書，考深衣規矩準繩而知輪人之度，考投壺之弦而知樂師貍首之奏，考儒行而知諫①德行道藝之尊，考大學正心而知弓人無邪之諭，考冠義而知棄師②之等，考鄉飲而知酒正之德，考射義而知司裘之鵠，考燕義而知秋官諸子之職，考聘義而知玉府之藏，故曰二禮相爲表裏也。前賢論學之源，如江出汶至於溝渠，所并大川三百，小川三千，然後往而與洞庭、彭蠡同波，下而與南溟、北海同味。又如禹治水，知絡脈開塞，而至於九川滌源，四海會同者也。竊觀大川、小川之説，生於『曲禮③三百，威儀三千』之説，然二禮條分貫别，亦豈止三百三千而已哉？而其旨意吻合，相爲表裏，端若脈絡交通，四海會同而不殊，誠有味其言之也。臣既爲易、春秋、禮記傳，又覃思周官凡十有餘年，僅成集解。嘗以謂韓愈闢邪説欲尊六經，而邪説卒不能革；歐陽修欲删去九經緯書，而異端故在。臣之區區欲卒歐、韓之業，而學術膚淺，志苦心勞，徒益蕪累，終莫能探賾發潛。重念昔之賢士伸於知己，臣自癸未夏迄辛卯秋，四侍經筵，屢蒙獎諭，受知實深。陛辭之日，親承玉音，令臣繕寫所解經進呈。伏惟陛下天縱之姿，聖學高妙，卓冠百王，頃因論治道，有及於惟禮可以已之之説，大哉王言，非精於禮，孰能與於斯！顧臣糠粃，曷補萬一？殆如

---

① 「諫」，依四庫諸本應作「司諫」。

② 「棄師」，依補正、四庫薈要本、文淵閣四庫本應作「弁師」，文津閣四庫本誤作「舞師」。

③ 「曲禮」，四庫薈要本、文淵閣四庫本作「禮經」。

無棨所云者，倘辱皇慈寬狂瞽之誅，略加睿覽，則臣之志願畢矣。」

〔補正〕

自序内「考冠義而知棄師之等」，「棄」當作「弁」。「生於曲禮三百、威儀三千之説」，「曲禮」當作「禮經」。（卷五，頁十）

吴氏沆周禮本制圖論

佚。

六官析微論

佚。

樓鑰曰：「環溪深於易，三十而著璇璣圖論；深於禮故，又二年而著周禮本制圖論、六官析微論，皆行於世。」

周氏必大周官講義

佚。

按：「清源丘氏引之。」

尤氏袤**周禮辨義**

佚。

中興館閣録：「尤袤，字延之，毘陵人。王佐榜進士出身，淳熙十五年權禮部侍郎。」

王氏十朋**周禮詳説**

佚。

按：「清源丘氏引之。」

鄭氏鍔**周禮解義**

宋志：「二十二卷。」

未見。

王與之曰：「三山鄭氏鍔，字剛中，有周禮全解，淳熙十年經進。」

中興藝文志：「周禮一經，説者多穿鑿。淳熙中，鄭鍔爲解義，詳制度，明經旨，學者宗其書。」

王應麟曰：「鄭剛中解義，如冕服九章、授田三等、治兵大閲，旗物之互建，六鄉、六遂、師都之異名，陰陽之祀有用牲之疑，九畿之國有朝貢之惑，豆區、鐘釜有多少之差，世室重屋非明堂之制，皆辨明使有條理。」

薛氏季宣**周禮辨疑**

未見。①

王與之曰：「永嘉薛季宣，字士隆，有周禮釋疑。」

陳氏傅良**周禮説**

宋志：「一卷。」讀書附志：「三卷。」

未見。

趙希弁曰：「周禮説三卷，朝奉郎秘書少監陳傅良所進，舊刊於止齋文集中，曹叔遠别爲一書而刻之，且爲之説。」

朱子曰：「陳君舉推周官制度亦詳，然亦有杜撰錯説處。」

傅良進周禮説序曰：「王道至於周備矣，文、武、周公、成、康之心，考其行事，尚多見於周禮一書。而熙寧用事之臣，經術舛駁，顧以周禮一書，理財居半之説，售富強之術，凡開基立國之道，斵喪殆盡，而天下遂日多故②。老生宿儒發憤推咎，以是爲用周禮之禍，詆排不遺力，幸③以進士舉，猶列於學官。

① 「未見」，文津閣四庫本缺此二字。

②③ 「故」、「幸」二字文津閣四庫本均無。

至論王道不行，古不可復，輒以熙寧嘗試之效藉口，則論著誠不得已也，故有格君心、正朝綱、均國勢說各四篇。」

王應麟曰：「陳君舉說周禮，綱領有三：曰養君德，曰正朝綱，曰均國勢。」

周官制度精華①

玉海：「二十卷。」

未見。

朱子曰：「上半册陳君舉，下半册徐元德。」

王應麟曰：「陳傅良、徐元德撰。」

易氏祓**周禮總義**

宋志：「三十六卷。」讀書附志：「三十卷。」

〔校記〕

四庫輯大典本三十卷。（周禮，頁三六）

未見。

① 「周官制度精華」，文淵閣四庫本作「周禮制度精華」。

趙希弁曰：「周禮總義三十卷，山齋易祓所著也，許儀爲之序，刻於衡陽。」

魏了翁曰：「易彦章周禮漢軍制端，足補先儒傳記之所未及。」

王與之曰：「長沙易彦祥有周禮總義，皆推廣諸家説。」

王應麟曰：「易氏總義云：府史胥徒，通典總言其爲六萬三千六百七十五人。愚考之通典，『周六萬三千六百七十五員，内二千六百四十三人，外諸侯國官六萬一千三十二人，此乃官數，非謂府史胥徒也。』」

胡氏維寧**周官類編**

佚。

黄氏碩**周官講義**

佚。

俞氏庭椿**周官復古編**

宋志：「三卷。」

〔校記〕

四庫本一卷。（周禮，頁三六）

存。

庭椿自序曰：「六經厄於秦，至漢稍稍始復，然而多出於儒者記誦傳授之學，不能無譌誤。既成篇秩①，相傳至今，世儒信其師承之或有所自也，無或疑議，遂使聖經之舊泯焉不可復見。周禮一書，皆周之舊典禮經，然方諸侯惡其害己，而去班爵禄之籍，已有亡失之漸，況一燔於煨燼，而堇堇②出於口傳追記之餘，安能盡復其故耶？伏生年過九十，口授尚書，自非孔壁所藏。古文出而考證，則舜典與堯典孰分，益稷與皋陶謨奚別？盤庚不得而異篇，康王之誥不得而殊體，信以傳信，未必不至於今日也。六經惟詩失其六，書逸其半，獨周禮司空之篇有可得言者，反覆之經③，質之於書，驗之於王制，皆有可以足正者。而司空之篇實雜出於五官之屬，且因司空之復，而五官之譌誤亦遂可以類考，誠有犂然當於人心者，蓋不啻寶玉、大弓之得，而鄆、讙、龜陰之歸也。雖然，由漢迄今，世代邈遠，大儒碩學，項背相望，而區區末學，乃爾起義，是不得罪於名教者幾希。嗚呼！學者寧信漢儒，而不復考之經耶？無寧觀其說而公其是非，以旁證於聖人之言，而幸復於聖經之故耶？知我、罪我，所弗敢知，此復古編之所爲作也。」

丘葵曰：「宋淳熙間，臨川俞庭椿著復古編，新安朱氏一見，以爲冬官不亡，考索甚當，鄭、賈以來皆當斂衽退三舍也。」

①「篇秩」，四庫薈要本、文津閣四庫本作「篇帙」。
②「堇堇」，四庫薈要本作「僅僅」。
③「之經」，四庫薈要本作「全經」。

陳深曰：「周禮六職，先王設五職以存體，而虛其一以待用，故司空有官而無職，蓋自唐、虞已然。故禹作司空平水土，而亦以總百揆；召康公以太保而營洛；仲山甫以冢宰而城齊；召穆公平淮，亦命以營謝；宋皇國父以太宰爲平公築臺，而司城子罕以行方①。春秋築城作邑，無慮至千，能者爲之，亦未有專屬於司空也。且其命官②則謂之『冬』，冬者，藏也。董仲舒亦云：陰常居太冬，積於空虛不用之地，而時出以佐陽，故謂之司空。曰空與冬，聖人之意見矣。由此言之，司空不補何害？宋俞庭椿作復古編，謂冬官不亡，錯簡五官之内，於是取其近似者别爲一卷，以補冬官，又於五官之内盡剔其不類者，而各之其類。夫周官曷常③有類，其精神脈絡環流於三百六十之屬而無所不通，非如後世某官而任某職某事而專責一官也，安用類爲？自俞氏之求類也，而五官大亂，以古本校之，非復周公之舊矣。其後王次點氏、丘葵氏、吴澄氏、最後何喬新氏，相繼而增損之，以補俞氏之未備。此五家者，人各持其所見，於是有臨川之書，有永嘉之書、清源之書、崇仁之書、椒丘之書，此如無主之田，而五人爲之耦也，其不墾而傷也者希矣。」

〔補正〕

陳深條内「司城子罕以行方」，「方」字當据本書第一百二十八卷吴治周禮彙斷序改作「朴」。（卷五，

---

① 「方」，四庫薈要本、文淵閣四庫本作「扑」。
② 「命官」，文津閣四庫本作「令官」。
③ 「常」，應依文淵閣四庫本作「嘗」。

頁十）

江西通志：「庭椿字壽翁，臨川人。乾道八年進士，仕至古田令。」

徐即登曰：「俞氏復古一編，儒者稱其超越於漢儒之見，而有功於周禮，信然。」

徐常吉曰：「周禮闕冬官，漢儒以考工記補之，蓋惜其書之未完，而爲是綴緝①之計，雖不免續貂之誚，而於聖人之全經猶爲無害。至宋俞庭椿乃以工官散見於五官之内而未嘗闕，遂掇取五官之屬而用以補冬官之闕。夫周禮一書，聖人用意深遠精密，其設一官分一職，即如府史胥徒之賤，酒醴鹽醬之微，好用匪頒之末，分布聯屬，靡不各有意義，而於其中任意割裂以相補塞，則此足而彼虧者，惟冬官之闕，而今則五官俱闕也。昔之周禮雖闕而猶全，今則雖補而實亡也，其爲聖經②害也大矣。」

按：俞氏復古編以天官之屬獸人、𩺰人、鱉人、獸醫、司裘、染人、追師、屨人、掌皮、典絲、典枲，改入冬官；以地官之屬鼓人、舞師，改入春官，封人、載師、閭師、縣師、均人、遂人、遂師、遂大夫、土均、艸人③、稻人、土訓、山虞、林衡、川衡、澤虞、丱人④、角人、羽人、掌葛、掌染艸⑤、囿人、場人，改入冬官；以春官之屬天府、世婦、内宗、外宗、太史、小史、内史、外史、御史，改入天官，典瑞、典同、巾車、司常、

---

①「緝」，備要本作「輯」。

②「聖經」，文津閣四庫本作「聖人」。

③「艸人」，文淵閣、文津閣四庫本作「草人」。

④「丱人」，依四庫薈要本、文津閣四庫本應作「丱人」。

⑤「掌染艸」，文淵閣、文津閣四庫本作「掌染草」。

冢人、墓大夫，改入冬官；以夏官之屬弁師、司弓矢、稾人、職方氏、土方氏、形方氏、山師、川師、邍師，改入冬官；以秋官之屬大行人、小行人、司儀、行夫、掌客、掌訝、掌交、環人，改入春官。

〔補正〕

竹垞案内「丱人」當作「廾人」。（卷五，頁十）

許氏奕**周禮講義**

六卷。

佚。

薛氏衡**周禮序官考**

未見。

王與之曰：「金華薛衡，字平仲，有周禮序官考。」

李氏叔寶**周禮精意**

未見。

王與之曰：「莆陽李叔寶，字景齊，有周禮精意刊行。」

戴氏仔**周禮傳**

佚。

俞氏嘉**周禮釋**

佚。

高氏崇**周官解**

十二卷。

佚。

魏了翁狀曰：「崇，字西叔，世家邛之蒲江，以進士出身知黎州，兼管内安府。有周官解十二卷。」

馬氏之純**周禮隨釋類編**

佚。

史氏守道**周禮略**

十卷。

佚。

趙氏汝談**周禮注**

佚。

樂氏思忠**周禮考疑**

讀書附志：「七卷。」

未見。

趙希弁曰：「周禮考疑七卷，祝融居士樂思忠仲恕所著也，永嘉戴溪肖望、豐城劉德秀仲洪爲之序。」

喬氏行簡**周禮總説**

佚。

宋史：「喬行簡，字壽朋，婺州東陽人。學於吕祖謙之門，登紹熙四年進士，嘉熙三年拜平章軍國重事，封蕭國公，進封魯國公。卒贈太師，謚文惠。著有周禮總説。」

余氏復**禮經類説**

佚。

陸元輔□①：「復，寧德人。光宗初，策士大廷，擢第一，後入史館，兼實録②檢討。」

葉氏秀發**周禮説**

佚。

姓譜：「秀發，字茂叔，金華人，師事吕祖謙，知高郵軍。」

徐氏筠**周禮微言**

宋志：「十卷。」

未見。

續中興館閣書目：「徐筠學周官於陳傅良，記所口授，成書十卷。自謂聞於傅良曰周禮綱領有三：養君德、正紀綱、均國勢。鄭氏注誤有三：王制，漢儒之書，今以釋周禮；司馬法，兵制也，今以

① 此空格應依四庫薈要本、文津閣四庫本補「曰」字。

② 「實録」，文津閣四庫本誤作「寶録」。

證田制；漢官制皆襲秦，今引漢官以比周官，其誤三也。」

江西通志：「徐筠，字國堅，清江人，得之子。蚤歲擢第，初主攸縣簿，後知金州。」

曹氏叔遠**周官講義**

佚。

宋史：「曹叔遠，字器遠，温州瑞安人。少學於陳傅良，登紹熙元年進士第，歷禮部侍郎，終徽猷閣待制。謚文肅。」

林氏椅**周禮綱目**

宋志：「八卷。」

佚。

周禮摭説

宋志：「一卷。」

佚。

陳振孫曰：「周禮綱目八卷，摭説一卷，紹興府教授括蒼林椅奇卿撰，嘉定初，上之朝。」

王與之曰：「林氏周禮綱目於開禧間曾進。」

括蒼彙紀：「林椅，字奇卿，麗水人，紹熙庚戌進士。以周禮爲周公經世之書，凡民極所由立，日用之常，誠僞之變，莫不區別，纖悉畢備，乃隨類條列之，名曰周禮綱目。翰林學士樓鑰、禮部尚書倪思表進，除工部架閣。」

陳氏兢**周禮解**

佚。

陸元輔曰：「漳州陳兢戒叔，紹熙進士，撰周禮解。」

陳氏汪**周官小集**

佚。

丘葵曰：「汪，字蘊之，永嘉人。」

孫氏之宏**周禮説**

佚。

丘葵曰：「之宏，字偉夫，山陰人。」

楊氏（恪）**周禮辨疑**

佚。

丘葵曰：「恪，字謹仲，永嘉人。」

陳氏（汲）**周禮辨疑**

佚。

丘葵曰：「汲，字及之，永嘉人。」

陳氏（謙）**周禮説**

佚。

王瓚曰：「謙，字益之，永嘉人。乾道壬辰進士，歷官寶謨閣待制，江西、湖北宣撫副使。」

徐氏（畸）**周禮發微**

三卷。

佚。

經義考卷一百二十四

周禮五

鄭氏伯謙太平經國之書統集

〔校記〕

四庫本無「統集」二字。（周禮，頁三六）

宋志：「七卷。」今本十一卷。

存。

伯謙自序曰：「先王無自私之心，安家者，所以寧天下也；存我者，所以厚蒼生也。三代以還，人主始自私矣，以天下遺其子孫，故不得不爲久恃無恐之計，然天下猶因其自私之心，而獲少安於其間。至於秦、隋、魏、晉、南、北之君，淫荒狂惑，則并與其自私之計而弗念矣。夫有天下而至於不愛己，固無望其愛民矣，而獨惜夫愛己者之所以及民，亦褊迫淺陋，足以躋時於小康，而不足以憑藉維持於無窮也。三代聖人之紀綱法度，憲章文物，所以本諸身而布諸天下者甚設也，而尤周密詳備於成王、周公之時，彼其處心積慮，上徹乎堯、舜，下及乎萬世者也。外不懼天下之謗而私其跡，曰必使我子孫相承而宗祀不絶①也；内實達天下之道而公其心，曰必使我君臣相安而禍患不作也。是故兼三王，施四事，夜以繼日，盡我精神心力而爲之。其兵農以井田，其取民以什一，其教民以鄉遂，其養士以學校，其建官以三百六十，其治天下以封建，其威民以肉刑。大本既立，然後其品節條目，日夜講求而增益之。其上則六典、八法、八則、九柄、九貢、九賦、九式之序，其次則祭祀朝聘、冠昏喪紀、師田行役之詳，下至於車粧②、圭璧之器，梓匠、輪輿之度，與夫畫繢、刮摩、摶埴之法，又其細者，則及於登魚取龍擉鼈之微，畢公所謂克勤小物者，周公尤盡心焉。蓋一而再三申復之，貽謀燕翼。後世豈無辟王，而皆賴前哲以免流彘之難，共和攝政，而天下復如故，龍漦作孽，宗周滅矣，猶能挾鼎璽而東。當戰國之相吞噬，周塊然而處其中，天下猶百餘年而宗主之。至於垂亡臨絶之際，自分而爲東西，其子孫益謬戾乖忤，而弗念厥紹，故天下始去周而爲秦，法亡則周亡。天下後世，苟有下泉之思治，匪風之思周道，則陳涇檜亂之極，一變而復見豳風之正③。聖人序詩，所以寓其意於十五國風之末也。秦人變古不道，不足深恨，漢氏去三代甚近，而去周爲尤近，不能因其自私之心，而講求周公致太平之迹，惴惴然徒惟得失之重，而操心

① 「宗祀不絶」，文津閣四庫本作「禍患不作」。
② 「粧」，應依文淵閣四庫本作「旂」。
③ 「正」，文津閣四庫本作「土」。

之危，苦智慮而盡防範，大抵不過爲握持天下之術耳。苟簡目前，未能深長之思、經久之慮也。封君古也，止於行推恩①之令；井田古也，止於議名田之法。刑法止於定箠令，軍旅止於京師之南北軍。郡國之都尉，建官則倣秦舊，制禮則雜秦儀，學校則隸太常，而選舉則數路，鄉里則煙火萬里，其淺近功利，已略足以隨世而及民矣。然乍安而忽危，幾亡而僅存，終不足以垂裕而傳後。其當世敏秀奇傑之士，深見遠識，而有志於先王之治者，或則請定經制，或欲退而更化，或願建萬世之長策，每觀王符論漢家②失業之民，歲至三十萬，則田賦、鄉里、刑法等制，益知其苟然而已。仲長統欲定吏禄，重三公之權，改税法，更官制，沛然思惟善道，而有易亂爲治之意，論甚美矣。至於請廢封建，復井田、肉刑，亦復講之未精也。唐承八代之衰，太宗之所以造唐者，亦慨然欲庶幾先王之治，而補漢氏之缺，收召豪傑，相與修廢起墜於正觀③一、二十年間，税爲租庸調，田爲口分世業，兵爲府選，士爲明經進士，官爲七百三十員，天下爲襲封刺史，然亦雜亂而不純粹，疏略而無統紀。未幾兼并不禁，課役不均，更租調爲兩税，變府兵而爲彍騎，停世襲而爲州縣，不愛名器而爲墨勑斜封。唐之子孫，固非善守法者，而立法之初，亦不得不分任其咎。當其弊端未見，天下因其自私，而亦得以獲苟安之利，一旦利盡害形，罅隙呈露，則遂以大壞，而不得支持矣。宋之元嘉，元魏之泰和，隋之開皇、仁壽，夫豈不爲治安，而言治者不之數，

① 「推恩」，文津閣四庫本作「推思」。
② 「王符論漢家」，文津閣四庫本作「王府見漢家」。
③ 「正觀」，當作「貞觀」。

功利在人，及身而止，漢、唐之事，何以異此？雖然，漢承亡秦絶學之後，不獨二帝、三王之法度無復餘脈，雖五霸、七雄區區富强之事，亦一埽而無遺。草創之初，大臣無學，方用秦吏，治秦律令圖書，固難責以先王之制度也。唐自元魏、北齊以來，授民以田，分民以鄉，先王之制，十已用其一二。繼以蘇綽之在周，約六典以定官制，而府兵之法，亦微有端緒，先王之制，十已用其五六。又繼以隋文帝之富盛，蘇威、高熲之損益，而先王之制，十已用其七八。太宗躡①其後而行之，使其深觀詳酌，纖悉委曲，有以補前世之未備，則以唐之治②爲周之治，日月可冀也，而僅以若此，此豈無所自哉？世變不古，功利之蟠結於人心，而此書之宏博浩瀚，讀之難曉，而説之易惑也。彼其煨燼於秦火，貶駁於漢儒，好古如武帝，反謂之末世瀆亂不驗之書，伏藏泯滅於山巖屋壁之間。漢之末年，雖入秘府，竟未嘗一出而試之於治，其後劉歆取以輔王莽，五均六斡，列肆里區皆有徵，天下騷然受其弊。其餘杜氏，不過能通其句讀，馬、鄭諸儒，亦止於作爲訓詁而已。隋、唐之間，文中子講道河、汾，頗深識其本末，以爲經制大備，後世有所持循，然徒載之空言，不及見之行事也。唐太宗嘗與群臣語及周禮，而房、杜、魏徵雖出王氏之門，然本無素業，留宿中書，聚議數日，竟不能定，問及禮樂，竟不能對，大本既失，他何望焉。宋朝王氏，以儒學起，相熙、豐，又嘗一用周禮，而計利太卑，求民太甚，其禍甚於劉歆。伊洛老師、横渠張夫子，固習周公者矣，而又不及究其志。蓋自有周禮以來，若孔子、文中子及伊洛、横渠諸子，則恨不及用；房玄齡、

① 「躡」，四庫薈要本作「攝」。
② 「治」，文津閣四庫本作「制」。

杜如晦、魏徵，則愧不能用；漢之劉氏、宋朝之王氏，則又悔不善用。自漢、唐以至今日，天下之治，所以駁雜而難考，弊壞而不可收者，大抵出於是三者之間也。是以時君世主，厭薄儒生，姍笑王制，悉意於淺功近利，就其自私之心，而姑爲是目前苟簡之謀，倘可以維持一世足矣，不暇及此宏闊之談也。嗟乎！千載之下，有能起周公之治者，學者所不能而見也；有能講明周公之制者，學者所不能而辭也。」

高叔嗣序曰：「正德十四年，余以增廣生被試，策問周禮疑信相半之由。余方少，竊聞其概，因以意對曰：昔孔子之時，周德方衰，而對魯哀公以『文、武之政，布在方策，人存政舉』之説，及周益衰，孟軻氏始言『諸侯去先王之籍，不得聞其詳』。彼所稱『方册』與『籍』，豈謂周禮耶？孔子尚思興東周，孟子則直勸齊、梁以王，當是時，不但其籍亡，雖有之，固不可爲耶！至荀卿之徒李斯佐秦，遂取經籍一切焚去之，後世以爲罪。然使始皇并天下爲周武王，李斯有周公之聖，其時欲行周禮，能乎？周之興也，深仁厚澤，垂十餘世，聖后繼作，禮樂法度，莫不講明，國以爲教，家以爲學，漸被陶融，非一日也。故周立爲天子，頒其政式，放於四海，靡然信從，事若畫一，不俟強勉，其來遠矣。秦則不然，以戰鬬爲功，以干戈爲業，法令已成，習俗已定，方其吞滅諸侯，而六合爲一也，雖有周禮，將安施之？而況後秦者乎？何也？先王之法，至周始備，至秦始滅，去此其會也，後世直用秦爲古耳。秦不復行周禮，明後世之不可行必矣。然則是書可盡廢耶？何爲其然也？三禮莫古於儀①，周公所親定者。説文云禮之字從豆從曲從示。示，古神祇字。蓋先王於籩豆神祇之間，曲盡其意，於是乎録其升降，等其隆殺，故謂

① 文淵閣四庫本「儀」下有「禮」字。

之禮，此其跡也。先王之意有不在是者，周易觀之彖曰『盥而不薦，有孚顒若』。先王以其誠敬之心事神，故下觀而化，故傳曰『聖人以神道設教，而天下服矣』。今夫官名之設，内外之辨，崇卑之度，多寡之數，成周致治之具也。而所以致治，豈盡於是耶？故善爲治者，師其意而已，若周禮者，存之以考可也，其略云耳。是時南原王先生督學，優之，其年叔嗣舉於鄉，後三年得進士，爲考功主事，始好是書，聞人有異本，不憚求之。同縣人按察副使田勤甫氏刊周禮集説，讀其中，往往引太平經國書，可觀取，恨不見①其全。他日翰林學士姚維東氏云有之，傳以視叔嗣，録藏於家。後十年而爲嘉靖丙申，上②冬朔日，刊於山西布政司。」

魏氏了翁**周禮要義**

三十卷。

未見。

包氏恢**六官疑辨**

佚。

① 「不見」，文津閣四庫本作「不看」。

② 「上」，備要本誤作「孟」。

劉克莊曰：「宏齋包公著六官疑辨，蓋先儒疑是書者非一人，至宏齋始確然以爲國師之書。一日，①克莊於緝熙殿進講天官至『歔人』，奏曰：『周禮②一用於新室，再用於後周，三用於熙寧，皆爲天下之禍。臣舊疑其書，近見恢疑辨，豁然與臣意合，陛下試取其書觀之，便見其人識見高，非世儒所及。』上頷之。是日，貴主將下降講退，見箱篋③塞殿廡，竊意所奏，未必留聖慮矣。及還舍，坐未定，得宏齋柬，謂有旨宣諭『劉某奏卿有周禮解義，可録進呈』，宏齋既奉詔，遂抄其④書奏御。」

吴澂曰：「毁周禮非聖經，在前固有其人，不若吾鄉宏齋包恢之甚。毫分縷析，逐節詆排，如法吏定罪，卒難解釋，觀者必爲所惑。近年科舉不用周禮，亦由包説惑之也。然愚嘗細觀，深嘆其無識而已。」

江西通志：「包恢，南城人。嘉定十三年進士，歷官僉書樞密院事，卒贈少保，謚文肅。」

王氏與之**周禮訂義**

宋志：「八十卷。」

存。

---

① 文津閣四庫本「克莊」上有「召」字。
② 「周禮」，文津閣四庫本缺此二字。
③ 「篋」，文淵閣四庫本作「筴」。
④ 「其」，文津閣四庫本誤作「奏」。

淳祐二年十二月，朝奉郎直煥章閣、權知温州軍州兼管内勸農使趙汝騰奏：右臣準秘省公移索臣所領樂清縣管下士人王與之周禮訂義以俟聖覽，臣即命工匠就其家印寫二本繳納訖。臣竊詳諸經訓解，皆有先儒折衷彙集成書，獨二禮闕，周禮又不幸遭王安石不善用以禍天下，學者望而疑之。雖程顥、頤、張載三先生尊信此書，僅有緒言見於語録，近世大儒朱熹辨明甚至，皆有意表章之，然亦未嘗作爲訓義，以行於世。與之以山澤臞儒，乃能編營天下前後儒先講解，或一説之精，或一義之當，蒐獵無遺，間亦自附己見，剖析微眇，是非審確，故參預真德秀擊節是書，爲之序。德秀没，與之益加意删繁取要，由博得約。今其書益精粹無疵矣，上可以裨聖明之治，下可以釋學者之惑，有功於六典甚多。縉紳韋布争欲得之，與之刊於家。臣嘗識其人，近來假守，益得之於旦評，履踐無玷，節守不渝，皓首著書數種，周官特其一也，真經明行修之士。臣職在師帥，每欲薦之於朝，適會秘省取其著書，臣用敢以姓名聞，欲望聖旨下秘省索與之訂義，以備乙夜之觀，仍少加旌異，以風厲天下學者，幸甚！謹録奏聞，伏候勅旨。三年正月。初六日，奉聖旨下秘書省宣入。十八日，奉聖旨降付尚書省送檢正都司，都司擬上：「照得温州布衣王與之，皓首窮經，其書滿家，若周禮訂義最爲精粹。與之守志厲行，無求於世，今秘省取其書，守臣上其名，與獻書自鬻者不同，欲特補一官，以示旌異①。」四月二十六日奉聖旨：「王與之勅授賓州文學，其周禮訂義付秘書省。」

真德秀序曰：「周禮之難行於後世也久矣，不惟難行，而又難言，然則終不可行乎？曰：有周公之

① 「旌異」，文津閣四庫本誤作「精意」。

心，然後能行周禮；無周公之心而行之，則悖矣。然則終不可言乎？曰：有周公之學，然後能言周禮；無周公之學而言之，則戾矣。孟子曰：『周公思兼三王，以施四事，其有不合者，仰而思之，夜以繼日，幸而得之，坐以待旦。』公之心，禹、湯、文、武之心；而其學，則禹、湯、文、武之學也。以此之心布而爲政，以此之學著而爲書，故能爲成周致太平，而爲萬世開太平。蓋自古禍亂之原非一，而大略有四焉：君心縱於逸樂而群下不敢言也，賢才壅於疏逖而在位非其人也，元元愁痛而上不聞，蔽耳目之近而遠弗察也。六官之屬，凡能導人主以侈欲者，一以冢宰統之，三公之論道，師保氏之詔諫，又皆以輔導①爲職，而君者立於無過之地矣。士之有德行道藝者，民自興之，而因使長與治焉。修於家者，莫不達於朝廷，則人才無陸沈，天官弗私與矣。居民有法，養民有政，斂民有制，刑民有典，舉天下疲癃惸獨，無不樂其生者。又自王畿之近，至於六服之遠，地之相去或千萬里，而情之相通如一家。凡此皆禹、湯、文、武之政，公之所思而得者，畢萃於書，非有公之心者其能行、非有公之學者其能言乎？新室盜也，宇文狄②也，其所經營皆自私也。志先王之道者，莫如唐太宗，然無端身刑家之本，而欲規井田、議封建，宜其卒莫能行。自劉歆用之既悖，儒者譁而攻之，曰周禮不可行也。吁！歆之王田，安石之泉府，直竊其一二以自蓋爾，安得累吾聖經耶？彼何休指以爲六國陰謀之書，既幾於非聖無法，而近世之闢荆、舒者，又謂廢孔子之春秋，用劉歆之周禮也，獨不思春秋固出於周禮耶？使周禮常行於天下，

① 「輔導」，四庫薈要本作「輔道」。
② 「宇文狄」，文津閣四庫本作「宇文寇」。

則春秋不作矣。蓋後世之行周禮者，其悖如彼，而言者又其戾如此，故曰『不惟難行，而又難言也』。鄭、賈諸儒，析名物，辨制度，不爲無功，而聖人微指終莫之覩。惟洛之程氏、關中之張氏，其所論說不過數條，獨得聖經精微之藴。蓋程、張之學，公之學也，有公之學，故能得公之心，而是書所賴以明也。永嘉王君次點，其學本於程、張，而於古今諸儒之説莫不深究，著爲訂義一編，用力甚至，然未以爲足也，方將蚤夜以思，深原作經本指以曉當世，其心抑又仁矣。以是心而爲是學，周禮一書，其遂大明矣。嗚呼！使是書而果大明，在上者以周公之心行三王之事，則太平之路開，禍亂之源塞，豈空言哉？予嘉次點之志，故爲序於篇端，而勉使益用力焉。紹定五年閏九月。」

按：是序又載劉爚雲莊集。

趙汝騰後序曰：「東巖王君次點彙周禮數十家説，衷以己見，爲訂義①若干卷，真文忠公既序之矣，又拳拳俾予贅卷後，辭十數不獲，將行東擔弛日以俟予文，遂勉爲之言。周禮一書，先儒疑信相半，横渠氏遂尊敬之，五峰氏最擯抑之，二説交馳，學者幽冥而罔知所從。嘗平心思之，周禮真周公書，漢志所謂『周官六篇』是也，獨不幸有三可憾，在成周未能爲成書，在後世不得爲全書，此予乃深致其惋惜嗟嘆之意。何以的知爲周公書？是書之首曰『惟王建國，辨方正位，體國經野，設官分職，以爲民極』，此言宅洛建官之旨。司徒職曰『日至之景，尺有五寸，謂之地中，乃建王國』，大宰職曰『掌建邦之六典，以佐王治邦國』，此演而伸其旨也。洛，天下之中地；六官，太平之盛典，以中地行盛典，此周公佐成王

① 「訂義」，文津閣四庫本誤作「定義」。

宅洛之本心。周書召誥曰『旦曰：其作大邑，其自時中乂』；洛誥亦曰『其自時中乂，萬邦咸休』，此周公之心也。又書周官載六卿自冢宰至司空，雖不條陳設屬，亦曰『六卿分職，各率其屬』，大旨與六典合，所以的知爲周公書。然向使周公得輔成王於洛邑，推行其六典，事制曲防之間，文理密察之際，必猶有所改定，庶幾爲成書以詔後世。惜也洛邑未及遷，六典有書未嘗行，可憾一也。仲尼，慕周公者也，從周之歎發於閒居，使得遂其爲東周之志，六典必見於推行，討論潤色益至於大成，備周公之未備者，不在仲尼乎？横渠氏謂仲尼繼周，損益可知是也。惜明王不作，天下莫能宗之，不復夢周之歎方形，而天復不慭遺矣，可憾二也。秦火後，經籍多殘失，禮書爲甚。漢武帝時，河間獻王始得周官於民間，比詩、書最晚出，故武帝詔有禮壞之歎。顔師古謂亡其冬官，補以考工記，有所亡有所補，非全書也。此伊川氏所謂禮經多出於掇拾灰燼之餘，安得句爲之解是也，可憾三也。有是三可憾，則是書之存於天下後世，固足以見周公爲萬世開太平之大旨。然前之既未爲成書，後之又不得爲全書，則不能不使萬世而下，抱不得見周公經制大成之深恨，先儒乃盡歸咎於劉歆，以爲勦入私説，迎合賊莽，不亦①甚乎？次點研精覃思十餘年而訂義成，顯幽闡微，商是確非，其有發先儒所未發者多矣。至其釋周公將整齊六典以爲宅洛計，不幸殁而成王不果遷，規摹②不獲究，冬官未嘗亡，錯見於五官中，諸儒不能辨，而補以考工記，則尤有見於是書本末之端的，故予特表出之。嘉熙丁酉夏中伏日。」

① 「不亦」，文津閣四庫本作「不已」。
② 「摹」，文淵閣四庫本作「模」。

成德曰：「東巖周禮訂義八十卷，載宋史藝文志。宋之群儒，經義最富，獨詮解周禮者寡，見於志者，僅二十有二家而已。蓋自王安石當國，變常平爲青苗，藉口周官泉府之遺，作新經義，以所創新法盡傅著之，又廢春秋，不立學官，於是與王氏異者，多説春秋而罷言周禮，若潁濱蘇氏、五峰胡氏，殆攻王氏而并及於周禮者與？昔之言周禮者，鄭康成信爲周公成①太平之迹，陸陲②謂爲群經原本，王仲淹美其經制大備，朱子亦稱其廣大精密，非聖人不能作，則爲先秦古書，無可疑焉者。東巖之説，謂周公將整齊六典以爲宅洛計，不幸殁而成王不果遷，規模不獲究，其説本鄭氏注而暢發之，至云冬官未嘗亡，錯見於五官中，則與臨川俞壽③翁合。其編集諸家之説，宋儒自劉仲原父以下凡四十五家，可謂詳且博矣。東巖姓王氏，名與之，字次點，樂清人。從松溪陳氏學，傳六典要旨。其書淳祐初，郡守趙汝騰進於朝，付秘書省，特補一官，授賓州文學，終通判泗州，卒年九十有七。」

〔補正〕

成德條内「若穎濱蘇氏」，「穎」當作「潁」。「信爲周公成太平之迹」，「成」當作「致」。「陸陲」，「陲」當作「倕」。（卷五，頁十一）

---

① 「成」，四庫薈要本作「致」。

② 「陸陲」，四庫薈要本、文淵閣四庫本作「陸倕」。

③ 「壽」，文津閣四庫本誤作「氏」。

經義考卷一百二十五

周禮六

江氏致堯**周禮解**

未見。

閩書：「致堯，字聖俞，惠安人。以特奏任法曹，通經學，與丘崈①齊名，著周禮解。」

王氏奕**周禮答問**

佚。

温州府志：「奕，字子陵，瑞安人。淳祐間有旨索其所著書，郡守趙汝騰繕寫以進，并薦之，不起。」

① 「丘崈」，四庫薈要本作「丘密」。

税氏與權周禮折衷

通考：「二卷。」宋志作魏了翁。

存。

陳振孫曰：「周禮折衷二卷，樞密臨邛魏了翁之門人税與權所録，條列①經文，附以傳注。鶴山或時有發明，止於天官，餘未及。」

與權後序曰：「右周禮折衷上下篇，本名江陽周禮記聞，會失其上篇，先生猶子高斯衜蒐録以見歸，二篇始完。間舉似泉使、考功郎王辰應氏貽書云『鄭諸説於是論定，宜以鶴山周禮折衷名之。』竊嘗聞先生謂此一經多可疑者，自先後鄭傳注以來，數千百年無敢輒議，亦以官聯須密，意其爲成王、周公遺制，至五峰胡子斷以爲劉歆傳會，荆、舒禍天下根於鄭注『國服』一條，逮吾先生屢發其義，蓋未病前一年遊蔣山有詩，尤爲著明，今附載於此：『連年飲建鄴②，瘖寐北山靈，三過又不入，風雨盲其程。一朝決會期，萬籟不敢聲，斷潢卷夕潦，别巘浮帝青。因思山中人，昔者相熙寧，不知學何事，莽制爲周經。群公咸其輔，弗誤③宗康成，相承章、蔡後，九州半羶腥。歷年百七十，衆寐未全醒，三經猶在校，從

---

① 「列」，備要本誤作「例」。
② 「建鄴」，文淵閣四庫本作「建業」。
③ 「弗誤」，四庫薈要本作「弗悞」。

祀猶在庭。追維禍之首，千古一涕零，大鈞高難問，山空木泠泠①。』是遊也，先生同産兄，今禮部侍郎高定子，實爲本道轉運副使，領賓客群從行。端平三年七月三日也。」

〔補正〕

後序内「歷年百七十」，「年」下誤空。（卷五，頁十一）

黄氏鐘**周禮集解**

佚。

閩書：「鐘，字器之，興化人。漳州録事參軍。」

朱氏申**周禮句解**

十二卷。

存。

陳儒序曰：「周禮之行於天下也久矣，乃薄海内外間有文獻不足者，或曰『周禮盡在魯』，豈其然哉？往歲秋八月，儒奉命督撫淮南，亟欲崇尚古訓，以爲保釐之圖，未之有得也。適有遺我周禮句解

① 「山空木泠泠」，應作「山空水泠泠」。

者，讀之而典則明備，字畫精嚴，宛若韓宣子所見者，乃遂檄淮守蔡子揚金刊之，將以布諸學宮①。或問之曰：『子之刻是編也，謂足以盡先王之大法也乎？』曰：『然。昔者先王之有天下也，體國經野，創制立法，庸以章②志軌物，立極宣化，而民用靡忒，是故乃立六官，以象天地，以象四時，而典章文物放諸海內，郁郁如也，洋洋如也。執是以求先王之治也，非與？』曰：『法也者，治之具也；是編也者，先王經綸之迹也。聖人神道設教，而天下服也，子知之乎？』曰：『未也。』曰：『先王修禮以達義，體信以達順，是故微而顯，深而通，茂而有間，大道之行，天下爲公焉。譬諸天運神道，而風霆流行，庶物露生。有莫尸其功而莫之或忒者，是故吾觀於六典，而經綸之業盡之矣。於戲！盛哉是集也，删繁舉要，得什一於千百，君子欲求帝王之治，其尚毋忽於關雎、麟趾之意哉。』儒乃拜手而言曰：『吾乃今知周公之德與周之所以興也，信矣！信矣！』乃次其説而序諸首簡。」

金氏叔明**周禮疑答**

佚。

車若水曰：「周禮冬官不亡，散在諸官之中，而地官尤多。金叔明作周禮十疑十答，用意甚勤。余授以俞氏復古編，叔明甚喜，云：復古編良是，周官三百六十，今存三百五十，只亡其十，豈可謂冬官亡

①「學宫」，四庫諸本作「學官」。
②「章」，四庫薈要本作「明」。

耶？此説痛快。」

葉氏時禮經會元

四卷。

存。

潘元明序曰：「周官六典，周公致太平之書也，然汩於漢儒之注疏，使聖人之道，千載不明。宋之文明，濂、洛諸儒相繼以出，易、書、詩、春秋皆有成説，周禮一經又得龍圖閣學士葉文康公會元而□□①表章於世，實可緝濂、洛之未備矣。文康公立朝正色，與朱紫陽相友善，則講貫之素，有不苟然者。余涖政之暇，就其六世孫江浙提學廣居，得其書而讀之，其出入諸經，援引明贍，比事漢、唐，考覈精詳，一洗漢儒之陋，誠有裨於治化者。舊板之廢已久，因重鋟梓以廣其傳。吁！唐、虞遠矣，後之言治者莫過周公，求周公之治，莫出於周禮，有天下國家，舍是無以法矣。則是書之傳，豈曰小補之哉？」

陳基序曰：「昔周公致太平之跡具載六官，凡天地日月之遠，山川封域之近，禮樂刑政之著，夷狄②鳥獸之微，皆經綸區別，無不各得其宜。此聖人精神心術之所寓，傳諸萬世所當守，爲律令而不可忽焉者也。秦人欲肆其暴，而惡六經爲害己，乃盡舉而焚之，其罪可勝誅哉？漢儒掇拾殘編斷簡於烈燄之

① 二空格，四庫薈要本無，文淵閣四庫本注「原闕」二字，文津閣四庫本作「而」字。

② 「夷狄」，文津閣四庫本作「蠻荒」。

中，僅千百之十一耳，然皆百孔千瘡，卒未有以理爲之折衷者，河間獻王妄以考工記而補冬官之闕，蓋亦陋矣。故宋葉文康公生乎百世之下，而確然有見於百世之上，乃取經文之所存者，會而通之，蒐羅檃括，曲暢旁達，事覈理當，如指諸掌。其補亡一篇，又皆以經補經，盡洗漢儒傅會之陋，譬之美玉有闕，以玉補之，不愈於用石乎？公裔孫，今浙江儒學副提舉廣居，奉遺稿獻之江浙行中書右丞滎陽潘公，公命刻諸梓，且寓書俾余序其篇端。余於文康無能爲役，而於禮也，則願學焉，既幸其後有人，又嘉潘公之樂善不倦，乃不辭而爲之書。」

〔補正〕

陳基序內「今浙江」當作「江浙」。（卷五，頁十一）

葉廣居跋曰：「禮經會元四卷，凡百篇。錯綜六官，剖括群務，其於建邦立極、敦禮崇學之要，靡不該洽。今讀其文，如立文、武、成、康之朝，以與周、召、畢、榮相唯諾也。其書昔授門人丹山翁同父氏，自翁氏復歸家櫝，比年兵革流竄，躬負遺笈，得不失墜。江浙右丞滎陽公敦古尚治，命鋟梓以不朽其傳。噫！聖人之道具於六經，聖人之治實存周禮，先公以直氣正學，颺歷清要，會權臣革命，僅自法從，出典外藩，而志不盡施，則會元之傳，以俟後聖者，固有在矣，豈徒資學子討論之益哉？讀者其毋忽。」

黃氏震**讀周禮日抄**

一卷。

存。

震自序曰：「孟子生於周末，周室班爵禄之制已不可得而聞，劉歆生於漢末，乃反得今所謂周禮六官之書，故後世疑信相半。如張横渠則最尊敬之，如胡五峰則最擯抑之，至晦庵朱先生折衷其説，則意周公曾立下規模而未及用。近世趙汝騰按『維王建國，以爲民極』數語，意周公作洛後所爲，然亦不可考矣，惟程子謂有關雎、麟趾之意，然後可以行周官之法度，此爲於其本而言之，學者明乎此，則不必泥其紛紛者。然竊意周官法度在尚書周官一篇，而未必在此書六典爾，今以先儒考訂，聊筆其一二云。」

陳氏普**周禮講義**

三篇。

存。

丘氏葵**周禮全書**一曰周禮補亡。

六卷。

存。

葵自序曰：「周禮一書，周公爲天地立心，爲生民立命，爲萬世開太平之書也。後世之君臣，每病於難行也，何居？葉水心謂周禮晚出，而劉歆遽行之，大壞矣，蘇綽又壞矣，王安石又壞矣，千四百年更三大壞，此後君臣病於難行。然則其終不可行乎？善乎真西山之言曰：『有周公之心，然後能行周禮，無周公之心而①行之，則悖矣②。』周公之心何心也？堯、舜、禹、湯、文、武之心也，以是爲書，故能爲天地立心，爲生民立命，爲萬世開太平也。歆也、綽也、安石也，無周公之心而欲行之，適所以壞之也③。有能洗滌三壞之腥穢，而一以性命道德起天下之公也，則是書無不可行矣。鄭、賈諸儒，析名物、辨制度，不爲無功，而聖人微指終莫之睹。惟洛之程氏、關中之張氏、新安之朱氏，其所論説不過數條，獨得聖經精微之藴。蓋程、張、朱氏之學，周公之學也，故能得周公之心，而是書實賴以明矣。今聖朝新制以六經取士，乃置周官於不用，使天下之士習周禮者，皆棄而習他經，毋乃以冬官④之缺爲不全書耶？夫冬官未嘗缺也，雜出於五官之中，漢儒考古不深遠，以考工記補之。至宋淳熙間，臨川俞庭椿始著復古編，新安朱氏一見以爲冬官不亡，考索甚當，鄭、賈以來，皆當斂衽退三舍也。嘉熙間，東嘉⑤王次點又作周官補遺，由是周禮之六官始得爲全書矣。葵承二先生討論之後，加之參訂，的知冬官錯見於五官中，實未嘗亡，而太平大典渾然無失，欲刊之梓木，以廣其傳，是亦吾夫子存羊愛禮之意，萬一有觀民風者轉而上達，使此經得入取士之科，而周公之心得暴白於天下後世，則是區區之願也。同志之士，其

---

① 四庫薈要本「而」下有「欲」字。

② 「則悖矣」，四庫薈要本作「適所以壞之也」。

③ 自「周公之心」至「適所以壞之也」，四庫薈要本無。

④ 「冬官」，文淵閣四庫本誤作「各官」。

⑤ 「東嘉」，應依補正、四庫薈要本作「永嘉」。

亦思所以贊襄哉？」又曰：「余生苦晚，得俞壽翁、王次點兩家之說，始知冬官未嘗亡。又參以諸家之說，訂定天官之屬六十，地官之屬五十有七，春官之屬六十，夏官之屬五十有九，秋官之屬五十有七，冬官之屬五十有四，於是六官始爲全書。」又曰：「唐、虞建官惟百，夏、商官倍，而周官至於三百六十。今觀成王時，周公以公兼太宰，召公以公兼宗伯，蘇忿生以公兼司寇。成王將崩，有召太保奭、芮伯、彤伯、畢公、衛侯、毛公，則是六卿中召公、畢公、毛公亦上兼三公矣。由是推之，先王之制，其職雖不廢，其官未必一一皆有。舉其大略，如掌葛，徵絺綌；掌染草，徵染草；掌茶①，徵茶②；掌炭，徵炭；角人，徵齒角；羽人，掌毛羽③，每官掌一事，無是事未必有是官也。軍司馬、行司馬、戎僕、戎右，有軍旅則用之；甸祝、田僕，有田獵則用之。有喪紀則用夏采、喪祝，有盟會則用詛祝。建邦國則用土方氏，來遠方之民則用懷方氏。先王豈能以祿食養無用之官，待有事然後用哉？亦臨事兼攝耳。故周官雖曰三百六十者，亦舉大數而言，不必皆六十也。今天官六十有三，地官七十有九，春官七十，夏官六十有九，秋官六十有六，冬官全無。秦火後，經籍多殘闕，禮尤甚，漢儒以考工記補冬官。今據每官其屬六十，而天官羡三，地官羡十九，春官羡十，夏官羡九，秋官羡六，計其所羡者四十七官，此豈非司空之屬官雜在五官乎？秦火後不無闕殘，冬官豈得全無，五官豈得有羡？夫自伯禹作司空平水土以來，至周官之書，皆曰司空掌邦土，豈得以任土地之職歸之司徒？職方氏、形方氏、山師、川師、邍師之屬，豈

①② 「茶」，應依四庫薈要本、文淵閣四庫本作「荼」。
③ 「毛羽」，備要本作「羽翮」。

得歸之司馬？大、小行人之職，豈得歸之春官？似此之類頗多，俞庭椿、王次點皆以爲冬官未嘗亡，錯見於五官中。余細考之，果未嘗亡也。真西山、趙庸齋皆以爲次點之訂義有先儒之所未發，謂冬官未嘗亡，諸儒不能辨，自漢以來，強以考工記補之，未有言其非者。予今以五官之屬其本文①列於前，以庭椿、次點二先生之所删補者，參訂定爲六官之屬書於後，則周官三百六十粲然在目，而冬官未嘗亡，信然矣。」

〔補正〕

自序内「東嘉王次點」，「東」當作「永」。（卷五，頁十一）

張萱曰：「清源丘葵謂周禮冬官故未嘗闕，漢儒考古不深，以考工記補之，至宋臨川俞庭椿始著復古編，永嘉王次點又作周官補遺，葵承其意加以參訂，的知周官錯見於五官中，悉采出以補冬官之屬，而考工記不録。」

按：丘氏更定周禮，天官之屬六十：太宰、小宰、宰夫、宫正、宫伯、宫人、内宰、九嬪、世婦、女御、内宗、外宗、女祝、女史、内司服、典婦功、縫人、夏采、内小臣、閽人、寺人、内豎、膳夫、庖人、内饔、外饔、亨人、甸師、酒正、酒人、漿人、凌人、籩人、醢人、醯人、鹽人、幂人、腊人、醫師、食醫、疾醫、瘍醫、掌舍、幕人、掌次、天府、大府、玉府、内府、外府、司會、司書、職内、職歲、職幣、太史、小史、内史、外史、御史。地官之屬五十七：大司徒、小司徒、鄉師、鄉老、鄉大夫、州長、黨正、族師、閭胥、比長、遂人、

① 「本文」，文津閣四庫本誤作「本支」。

遂師、遂大夫、縣正、鄙師、酇長、里宰、鄰長、師氏、保氏、司諫、司救、調人、媒氏、司市、質人、廛人、胥師、賈師、司虣、司稽、胥、肆長、泉府、司門、司關、掌節、閭師、縣師、稍人、土訓、誦訓、遺人、旅師、委人、迹人、廩人、舍人、倉人、司禄、司稼、舂人、饎人、槁人、掌炭、掌茶①、掌蜃。春官之屬六十：大宗伯、小宗伯、肆師、鬱人、鬯人、司尊彝、司几筵、典命、典祀、守祧、職喪、大司樂、樂師、大胥、小胥、大師、小師、瞽矇、眡瞭、磬師、鐘師、笙師、鎛師、韎師、旄人、籥師、籥章、司干、鼓人、舞師、鞮鞻氏、典庸器、馮相氏、保章氏、大卜、卜師、卜人、龜人、華氏、占人、簭人、占夢、眡祲、大祝、小祝、喪祝、甸祝、詛祝、司巫、男巫、女巫、都宗人、家宗人、大行人、小行人、司儀、行夫、掌客、掌訝、掌交。夏官之屬六十：大司馬、小司馬、軍司馬、輿司馬、行司馬、都司馬、家司馬、諸子、虎賁氏、旅賁氏、司甲、司兵、司戈盾、繕人、環人、挈壺氏、掌固、司險、掌疆、司右、戎右、齊右、道右、大馭、戎僕、齊僕、道僕、田僕、馭夫、馬質、校人、趣馬、巫馬、牧師、廋人、圉師、圉人、射人、司士、司勳、懷方氏、合方氏、訓方氏、匡人、撢人、大僕、小臣、祭僕、御僕、隸僕、服不氏、射鳥氏、羅氏、掌畜、節服氏、小子、羊人、方相氏、司爟、候人。秋官之屬五十七：大司寇、小司寇、士師、鄉士、遂士、縣士、方士、訝士、朝士、司民、司刑、司刺、司約、司盟、職金、司厲、司圜、掌囚、掌戮、司隸、罪隸、蠻隸、閩隸、夷隸、貉隸、布憲、禁殺戮、禁暴氏、野廬氏、蜡氏、雍氏、萍氏、司寤氏、司烜氏、條狼氏、修閭氏、冥氏、庶氏、穴氏、翨氏、柞氏、薙氏、

① 「掌茶」，依四庫薈要本應作「掌荼」。

哲簇氏①、剪氏、赤友氏②、蟈氏、壺涿氏、庭氏、銜枚氏、伊耆氏、象胥、掌察、掌貨賄、朝大夫、都則、都士、家士。冬官補亡五十四：大司空、小司空、載師、封人、量人、均人③、土均、草人、稻人、山虞、林衡、川衡、澤虞、丱④人、角人、羽人、掌葛、掌染艸⑤、囿人、場人、牧人、牛人、充人、獸人、𩵋人、鼈人、雞人、犬人、獸醫、司裘、掌皮、司服、典絲、典枲、染人、弁師、追師、屨人、典瑞、典同、巾車、典路、車僕、司常、司弓矢、稾人、冢人、墓大夫、職方氏、土方氏、形方氏、山師、川師、邍師。蓋合⑥俞壽翁、王次點兩家之説而損益之。

〔補正〕

竹垞按内「銜枚氏」，「銜」下誤空一格。（卷五，頁十一）

胡氏一桂**古周禮補正**

一百卷。

①「哲簇氏」，四庫薈要本作「硩簇氏」。
②「赤友氏」，備要本作「赤犮氏」。
③「均人」，四庫薈要本無此二字。
④「丱」，四庫薈要本作「廾」。
⑤「艸」，四庫薈要本、文津閣四庫本作「草」。
⑥文淵閣、文津閣四庫本「合」下有「前」字。

佚。

王瓚温州府志：「胡一桂，字德夫，永嘉人。咸淳庚午，領鄉薦，研究姬公經國制度，參訂互考①六官錯簡，一旦貫通，遂成補正古周禮一百卷，林干之②爲之序，學者稱人齋先生。」

王氏失名**周禮詳説**

未見。

王與之曰：「未詳其名，建陽刊行王狀元詳説。」

亡名氏周禮類例義斷

宋志：「二卷。」

未見。

周禮圖説

佚。

---

① 四庫薈要本無「考」字。

② 「林干之」，四庫薈要本、文津閣四庫本作「林千之」。

王與之曰：「圖説，未詳誰氏所編，得自閩中，大概用三禮圖、禮象圖，或立新説，考證最明。」

禮庫

未見。

王與之曰：「禮庫，未詳何氏。」

周禮集説

十二卷。

闕。

〔校記〕

四庫本十卷。（周禮，頁三六）

陳友仁序曰：「周官六典，周公經制之書也。畫井田，立封建，大而軍國調度、禮樂刑賞；微而服御飲食、醫卜工藝，毫介纖悉，靡不備載。六官之屬，各從其長，其要則統於天官，大綱小目，截然有紀，萬世有國者之龜鏡也。周家太平氣象不可復見，愚於此書竊有志焉，然而諸儒訓釋，甲是乙非，無所折衷，學者病之。余友雲山沈則正謂余曰：『近得集説於霅，手澤尚新，編節條理，與東萊詩記、東齋書傳相類，其博雅君子之所爲與？名氏則未聞也。』取而閲之，如得古罍洗，把玩不忍釋。癸未秋，與長樂高君載酒往請焉，則正樂善人也，俞其請且止宿，乃曰：『風雨瀟瀟，子之志固善矣。時異事殊，禮經焉用？析①揚皇華，未必不貽笑於時人也。余復之曰：『執此以往，固非所望，居家讀之，是亦志文中之所志也。』於是攜以歸，訓詁未詳者，益以賈氏、王氏之疏説；辨析未明者，則附以前輩諸老之論議，書成，非特以廣其傳，亦余之夙志也。姑敘梗概於卷末。」

〔補正〕

陳友仁序內「析揚皇華」，「析」當作「折」。（卷五，頁十一）

黄虞稷曰：「周禮集説，不知何人所輯。元吴興陳友仁得之於沈則正，因傳之。內地官二一卷亡，明關中劉儲秀補注以行。」

楊氏雲翼**周禮辨**

一篇。

未見。

金史：「楊雲翼，字之美，家平定之樂平縣。登明昌五年進士第一，拜翰林學士、禮部尚書。卒謚文獻。」

---

① 「析」，依補正、四庫薈要本、文淵閣四庫本、備要本應作「折」。

吴氏澂周禮考注

十五卷。

存。

澂自述曰：「周公相成王，建六官，分六職，禮樂政事，粲然大備。即其設位言之，則曰周官；即其制作言之，則曰周禮。周衰，諸侯惡其害己，滅去其籍。秦孝公用商鞅政，與周官背馳，始皇又惡而焚之。至漢河間獻王好古學，購得周官五篇，武帝求遺書，得之，藏於秘府。哀帝時，劉歆校理秘書，始著於録、略，然冬官久亡，以考工記補之。考工記乃前世能識古制者所作，先儒皆以爲非，惟劉歆獨識①之，而五官亦錯雜，傳至於今，莫敢是正。澄何自而考之乎？本之尚書以考之也，周官一篇，成王董正治官之全書也，執此以考周禮之六官，則不全者可坐而判也。夫冢宰掌邦治，統百官，均四海，執此以考天官之文，則其所載非統百官、均四海之事，可以知其非冢宰之職也。司徒掌邦教，敷五典，擾兆民，執此以考地官之文，則其所載非敷五典、擾兆民之事，可以知其非司徒之職也。宗伯掌邦禮，治神人，和上下；司馬掌邦政，統六師，平邦國，執此以考春、夏二官，則凡掌邦禮、邦政者皆其職也，舍此則非其職也。司寇掌邦禁，詰姦慝，刑暴亂；司空掌邦土，居四民，時地利，執此以考秋、冬二官，則凡掌邦禁、邦土者皆其職也，舍此則非其職焉。是故天官之文有雜在他官者，如内史、司士之類是也；亦有他

---

① 「識」，備要本誤作「説」。

官之文雜在天官者，如甸師、世婦之類是也。地官之文有雜在他官者，如大司樂①、諸子之類是也；亦有他官之文雜在地官者，如閭師、柞氏之類是也。春官之文有雜在他官者，如封人、大小行人之類是也；亦有他官之文雜在春官者，如御史、大小胥之類是也。夏官之文有雜在他官者，如銜枚氏、司隸之類是也；亦有他官之文雜在夏官者，如職方氏、弁師之類是也。至如掌祭②之類，吾知其非秋官之文；縣師、廛人之類，吾知其爲冬官之文。緣文尋意以考之，參諸經籍以證之，何疑之有？此歐、蘇氏之所未悉也，可不著之！」

〔補正〕

自述内「至如掌祭之類」，「祭」當作「察」。（卷五，頁十一）

按：艸廬③吴氏諸經皆有纂言，惟詩及周禮未就，周禮則其孫當補之，今世所傳三禮考注非公書也，江西書坊專刊周禮考注十五卷以行，吴興閔氏復爲鏤版，蓋晏壁所爲也。

周禮經傳

十卷。

---

① 「大司樂」，文津閣四庫本誤作「大師樂」。

② 「掌祭」，依補正、四庫薈要本應作「掌察」。

③ 「艸廬」，四庫薈要本、文津閣四庫本俱作「草廬」。

存。

按：艸廬①吴氏著書，不聞有周禮經傳。康熙丁丑五月之望，西吴書賈以抄本求售，紙墨甚舊，題曰『吴澄著』，中間多有改削，又有黏簽，其議論序次均不同於考注，疑是其孫伯尚之書，然無『先公』字樣，但有『聞之師曰』之文，不審爲誰所撰，姑附於此。

湯氏彌昌**周禮講義**

佚。

盧熊②曰：「彌昌，字師言，號碧山。咸淳丁卯進士，由崑山教諭歷瑞安州判官。」

何氏夢中等**周禮義**③

一卷。

佚。

王圻曰：「周禮義一卷，元東陽内舍生何夢中與弟參知政事夢然所作，五世孫觀光裝池④成卷，宋

① 「艸廬」，四庫薈要本、文津閣四庫本俱作「草廬」。
② 「盧熊」，備要本誤作「廬熊」。
③ 四庫薈要本誤作「何氏夢中等周禮義」。
④ 「池」，備要本作「潢」。

潛溪題而藏之。」

王氏申子**周禮正義**

佚。

吴澂曰：「巽卿正義，其言比之宏齋包氏，極爲平恕。」

臧氏夢解**周官考**

三卷。

未見。

陸元輔曰：「臧夢解，鄞人。宋末進士，未仕而國亡，至元中，授婺州路儒學提舉，官至廣東廉訪使。博學洽聞，士大夫稱曰『魯山先生』。」

毛氏應龍**周禮集傳**

二十四卷。

存。

〔校記〕

四庫輯大典本作周官集傳十六卷，缺地官、夏官。（周禮，頁三三六）

周官或問

五卷。

未見。

張萱曰："元大德間，澧州教授豫章毛應龍介石撰，總諸儒訓釋，斷以己意，凡二十四卷。"

吴氏當周禮纂言

未見。

黄虞稷曰："當，澂之孫也。澂於易、書、春秋、禮記皆有纂言，獨周禮、儀禮、詩未及作，當本大父之意爲是書。"

陸元輔曰："臨川吴當伯尚，至正二年以薦授國子助教，與修三史，成，遷翰林修撰，再遷翰林直學士，出爲江西廉訪使，詔拜江西行省參知政事，命未下而陳友諒已陷江西，當乃戴黄冠、著道士服，杜門著書。明太祖至江州召見，長揖不屈，隱居吉水之谷坪，卒。羅一峰嘗言吴文正公考周官以正六典，以大司徒之半補冬官之缺，蓋取俞氏、丘氏之論也。伯尚書余未得見，不審依古本爲注乎，抑遵乃祖所定之次也？"

鄭氏宗顏**周禮講義**

二卷。

未見。

按：宗顏，未詳何時人，見葉氏菉竹堂目、焦氏經籍志及授經圖。

俞氏言**周官禮圖**

十四卷。

未見。

按：俞氏未詳何人，書見葉氏菉竹堂目。

亡名氏周禮通今續論①

一卷。

未見。

---

① 「周禮通今續論」，文淵閣四庫本作「周禮續論」。

周禮詳集

佚。

張萱曰："止存一册，未詳撰人姓氏，自地官司徒至考工記。"

周禮附音重言重意互註

十二卷。

存。

繆泳曰："此元人所輯書，弘治中，湖廣道御史上虞尹洪奉命清兩廣戎政，屬知廣州府袁景輝重刻，番禺張詡爲之序。"

張詡序略曰："詡少時閲書目，見周官禮有句解、集傳、註疏，又有所謂纂圖、釋文、或問、講義、詳解、要義、解義、考工總義、訂義、會元、復古等編。句解、集傳、註疏則見之，若纂圖以下則聞其名，至於'重言重意互注'，則其名亦未之聞也。侍御上虞尹公德容以禮經取高第，比奉命清兩廣戎政，得是書，喜其考究之精，援引之當，於聖經有所裨也，出示廣州守袁君景輝，俾刻而傳焉，屬詡爲之序。"

經義考卷一百二十六

周禮七

梁氏寅**周禮考注**

未見。

寅自述曰：「於周官也，删剔其注，使其明暢，謂之周禮考注。」

汪氏克寬**周禮類要**

未見。

宋氏濂**周禮集注**或作集説。

未見。

王氏禕周官官名急就章

一篇。

存。

方氏孝孺周禮考次目録

一卷。

存。

孝孺自序曰：「周室既衰，聖人之經皆見棄於諸侯，而周禮獨爲諸侯之所惡，故周禮未歷秦火而先亡。吏將舞法而爲奸，必藏其法，俾民不得見。使家有其法，而人通其意，吏安得而舞之？周之制度詳矣，嚴上下之分，謹朝聘之禮，而定其誅賞，教民以道，使民以義，恤鄰而尊上，此尤戰國諸侯所深惡。蓋毁黜之餘，而成於漢儒之所補，非周之全書也。是以略於大而詳於細，煩碎不急之職多，而經世淑民之政少，周公之意不若是疏也。其章明切要者，以不合於諸侯見削；而不關政治之得失者，僅僅獲存，然亦紛亂失序，錯雜而不可省書之。周官言六卿之職美矣，冢宰者，治之所從出也，宗伯典禮，司馬主兵，司寇掌禁，司空掌土，皆聽於冢宰者也。冢宰，治之本，天下之大政宜見於冢宰，今周禮列於冢宰之下者，預政之臣不過數人，而六十屬皆庖廚之賤事，攻醫制服之淺技。夫王之膳、服固冢宰之所宜知，然以是實冢宰之職則陋且褻矣，此必非周公之意。司徒以五典施教，其爲事至重，不宜復預他事也。

而自卿師①以下，近於教者止十二屬，其餘皆春、秋二官之事，而冬官爲最多，蓋定其序者，不知地官在乎主教，而以土官之事屬之。土地，冬官職也，何與乎教？教之大法及冢宰之大政皆已亡矣，其不亡者間見於他官。司馬、司寇纂入者甚衆，惟宗伯稍存，多爲他官所掠，而禮之係②乎邦國者亦亡，其亡者皆諸侯之所惡而去之也，而其失序者，漢儒之謬也。余喜讀周禮，憂周公之心不明於後世，以書周公之言爲準，考六卿之屬更次之，自宗伯歸於冢宰者五，自司馬歸者三，自司寇歸者二，合宮正以下爲五，曰宮正，歸以司徒之舍，曰膳夫、曰醫師、曰内宰、曰司農、曰典婦功、曰内司服，附於冢宰之左，重變古也。司徒去其非教事者八十，存者四，以司馬之諸子、訓方氏、匡人、撢人，司寇之掌交歸焉。宗伯自司徒歸者十，自司馬歸者十有九，自司寇歸者十有二，司馬之存者三十有一，司寇之存者二十有三，而以司徒之司虣、司稽、司救、調人歸焉。於是取土地之事、財賦之則，在司徒者五十有五，在司馬者八，在司寇者十有三。爲司空土地不可無治之之道也，故有載師、閭師、縣師、均人；治民無法不可以治地也，故有遂人、遂師、遂大夫、縣正、鄙師、酇長、里宰、鄰長、旅師、稍人、委人、土均；樹藝，地之所宜先也，故有草人焉，有稻人焉，有司稼焉；地圖、方志，王者所宜知也，故有土訓、誦訓；山林、川澤，地之寶也，故有澤虞，有川衡；金、玉、錫、石、角、羽、茶③、炭、染草、葛屨，山澤之所産也，故各有主之者，以致其

---

① 「卿師」，應依補正、四庫薈要本、文淵閣四庫本作「鄉師」。
② 「係」，四庫薈要本作「繫」。
③ 「茶」，應依四庫薈要本作「荼」。

用；苑囿、場圃，鳥獸、草木所萃也，故有迹人、囿人、場人；穀粟，土地所入，守之宜有制也，故有廩人、倉人；民者，土地之本，不可無恤也，故有遺人以振其凶荒。財用者，生於地而取之有節，故市有司廛，有人肆，有長賈，有師泉，有府質人；胥師、司門、司關、職方、土方、懷方、合方、形方、山師、川師、邍師，所以辯土地而致稱異也，故自司馬而歸焉。達道路、除不蠲有野廬氏、蜡氏；掌害稼者有薙氏；掌水禁有萍氏；除毒蟲、猛鳥獸、蠹物、鼃黽，有冥氏、庶氏、穴氏、翨氏、硩簇氏①、翦氏、赤犮氏、蟈氏、壺涿氏、庭氏；攻禾殺草有柞氏、薙氏，亦皆司空之事也，故自司寇歸焉。六卿之屬繇是復其始，其不能皆六十者，亡者衆也，而亦不必以六十爲率也。卿之所掌有小大，其事有煩簡，奚必皆止於六十乎？謂六十者，漢儒之言也，非周公之制②也。周公之典，孔子嘗學焉，今之存者此書爾，學者宜盡心而不敢忽，安可疑其有未至乎？然予非疑周公之經也，求周公之意而不得，故辨其失，以求合於周公之意而後已也。夫苟能合周公之意，則余何敢避亂經之名而不爲哉？」

〔補正〕

自序內「而自卿師以下」，「卿」當作「鄉」。（卷五，頁十一）

陳子龍曰：「或謂先生以道輔主，日在黼座之側，諫行言聽，知中朝之弱，藩國之強，不能以驟返也，而聽黃、齊興晁錯之謀，爲侵削諸侯之計，以致真人翔於薊北，電掃中原，虎步江外，不能出一策以

① 「哲簇氏」，文淵閣四庫本作「哲蔟氏」。
② 「制」，文津閣四庫本作「言」。

紓國難，而乃日治儀文，定官制，何當於成敗？及觀先生之著述，而知其非也。夫先生所最好者周禮，而凡駁而未純、迂而難信者，皆著論①以辨之，乃知先生之學非專於泥古疎闊而難行者矣。當時先生之謀未必盡用，即用矣，而天方欲文皇帝平區夏而享太平，豈盡謀臣之過哉？」

陸世儀曰：「方正學人品學術，後世無不敬服，但削奪諸王一節，人頗以爲疑，以爲董仲舒之才，而建晁錯之策，不無類於申、韓也。及讀遜志齋全集中有勉學詩，其間多言當時削奪諸王，傷殘骨月②，非天理人心之正，且曰『安得申、韓氏，化爲古伊、周』，是當時削奪之謀，孝孺之所深不欲也，特以職爲講官，軍國之務非其所得而主，而啓沃之際，仁柔之主亦未必能轉齊、黄之謀，此其所以不白於後世乎？予於詩鑑中亦特表明之。」

陸元輔曰：「正學先生考次周禮，較王與之、俞壽翁諸人所訂正更爲有理。又有周官論二篇、周禮辨疑四篇：一論大司徒、鄉大夫、州長、黨正之法，慮民極其詳；一論周官不以理財爲先，王安石用國服爲息之謬。一辨條狼氏之誓群臣，刑法太暴；一辨殺群飲非過甚、媒氏之奔者不禁爲非禮；一辨司寇聽訟必入鈞③金束矢爲非法；一辨周禮言利甚密，非周公之言。皆有卓然之見，非苟於立異者。」

---

① 「著論」，文津閣四庫本作「論著」。

② 「月」，即「肉」字。

③ 「鈞」，四庫諸本作「鈞」。

〔補正〕

陸元輔條内「聽訟必入鉤金束矢」，「鉤」當作「鈞」。（卷五，頁十一）

丁氏禮**周禮補注**

未見。

鎮江府志：「丁禮，字思敬，丹徒人。以耆年辟知南陽府，入覲，進周禮注，成祖賞之。」

何氏喬新**周禮集注**

七卷。

存。

喬新自序略曰：「周禮多錯簡，冬官未嘗亡也。臨川俞氏壽翁始悟冬官散見於五官之中，作復古編以正漢儒妄補之非。永嘉王氏次點亦作周禮訂義以羽翼俞氏之説，其後臨川吴氏、清源丘氏各有考註①，四家之説備矣。惜其得於此者或失於彼，乃重加考訂，每篇首依鄭本列其目，存舊以參考也，次則取四家所論定其屬，正譌以從古也；黜考工記别爲卷，不敢淆聖經也；參考諸説，附以臆見，作集注，以竢後之君子擇焉。」

① 「註」，文淵閣四庫本作「証」。

子少傅，謚文肅。」

陸元輔曰：「喬新，字廷秀，江西廣昌人，吏部尚書文淵之子。景泰辛未進士，仕至刑部尚書，贈太

周禮明解

十二卷。

未見。

黄氏潤玉**周禮題辭**

未見。

潤玉自序曰：「周禮一書，誠周之經邦大典，其間備著王朝六卿所屬職掌。初無侯國爵禄之辭，故天下無傳，而孔、孟之書無載也。李斯亂紀，蕭相櫝經，至文帝時，得魏侯斯樂人竇公獻宗伯大司樂之章，是戰國矇瞽已嘗習誦①其説，且其樂與佩用，皆去商聲，蓋周以木德王，而荀子所謂『太師審詩商』是也。夫豈王莽時書，漢人安得補之考工記及去商聲乎？宋興三禮，立科取士，程子曰『有關雎、麟趾之意，然後可以行周官之法度。』至哉斯言！或者謂其官冗役繁，殊不知綱舉目張，而有兼官不備、徒役有時之節奏哉？然而宮府一體，兵農一途，王道昭明，無偏無黨，秦、漢以來，其法何

① 「習誦」，文津閣四庫本作「誦習」。

如？奈王介甫棄經任傳，後學莫稽，遂使周公之制泯没無聞，不亦深可痛乎？潤玉茲舉官職府藏之相維，禮樂刑政之參屬，與凡注釋未定者，標於經文之題，庶覽者易得於心目，究知周曆綿遠之本在是而不可不講也。」

楊守陳撰墓碣曰：「先生諱潤玉，字孟清，世爲鄞人。永樂改元，命江南富民實北京，其父當行，先生請代，抵京，補郡庠生，京闈鄉試，擢禮經魁，授建昌府學訓導，改訓南昌，拜交阯道監察御史，出按湖廣，陟廣西按察司僉事，改湖廣按察司，左遷知含山縣，請老致仕，卒年八十有九。」

王氏啓**周禮疏義**

未見。

桑氏悦**周禮義釋**

未見。

悦自序曰：「天官之屬凡六十有三，俞庭椿删出獸人、鱉人、ê人、獸醫、司裘、掌皮①、典枲、染人、追師②十一官，而王次點補以春官天府、内宗、外宗、太史、小史、内史、外史、御史八官，丘吉甫因定其官

① 四庫薈要本「掌皮」下有「典絲」。

② 四庫薈要本「追師」下有「屨人」，如此才有自序所言之「十一官」。

爲六十，艸廬①三禮考注則復進以典絲、典枲、獸人、𩺰人、鱉人、掌皮六官，而退以甸師、冪人、宫人、掌舍、幕人、掌次、職歲、世婦、内司服、追師、屨人、夏采十二②官，而復補以地官司禄、司勳、司士三官，春官内史、外史、御史、馮相氏、太卜、龜人、華氏③、占人、簭人、占夢、眡祲十二官，共爲官者六十六。地官之屬凡七十有七，俞庭椿、王次點删出封人、鼓人、舞師、牧人、牛人、充人、載師、均人、土均、艸人、稻人、山虞、林衡、川衡、澤虞、丱人④、角人、羽人、掌葛、掌染艸、囿人、場人二十二官，丘吉甫因定其官爲五十七。考注於七十七官中，止用大司徒、小司徒、鄉大夫、州長、黨正、族師、閭師、比長、閭胥、調人、媒人⑤、司諫、司救等十三官，删去六十九官，而補以夏官訓方氏、匡人、撢人三官，春官大司樂、樂師、大胥、小胥、大師、小師、瞽蒙⑥、眡瞭、典同、磬師、鐘師、笙師、鎛師、韎師、旄人、籥師、籥章、鞮鞻氏、典庸器十九官，共爲官者三十五。春官之屬凡七十，丘吉甫以爲六十九者，遺失樂章一官也⑦。俞庭椿、王次點删出雞人、天府、典瑞、典同⑧、司服、世婦、内宗、外宗、冢人、墓大夫、典同、太史、小史、内史、外史、御史、

①「艸廬」，文津閣四庫本作「草廬」。
②「二」，備要本誤作「三」。
③「華氏」，文淵閣四庫本誤作「華人」。
④「丱人」，應依四庫薈要本、文津閣四庫本作「卝人」，下同，不出校語。
⑤「媒人」，依補正、四庫薈要本應作「媒氏」。
⑥「瞽蒙」，四庫薈要本作「瞽矇」。
⑦「丘吉甫」等十六字，四庫諸本皆作正文，非夾注。
⑧四庫諸本無「典同」。

巾車、典路、車僕、司常十九官，補以地官鼓人、舞師二官，秋官大行人、小行人、司儀、行夫、掌客、掌訝、掌交七官，丘吉甫因定其官爲六十，考注於俞、王所删十八①官中，進以雞人、世婦、内宗、外宗、巾車、天府、典瑞、典同②、司服、車僕、司常十③官，又用舊大宗伯、小宗伯、肆師、太史、小史、典命、司尊彝、鬱人、鬯人、典祀、都宗人、家宗人、守祧、職喪、冢人、太祝、小祝、喪祝、甸祝、詛祝、司巫、男女巫、司几筵二十五官，而補以地官封人、牧人、充人四官，秋官大行人、小行人、司儀、行夫、環人、掌交、掌訝、司烜氏、象胥九官，天官司裘、内司服、追師、夏師④、屨人、夏采、掌舍、幕人、掌次、女祝、甸師、冪人十二⑤官，夏官節服氏、弁師、祭僕、小臣、御僕、司爟六官，共爲官六十六。夏官之屬六十有九，俞庭椿删出職方氏、土方氏、形方氏、山師、川師、邍師、弁師、司弓矢、稿人九官，王次點又删出量人一官，丘吉甫因定其官爲五十有九，考注則進以司弓矢一官，而删出小子、羊人、司爟、掌畜、諸⑥、節服氏、小臣、祭僕、御僕、弁師、職方氏、土方氏、訓方氏、形方氏、山師、川師、邍師、匡人、撢人、家司馬二十二官，而補以秋官

---

① 「十八」，四庫薈要本作「十九」。
② 四庫薈要本無「典同」。
③ 「十」下，依文淵閣、文津閣四庫本應有「一」字。
④ 四庫薈要本無「夏师」。
⑤ 「十二」，四庫薈要本作「十一」。
⑥ 「諸」下，依補正、四庫薈要本應有「子」字。

衙枚氏、司隸、罪隸、閩隸、夷隸、貉①七官，共爲官者五十五。秋官之屬六十有六，俞庭椿删出大行人、小行人、司儀、行夫、掌客、掌訝、掌交七官，王次點謂犬人一官當屬冬官，環人一官當與夏官環人合而爲一，丘吉甫因定其官爲五十有七，考注又删出銜枚氏、司隸、罪隸、蠻隸、貉隸、夷隸、司烜氏、雍氏、萍氏、伊耆氏、大行人、小行人、司儀、行夫、環人、象胥、掌客、掌訝、掌交十官，而補以地官胥師、司虣、司稽、胥四官，共爲官者五十七。冬官舊亡，俞、王以爲不亡，丘吉甫因定其官爲五十四，除大司空、小司空外，曰鼈人、獸人、𢿞人、獸醫、司裘、典絲、典枲、染人、追師、屨人、掌皮十一官，則取之天官者也；曰封人、均人、土均、稻人、山虞、林衡、川衡、澤虞、廾人、角人、羽人、掌葛、掌染艸②、囿人、場人、牧人、牛人、充人、載師、艸人③二十八④官，則取之地官者也；曰雞人、司服、典瑞、典同、巾車、典路、車僕、司常、冢人、墓大夫十官，則取之春官者也；曰職方氏、土方氏、形方氏、山師、川師、邍師、司弓矢、弁師、稾人、量人十官，則取之夏官者也；犬人一官，則取之秋官者也。考注又定冬官之屬爲五十七，除大、小司空外，取之地官者曰鄉師、載師、縣師、閭師、遂師、遂大夫、遂人、均人、司市、質人、廛人、賈師、肆長、泉府、司門、司關、掌節、縣正、鄙師、酇長、里宰、鄰長、旅師、稍人、委人、土均、艸人⑤、稻人、土訓、

① 「貉」下，依四庫薈要本應有「隸」字。
② 「掌染艸」，四庫薈要本、文津閣四庫本作「掌染草」。
③⑤ 「艸人」，四庫薈要本作「草人」。
④ 「二十八」，四庫薈要本作「二十」。

迹人、廾人、角人、羽人、掌葛、掌染艸①、掌炭、掌茶②、掌蜃、囿人、場人、廩人、舍人、倉人、司稼，凡四十四官；取之夏官者曰職方氏、土方氏、形方氏、山師、川師、邍師，凡六官；取之秋官者曰司民、雍氏、萍氏、柞氏、薙氏，凡五官。大抵官總三百六十之數，出之於此者，入之於彼。以愚觀之，諸儒進退六官，意見不同如此，復有艸廬③者，出而定之，又不知某官之入於某官也，將何以爲定論哉？嗚呼！周禮之設六官，散之則各專其事，合之則各有所聯，雜説所謂喪紀之事，宰夫與職喪帥官有司而治之，天官聯夏官也；廛人皮毛筋角入於王府，地官聯天官也；量人與鬱人受斝歷而皆飲之，春官聯夏官也；鄉師考司空之辟，又蒞匠師，地官聯冬官也；大司徒教民，附於刑者，歸於士，地官聯秋官也；司常贊司馬，縣師以司馬之法作之，春官聯夏官也；巾車入齎於職幣，春官聯天官也；稍人聽於司馬，縣師以司馬之法作之，地官聯夏官也。由是觀之，凡聯於某官者，即可删入爲某官耶？若夫漢儒以冬官之闕而補入考工記，正如龍失其尾，粘以蜃脊，多見其不似也，故予所註五官，但因其舊，仍闕冬官，不敢選官以補，而退考工記自爲一卷，雖有真似冬官者，亦略辨論其下，庶遵吾夫子史闕文之遺意云。」

〔補正〕

自序内「典枲」上脱「典絲」二字，「追師」下脱「屨人」二字，當據本書卷一百二十三俞氏復古編下按語補。

① 「掌染艸」，四庫薈要本，文津閣四庫本作「掌染草」。
② 「掌茶」，依四庫薈要本應作「掌荼」。
③ 「艸廬」，四庫薈要本作「草廬」。

增。「春官内史、外史、御史、馮相氏、太卜、龜人、菙氏、占人、簭人、占夢、眡祲十二官」，案此云「十二官」，當是「馮相氏」下脱「保章氏」三字。「丱」人當作「廾」。「邱吉甫因定其官爲五十七」，丁杰曰：「上云地官之屬七十有七，已删去二十二，而此復云五十七者，據上卷邱葵周禮全書下案語核之，蓋兼數大司徒、小司徒在内。」「媒人」當作「媒氏」。「删去六十九官」，杰按：「上云七十七官用十三官，則所删去止六十四官，此云删去六十九官，九恐是四之訛。」瞽「蒙」當作「矇」。「典瑞、典同」，「典同」二字當删。「考注於俞、王所删十八官」，「八」當作「九」。「中進以雞人、世婦、内宗、外宗、巾車、天府、典瑞、典同案：「典同」二字當删。、司服、車僕、司常十官，又用舊大宗伯、小宗伯、肆師、太史、小史、典命、司尊彝、鬱人、鬯人、典祀、都宗人、家宗人、守祧、職喪、冢人、太祝、小祝、喪祝、甸祝、詛祝、司巫、男女巫、司几筵二十五官」，杰按：「此云二十五官，與下六十六官總數相合，而上所舉二十三官者，蓋上文有脱。」「天官司裘、内司服、追司、夏師案：周禮無夏師，當删。、屨人、夏采、掌舍、幕人、掌次、女祝、甸師、冪人十二官」，杰按：「此段所數天官屬止十一，而下云十二官者，應是此處有脱。」「删出小子、羊人、司爟、掌畜、諸按：「諸」下脱「子」字。、節服氏、小臣、祭僕、御僕、弁師、職方氏、土方氏、訓方氏、形方氏、山師、川師、邍師、匡人、撢人、家司馬二十二官」，杰按：「上所數二十官，此云二十二，疑上有訛脱。」「而補以秋官銜枚氏、司隸、罪隸、閩隸、夷隸、貉七官，共爲官者五十五」，杰按：「上云考注於五十九官中，進以一官，删二十二官，又補以七官，總數止當得四十五，此處云五十五，疑上有脱。」「俞庭椿删出大行人、小行人、司儀、行夫、掌客、掌訝、掌交七官」，杰按：「上所序有十九官，此處云七官，亦疑誤。」「邱吉甫因定其官爲五十有七」，杰按：「上云秋官六十六，删十九官，補四官，當是

五十一官，此云五十七，疑有誤。」「艸人二十八官」，「八」字當删。（卷五，頁十一—十三）

陳氏鳳梧**周禮合訓**

六卷。

存。

鳳梧自序曰：「書周官曰：『惟周王撫萬邦，巡侯甸。四征弗庭，綏厥兆民。六服群辟，罔不承德，歸于宗周，董正治官。』此周禮所由作也。蓋周公以經天緯地之才，制禮作樂之學，篤棐成王，以成致①治。其建官也，稽唐、虞，參三代，斟酌損益，咸得其中，統以六官而分於各屬，天下之治如運諸掌，故曰周公致太平之書也。孔子傳周公之道，以周禮列於六經，戰國諸侯惡其害己而欲去之，而冬官獨缺，已非全經矣。漢人購以千金弗得，以考工記補之，雖有鄭康成之注、賈公彦之疏，莫有是正者。宋、元諸儒，如王次點、吴草廬，乃擇冬官之文誤入五官者，悉取而歸之冬官。我朝方正學、何椒丘復加考訂，有正誤暨集注傳於世，益加密矣，然尚有未盡合者。某蚤歲有志禮經，及仕，訪先儒訂注周禮諸書，反覆考究，久之若有得焉，再加校正，以類相從，間有未瑩，則參以舒國裳所著圖釋而采擇之，於是六卿率屬，如身使臂，如臂使指，庶幾周公建官之初意矣。仍以考工記附於其後，而注則存康成之舊，不忘古也。方今聖朝稽古制治，動循六典，學者潛心於是而講究焉，則所謂『如有用我，執此以往』，其庶

①「致」，文淵閣四庫本作「至」。

幾乎！」

吴氏昂**周禮音釋**

未見。

陸元輔曰：「吴昂字德翼，號南溪，海鹽人。弘治乙丑進士，官至福建布政司。」

魏氏校①**周禮沿革傳**

〔校記〕

「挍」當作「校」。下卷周禮義疏同。（周禮，頁三六）

六卷。

〔校記〕

四庫存目作四卷。（周禮，頁三六）

存。

校②自序曰：「夫周官何爲者也？聖人代天而立政，爲生民開太平也。其稽古而集厥大成者乎？吾由是而得聖人之心法焉。是故其統紀安在？曰在王心。諸所建置孰重？格王爲重也。其條貫何

①②「校」，文淵閣、文津閣四庫本俱作「挍」。

攝？曰三百六十屬一六官也，六官一太宰也，太宰一天也。行之則奚先？厥亦先建六官，大綱定矣，乃萬目次第以舉，三百六十屬備矣，吾由是而得聖人心法焉。聖人之心何心也？純乎天心也，渾乎天地萬物一體，罔有不仁也，故其法爲天下公，不敢少以其私病民也，是故由其道可使天地奠位，萬物各止①其所，兹謂盡善古之極也。秦暴以顛，實始棄古典則，惟厥私意便安，命之曰法，肆一人於民上，天乎爲民立君之意荒矣。後有作者，莫知其朔，乃規規襲秦故常。創業甫定，與民休息哉，稽古則不暇，暨於守成，舊章是因，則莫之敢更，雖以天挺英才，未能或之度越也。故曰古一宇宙也，今一宇宙也，自秦限之。聖人至公，秦以其私；聖人大明，秦以其苛。太平之典，曷日其興耶？天將有待耶？古經簡奥，儒者頗爲發明，挍不敏，因其典禮，以求其會通，僭爲沿革傳，推古可行於今。吁！迂遠而闊於事情與？都乃言可底績②與？愚皆罔敢知。惟曰：吾皇先公，厥心迺克正事，敢獻聖學，惟治亂匪自他，一惟心造皇尚作聖，毋或自聖德之下衰久矣，皇卓有立，曰：予一念公，對越上帝。曰：予一念或私，帝震怒之，一民弗獲，其所痌瘝，予身不遠，惟古帝王是師。曰：予德弗類，終身惟恥，予非古訓，弗以學別求。聞昔之先民是程，惟師保是隆，惟耇老成人是詢，惟法家拂士是親，招我髦士於四方，其彙於朝，曰：汝其師師，惟聖學是明，以保我祖宗黎民，兹惟太平之基。」

---

① 「止」，文津閣四庫本作「當」。

② 「乃言可底績」，依補正、文淵閣、文津閣四庫本應作「乃言底可績」。

〔補正〕

自序内「乃言可底績」，當作「底可」。（卷五，頁十三）

官職會通

二卷。

存。

經義考卷一百二十七

周禮八

韓氏邦奇**魏氏**校①**周禮義疏**

未見。

沈懋孝序曰：「周禮義疏者，苑洛韓先生、莊渠魏先生所手定，駕部郎韓君凝甫得其稿，校而傳焉。敘之曰：周禮之傳舊矣，是之者以爲周之書，疑之者以爲漢氏之書，有缺者、補者、删正者、疏其義而發之者，亦各一家之説耳。如欲用之宜何從？請衷以孔子之論。孔子告魯公曰：『文、武之政，布在方策。』夫方策者，非周禮而何？又曰：『吾學周禮，今用之。』灼然有此書矣。如有用我，我其東周。夢寐如將見之，當時與門人雅言，有不先執此者乎？故其孫伋稱經禮、曲禮三千三百者，非周之禮又何稱

① 「校」文淵閣四庫本作「挍」。

焉？後之儒者不溯①其源，乃欲取古遺事施設方今，竊嘗深思而微哂之。夫周公兼三王者也，公去禹、湯未遠也，文、武是其父兄家法也，以公才敏，猶有行之不合，思以繼日，坐以待旦，況欲追述周禮於三數千年之前，求其一一必合而必行之，可謂不達於論矣。孔子曰：『樂則韶舞』，此不用周樂明矣；『郁郁文哉，取一冕而可焉』，此不純用周禮矣，故能知周公、孔子之微意者，必有待於準今酌古之才，因時設教而後可也。」

楊氏慎**周官音詁**

一卷。

存。

慎自序曰：「周禮瀆亂不經之書也，前人論之詳矣。其中多奇字古音，蓋劉歆受學於揚雄，其訓纂之遺有在於是者，存而論之，固可以補天禄校文之缺，爲召陵公乘之裨矣。其書不用於科舉，不列於學官，幸未經學究金根之謬改，麻沙俗字之訛刊，亦古典之巋然靈光也，顧未有表出之者，亦學山一簣②之虧乎？乃手録之，爲周官音詁一編③。」

① 「溯」，四庫薈要本、文津閣四庫本作「遡」。
② 「簣」，四庫薈要本作「蕢」。
③ 「編」，文津閣四庫本作「篇」。

〔補正〕

慎自序内「蓋劉歆受學於揚雄」。丁杰曰：漢書揚雄傳稱歆子棻受學於雄，歆無自受學事，此語誤也。方綱按：升庵此語亦約略言之，猶言其字學本之揚雄耳。（卷五，頁十四）

余氏本**周禮考誤**

未見。

馬氏理**周禮注解**

未見。

舒氏芬**周禮定本**

十三卷。

〔校記〕

四庫存目作四卷。（周禮，頁三六）

存。

芬自序曰：「夫周禮者，周公監夏、商之禮而損益之，郁郁乎其文也。仲尼曰：『吾說夏禮，杞不足徵也；吾說殷禮，宋不足徵也；吾學周禮，今用之，吾從周。』蓋善之也。又曰：『甚矣！吾衰也。久矣！吾不復夢見周公。』蓋善其制作而思見其人也。東漢而下，是書與儀禮、戴記並行。宋興，大儒輩作，表章遺經，於此蓋闕如也。予自弱冠，即好是書，迄今班白，懼魄氣衰，而誦記之不逮也，乃隨所窺測，作爲五官敘辨五卷、六官圖釋一卷、剔僞一卷，既乃録成正經，重加校訂。其有逸於他書者，取而附之；錯於他官者，編而正之，仍分六卷，總之十有三卷，題曰周禮定本，庶幾奉以周旋，不負習學之初心也。若夫進講經筵，請立學官，以傳弟子，則斯文之興厥有會也。」

季氏本**讀禮疑圖**

六卷。

存。

本自序曰：「孟子曰：『有布縷之征、粟米之征、力役之征，君子用其一、緩其二三者，之外別無征焉。』周禮之征則不止此，蓋其書成於戰國之士，中間多雜邪世之制、迂儒之談，而非由大本以行達道者也。當漢武時，其書始出，衆儒共排其非，至林孝存則曰『末世瀆亂不驗之書』，何休則曰『六國陰謀之書』，惟劉歆、鄭玄以爲周公致太平之迹，而朱子深信之，亦以爲周公遺典，又以爲聖人所作必不曾差，又謂『周禮一書亦是起草，未曾得行』，又謂『周公晚年作此，小處或未及改』，則以周禮爲未定之書也。孔子删述六經，以正人心，豈其存未定之禮以惑世乎？知周禮之不可通而強以一説通之，亦近於遁辭矣。予故即平日之所疑者爲圖，旁引以辨證之，而一以孟子爲主。書凡六卷，其前三卷疑圖具在見禮意焉，其後三卷則上敘孟子之言以明本原，下評歷代之事，以備參考云。」

陳氏深**周禮訓雋**

十卷。

存。

周禮訓注

十八卷。

存。

黄虞稷曰：「深，字子淵，長興人。嘉靖乙酉舉人，任雷州府推官。」

深自序曰：「荀卿有言，欲觀聖王之迹，則於粲然者矣，後王是也。舍後王而道上古，是猶舍己之君而事人之君也。及觀孔子之告子張：『殷因於夏禮，所損益可知也；周因於殷禮，所損益可知也；其或繼周者，雖百世可知也。』乃知荀卿之言，孔子之意也。且夫道莫盛於五帝，五帝莫盛於唐、虞，夫子乃近取諸夏、殷而損益之，不視唐、虞而視夏、殷者，以見聞爲師也。夫高曾之事杳而難尋，以宗父爲之語，則子弟不期而自喻，故高曾之事，宗父能道之。唐、虞者，高曾也，而夏、殷，宗父也，舉唐、虞則失夏、殷，舉夏、殷則見唐、虞矣。故夏、殷者，吾之前行也。周禮，周公監夏、殷而作也，凡其所因、所損益以治民、臨諸侯者，皆夏、殷之遺典也。自周公六百餘年至孔子，而周禮猶在魯也，孔子乃稱曰：『我欲觀夏道，是故之杞，而不足徵也；我欲觀殷道，是故之宋，而不足徵也。』當是時，夏、殷之禮已不可考，而夫子欲從周矣。不從夏、殷而從周者，孔子所以法後王也。夏、殷之禮備於周，從周所以從夏、殷也。春秋，孔子從周而作也，凡其所因、所損益以繩當世之諸侯者，皆周公之遺典也。禹合①塗山，玉帛萬國，及湯之黜夏，而諸侯歸商者三千，禹之諸侯已失其十九；周蓋千八百國，而會孟津者止於八百，湯之諸侯又失其半；及春秋而冠帶之國僅十有二，未幾而合爲七國，卒併於秦，而周之諸侯盡失矣。所失者，豈獨其諸侯？併與其治諸侯之法而失之。周亡而禮亦亡，即周公、仲尼復起，不能使之返也。豈聖人作禮，不知其禍之至此與？奚而不知也。執今之法以御今之人，聖人固曰『如是而宜於治，斯已矣』，固不爲後世慮變，而爲後王制變也。事未形而意之，勢未極而先之，聖人弗爲也。周之天下可謂極治矣，以有周禮也。周禮，周之聖人作也，以周之禮治周之天下，故其書名曰周禮，而非世世之禮也。有王者起而損益之，何世而不周之治乎？故孔子曰『雖百世可知也』。今去周公二②千五百年，而周官之遺意未嘗不存乎歷世相沿之内，循而舉之，有餘師矣。今之視周禮，猶周之視唐、虞也，世遠而莫稽，義深而難竟，一不當則弊隨之，其所因、其所損益，當自宗父而得之矣。乃有儒者之言曰：『不封建、不井田、不肉刑，終不足以治天下。』嗚呼！此如鍥舟而求劍，舟已行矣，而劍不可得也。」

---

① 「合」，四庫薈要本作「會」。

② 「二」，備要本作「三」。

唐氏樞**周禮因論**

一卷。

存。

羅氏洪先**周禮疑**

一卷。

存。

王氏樵**周官私録**

未見。

王氏圻**續定周禮全經集注**

十四卷。

存。

黄虞稷曰："因柯尚遷之書而重爲更定，凡五官所載有關於工者四十有二，則擷而彙之爲冬官，以考工記三十一條附於冬官之後。楊鶴、許樂善、錢龍錫爲之序。"

圻自序曰：「冬官雜見五官之説，所從來遠矣。自臨川俞壽翁、永嘉王次點倡之，而吴公澄、丘公葵、何公喬新、柯公尚遷各以己意考司空職事雜在他官者，裒而歸之冬官，似亦詳矣，惜其更張太過，決擇未精，如改五物爲五典，並二世婦、二環人爲一目，司士、司禄實古夏官專職，而移屬天官，諸如此類十有二三，而司徒一官幾成缺典。余爲此懼，復就諸家所去取重加訂正，官序悉依注疏，章句仍本聖經，其五官所載斷斷乎有關邦土者四十有二，則摭而彙之爲冬官上卷，而考工記三十一條又皆造作營繕所係，仍附於冬官之後，列爲下卷，庶幾可稱六典全書。至於經文之下系以注釋，則又全宗鄭、賈，而歷代諸儒論説各以類附，不敢憑臆見而淆聖經也。迨明設官分職，多與周官吻合，乃采瓊山丘氏所條奏者互見篇末，俾後之用禮者得有所稽據而取則焉，即孔子從周之遺意也。弱水楊公奉命來按兩浙，偶閲是編，謂足以信今而傳後，因屬有司付之剞劂氏，不惟圻補葺微勞藉以表見，而俞、王、丘、何諸君子删定之功，亦不致湮没無聞，一何幸哉。」

何氏廷矩**禮意大全**

三卷。

未見。

存羊録

十卷。

未見。

黃虞稷①曰：「廷矩，字時振，番禺諸生，陳公甫弟子。二書皆本之周禮。」

李氏如玉周禮會注

十五卷。

存。

黃虞稷曰：「如玉，同安縣儒士。嘉靖八年，遣其子詣闕進書，詔有司以禮獎之，給冠帶。」

柯氏尚遷周禮全經釋原

十四卷。內源流敘論一卷，通論一卷。

〔四庫總目〕

朱彝尊經義考所載與此本卷數相同，而注云「內源流敘論一卷，通論一卷」，今此本通論之外尚有續論，而源流敘論乃在卷首，不列十四卷之中，與彝尊所注不合，或彝尊未及細檢。（卷十九，頁二八，周禮全經釋原十四卷提要）

存。

①「黃虞稷」，備要本誤作「王虞稷」。

尚遷自序曰："周禮晦蝕於戰國，毁棄於秦，漸出於漢，惟存五官而補以考工記，劉歆傳之，杜子春訓之，鄭衆、鄭玄更相發明，聖王之制復見於後世，而卒不明不行者何哉？其不明也，簡札淆亂，司空錯於他官未之分也，封建、鄉遂、井田格於悖說，未之正也；其不行也，心與政離。既荒其原，不明不行，固其所也。況於假而用者王莽，誤而用之者安石乎？漢、唐之儒固有以爲戰國陰謀之書，又有以爲漢儒附會之說，則又均爲不明而果於非聖矣。獨程、朱大儒洞識聖心之淵微，斷之以爲周公遺典，而明道、横渠又決欲行之，以復三代，有志不就，故微辭奥義未及論著，君子惜焉。夫冬官未嘗亡也，何必購以千金，又何爲補以考工記？宋俞庭椿氏始謂冬官不亡，散於五官之中，作復古編以伸其說，永嘉王氏、臨川吴氏、清源丘氏、椒丘何氏咸宗之，各於五官之中雜取諸職以補冬官。人持所見，各自爲編，則周禮雖存，紛紜舛錯，幾不可讀矣。今觀遂人以下，地官之半，實冬官也，不知何人次於掌節之後，而大司空之職，舉而雜於大司徒之中，遂起千古不決之疑，無乃戰國諸侯之所亂乎？遷不自度，乃分遂人以下爲冬官，而證其序官之同乎六十，取地官土地之事爲大司空之職，則冬官復矣。又以鄉遂大夫以下皆無府史胥徒，而知其在民之官。大端既明，則封建、井田與夫賢能征税之屬，俱可類見矣，乃敢集諸儒之訓以釋之，發鄙見以原之，庶幾聖人作經以開萬世太平者爲不亡矣哉！嘉靖乙巳二月。"又曰："周禮是周公之遺典也，古今相傳，漢本猶在，不敢移易。至臨川俞庭椿氏以爲冬官①未嘗亡，實雜出於五官之中，於是取四十九官以補冬官之闕，又分大司徒之半以爲大司空之職，著復古編以伸其說。嘉

① 四庫薈要本無"冬官"二字。

熙間，東嘉①王次點又作周禮訂義以補俞氏之遺。至元泰定間，清源丘吉甫又以序官置各職之首，大加更定，名以全書。而臨川吴氏又於大司徒補孟子五典於十二教之上，並去序官之文，始以遂人入司空。至本朝椒丘何氏又復序官於諸職之前，以大司樂爲司徒之教，而司勛、司士、太史之屬皆入天官，工作之事皆入冬官，則略倣我朝制度矣。至於近時有周禮剔僞之作，又於諸職之文逐句删合，分别真僞，奪彼與此矣。夫周禮，聖王經世大典，諸②職之文③、諸官之序，親出於周公之所裁定，豈容一毫移易哉？一壞於諸侯害己之惡，遂合冬官於地官，使大典④淆闕，幸而漢儒傳習尚存古本也，至宋余氏⑤再亂矣，王、丘、吴、何雖各自爲書，然諸職之文則未嘗更也，至於剔僞、圖釋之書，則逐句逐字皆可去取更易矣。是今之周禮雖存，不過古人之事，料隨人意見皆可爲書也，豈先王經世之典哉？愚研精覃思，爲日既久，似有得其要領，乃敢會衆説而折其衷，洗千年之晦蝕，决諸儒之壅塞，是故復遂人以下爲冬官而六典備，考鄉遂以下爲鄉官而位職明，發在位之職與在職之位而封建定，推師保諫救之教而學校舉。表宰夫、鄉師、遂師、肆師、士師以下爲六十屬，而三百六十之數定；取司馬法以明井牧之制、簡稽

① 「東嘉」，依四庫薈要本、文淵閣四庫本、備要本應作「永嘉」。
② 「諸」上，文淵閣四庫本有「其」字。
③ 「文」，四庫薈要本作「交」。
④ 「大典」，四庫薈要本、文津閣四庫本作「六典」。
⑤ 「余氏」，依補正、四庫薈要本應作「俞氏」。

之法，而軍制復；辨①九功非九職之稅，而賦斂之法明；以九比爲九等之稽上、中、下地有三類，而授田征役之施舍審。至於辨天地、分合祀之非，以明郊社、禘嘗之義，則質之胡氏之論；推司樂、三宫之制，爲古雲門、大韶之樂，則聞之師説。此皆周禮之大綱，周公之精意所在，後世所未明者，敢竭鄙見作原以發明之，其他先儒之論有可采，如葉氏、丘氏、李氏、鄭氏之類，能推明大義者，俱書於所釋之後，與鄙原相錯，非敢繁也，俾聖經之大旨敷暢闡明焉爾②。嘉靖丙午。」

〔補正〕

自序内「至宋余氏再亂矣」，「余」當作「俞」。（卷五，頁十四）

陸元輔曰：「晉安柯尚遷撰周禮全經釋原，前列序二篇，源流序論一篇，六官目問四篇，全經綱領十二條，釋原凡例七條，及先儒姓氏考，天官二卷，地官二卷，春官三卷，夏官、秋官共三卷，冬官一卷，末附周禮通論③、周禮通令續論各一卷。」

黄虞稷曰：「尚遷，字喬可，長樂陽石山人。」

① 「辦」依四庫薈要本、文津閣四庫本、備要本應作「辨」。
② 文淵閣四庫本無「爾」字。
③ 四庫薈要本無「周禮通論」。

金氏瑤周禮述注

六卷。

存。

瑤自序曰：「周禮，周之禮乎？曰：非也，因於殷。殷之禮乎？曰：非也，因於夏。然則夏之禮矣，曰：虞之伯夷已典禮，夷之禮，又必有所因。求其端，其天之所秩而性有之乎？人之初生也，蠢蠢蠕蠕若不見所謂禮者，而禮之全體大用已含於中。蓋生不能無性，性不能無情，情不能無親疎、厚薄、貴賤，而禮從生焉。其既也，文生焉，又其既也，文盛焉，卒至於三百三千而猶莫可已，是皆情之發有不容已者。如是説者，謂周尚文，非也。周焉能尚之也，質敝而文興，欲不尚之，不可得也。今觀之周禮，上自王后①公孤大夫士，而下及衆庶，莫非人也，而莫不有禮也。大而祭祀、朝覲、會同、賓客、軍旅、喪紀、田役、燕射、獻貢、頫②聘；小而交際、辭令、送迎、進止、揖讓、登降、授受、拜答、問對，莫非事也，而莫不有禮也。近而宫寢、殿庭、國中、四郊、都鄙；遠而六服，又遠而四裔，莫非王家所治地也，而莫不有禮也。廣大如天地而無所不包；周匝如泰和③元氣流行而無微不被。縱横曲折，不相參涉，如春夏

① 「王后」，四庫薈要本作「后王」。
② 「頫」，四庫薈要本作「覜」。
③ 「泰和」，四庫薈要本作「太和」。

秋冬錯行而各有所歸；明著易簡，如日月之懸象、造化之顯設，而人皆可知、可從。大綱正於上，萬目舉於下，如乾坤定位，而山川、人物、鳥獸、草木各適其性，各足其分，而莫知爲之者。浩乎其無畔岸，茫乎其無端緒，混乎其無滲漏，而究其所歸，不外乎立極一言，而五典之教，乃爲之本。其他若設官職、敘禮、治兵、明刑、興事，攘攘籍籍，雜然而有事者，皆所以經綸其間，以翼其至者也。當是時也，君臣上下合爲一心，王畿列國聯爲一體，中國要荒混爲一家，古人謂泰和在成周，宇宙間猗與盛哉！猗與盛哉！此孔子所以有『郁郁乎文①』之嘆，而夢寐見焉，卒不得一小試，有遺恨也。予蚤歲爲博士弟子，嘗剽五經之文以資進取，而不説於禮記，又求之儀禮，亦然，於是索周禮誦之，見其首『維王建國』數句，六官不易，聳然異之曰：『大聖人之制作固如是，其有本乎？』及省其中之所列，則見其官有定職，事有定制，不襲於古，而亦不悖於古；不狥②於時，而亦不逆於時；不溺乎情，而亦不拂乎情，復掩卷嘆曰：『至哉文乎！體備文周，義正辭嚴，非其胸中蘊有天下古今之度者，曷足以及此。』亟欲叩其門而入，而阻於舉業未能也。晚在林下，時與諸子姓譚禮事，慨然復有志焉。檢之舊笥，僅得漢鄭氏、元吴氏、明何氏三疏，而二疏大抵襲鄭，遂沿鄭疏求之，日復一日，漸覺有見與鄭别者，因念曰『是不可以不存』，乃隨其所見日紀之，積十有三載，遂成此編。嗟夫！周禮，周公爲周之書也，雖封建、郡縣、井田、税畝，古今不同，而大經大法，千古一日，周禮不列於學官，何也？漢人之附會累之也。夫附會而爲文，正猶

---

① 四庫薈要本於「文」下有「哉」字。

② 「狥」，四庫薈要本作「徇」。

剪裁而爲花，質與色雖肖，而生理必别。周禮之文，流自心胸，隨物而賦，濃淡繁簡渾然天成，附會之句悉出模①竊，不乖於體則乖於義，不乖於義則乖於情，不乖於情則乖於辭，予雖非作者，然而揣摩之久，紬繹之深，遂覺此禮若自己出，而外有所附，真如贅疣，一經吾目，便可指摘，如之何可以亂周禮？方今聖天子在上，以禮治天下，天下方翹首盛周之治，瑶不揣僭，以是編請正於君子，倘因是而得使此禮焕然復明於世，則豈惟吾道之幸，而於國家之治，亦未必無小補云。」

黄虞稷曰：「瑶，字德温，休寧人。嘉靖中選貢生，官廣西衛經歷。」

王氏應電**周禮傳**

十卷。

存。

應電自序曰：「天地之道貞觀焉，而變易者五行之氣也。日月之道貞明焉，而往來者所乘之機也。帝王之道貞一焉，而損益者所值之時也。故五帝不同禮，三王不相沿樂，而其所以貞夫一者，則萬古如一日，蓋世有升降，治法不與推移也。周公之時，何時也？當殷之末造，成之多難，其憂患也深，其防慮也周。監於二代，爰建六官，各率其屬，以倡九牧。六官共聞其政，六職修而天下太和，萬物咸若。今其綱條具在，其人存，則其政舉矣。至其物必有則，事必有司，其作止有時，其措置有所，君臣上下之交

①「模」，四庫諸本作「摹」。

泰，男女内外之交際，禮之敘，樂之和，郁郁乎文，前作者莫之先，後作者莫之繼，時焉而已。後之學禮者我惑焉，誦其文不究其用，泥其名不揆諸道，類以當世之弊政，而釋先王之良法，知其分不知其合，見其異不見其同。乃欲析其合同而化理者，分隸以補冬官之缺，紛紛臆見，人自爲書，至於鹵莽求之，不得其義，妄生詆毀，竊其糟粕，用濟其私，卒歸廢弛，皆是書之罪人也。應電既玩習有年，不質之注而質之經，久之若有所會通者，敬爲傳話①，先王制作幸而未墜者，有是經在，庶乎治有根柢，得以取衷，不失之太遠云爾。嗚呼！三百六十屬洋洋乎，廣大而精密，師其意不師其迹，用其意不用其名，變而通之以盡利，非英君碩輔，孰能與於此？董子有言：『少損周之文，用夏之忠，百世可知矣。』乃若天王、后、世子、廟朝、宫衛之失②，君臣同體，宇宙一家之情，養民、治兵、敷教、治賢之方，百職各正，六官聯事之法，密於理財而以義爲利，詳於會考而謹終如始，五常並立而不遺，七教兼陳而不悖，是則與天地共爲貞觀、日月共爲貞明者也。徵古驗今，推舊爲新，愚所傳者，不在兹乎？」

〔補正〕

自序内「敬爲傳話」，「話」當作「説」。（卷五，頁十四）

楊豫孫曰：「明齋王先生受業於魏恭簡公，尤嗜周禮，乃以其暇作傳。壬子秋，先生攜其書訪余神罨山中，遂獲縱觀，因以考互諸家之注疏，其同異大較相半，蓋先生未嘗泥注疏也。其最要者，六官之

① 「話」，四庫薈要本作「説」，文津閣四庫本作「詁」。

② 「失」，文淵閣四庫本作「秩」。

相資，四民之相轄，冬官之不補，考工之不録，及不會國服諸篇，宛然覩聖人與其臣民之心，相爲融液，而非有所狥①。至於六飲、九穀、屋粟、夫征之類爲時所急者，皆能以百姓之欲破先儒之爭。蓋先生之學，得禮之本，劉、鄭之所不能傳者，惟缺此耳。嗟乎！禮之不虚行也久矣，周禮雖在，孰得而用之哉？今先生汲汲講求，若可運掌於旦暮者，亦以聖人雖往，而其心猶可見也。」

羅洪先曰：「崑山王君明齋病周禮舊注未盡聖人之旨，乃更覃研累十數寒暑，凡爲言三十餘萬，其間原制度之由②起，究利害之所歸，因顯而遂探其微，即細而並釋③其大，推五官離合之故，黜諸家脱誤之疑，以爲百世繼周而治者必出於此。雖嘗稱舉師説，而要其是非一斷以己。甲寅秋，挾册南遊，俾予訂正，予遭多故不暇，而君亦播遷。戊午夏，避暑蓮洞，始獲卒業，見其言如盤根樛枝，附麗宛轉，鑱鏤刻繡，色理敷紛，即今④白虎諸儒肆其巧辨，固莫能煽摇於中，而凌駕其上也。予媿固僻，時出詰難，互有異同，或言出旋爲更易，或持竟日不解，凡三月而後忘言。夫以王君十數寒暑之勤，而予以三月之勤，欲有異同，宜在所不屑也，其能有所訂正哉？然欲求聖人之旨者，即君所言，固已近矣。」

〔補正〕

羅洪先條内「即今白虎諸儒」，「今」當作「令」。「或持竟日不解」，「持」下脱「疑」字。（卷五，頁十四）

---

① 「狥」，四庫薈要本作「徇」。

② 「由」，備要本作「所」。

③ 「釋」，備要本作「繹」。

④ 「今」，依補正、四庫薈要本、文淵閣四庫本、備要本應作「令」。

黃虞稷曰：「應電，字昭明，崑山人。師事魏校，善釋經翼傳者，冬官補義、天王會通、學周禮法、治地事宜、握機經傳、非周禮辨、經傳正誤，其目有七。應電又著五經繹，佚不傳。」

〔四庫總目〕所引黃虞稷語乃翼傳之解題，而繫之周禮傳下，亦爲舛悞。（卷十九，頁二七，周禮傳十卷、圖説二卷、翼傳二卷提要）

周禮圖説

二卷。

存。

應電自序曰：「古稱左圖右書，凡書所不能言者，非圖無以彰其形；圖所不能畫者，亦非書無以盡其意，此古人所以不偏廢也。舊嘗有周禮圖矣，如冕服則類爲男女之形，而章服仍不明；井邑則類爲大方隔，而溝洫仍不分，然則奚以圖爲哉？作者不自知其非，而觀者亦莫詰其弊，皆不考經文之過也。予因於經旨中言所不能盡者，述之如左。理原於天文位□①，道行於地里職方，統紀於六官分合，立極於都宫朝堂。郊社宗廟，以萃人心，閭井伍兩，以固邦本。封土制禄以貴貴，建學立師以育才。命德有冕服、車旂，討罪有軍旅、田役，復系之以説，使治是經者，一覽而知夫言外之意。嗚呼！昔人所載，予

---

① 四庫薈要本，文淵閣四庫本注「闕」，文津閣四庫本作「定」。

多不録也，今日所載，昔皆未有也，觀者幸或補其未備云。」

學周禮法

〔四庫總目〕

朱彝尊經義考惟載傳十卷、圖説二卷、學周禮法一卷、非周官辨一卷，而不載翼傳之名，頗爲疎漏。（卷十九，頁二七，周禮傳十卷、圖説二卷、翼傳二卷提要）

〔校記〕

四庫本作周禮傳十卷、圖説二卷，又翼傳二卷。内分七篇，上卷曰冬官補義、曰天王會通、曰學周禮法、曰治地事宜；下卷曰握奇經傳、曰非周禮辨、曰經傳正譌。此誤以翼傳中之兩篇爲二書。（周禮，頁三六—三七）

一卷。

存。

非周禮辨

一卷。

存。

應電自序曰：「非周禮者，若林孝存、何休輩不下數家，指摘瑕釁無如胡仁仲，辨析精微無如季明德。移易周禮者，若吳幼清、俞壽翁、王次點輩，亦不下數家；參互演繹，集成後出，莫如舒國裳。以愚觀之，胡氏謂太宰六十屬，無一官完善，其説淺陋，未見有的然不可破，才高之人乍見不領略，遂置不復思，任意剖決，雖欲自絶於經，何損哉？舒氏作序辨、圖釋、剔僞，繼之定本。夫聖人之書本明也，而人自不明，各以其意見爲之更定，初若快意，似乎可觀，回視作者精義，其謬何啻千里。季氏大旨，惟執孟子一書以爲權度，然孟子之學，識其大者，使之當路，則其施爲必不泥周家之舊章。況周禮行乎王國，而非侯國之所通行，其籍藏於六官，孟子未嘗適周，固不得而見。其行於侯國者，諸侯惡其害己而去其籍，齊之姜移而爲田，晉之姬移而爲魏，舊法豈有存者哉？愚既取三家之説爲之辨釋，因述所以差失之故，冠於篇章，覽者自知所擇云。」

經義考卷一百二十八

周禮九

馮氏時可**周禮别説**

一卷。

存。

施氏天麟**周禮通義**

二卷。

存。

陸嘉淑曰：「青陽人，字振庵，隆慶辛未進士。」

黄虞稷曰：「崇禎乙亥刊行，王錫袞序之。」

徐氏即登**周禮説**

十四卷。

存。

即登自序曰:「周禮一書,聖人治天下之大經大法,而何儒者之疑信參焉?無論宇文周、新莽、王安石竊附之而未效,即如議建都於洛誥,疑列爵於周官,詆理財於太宰,或謂其略於大而詳於細,或謂其詳於制度而不及道化,嚴於職守而闊略於人主之身,往往疑其非聖人之書,此蓋外涉其藩而未入其扃,其不知無惑已。昔楊子①以衆言之淆亂折諸聖而曰『在則人,亡則書』,今周公往矣,周禮之書固在也,冠各官之篇首不曰『設官分職,以爲民極』乎?是故②教禮政刑事六典,分之爲各職,治之法也;合之爲民極,治之本也。極也者,詩所云『四方之極』,洪範所謂『皇建其有極,用敷錫厥庶民』者也。此自堯、舜執中以來,聖聖相承以治天下,而周公用之,輔相成王,以致太平。是書也,其公已試之成法耶?若謂出於漢儒之附會,豈惟非劉歆所能,恐董、賈亦莫之能也,愚故斷周禮爲聖人之書,不必考其六典之詳,而惟於『爲民極』之一言決之也。予之説非能有加於訓詁之舊,而推信其爲周公之書,則據兹經

① 「楊子」,四庫薈要本作「揚子」。
② 「故」下,依四庫薈要本應有「治」字。

文，斷自己見，而不敢狥①諸儒疑似之論也。後之欲損益周禮，以復古治者，其尚考信於斯。」

〔補正〕

自序内「是故教禮政刑事六典」，「故」下脱「治」字。（卷五，頁十四）

郝氏敬**周禮完解**

十二卷。

存。

馬氏應龍**考定古本周禮**

六卷。

未見。

黄虞稷曰：「應龍，字伯先，安丘人。萬曆壬辰進士，官禮部主事。」

周氏京**周禮句解**

未見。

① 「狥」，四庫薈要本作「徇」。

黄虞稷曰：「沂州人，萬曆癸丑進士。」

陳氏林**周禮文物大全圖**

未見。

郭氏良翰**周禮古本訂注**

六卷。

存。

良翰自序曰：「余既輯周禮古本，注成，作而嘆曰：六經何不幸亡於秦也，而周禮獨不以秦而亡也，不用亡，用亦亡，周禮之不幸也。六官秦亡其一耳，自漢李氏上之河間，河間補以考工，考工記出而冬官亡矣。其後俞庭椿、王次點、丘葵、吳澄、何喬新五家，或謂冬官錯簡於五官，取其類冬官者以爲冬官，而五官亡矣；又謂五官互有錯簡，並取五官之肖五官者，以參伍於五官，而六官俱亡矣。總之五官，不離古文者近是。或曰：然則考工記在所必削乎？曰：節取其辭，冬官無庸贅，五官無加損也。吾之論周禮止於此，爰以弁周禮古本。」

陸元輔曰：「萬曆間，莆中郭良翰道憲輯。其發凡云：周禮自漢、唐注疏至今，無慮數十家，顧五官補本，椒丘何氏最後，而紛割爲尤甚，只爲缺少冬官，不知冬官可以不補，五官必不可淆。五官自存，冬官自缺，何必強臆，以亂成經乎？」

孫氏攀古周禮釋評

六卷。

存。

梅鼎祚曰：「孫先生攀士龍獲周禮古本，成釋評，大校①釋以訓經惟善，則擇評以證，故有疑則闕，要以整齊異同，考見得失，成一家之言，其用心良苦。先生少遊鄉校，聲著甚，於載籍靡所不博，然竟戹②以老，屆申公被徵之年，卿大夫未有論薦者，可歎也。」

攀自序曰：「蓋先王制治之法莫備於周，其書則周禮也。六典建官，倫要章矣，中若九夫經野，則黄帝之井牧；九畿分國，則禹貢之弼服；五刑麗民，則虞舜之象刑。大而天地，幽而鬼神，遠而要荒，微而昆蟲艸木③，無不爲之經畫，即焚鞠沈樟之屬，亦不廢焉。戹經秦火，周官五篇得之煨燼之餘，失冬官一篇，遂以考工補之。臨川俞壽翁著復古編，謂冬官不亡，雜出五官之中，永嘉王次點因之，清源丘吉甫、臨川吴幼清又因之，國朝旴江何司寇復加易置，雖若於六官無缺，而非聖經之初矣。晉安柯氏又以地官遂人以下屬於冬官，黜秋官哲簇氏、剪氏、赤茇氏、蟈氏、壺涿氏、庭氏六官於考工記，而考工記

---

① 「校」，四庫薈要本作「較」。

② 「戹」，四庫薈要本作「厄」。

③ 「艸木」，四庫薈要本、文津閣四庫本作「草木」。

不入其書，然鄉屬司徒，而遂屬司空，抑又誖矣。考工記特以記語，而諸君子不附於經，則輪輿、陶冶、弓車、廬梓、諸人果①可廢耶？夫周禮者，鄭康成謂周公致太平之跡，唐太宗以爲真聖人作，則無論冬官之逸與否，而周公之心法可覩矣。王介甫誤用以基宋禍，胡氏父子遂力詆周禮非周公之書，豈非過歟？曩世宗皇帝嘗允輔臣之請，命天下棘闈策士用周禮一道，獨不可欽遵德意而究心矣乎？宋朱周翰氏依鄭本爲句解，猶有未備。竊自忘固陋，徧閱諸家，黜者逆之還，納者送之返，釋而評之，便考鏡爾。即未能備一臠於周鼎，而愚者千慮，或有諒焉。」

應氏廷育**周禮輯説**

未見。

袁氏表**周禮直解**

未見。

王氏志長**周禮注疏刪翼**

三十卷。

① 「果」，四庫薈要本作「俱」。

存。

黄虞稷曰：「志長，字平仲，崑山人。其書刪節注疏之繁，而附以後儒之論，以備聖經羽翼。」

葉培恕序略曰：「周公相孺子王，爰輯周禮，蔚然備一代之觀，所以顯文謨、承武烈者在於是。蓋用人理財之權，宫府教養，禮樂兵農，生殺之柄，如身使臂①，臂使指。百執事上之六官，六官上之宰相，宰相上之至尊，誰有不釐之弊、不播之利哉？第補亡、復古、補遺、考注諸家，雖有弋獲，終等説鈴。鹿城王平仲先生有周禮刪翼一編，竊慕乎公之相孺子王也，昔孔子因諸侯之去冬官籍，作春秋以輔之，俾左丘明布凡例而藏諸讀春秋者，謂周公之禮在是，則周禮一書，誠今日救時之策矣。」

〔補正〕

葉培恕序内「昔孔子因諸侯之去冬官籍，作春秋以輔之，俾左邱明布凡例而藏諸讀春秋者，謂周公之禮在是，則周禮一書，誠今日救時之策矣」，杰按：三家春秋俱無此説，疑此有誤。（卷五，頁十四）

志長自序曰：「古先哲王治天下之規模，莫備於周之六官，今試考之。太宰總掌六典，其所治不出邦國、官府、萬民。天爲萬民而作之君，君爲萬民而設之六官，然則民事之外無王事矣。古之王者以民之富爲富，以民之強爲強，民或一不帥教而屏於鄉，不啻己之探湯焉。推而敬天，亦敬其能生萬民爾；敬群臣，亦敬其能安萬民爾。三代之所重，無有過於民者矣。六官之書不免纖屑，然苟得其重民之意

① 「臂」，備要本誤作「譬」。

以求之，則用意精而操術簡，全經固可以一言蔽也。自□①經學失傳，古聖王之意漫滅於語言文字之中，於是後有瀆亂之譏，甚至題以僞妄而棄之，縱習其文詞，不過摭拾飣餖以增華借潤而已矣，又烏能探精意於千載之上，舉而措之，躋斯民於成周太和閒哉？或曰古之人操此以禍天下者多矣，夫新莽之禍於漢也，金陵之禍於宋也，悖其旨也。岐伯、俞拊②之書，後世恆挾之以殺人，而謂岐伯、俞拊③乃古之雄於殺人者，豈可哉？故曰『治術之卑，則經術之謬』也。予自甲戌廢歸，讀是編凡再，録鄭、賈之文删之，又旁及後儒諸書，苟足發明重民之微意者，必綴於後，非是勿取也。邑侯葉公見而稱善，書成，相釐正之，遂授之梓。」

孫氏元化**周禮類編**

四卷。

未見。

陸元輔曰：「明巡撫都御史嘉定孫元化初陽撰，分類使人易覽，周家三百禮儀粲然在目，今抄本存余家。」

---

① 「□」，四庫諸本無此空格，備要本作「因」。

②③ 「俞拊」，文淵閣四庫本作「俞跗」。

張氏睿卿**周禮約注**

二卷。

未見。

陳氏仁錫**周禮句解**

〔校記〕

四庫存目著録重訂古周禮六卷，疑即此書，館臣謂爲坊賈託名，未必真出仁錫。（周禮，頁三七）

六卷。

存。

仁錫自序曰：「粵溯禹會塗山，玉帛萬國，湯黜夏，歸商者三千，周蓋千八百國，會孟津者八百，及春秋冠帶十二，未幾合爲七，併於秦，周諸侯盡矣。諸侯盡而周亡，周亡，禮亡。孟子，周末人也，公田、私田說已不詳，幸其書出於文、景之代。文帝召魏文侯時老樂工，因得春官大司樂章，景帝子河間獻王好古學，購得周官五篇，武帝求遺書，上之，藏於秘府，諸家諸儒皆莫之見。哀帝時，劉歆校理秘書，始著於録，以考工記補冬官之闕焉。以冬官非闕而補之者，昉宋俞庭椿氏，其後王次點氏、兵葵氏、吴澄氏、何喬新氏繼之，互有增損，大都剜地官之似以補冬官，大司徒之文十去八九，小司徒則盡去之。柯氏作釋原，割遂人以下四十職以補冬官，較五家尤謬。五家本何氏最後，爰書具而報當，故以何氏本行之，仍吴興訓雋之舊，余乃句爲之解，自外屬隸本屬，書舊隸某官；自本屬作外屬，亦書舊隸某官。補冬官者，凡目之下，各書某出，而古本瞭然宜復。」

張氏采**周禮合解**

〔校記〕

四庫存目作周禮注疏合解。（周禮，頁三七）

十八卷。

存。

采序曰：「周禮廢興，賈氏序之詳矣。其後陳、俞諸家，取大司徒之半，復盡取小司徒以補冬官。夫冬官即非考工可塞，然使襞裂五官以示完備，何啻斷鴻頸、剥琴紋，貽議有識。故有謂冬官不亡，散見五官者，其説爲傳疑，然使冬官既亡，守兹闕文，亦可無愧鄭、杜，而今制不列學官，科舉之士無屬，悠悠漫漫，未得專説。余擬合鄭注、賈疏，嚴定取舍，其後儒撰述雖意見紛紜，亦豈盡無裨益，則以次輯綴，彙爲全編。而歲月因仍，忽復不果，所以然者，從來用周禮亂天下無過王安石，彼嘗注新經周禮義二十二卷，熙寧中設經義局，自爲周官義十餘萬言，而楊中立先生亦有周禮辨疑一卷以攻安石，此二書邪正治否，判若蒼素，得此以供採録，則紫陽先生所謂『周禮廣大精密，不可遂云無與心性事也』。乃家乏藏書，此二書杳無從索借，則又恥爲經生章句，聊爾姑置。適賈人以友人所纂周禮注疏相示，余既卒業而嘆曰：『嗟夫！周禮爲諸儒襞裂，幾令人不及見古本節目。今是書也，行康成之學，將還舊觀，且其於諸儒移置者，仍爲標指，以著訛謬，則益令正經顯白。但於漢、唐注疏外，有參考衆家、釐益整散者，則不得直名「注疏」，因題曰周禮合解，亟勸廣布，使通經之子知古本所繇。』曰：『然則冬官其遂亡乎？』曰：『賈氏引秦禁挾書，而其政酷烈，與周官反，疾惡特甚，欲滅絶之，故周官最後出。余以爲冬官之亡，又不盡係秦禁，孟子曰「諸侯去其籍」，今按冬官所屬，皆應經理畝澮、度地量居，則當井田不行，冬官已先漫没。蓋戰國時固不可詰，況於漢武之世，又況於今日乎？故余謂闕冬官以安古本，猶之春秋紀「夏五」，無怪也。』」

孫氏承澤**周禮舉要**

二卷。

存。

郎氏兆玉**注釋古周禮**

六卷。

存。

兆玉自序曰：「周禮者，猶唐之有貞觀、顯慶禮也，未見諸行事，而豫擬爲他日之用，雖一時經制，實萬禩①典衡，故其書直可補五經爲六也。不善用者，蹶天下事，又烏足爲周公病哉？今日者，學尚浮夸，設皋比、握鉛槧者，一切典禮率等於疣贅，莫之推考。余腐心久之，乃廣稽往牒，博摭群説，命兒子糾譌釐舛，以校殺青，而周官威儀翼之星日，庶黷亂陰謀之謗無從置喙矣。」

沈氏羽明**周禮彙編**

六卷。

存。

錢氏㮾**周禮説**

一卷。

存。

周禮答疑

三卷。

存。

---

① 「禩」，四庫薈要本、文淵閣四庫本作「祺」。

鄖自序：「周禮出最後，復藏秘府。哀帝時，劉歆始著於録、略，而諸儒並出共排，自林孝存以爲武帝知其末世瀆亂不經之書，故作十論、七難以排棄之，何休以爲六國陰謀之書，或又謂之出於劉歆附益以佐王莽，歆學奇字於揚雄，故字多誕。而宋之儒者並爲駁難，成一家之論，學者聽於其辯，流於説而亂於辭，幾不能自還以從實矣。禮者，聖人之作也，非世俗之所行也，宜於古者盭於今，近於禮者遠於俗，以數千載之下而論明於數千載之上，固已難矣。仲尼之作春秋也，夏五、郭公、甲戌、己丑之屬，傳者以爲闕文，故疑則傳疑，蓋其慎也。或以爲無其義而有其辭，因以爲非聖人之作，奚可哉？故著數家之略以申難，凡所疑者，就而答焉。」

〔補正〕

自序内「歆學奇字于揚雄」，杰案：漢書揚雄傳，學奇字者，歆子棻，非歆也。此所引錢鄖序蓋沿宋、元閒人誤説。方綱按：穉農此條則較升庵爲尤甚矣。（卷五，頁十五）

吴氏任臣**周禮大□**①

六卷。

未見。

---

① 四庫薈要本、文淵閣四庫本注「闕」。

吴氏治周禮彙斷

五卷。

存。

治自序曰：「班固藝文志『周官六篇』，則河間獻王所上五官而附以考工記也，可知五官爲全經，非有闕也。或曰『冬官有闕，此周公未成之書也』，余爲之俯仰虞、周，歷稽行事，知司空有官而無職，自昔已然。溯大禹相舜猶繫司空，召康公以太保而營洛矣，仲山甫以冢宰而城齊矣，召穆公平淮亦命營謝矣，皇國父以太宰爲平公築臺，而司城子罕以行朴矣。凡春秋築城作邑，無慮數千，在能者爲之，未有專屬於司空者也，則周禮六官，先王①設五職以存體，而虚其一職以待用耳。且命官而謂之冬，冬，藏也，董仲舒亦云：『陰常居大冬，積於空虚不用之地，而時出以佐陽，故謂之司空。』曰『空』與『冬』，聖人之意見矣。冬官闕而不補，何害？晚宋俞庭椿作復古編，謂冬官錯簡五官之内，於是取其近似者補入冬官，又五官内剔其不類者各從其類。夫周官列職，其精神脈絡環流於三百六十之屬，而無所不通。自俞氏之求類也，而五官大亂，以古本校之，大非周公之舊矣。其後王次點、丘葵、吴澄，最後何喬新相繼而損益之，以補俞氏之未備。此五家者，人各持所見，各異其指，於是有臨川之書，有永嘉之書、清源之書、崇仁之書、椒丘之書。嗚呼！世遠文湮，

---

① 四庫薈要本無「先王」二字。

即有懸疑，闕焉可耳。形名不相中者，作私論以駁辨之可耳。顧乃視爲草稿，人肆其筆，舞智而紛裂之，何哉？孟子曰：『惟助爲有公田，雖周亦助也。』孟子，周末人也，公田、私田説已不詳，乃引詩而想像言之，曰：『此其大略。』蓋慎之也。況今去周二千五百餘年，豈能有以信其必然哉？吾是以見古本之不可不存也。」

繆泳曰：「吴治，字道輿，嘉興縣學生，其書藏於家，未刊行。」

萬氏斯大**周官辨非**

二卷。

存。

陸元輔曰：「四明諸生萬斯大充宗著。崇禎丙子舉人，萬泰履安之第六子也，從學於黄黎洲①，究心經學。以周官爲非周公之書，舉其可疑者辨駁之，凡五十五則。或舉吴氏之説，或獨抒己見，皆持之有故，言之成理，黎州②極稱許之，以爲『不意晚年見此奇特』。」

〔校記〕

四庫存目作一卷。（周禮，頁三七）

---

① 「黄黎洲」，四庫薈要本、文津閣四庫本誤作「黄黎州」。

② 「黎州」，依文淵閣四庫本應作「黎洲」。

黄宗羲曰：「充宗生逢喪亂，不爲科舉之學，湛思諸經，以爲非通諸經不能通一經，非悟傳、注之失則不能通經，非以經釋經則無由悟傳、注之失。所爲書曰學禮質疑二卷、周官辨非二卷、儀禮商二卷、禮記偶箋三卷，又輯春秋二百四十卷，燼於火。」